CAUSERIES

DU LUNDI

PARIS. — IMPRIMERIE E. CAPIOMONT ET V. RENAULT
6, RUE DES POITEVINS, 6

CAUSERIES
DU LUNDI

PAR

C.-A. SAINTE-BEUVE

DE L'ACADÉMIE FRANÇAISE

TROISIÈME ÉDITION

TOME NEUVIÈME

PARIS
GARNIER FRÈRES, LIBRAIRES-ÉDITEURS
6, RUE DES SAINTS-PÈRES, 6

CAUSERIES DU LUNDI

Lundi, 26 septembre 1853.

MASSILLON

Une Histoire de la vie et des ouvrages de Massillon nous manque : ce serait un sujet heureux. On a déjà bien des anecdotes, qu'il faudrait vérifier pourtant et rassembler avec ordre; des recherches suivies produiraient infailliblement quelques résultats. Une grande quantité de lettres de Massillon ont été soustraites au moment de sa mort : serait-il impossible de les recouvrer? Il y aurait à dresser un historique de ses principaux sermons, à en fixer la date avec les circonstances mémorables qui s'y rattachent. Une Étude complète sur Massillon deviendrait naturellement celle de l'éloquence même dans la dernière moitié du règne de Louis XIV; on y suivrait ce beau fleuve de l'éloquence sacrée, on le descendrait dans toute la magnificence de son cours; on en marquerait les changements à partir de l'endroit où il devient moins rapide, moins impétueux, moins sonore, où il perd de la grandeur austère ou de l'incomparable majesté que lui donnaient ses rives, et où, dans un paysage plus riche en apparence, plus vaste d'étendue, mais plus effacé, il s'élargit et se mêle insensiblement à d'autres eaux comme aux approches de l'embouchure.

Le nom et l'œuvre de Massillon correspondent à ces deux moments, je veux dire à celui de la plus grande magnificence et à celui de la profusion dernière. Jean-Baptiste Massillon, né à Hyères en Provence le 24 juin 1663, fils d'un notaire du lieu, montra de bonne heure ces grâces de l'esprit et de la personne, ces dons naturels de la parole et de la persuasion qui ont distingué tant d'hommes éminents sortis de ces mêmes contrées et qui semblent un héritage ininterrompu de l'ancienne Grèce. Il fit ses premières études à Marseille chez les Prêtres de l'Oratoire. On raconte qu'enfant, au sortir du sermon, son plus grand plaisir était de rassembler autour de lui ses condisciples et de leur répéter ou de leur refaire le discours qu'ils venaient d'entendre. Il entra dans la congrégation de l'Oratoire à Aix, le 10 octobre 1681, et alla faire l'année suivante sa théologie à Arles ; puis il professa aux colléges de Pézénas et de Montbrison. Tout annonçait en lui la supériorité et un mérite fait pour briller, et l'on s'explique peu comment, vers cette époque, il écrivait au général de l'Oratoire Sainte-Marthe « que, son talent et son inclination l'éloignant de la Chaire, il croyait qu'une Philosophie ou une Théologie lui conviendraient mieux. » Ce n'était sans doute qu'un dégoût passager qui le faisait parler de la sorte. Ici se présente ou se glisse une question délicate, et sur laquelle on n'a que des réponses obscures. Massillon jeune a-t-il connu les passions? Un de ses biographes (Audin) a raconté à ce sujet des détails qu'il dit tenir de source authentique : il s'ensuivrait que Massillon, dans cette première jeunesse, aurait eu quelques écarts de conduite qui l'auraient brouillé avec ses supérieurs, avec lesquels toutefois il ne tarda point à se réconcilier. J'ai trouvé dans les notes manuscrites de la Bibliothèque de Troyes une inculpation du même genre, mais provenant d'une source toute janséniste (1). Il n'y aurait, au reste, rien que de très-simple et de très-naturel à cela : Massillon jeune, beau, doué de sensibilité et de tendresse, ayant du Racine en lui par le génie et par le cœur, put avoir en ces vives années quelques égarements, quelques chutes ou rechutes, s'en repentir aussitôt, et c'est à ces premiers orages peut-être et à son effort pour en triompher qu'il faut attribuer sa retraite à l'abbaye pénitente de Septfonts. Quand on lui demandait plus tard où il avait pris cette connaissance approfondie du monde et des diverses passions, il avait le droit de répondre : « Dans mon propre cœur. »

Pendant qu'il professait la théologie à Vienne, il fut ordonné prêtre en 1692 ; il s'y essayait dans la chaire ; il y prononça l'Oraison funèbre de Henri de Villars, archevêque du diocèse ; il alla prononcer à Lyon celle de l'archevêque M. de Villeroy, mort en 1693. Ces premiers succès semblèrent plutôt l'effrayer que l'enhardir : sa retraite à l'abbaye de Septfonts ne vint qu'après. Son séjour à cette abbaye des plus austères et réformée à l'image de la Trappe laissa dans l'âme de Massillon un souvenir des plus délicieux : il y avait goûté dans toute sa douceur le miel de la solitude. Il songeait sérieusement à s'y ensevelir, à y faire vœu de silence. Vers la fin de sa vie, il aimait à s'y reporter en imagination, et il regrettait quelquefois cette cellule où il avait passé dans la ferveur d'une paix mystique une ou deux saisons heureuses (2).

(1) Chaudon, dans une lettre au savant bibliographe Barbier, dit la même chose (*Bulletin du Bibliophile*, 1839, p. 617).

(2) On a nié ce séjour de Massillon à Septfonts, au moins en tant que novice (Notice de M. Godefroy en tête des *OEuvres choisies* de Massillon, 1868). Renvoi au biographe futur. — L'abbé Bayle, un biographe récent de Massillon, ne paraît nullement douter du fait même de cette retraite à Septfonts.

Le Père de La Tour, devenu supérieur général de l'Oratoire, le fit rentrer dans la congrégation et l'occupa à Lyon, puis à Paris au séminaire de Saint-Magloire, où il le mit comme un des directeurs. C'est là que Massillon commença à prendre tout à fait son rang par ses Conférences, le plus solide ou du moins le plus sévère de ses ouvrages. La vocation de la parole était désormais trop manifeste en lui pour qu'il songeât à y résister. Il alla, en 1698, prêcher le Carême à Montpellier, et enfin il fut appelé, en 1699, à le prêcher à Paris dans l'église de l'Oratoire de la rue Saint-Honoré : il avait près de trente-six ans.

Le succès fut grand et remua la ville. Louis XIV voulut cette même année (1699) entendre l'orateur à la Cour, et Massillon y prêcha l'Avent. Massillon prêcha une seconde fois à la Cour en 1701, et cette fois ce fut le Carême; il l'y prêcha encore en 1704 (1). Ces premiers sermons du Père Massillon (comme on l'appelait alors), son Avent, son Grand Carême, composent la partie la plus considérable et la plus belle de son œuvre oratoire. Le Petit Carême plus célèbre, et qu'il prêcha en 1718 devant Louis XV enfant, appartient déjà à une autre époque et un peu à une autre manière. Après avoir beaucoup loué d'abord et préféré à tout le reste ce Petit Carême dans sa nouveauté, on a été peut-être un peu trop disposé depuis à le sacrifier aux ouvrages plus anciens de Massillon. C'est là un point à examiner à part. Quoi qu'il en soit, Massillon apparut dans toute sa force et

---

(1) Le Père Bougerel, dans son exacte Notice sur Massillon (*Mémoires pour servir à l'Histoire de plusieurs Hommes illustres de Provence*), ne parle que du Carême de 1704 prêché à la Cour par Massillon et ne dit rien du Carême de 1701. Tous ces points restent à éclaircir. — L'abbé Bayle en a déjà éclairci quelques-uns dans sa Vie de Massillon (1867); l'abbé Blampignon, dans son édition des Œuvres complètes du grand sermonnaire, nous promet le reste.

dans toute sa beauté d'orateur sacré dès cette première époque de 1699 à 1704 et à ce point de réunion des deux siècles : il montra que le grand règne durait toujours, et que jusqu'en ce dernier automne la postérité des chefs-d'œuvre s'y continuait.

Les discours de Massillon ont cela de particulier, au point de vue littéraire, qu'ils ne furent jamais imprimés de son vivant; le seul de ses discours qu'il publia lui-même, et pour lequel il se vit critiqué, fut son Oraison funèbre du prince de Conti en 1709. A part ce morceau, la totalité des ouvrages de Massillon, y compris son Petit Carême, ne fut pour la première fois livrée au public qu'après sa mort et par les soins de son neveu en 1745. Je me trompe : on avait essayé d'en donner de son vivant une ébauche d'édition faite sur des notes et par des copistes (la sténographie n'existait pas alors); c'était sur cette édition incomplète, non authentique, que les critiques étaient réduits à le juger. Lorsque parut l'édition donnée par le neveu de Massillon et conforme en tout aux manuscrits, elle réunit donc tous les suffrages et satisfit à un grand désir des chrétiens et des gens de goût. On dit qu'elle rapporta au neveu dix mille écus. Il est constant que Massillon, dans ses années de retraite et durant ses loisirs d'évêque, avait beaucoup revu ses Sermons, qu'il les avait retouchés et peut-être refaits en partie. Les Jansénistes l'accusèrent d'en avoir altéré des endroits pour la doctrine : il est à croire qu'il se contenta seulement d'y remettre plus d'accord et de justesse, en y laissant subsister la forme première et l'esprit. Un écrivain de nos jours, qui a parlé de Massillon avec une prédilection peu commune (1), a relevé dans cette édition même de 1745, qui est devenue le patron de toutes les autres, des locutions qu'il est difficile de ne

(1) M. de Sacy, dans un article du *Journal des Débats* du 4 mai 1852.

pas croire des fautes d'impression, et il a exprimé le désir qu'on refît une comparaison du texte avec les manuscrits. En attendant, et sauf quelques taches qui se perdent dans la richesse du tissu et comme dans les plis de l'étoffe, nous possédons un Massillon assez entier et assez accompli pour en jouir avec confiance et avec plénitude.

Quand Massillon parut, Bourdaloue terminait sa carrière : Bossuet, comme auteur de Sermons, avait clos la sienne au moment même où Bourdaloue commençait. Ainsi ces grandes lumières n'eurent point à se combattre ni à s'éclipser l'une l'autre, elles se succédèrent paisiblement et largement comme une suite de riches saisons ou comme les heures d'une journée splendide. L'innovation de Massillon, venant après Bourdaloue, fut d'introduire le pathétique et un sentiment plus vif et plus présent des passions humaines dans l'économie du discours religieux, et d'attendrir légèrement la parole sacrée sans l'amollir encore. C'est là l'effet que produiront, à qui saura les lire dans une disposition convenable, la plupart des Sermons de son Avent et de son Grand Carême. Qu'on se représente bien (pour s'en donner toute l'impression), et le cadre, et l'auditoire, et l'orateur : « Ne vous semble-t-il pas, disaient après des années les témoins qui l'avaient entendu, ne vous semble-t-il pas le voir encore dans nos chaires avec cet air simple, ce maintien modeste, ces yeux humblement baissés, ce geste négligé, ce ton affectueux, cette contenance d'un homme pénétré, portant dans les esprits les plus brillantes lumières, et dans les cœurs les mouvements les plus tendres ? Il ne tonnait pas dans la chaire, il n'épouvantait pas l'auditoire par la force de ses mouvements et l'éclat de sa voix; non : mais, par sa douce persuasion, il versait en eux, comme naturellement, ces sentiments qui attendrissent et qui se manifestent par les larmes et le silence. Ce n'était pas des fleurs étudiées, recherchées, affectées; non : les fleurs naissaient sous ses pas sans qu'il les cherchât, presque sans qu'il les aperçut; elles étaient si simples, si naturelles, qu'elles semblaient lui échapper contre son gré et n'entrer pour rien dans son action. L'auditeur ne s'en apercevait que par cet enchantement qui le ravissait à lui-même (1). »

Massillon en chaire n'avait presque point de gestes : cet œil qu'il baissait d'abord, qu'il tenait baissé d'habitude, lorsqu'ensuite, à de rares intervalles, il le levait et le promenait sur l'auditoire, lui faisait le plus beau des gestes; il avait, a dit l'abbé Maury, *l'œil éloquent*. Ses exordes avaient quelque chose d'heureux et qui saisissait aisément, comme le jour où il prononça l'Oraison funèbre de Louis XIV, et où, après avoir parcouru en silence du regard tout ce magnifique appareil funéraire, il commença par ces mots : « *Dieu seul est grand, mes Frères!...* » ou comme ce jour encore où, prêchant pour la première fois devant ce même Louis XIV, à la fête de la Toussaint, et prenant pour texte : *Bienheureux ceux qui pleurent!* il débuta de la sorte :

« Sire,

« Si le monde parlait ici à la place de Jésus-Christ, sans doute il ne tiendrait pas à Votre Majesté le même langage.

« Heureux le Prince, vous dirait-il, qui n'a jamais combattu que pour vaincre; qui n'a vu tant de Puissances armées contre lui que pour leur donner une paix plus glorieuse (*la paix de Ryswick*), et qui a toujours été plus grand ou que le péril ou que la victoire!

« Heureux le Prince qui, durant le cours d'un règne long et florissant, jouit à loisir des fruits de sa gloire, de l'amour de ses peuples, de l'estime de ses ennemis, de l'admiration de l'univers...!

(1) On trouve cette vive et ingénieuse description dans la Réponse de M. Languet, archevêque de Sens, au Discours de réception du duc de Nivernais qui succéda à Massillon à l'Académie française (séance du 4 février 1743).

« Ainsi parlerait le monde ; mais, Sire, Jésus Christ ne parle pas comme le monde.

« Heureux, vous dit-il, non celui qui fait l'admiration de son siècle, mais celui qui fait sa principale occupation du siècle à venir, et qui vit dans le mépris de soi-même et de tout ce qui passe... !

« Heureux, non celui dont l'histoire va immortaliser le règne et les actions dans le souvenir des hommes, mais celui dont les larmes auront effacé l'histoire de ses péchés du souvenir de Dieu même, etc., etc. »

On voit le double développement, et avec quel art délicat et majestueux Massillon qui paraissait pour la première fois devant Louis XIV, et qui y venait précédé d'une réputation d'austérité, savait mêler le compliment et l'hommage à la leçon même.

Un critique très-fin (M. Joubert) a dit de lui : « Le plan des Sermons de Massillon est mesquin, mais les bas-reliefs en sont superbes. » Je sais de plus que les hommes du métier, et qui ont fait une étude approfondie de ces orateurs de la Chaire, mettent Bourdaloue fort au-dessus de Massillon pour l'ordonnance et pour le dessin des ensembles. Toutefois j'avoue que les plans de ces Sermons de Massillon ne me paraissent point particulièrement mesquins, ils sont fort simples, et en ces matières c'est peut-être ce qui convient le mieux : le mérite principal et le plus touchant consiste dans l'abondance du développement qui fertilise. Or, Massillon possède au plus haut degré cet art du développement ; on pourrait même dire que c'est là son talent presque tout entier. Prendre un texte de l'Écriture et nous l'interpréter moralement selon nos besoins actuels, le déplier et l'étendre dans tous les sens en nous le traduisant dans un langage qui soit nôtre et qui réponde à tous les points de nos habitudes et de nos cœurs, faire ainsi des tableaux sensibles qui, sans être des portraits, ne soient point des lieux-communs vagues, et atteindre à la finesse sans sortir de la généralité et de la noblesse des termes, c'est là en quoi Massillon excelle. Il semble être né exprès pour justifier le mot de Cicéron : « *Summa autem laus eloquentiæ est, amplificare rem ornando...* Le comble et la perfection de l'éloquence, c'est d'amplifier le sujet en l'ornant et le décorant. » Il est maître unique dans ce genre d'amplification que Quintilien a défini « un certain amas de pensées et d'expressions qui conspirent à faire sentir la même chose : car, encore que ni ces pensées ni ces expressions ne s'élèvent point par degrés, cependant l'objet se trouve grossi et comme haussé par l'assemblage même. » Otez seulement à cette définition ce que le mot *amas* (*congeries*) a pour nous de pénible et de désagréable. Chaque développement chez Massillon, chaque strophe oratoire se compose d'une suite de pensées et de phrases; d'ordinaire assez courtes, se reproduisant d'elles-mêmes, naissant l'une de l'autre, s'appelant, se succédant, sans traits aigus, sans images trop saillantes ni communes, et marchant avec nombre et mélodie comme les parties d'un même tout. C'est un groupe en mouvement, c'est un concert naturel, harmonieux. Buffon, qui estimait Massillon le premier de nos prosateurs, semble l'avoir eu présent à la pensée lorsque, dans son Discours sur le Style, il a dit : « Pour bien écrire, il faut donc posséder pleinement son sujet; il faut y réfléchir assez pour voir clairement l'ordre de ses pensées et en former une suite, une chaîne continue, dont chaque point représente une idée; et, lorsqu'on aura pris la plume, il faudra la conduire successivement sur ce premier trait, sans lui permettre de s'en écarter, sans l'appuyer trop inégalement, sans lui donner d'autre mouvement que celui qui sera déterminé par l'espace qu'elle doit parcourir. C'est en cela que consiste la sévérité du style. » Chez Massillon, cette allure naturelle n'avait aucun caractère de sévérité, mais plutôt un air d'effusion et d'abondance comme d'une fontaine coulant sur une pente très-douce et dont les eaux amoncelées se poussent de leur propre poids. Massillon a plus qu'aucun orateur la source en lui et la fécondité du développement moral; et toutes les grâces, toutes les facilités de la diction viennent s'y joindre d'elles-mêmes, tellement que sa période longue et pleine se compose d'une suite de membres et de redoublements unis par je ne sais quel lien insensible, comme un flot large et plein qui se composerait d'une suite de petites ondes.

Massillon orateur, si nous avions pu l'entendre, nous aurait tous certainement enlevés, pénétrés, attendris : lu aujourd'hui, il n'en est pas de même, et, considéré comme écrivain, tous ne l'admirent pas au même degré. Il n'est pas donné à tous les esprits de sentir et de goûter également ce genre de beautés et de mérites de Massillon : il en est, je le sais, qui le trouvent monotone, sans assez de relief et de ces traits qui s'enfoncent, sans assez de ces images ou de ces pensées qui font éclat. Aimer Massillon, le goûter sincèrement et sans ennui, c'est une qualité et presque une propriété de certains esprits, et qui peut servir à les définir. Celui-là aimera Massillon, qui aime mieux le juste et le noble que le nouveau, qui préfère le naturel élégant au grandiose un peu brusque; qui, dans l'ordre de l'esprit, se complaît avant tout à la riche fertilité et à la culture, à la modération ornée, à l'ampleur ingénieuse, à un certain calme et à un certain repos jusque dans le mouvement, et qui ne se lasse point de ces lieux-communs éternels de morale que l'humanité n'épuisera jamais. Massillon plaira à celui qui a une certaine corde sensible dans le cœur, et qui préfère Racine à tous les poëtes; à celui qui a dans l'oreille un vague instinct d'harmonie et de douceur qui lui fait aimer jusqu'à la surabondance de certaines paroles. Il plaira à ceux qui n'ont point les impatiences d'un goût trop superbe ou trop délicat, ni les promptes fièvres des admirations ardentes; qui n'ont point surtout la soif de la surprise ni de la découverte, qui aiment à naviguer sur des fleuves unis, qui préfèrent au Rhône impétueux, à l'Éridan tel que l'a peint le poëte, ou même au Rhin dans ses âpres majestés, le cours tranquille du fleuve français, de la royale Seine baignant les rives de plus en plus élargies d'une Normandie florissante.

Telle est l'impression que me fait Massillon, lu aujourd'hui et étudié dans ses pages toujours belles, mais régulières et calmées. N'oublions jamais en le lisant qu'il y manque celui qui les animait de son action modérée et de sa personne, celui dont la voix avait tous les tons de l'âme, et dont le grand acteur Baron disait après l'avoir entendu : « Voilà un orateur! nous ne sommes que des comédiens. » N'oublions jamais que, dans cette éloquence si copieuse et si redoublée, chacun des auditeurs trouvait, à cause de cette diversité même d'expressions sur chaque point, la nuance de parole qui lui convenait, l'écho qui répondait à son cœur; que ce qui nous paraît aujourd'hui prévu et monotone parce que notre œil, comme dans une grande allée, dans une longue avenue, court en un instant d'un bout de la page à l'autre, était alors d'un effet croissant et plus sûr par la continuité même, lorsque tout cela, du haut de la chaire, s'amassait, se suspendait avec lenteur, grossissait en se déroulant, et, ainsi qu'on l'a dit de la parole antique, tombait enfin comme des neiges.

L'action, il faut bien se le dire, ne saurait être dans un sermon ce qu'elle est dans les autres genres de discours; le mouvement ne saurait, sans inconvenance ou sans bizarrerie, y franchir certaines limites qu'il est admirable de savoir toujours atteindre sans jamais les dépasser. Dans un sermon de Carême *sur les Fautes légères*, je trouve un exemple de cette manière dont Massillon usait si bien pour associer son auditoire à ses descriptions et l'intéresser dans ce qui semblerait n'être qu'une énumération générale. Il s'applique à montrer qu'il n'y a point de fautes légères, que celui qui méprise les petites choses tombera peu à peu dans les grandes; il s'adresse alors à son auditeur, il le prend à partie; il rappelle chacun directement à ses propres souvenirs : « Souvenez-vous d'où vous êtes tombé... » Et ici vient un de ces développements dont j'ai parlé et où se révèle tout l'art de Massillon. « On peut quelquefois, dit Voltaire, entasser des métaphores les unes sur les autres; mais alors il faut qu'elles soient bien distinguées, et que l'on voie toujours votre objet représenté sous des images différentes. » Et il cite un exemple de Massillon; il aurait pu aussi bien citer celui qu'on va lire :

> « Souvenez-vous d'où vous êtes tombé ;... remontez à la première origine de vos désordres, vous la trouverez dans les infidélités les plus légères : un sentiment de plaisir négligemment rejeté ; une occasion de péril trop fréquentée ; une liberté douteuse trop souvent prise ; des pratiques de piété omises : la source en est presque imperceptible ; le fleuve, qui en est sorti, a inondé toute la terre de votre cœur : ce fut d'abord ce petit nuage que vit Élie, et qui depuis a couvert tout le ciel de votre âme : ce fut cette pierre légère que Daniel vit descendre de la montagne, et qui, devenue ensuite une masse énorme, a renversé et brisé l'image de Dieu en vous : c'était un petit grain de senevé, qui depuis a cru comme un grand arbre, et poussé tant de fruits de mort : ce fut un peu de levain, etc. »

Dans tout le cours de ce développement, il est impossible de s'arrêter et de mettre le *point* à aucun endroit; c'est une seule et unique pensée qui court par des branches multipliées et sous des couleurs diverses. Massillon, dans notre littérature, est l'auteur le plus parfait en ce genre de période harmonieuse.

Mais il ne s'en tient pas là ; il ne fait en ce moment que de commencer à interroger son auditeur ; il va le presser de plus en plus, le circonvenir, chercher à l'atteindre par toutes les surfaces jusqu'à ce qu'il ait rencontré le point vulnérable ; et il en vient graduellement à une énumération et presque à une désignation plus frappante :

« Grand Dieu ! s'écrie-t-il, vous qui vîtes dans leur naissance les déréglements des pécheurs qui m'écoutent et qui, depuis, en avez remarqué tous les progrès, vous savez que la honte de cette fille chrétienne n'a commencé que par de légères complaisances et de vains projets d'une honnête amitié : que les infidélités de cette personne engagée dans un lien honorable n'étaient d'abord que de petits empressements pour plaire, et une secrète joie d'y avoir réussi : vous savez qu'une vaine démangeaison de tout savoir et de décider sur tout, des lectures pernicieuses à la foi, pas assez redoutées, et une secrète envie de se distinguer du côté de l'esprit, ont conduit peu à peu cet incrédule au libertinage et à l'irréligion : vous savez que cet homme n'est dans le fond de la débauche et de l'endurcissement que pour avoir étouffé d'abord mille remords sur certaines actions douteuses, et s'être fait de fausses maximes pour se calmer : vous savez enfin que cette âme infidèle, après une conversion d'éclat, etc. »

De tels développements, amenés avec art au moment propice, qui planaient en quelque sorte sur tout l'auditoire, qui promenaient sur toutes les têtes comme un vaste miroir étendu où chacun pouvait reconnaître dans une facette distincte sa propre image, et se dire que l'orateur sacré l'avait révélé; de tels développements qui, lus aujourd'hui, nous font un peu l'effet de lieux-communs, étaient alors, et sur place, des tableaux appropriés et de grands ressorts émouvants. Et après qu'il avait ainsi fait frissonner, en la touchant au passage, la plaie cachée de chaque auditeur, après qu'il avait dû sembler en venir presque aux personnalités auprès de chacun, Massillon se relevait dans un résumé plein de richesse et de grandeur; il se hâtait de recouvrir le tout d'un large flot d'éloquence, et d'y jeter comme un pan déployé du rideau du Temple :

« Non, mon cher Auditeur, disait-il aussitôt en rendant magnifiquement à toutes ces chutes et à toutes ces misères présentes des noms bibliques et consacrés, non, les crimes ne sont jamais les coups d'essai du cœur : David fut indiscret et oiseux avant que d'être adultère : Salomon se laissa amollir par les délices de la royauté, avant que de paraître sur les hauts lieux au milieu des femmes étrangères : Judas aima l'argent avant que de mettre à prix son maître : Pierre présuma avant que de le renoncer : Madeleine, sans doute, voulut plaire avant que d'être la pécheresse de Jérusalem... Le vice a ses progrès comme la vertu ; comme le jour instruit le jour, ainsi, dit le Prophète, la nuit donne de funestes leçons à la nuit... »

Ici l'écho s'éveille et nous redit ces vers de l'Hippolyte de Racine :

> Quelques crimes toujours précèdent les grands crimes...
> Ainsi que la vertu, le crime a ses degrés...

On a souvent remarqué que Massillon se souvient de Racine et qu'il se plaît à le paraphraser quelquefois. Dans le Petit Carême, le royal enfant auquel il s'adresse, ce reste précieux de toute sa race, cet enfant miraculeux échappé à tant de débris et de ruines, rappelle à tout instant le Joas d'*Athalie*. Massillon n'avait pas attendu cette similitude de situation pour avoir des réminiscences de Racine. Si Bourdaloue était davantage le parfait sermonnaire selon le sévère Boileau, Massillon est bien l'orateur qui devait s'élever le lendemain de la création d'*Esther* et d'*Athalie;* il a reçu à ses débuts comme le baptême de cette langue noble, tendre, majestueuse, abondante et adoucie. « Il a la même diction dans la prose que Racine dans la poésie, » disait madame de Maintenon après l'avoir entendu à Saint-Cyr.

On a même noté chez Massillon quelques accents plus tendres et plus mélancoliques qu'on n'est accoutumé à en rencontrer dans le siècle de Louis XIV, et qui semblent un soupir confus annonçant les temps nouveaux; dans le sermon *sur les Afflictions*, par exemple (1). On y

---

(1) M. de Sacy, à qui l'on doit cette remarque, s'étonne que

lit, dès le début, des paroles bien touchantes sur la souffrance universelle, apparente ou cachée, qui est de toutes les conditions, de tous les états, de toutes les âmes. Est-ce Massillon, est-ce Bernardin de Saint-Pierre plus chrétien, est-ce Chateaubriand faisant parler le Père Aubry à la mourante Atala, mais dans un langage plus pur et que Fontanes aurait retouché, — lequel est-ce des trois, on pourrait le demander, qui a écrit cette belle et douce page de morale mélodieuse, cette plainte humaine qui est comme un chant?

« Il n'est point de parfait bonheur sur la terre, parce que ce n'est pas ici le temps des consolations, mais le temps des peines : l'élévation a ses assujettissements et ses inquiétudes ; l'obscurité, ses humiliations et ses mépris ; le monde, ses soucis et ses caprices ; la retraite, ses tristesses et ses ennuis ; le mariage, ses antipathies et ses fureurs ; l'amitié, ses pertes ou ses perfidies ; la piété elle-même, ses répugnances et ses dégoûts : enfin, par une destinée inévitable aux enfants d'Adam, chacun trouve ses propres voies semées de ronces et d'épines. La condition la plus heureuse en apparence a ses amertumes secrètes qui en corrompent toute la félicité : le trône est le siége des chagrins comme la dernière place ; les palais superbes cachent des soucis cruels, comme le toit du pauvre et du laboureur ; et, de peur que notre exil ne nous devienne trop aimable, nous y sentons toujours, par mille endroits, qu'il manque quelque chose à notre bonheur. »

Les grands effets de l'éloquence de Massillon sont connus : le plus célèbre est celui qui signala son sermon du *petit nombre des Élus*, au moment où, après avoir longuement préparé et travaillé son auditoire, il l'interrogea tout d'un coup et le mit en demeure de répondre, en disant : « Si Jésus-Christ paraissait dans ce temple, au milieu de cette Assemblée, la plus auguste de l'univers, pour nous juger, pour faire le terrible discerne-

personne n'ait jamais indiqué ce sermon au nombre des meilleurs et des plus beaux de Massillon. Fréron, homme de sens (ou Desfontaines), l'avait déjà distingué et cité lors de la publication première (*Jugements sur quelques Ouvrages nouveaux*, tome V, p. 287).

ment, etc... » Cette Assemblée, *la plus auguste de l'univers*, était celle de la chapelle de Versailles ; mais ce ne fut point là que Massillon prêcha d'abord ce sermon : ce fut à Paris, dans l'église de Saint-Eustache, où se produisit l'effet imprévu, irrésistible. On dit que le même mouvement se renouvela dans la chapelle de Versailles (1), et l'on raconte que Massillon lui-même, par son geste, par son attitude abîmée, par son silence de quelques instants, s'associa à la terreur de son auditoire, et, avec une sincérité qui se confondait ici avec les bienséances, trouva jusque dans son triomphe à faire acte de chrétienne et profonde humiliation.

Louis XIV, qui avait des mots si justes quoique trop rares, disait à Massillon un jour, au sortir d'un de ses sermons : « Mon Père, j'ai entendu plusieurs grands orateurs, j'en ai été fort content ; pour vous, toutes les fois que je vous ai entendu, j'ai été très-mécontent de moi-même. » On a cité des exemples de conversions soudaines opérées par l'éloquence de Massillon. Un homme de la Cour allait à l'Opéra, et voyant son carrosse arrêté par la file de ceux qui allaient à l'église où Massillon devait prêcher, il se dit qu'un spectacle en valait bien un autre, et il entra dans l'église : il n'en sortit que touché au cœur. Mais surtout on raconte que Rollin, alors principal du Collége de Beauvais, ayant conduit un jour ses pensionnaires entendre un sermon de Massillon sur la sainteté et la ferveur des premiers Chrétiens, les enfants en sortirent si touchés, qu'ils se livrèrent les jours suivants dans leur innocence à des austérités et à des mortifications qu'il fallut modérer. Massillon avait dans le talent une puissance d'onction plus forte, si je puis dire, que son caractère. Lui-même, après avoir ainsi con-

---

(1) On n'a là-dessus que la tradition avec ce qu'elle a de vague et de confus. Il serait précieux de retrouver quelque témoignage tout à fait contemporain.

quis les simples ou les rebelles, après avoir abattu en public les orgueils et fait fondre les incrédulités, il n'avait pas toute la force suffisante pour rallier et fortifier les nouveaux fidèles dans le secret. Ici est le côté faible par où il penche vers le siècle et n'appartient plus tout à fait à l'âge des grands hommes. On venait à lui; on trouvait l'honnête homme, le religieux éclairé, affectueux, un peu faible pourtant. Cette bouche d'or, qui avait rempli le Temple, ce beau vase sonore et qui rendait des sons si humains et si divins tout ensemble, n'était point destiné à être la colonne pour porter le faix.

Dans l'intervalle de son Grand à son Petit Carême, et sans préjudice des autres sermons qu'il ne cessa de prêcher, Massillon prononça quelques Oraisons funèbres. Il y est distingué, mais point grand; ses défauts s'y montrent. Ses portraits historiques pèchent par la fermeté : il entend les mœurs mieux que l'histoire. J'ai sous les yeux son Oraison funèbre du prince de Conti publiée en 1709, et avec des notes critiques, écrites à la main en marge par un contemporain qui avait assisté à la cérémonie même et qui marque les différences entre le morceau imprimé et le morceau débité (1). Les critiques que fait ce lecteur dont j'ignore le nom, un peu minutieuses parfois, sont la plupart d'une grande justesse: il y relève des inexactitudes et des irrégularités d'expression, des phrases embarrassées, des répétitions (le mot de *goût*, par exemple, répété à satiété); il y fait sentir les faiblesses et les incertitudes du plan, surtout vers la fin; il y reconnaît aussi et y loue les belles parties, le tableau si vif du prince de Conti à la journée de Nerwinde, et surtout la peinture animée des grâces, de l'af-

---

(1) Ces notes manuscrites se trouvent sur l'exemplaire de la Bibliothèque impériale.

fabilité et du charme habituel qui le faisaient adorer dans la vie civile. On y voit que le prince de Conti avait écrit de sa main les derniers entretiens qu'il avait eus avec le grand Condé à Chantilly sur la guerre et les autres sujets. Que sont devenus ces précieux Mémoires?
— En définitive, de même qu'à la guerre Conti ne fut que le premier élève de son oncle immortel, Massillon dans l'Oraison funèbre n'est que le brillant disciple de Bossuet et de ceux qui ont célébré les Condé et les Turenne.

L'Oraison funèbre qu'il prononça de Louis XIV, et dont j'ai cité l'admirable début, a de beaux détails, mais pèche également par l'ensemble : Massillon, en louant, ne sait point prendre de ces grands partis comme Bossuet; il mêle des vérités et des restrictions qui font nuance, là où il faudrait une couleur éclatante, une touche large et soutenue. Il a des contradictions où sa sincérité et son commencement de philosophie, aux prises avec l'obligation de la louange, ne savent trop comment se démêler; ainsi, lorsqu'il loue pleinement Louis XIV de sa révocation de l'Édit de Nantes, et qu'il veut à la fois flétrir la Saint-Barthélemy et maintenir jusqu'à un certain point l'idée de tolérance : en cet endroit, Massillon essaye de concilier deux idées impossibles, et il y échoue; il ne produit qu'un effet combattu et incertain. Il a pourtant d'agréables et justes passages, comme celui-ci par exemple, qui peint Louis XIV dans son caractère de familiarité grave et de haute affabilité :

« De ce fonds de sagesse sortait la majesté répandue sur sa personne : la vie la plus privée ne le vit jamais un moment oublier la gravité et les bienséances de la dignité royale; jamais roi ne sut mieux soutenir que lui le caractère majestueux de la souveraineté. Quelle grandeur quand les ministres des rois venaient au pied de son trône! quelle précision dans ses paroles! quelle majesté dans ses réponses! Nous les recueillions comme les maximes de la sagesse;

jaloux que son silence nous dérobât trop souvent des trésors qui étaient à nous, et, s'il m'est permis de le dire, qu'il ménageât trop ses paroles à des sujets qui lui prodiguaient leur sang et leur tendresse.

« Cependant, vous le savez, cette majesté n'avait rien de farouche : un abord charmant, quand il voulait se laisser approcher ; un art d'assaisonner les grâces, qui touchait plus que les grâces mêmes ; une politesse de discours qui trouvait toujours à placer ce qu'on aimait le plus à entendre. Nous en sortions transportés, et nous regrettions des moments que sa solitude et ses occupations rendaient tous les jours plus rares. »

Ici on croit entendre dans Massillon celui à qui Louis XIV avait adressé quelques-unes de ces paroles si justes, si flatteuses, si parfaites, et qui, amateur passionné du noble et bon langage, avait regretté de ne point puiser plus souvent à cette source élevée, de ne point entendre plus souvent dans son roi l'homme de France qui parlait avec le plus de propriété et de politesse. Une telle nuance de regret exprimée en chaire par l'orateur sacré me semble indiquer déjà toute une transition vers un autre siècle : les Fénelon et les Massillon furent des premiers en effet à incliner de ce côté et à former des vœux pour une royauté plus populaire et plus familière.

Lundi, 3 octobre 1853.

MASSILLON

(FIN)

A quelqu'un qui lui parlait de ses Sermons prêchés à la Cour, Massillon répondait : « Quand on approche de cette avenue de Versailles, on sent un air amollissant. » Il ne paraît rien de cet amollissement dans aucun des premiers discours de Massillon (1699-1715). Si l'on surmonte à la lecture l'espèce de monotonie inévitable qui tient au genre, si l'on y entre par l'esprit, on s'aperçoit qu'on est dans une suite de chefs-d'œuvre. C'est par les mœurs habituellement, c'est par le côté du cœur et des passions que Massillon entame l'auditeur et qu'il s'applique à le rattacher à la foi et à la doctrine. Venu à une époque où la corruption était déjà poussée au plus haut degré, et où elle ne se recouvrait que d'un voile léger en présence du monarque, il comprit bien quelle était la nature de l'incrédulité qu'il avait à combattre, et en ce sens il est curieux de voir l'ordre d'arguments qu'il juge le plus à propos de lui opposer.

La duchesse d'Orléans, mère du Régent, écrivait en juillet 1699 : « Rien n'est plus rare en France (il fallait dire : à la Cour) que la foi chrétienne; il n'y a plus de vice ici dont on eût honte; et, si le roi voulait punir

tous ceux qui se rendent coupables des plus grands vices, il ne verrait plus autour de lui ni nobles, ni princes, ni serviteurs ; il n'y aurait même aucune maison de France qui ne fût en deuil. » Madame, en parlant ainsi, n'exagérait pas ; la Régence de son fils le prouva bientôt après. Or, c'est devant cet auditoire contenu à peine par Louis XIV que Massillon avait à prêcher ses Avents et ses Carêmes, et qu'il abordait à certains jours ces vastes sujets : *Des Doutes sur la Religion; — De la Vérité d'un Avenir.* Devant ces jeunes débauchés en qui fermentait déjà l'esprit du dix-huitième siècle, il pose en principe que « la source de toute incrédulité est le déréglement du cœur ; » que « le grand effort du déréglement est de conduire au désir de l'incrédulité ; » que c'est l'intérêt qu'ont les passions à ne point arriver à un avenir où la lumière et la condamnation les attendent, qui incline et oblige les esprits à ne pas y croire. Il le redit en cent façons frappantes de vérité : « On commence par les passions ; les doutes viennent ensuite. » Ces doutes, il n'essaye pas de le dissimuler, étaient déjà dans le beau monde le langage le plus commun de son temps. Ira-t-il les discuter, les examiner en eux-mêmes, entrer dans le fond des preuves ? Non : il connaît trop bien le caractère particulier de ces doutes et de ceux qui les forment, ou plutôt qui les ont appris et qui les répètent tout vulgaires et usés déjà. Qu'a-t-il devant lui ? sont-ce de vrais incrédules, des hommes qui, dans une solitude opiniâtre et chagrine, dans une réflexion pleine d'obscurités et de ténèbres, se soient fait à eux-mêmes les objections, puis les réponses, et soient arrivés laborieusement à ce qu'ils croient des résultats ? « Non, mes Frères, s'écrie hardiment Massillon,
« ce ne sont pas ici des incrédules, ce sont des hommes
« lâches qui n'ont pas la force de prendre un parti ; qui
« ne savent que vivre voluptueusement, sans règle,

« sans morale, souvent sans bienséance, et qui, sans
« être impies, vivent pourtant sans religion, parce que
« la religion demande de la suite, de la raison, de l'élé-
« vation, de la fermeté, de grands sentiments, et qu'ils
« en sont incapables. » C'est par cette ouverture pénétrante que Massillon s'attaquait au vif à l'incrédulité de
son temps, à celle qui était le propre des hommes de
plaisir, qui était encore de bel air et de prétention bien
plus que de doctrine, et qui pouvait s'appeler du libertinage en réalité. Et tout à côté il retraçait le portrait
du véritable et pur incrédule par doctrine et par théorie, le portrait de Spinosa qu'il noircit étrangement,
dont il fait un *monstre*, mais en qui il touche pourtant
quelques traits fondamentaux : « Cet impie, disait-il,
« vivait caché, retiré, tranquille; il faisait son unique
« occupation de ses productions ténébreuses, et n'avait
« besoin pour se rassurer que de lui-même. Mais ceux
« qui le cherchaient avec tant d'empressement, qui vou-
« laient le voir, l'entendre, le consulter, ces hommes
« frivoles et dissolus, c'étaient des insensés qui souhai-
« taient de devenir impies... » Le bruit courait en effet
qu'on avait autrefois mandé Spinosa en consultation à
Paris. Il y avait eu des voyages en Hollande tout exprès
pour le voir; il commençait à y avoir des pèlerins et
des curieux d'incrédulité. Massillon les raille, eux qui
rejettent toute autorité pour croire, d'avoir eu besoin
de l'autorité et du témoignage d'un homme obscur pour
oser douter. En tous ces points, Massillon est à la fois
un moraliste consommé et un indicateur prévoyant :
il sent très-bien, à son moment, où est le péril pour la
foi, et par quelle brèche morale elle est en voie de s'é-
couler des cœurs. La corruption et la licence est la
plaie qui atteint la tête du corps social et qui va prendre
les âmes par le fond. **La Régence a précédé l'Encyclopédie.**

Un siècle après Massillon, les choses avaient bien changé : ce n'était plus la seule corruption des mœurs que l'orateur chrétien avait en face de lui comme ennemi principal, c'était l'incrédulité raisonnée, établie, et qui avait fait son chemin, même parmi les honnêtes gens. Spinosa, peu lu, peu compris, était resté dans l'ombre : mais d'autres incrédules moindres et plus éloquents avaient tracé ouvertement leur sillon sous le soleil et propagé en tous sens leurs germes : bien des âmes, bon gré mal gré, les avaient reçus ; on avait beau faire, chacun se ressentait plus ou moins à son jour d'être venu au monde depuis Voltaire et depuis Rousseau. Aussi, un siècle juste après Massillon, un orateur que je n'irai point jusqu'à lui comparer pour le talent, mais qui a soutenu bien honorablement l'héritage de la parole sacrée, l'abbé Frayssinous, dans ses Conférences ouvertes sous l'Empire et depuis, avait à discuter devant d'honnêtes gens, la plupart jeunes, non plus désireux de douter, mais plutôt désireux de croire, les points controversés de la doctrine et de la tradition historique, et il le faisait avec une mesure de science et de raison appropriée à cette situation nouvelle.

Les Sermons de Massillon ne sont pas de ces ouvrages qui s'analysent : on ne les réduit pas à plaisir, on ne coupe point à volonté dans ces beaux ensembles de mœurs traités si largement, dans ces vastes descriptions intérieures où rien de successif n'est oublié : on pourrait tout au plus en présenter des morceaux étendus et des lambeaux. Que d'admirables vues sur les passions, sur la volupté et ses dégoûts (sermon de *l'Enfant prodigue*); sur l'ambition et ses convoitises (sermon *de l'Emploi du Temps*); sur l'envie et ses tortuosités (sermon *du Pardon des Offenses*); sur les misères même d'une tendresse criminelle heureuse, d'un engagement de passion agréé et partagé (sermon de *la Pécheresse*) : « Quelles

« frayeurs que le mystère n'éclate ! que de mesures à gar-
« der du côté de la bienséance et de la gloire ! que d'yeux
« à éviter ! que de surveillants à tromper ! que de retours
« à craindre sur la fidélité de ceux qu'on a choisis pour
« les ministres et les confidents de sa passion ! quels
« rebuts à essuyer de celui peut-être à qui on a sacrifié
« son honneur et sa liberté, et dont on n'oserait se plain-
« dre ! A tout cela ajoutez ces moments cruels où la
« passion moins vive nous laisse le loisir de retomber
« sur nous-même et de sentir toute l'indignité de notre
« état ; ces moments où le cœur, né pour des plaisirs
« plus solides, se lasse de ses propres idoles et trouve
« son supplice dans ses dégoûts et dans sa propre in-
« constance. Monde profane ! si c'est là cette félicité que
« tu nous vantes tant, favorise-s-en tes adorateurs !... »
— Que d'éternelles vérités sur le sujet de *la Mort*, vérités
encore neuves aujourd'hui et qui le seront toujours ! car
cette idée de mort, que les hommes oublient sans cesse
et qu'ils essayent de tourner, les domine, quoi qu'ils fas-
sent. Créatures fragiles, êtres d'un jour, malgré les hau-
tains progrès dont ils se vantent, malgré les ressources
croissantes dont ils disposent, la mort est là qui les dé-
joue aujourd'hui comme au lendemain d'Adam, et qui
les saisit dans leurs plans d'ambition, d'accomplissement
ou d'attente, dans leurs rivalités, dans leurs espoirs de
revanche et de représailles sur la fortune : « Nous nous
« hâtons de profiter du débris les uns des autres : nous
« ressemblons à ces soldats insensés qui, au fort de la
« mêlée, et dans le temps que leurs compagnons tom-
« bent de toutes parts à leurs côtés sous le fer et le feu
« des ennemis, se chargent avidement de leurs ha-
« bits... » Mais ceci ne vient qu'après un grand et inépuisable mouvement d'éloquence sur la fuite et le
renouvellement perpétuel des choses, un des plus beaux
exemples de la parole humaine. Au sortir de ces épan-

chements lumineux, oh! que Massillon savait bien qu'il avait été éloquent! et quand on le lui disait, il répondait : « Le Démon me l'avait déjà dit avant vous! » Par moments, il a l'air de souffrir de ces éloges. Que lui sert d'être loué pour avoir lu presque en prophète dans les cœurs et dans les plus secrets penchants de ceux qui l'écoutent, si les penchants résistent, si les cœurs restent les mêmes et ne se corrigent en rien? « Et que
« nous importe de vous plaire, si nous ne vous chan-
« geons pas? Que nous sert d'être éloquents, si vous
« êtes toujours pécheurs? » Acceptant hardiment l'éloge et en tirant sujet de s'humilier : « Dieu, dit-il, ne retire
« plus ses Prophètes du milieu des villes, mais il leur
« ôte, si j'ose parler ainsi, la force et la vertu de leur
« ministère; il frappe ces nuées saintes d'aridité et de
« sécheresse : il vous en suscite *qui vous rendent la vé-*
« *rité belle, mais qui ne vous la rendent pas aimable; qui*
« *vous plaisent, mais qui ne vous convertissent pas :* il laisse
« affaiblir dans nos bouches les saintes terreurs de sa
« doctrine ; il ne tire plus des trésors de sa miséricorde
« de ces hommes extraordinaires suscités autrefois dans
« les siècles de nos pères, qui renouvelaient les villes
« et les royaumes, qui entraînaient les Grands et le
« peuple, qui changeaient les palais des rois en des
« maisons de pénitence... » Et faisant allusion à d'humbles missionnaires qui, durant ce même temps, produisaient plus de fruit dans les campagnes : « Nous
« discourons, disait-il, et ils convertissent. »

J'ai cité, d'après la tradition, quelques-unes des conversions soudaines opérées par l'éloquence de Massillon : pourtant, sans nier les deux ou trois cas que l'on cite, je vois que Massillon croyait peu à ces sortes de conversions par coup de tonnerre, « à ces mi-
« racles soudains qui, dans un clin d'œil, changent la
« face des choses, qui plantent, qui arrachent, qui dé-

« truisent, qui édifient du premier coup... Abus, mon
« cher Auditeur, disait-il ; la conversion est d'ordinaire
« un miracle lent, tardif, le fruit des soins, des trou-
« bles, des frayeurs et des inquiétudes amères. »
Je rencontre ici une difficulté et presque un écueil
que je n'essayerai pas de recouvrir ni d'éluder : Massillon est digne qu'on n'use point avec lui de ces ménagements qui ressembleraient à une timidité et à une crainte honteuse. Je dirai donc qu'au temps de ses plus grands succès et de ses prédications les plus admirées et les plus émouvantes, la vie de Massillon fut odieusement incriminée. D'Alembert, qui lui est d'ailleurs tout favorable, dit que l'envie usa de ce moyen pour détourner Louis XIV de l'élever à l'épiscopat. Chamfort, dans une anecdote dénuée de toute authenticité, est allé jusqu'à nommer la personne du sexe dont il le prétend occupé d'une manière mondaine (1). Les contemporains de Massillon ont nommé plus positivement une autre personne de qualité parmi celles qu'il dirigeait (2). Le Recueil de chansons satiriques dit *Recueil de Maurepas* (Bibliothèque impériale) contient, en quatre ou cinq endroits, de grossiers couplets injurieux à Massillon ; et il importe, non de discuter, mais de repousser, et par la bouche de Massillon lui-même, ces accusations diffa-

(1) La personne que désigne Chamfort n'est autre que l'aimable madame de Simiane, la petite-fille de madame de Sévigné. M. Aubenas a dit un mot à ce sujet, page 505 de l'*Histoire de madame de Sévigné et de sa Famille* (1842).

(2) La marquise de L'Hôpital, femme et bientôt veuve du grand géomètre, auteur de l'*Analyse des infiniment petits* : « Il avait épousé, a dit Fontenelle, Marie-Charlotte de Romilley de La Chesnelaye, demoiselle d'une ancienne noblesse de Bretagne, et dont il a eu de grands biens. Leur union a été jusqu'au point qu'il lui a fait part de son génie pour les mathématiques. » C'est cette personne savante que Massillon dirigeait dès 1703, et il alla passer les vacances chez elle à Saint-Mesme en 1704, peu de temps après la mort du marquis : ce qui donna lieu à tous les propos, quolibets et chansons.

mantes, qui ne manqueraient pas de sortir tôt ou tard et que l'on viendrait produire d'un air de découverte et de triomphe (1).

Il arriva à Massillon après ses premiers succès ce qui arrive à tout prédicateur éloquent et célèbre : il fut recherché, on accourut à lui, on le força de quitter souvent cette retraite de la maison de Saint-Honoré où il vivait humble, studieux, et occupé de la méditation de l'Éternité. Y eut-il un moment où Massillon ne fut point assez en garde contre ce monde malicieux et perfide qui l'entourait, et qui ne demandait que prétexte à raillerie ? se laissa-t-il trop engager, en effet, à ces demandes de direction qui lui venaient de toutes parts, et que des femmes encore à demi mondaines lui adressaient à l'envi ? Il aimait naturellement la bonne compagnie ; s'y laissa-t-il un peu trop gagner en apparence ? Alla-t-il passer, dès 1704, les vacances d'automne dans les terres et les châteaux où on l'invitait ? Il est possible qu'à ce moment où il entrait dans la célébrité, il ait commis quelque imprudence de ce genre, et les railleurs à l'affût, ne pouvant ôter à sa parole puissante de son onction et de son charme, essayèrent de lui ôter de son autorité. Il semble, en plusieurs de ses sermons, y avoir songé et y avoir répondu : qu'on lise dans cette pensée le sermon *sur l'Injustice du Monde envers les Gens de bien* et celui surtout *sur la Médisance* : « Les traits de la mé-
« disance, dit-il, ne sont jamais plus vifs, plus brillants,
« plus applaudis dans le monde que lorsqu'ils portent
« sur les ministres des saints autels : le monde, si in-
« dulgent pour lui-même, semble n'avoir conservé de

---

(1) On voudra bien ne pas oublier que ces articles parurent d'abord dans *le Moniteur*, le lieu le moins propre assurément à une discussion de ce genre sur les mœurs d'un prédicateur éloquent. Dans ces volumes où je suis plus à l'aise, j'en dirai un peu plus. Voir la note ajoutée à la fin du portrait.

« sévérité qu'a leur égard, et il a pour eux des yeux
« plus censeurs et une langue plus empoisonnée que
« pour le reste des hommes. » Il caractérise en termes
vifs et précis toutes les suites de cette médisance, d'abord futile et légère, « ce *rien* qui va emprunter de la
réalité en passant par différentes bouches. » On reconnaît presque là ce *Vaudeville* dont parle Boileau :

> Agréable indiscret qui, conduit par le chant,
> Passe de bouche en bouche et s'accroît en marchant (1).

Mais ce qui n'était d'abord qu'une simple plaisanterie,
qu'une conjecture maligne, va devenir bientôt une
affaire sérieuse, un *décri formel et public*, le sujet de tous
les entretiens : « C'est un scandale qui vous survivra,
« s'écrie Massillon ; les histoires scandaleuses des Cours
« ne meurent jamais avec leurs héros : des écrivains
« lascifs ont fait passer jusqu'à nous les satires, les dé-
« réglements des Cours qui nous ont précédés ; et il se
« trouvera parmi nous des auteurs licencieux qui in-
« struiront les âges à venir des bruits publics, des évé-
« nements scandaleux et des vices de la nôtre. » Ces
paroles pourraient s'écrire comme épigraphe et comme
sentence en tête du Recueil tout entier de Maurepas.
Quant à Massillon, pour couper court à une question
qui n'en saurait être une, et à une justification à laquelle
il ne faut point descendre, il suffit avec lui de redire :
« Un prêtre corrompu ne l'est jamais à demi, » et de
passer, sans plus tarder, aux admirables fruits qu'il ne
cessa de tirer de son talent et de son cœur, aux chefs-
d'œuvre de son second moment : ce sont là les réfutations victorieuses et souveraines.

Le Petit Carême, qui fut prêché en 1718 par Massillon

---

(1) Et aussi cela rappelle le portrait de la calomnie selon Beaumarchais : « D'abord un bruit léger rasant le sol comme une hirondelle, etc. » (*Barbier de Séville*, acte II, scène 8.)

déjà nommé évêque, devant Louis XV enfant, dans la chapelle particulière des Tuileries, est depuis les jeunes années dans toutes les mémoires. On dit que Voltaire, en un temps, l'avait toujours sur sa table à côté d'*Athalie*. Ce Petit Carême, en général, fut fait pour des gens qui en profitèrent bien peu, mais la faute n'en saurait être attribuée à Massillon. Ce merveilleux petit ouvrage, qu'il ne fut, dit-on, que six semaines à écrire, se compose de dix sermons dans lesquels, tout en se faisant petit par moments et en se mettant par quelques exhortations à la portée du roi enfant qu'il s'agissait d'instruire, Massillon s'adresse le plus souvent aux Grands qui l'écoutent, et, tout en les enchantant, les morigène sur leurs vices, sur leurs excès et leurs endurcissements, sur leurs devoirs, sur les obligations chrétiennes qui sont imposées à la grandeur. Je ne sais rien de plus beau ni de plus vrai que le sermon pour le troisième dimanche de Carême, qui traite des passions et de leurs suites, de la satiété incurable, de ce vide immense et précoce qui était alors le malheur de quelques-uns, et qu'on a vu depuis la maladie d'un grand nombre. Le Régent disait qu'il était *né ennuyé* : combien d'hommes depuis, qui, sans être régents du royaume ni fils de France, ont également commencé par l'ennui une vie que les passions n'ont pu qu'agiter et ravager sans la remplir! Massillon, dès ce temps là, montre que, sans avoir vu les Childe-Harold et les René, et tant d'autres illustres dégoûtés à leur suite, il en savait sur leur mal aussi long que personne, et qu'il en avait appris le secret de Job et de Salomon, sinon de lui-même. Et quelle peinture plus frappante et plus reconnaissable que cette image d'une âme finalement vouée à l'ennui capricieux né des plaisirs :

« Vos passions ayant essayé de tout et tout usé, il ne vous reste plus qu'à vous dévorer vous-même : vos bizarreries deviennent l'unique ressource de votre ennui et de votre satiété. Ne pouvant plus varier les plaisirs déjà tous épuisés, vous ne sauriez plus trouver de variété que dans les inégalités éternelles de votre humeur, et vous vous en prenez sans cesse à vous du vide que tout ce qui vous environne laisse au dedans de vous-même.

« Et ce n'est pas ici une de ces vaines images que le discours embellit, et où l'on supplée par les ornements à la ressemblance. Approchez des Grands ; jetez les yeux vous-même sur une de ces personnes qui ont vieilli dans les passions, et que le long usage des plaisirs a rendues également inhabiles et au vice et à la vertu. Quel nuage éternel sur l'humeur ! quel fonds de chagrin et de caprice ! Rien ne plaît parce qu'on ne saurait plus soi-même se plaire : on se venge sur tout ce qui nous environne des chagrins secrets qui nous déchirent ; il semble qu'on fait un crime au reste des hommes de l'impuissance où l'on est d'être encore aussi criminels qu'eux : on leur reproche en secret tout ce qu'on ne peut plus se permettre à soi-même, et l'on met l'humeur à la place des plaisirs. »

Certes, il semble qu'il avait souffert et tout connu, celui qui a écrit cela. Massillon avait ce don qui lui permettait de décrire toutes les situations de l'âme, comme s'il y avait passé lui-même.

Toutefois, Massillon n'a été si célèbre par son Petit Carême que parce qu'en cette circonstance il s'est trouvé l'organe d'un sentiment social longtemps comprimé, qui se faisait jour pour la première fois. Un nouveau règne, un nouveau siècle, en effet, venait de naître : à côté des désordres qui faisaient irruption et scandale dans les mœurs publiques, une grande espérance se faisait sentir dans tout ce qu'il y avait d'âmes restées encore honnêtes. Il semblait que, Louis XIV ayant abusé de sa méthode de régner, une nouvelle et plus douce manière devait être plus efficace et d'une application désormais certaine : « Les rois ne peuvent être grands
« qu'en se rendant utiles aux peuples... Ce n'est pas le
« souverain, c'est la loi, Sire, qui doit régner sur les
« peuples... Les hommes croient être libres quand ils ne
« sont gouvernés que par les lois... Oui, Sire, il faut être

« utile aux hommes pour être grand dans l'opinion des
« hommes... Il faut mettre les hommes dans les intérêts
« de notre gloire si nous voulons qu'elle soit immor-
« telle; et nous ne pouvons les y mettre que par nos
« bienfaits. » Telles étaient les paroles dont Massillon,
continuateur en ceci de Fénelon, nourrissait ses discours, et qu'il proférait au nom du Christianisme. On a dit qu'en parlant de la sorte il faisait, en présence du jeune roi, des allusions et des satires indirectes contre Louis XIV : je ne le crois pas. Ce n'est point devant les Villeroy, les Fleury, les du Maine, devant ces *vieillards* et ces *sages*, et ces fidèles de l'ancien règne, tous ces tuteurs du royal enfant, qu'il se fût permis une pareille inconvenance; mais, en parlant pour la paix contre les conquêtes, il exprimait le sentiment universel, celui que ces hommes prudents avaient été des premiers à partager avec tous. Ce n'est point contre l'auguste mémoire de Louis XIV que s'élevait Massillon dans les portraits qu'il traçait d'un monarque père du peuple et bienfaisant : il ne faisait que proposer en quelque sorte une transformation, une transfiguration pacifique et plus humaine de Louis XIV, dans cet idéal adouci d'un grand roi.

Tout précepte, si l'on n'y prend garde, touche de près à l'écueil et à l'abus. A force de répéter au jeune roi : « Soyez *tendre*, humain, affable, » Massillon, comme Fénelon lui-même, poussait un peu à la chimère; il semblait croire à cet *amour de nourrice* que les peuples n'ont pas, et auquel les grands rois et les plus réputés débonnaires, les Henri IV même (1), n'ont jamais cru.

(1) Il y a dans L'Estoile un mot de Henri IV qui est d'une amère vérité. C'était peu après la tentative d'assassinat par Châtel, dans les premiers temps de son règne et de son entrée à Paris. Il se fit une procession le 5 janvier 1595, à laquelle il assista. Le peuple semblait vouloir le dédommager et le venger de l'attentat récent; les cris de

Massillon, par cette portion de son Petit Carême, inaugure cette politique, dont Louis XV sans doute ne sut point profiter à temps, mais qui, dès qu'on voulut l'appliquer en réalité, réussit, comme on l'a vu, si mal à Louis XVI, à Malesherbes, à ces hommes excellents et trop confiants par là même en l'excellence générale de la nature. Massillon abonde un peu trop en ce sens ; il n'y apporte aucun correctif ; il ne maintient pas le coin de fermeté, et il faut avoir gardé quelque chose du rêve de la monarchie pastorale selon le dix-huitième siècle pour s'écrier avec Lemontey : « Le *Petit Carême* de Massillon, chef-d'œuvre tombé du Ciel comme le *Télémaque*, leçons douces et sublimes que les rois doivent lire, que les peuples doivent adorer! » Il y a là un je ne sais quoi, en effet, du règne et du rêve de Salente.

Je tâche de résumer les impressions qui se mêlent à l'admiration si légitime et si durable qu'inspire le Petit Carême. Pour l'homme de goût qui le lit, il y manque, je le crois, un peu plus de fermeté dans les peintures et une variété de ton qui les grave plus distinctement. Pour le chrétien, il y manque peut-être vers la fin, dans l'ordre de la foi, je ne sais quelle flamme et quelle pointe de glaive, non contraire pourtant à la charité, et à laquelle on ne se méprend pas. Voltaire sentait cette pointe de glaive chez Pascal, chez Bossuet ; il la sentait moins chez Massillon. Il se le faisait lire à table, et cela ne le convertissait pas : « Les Sermons du Père Massillon,

---

Vive le roi! retentissaient de toutes parts : « Jamais, dit l'Estoile, ne vit-on un si grand applaudissement de peuple à roi que celui qui se fit ce jour à ce bon prince partout où il passa. » On le faisait remarquer à Henri IV, qui répondit en secouant la tête : « C'est un peuple ; si mon plus grand ennemi était là où je suis, et qu'il le vît passer, il lui en ferait autant qu'à moi et crierait encore plus haut qu'il ne fait. » On cite une réponse toute pareille de Cromwell ; mais dans la bouche de Henri IV le mot, ce me semble, a encore plus de poids.

« écrivait-il à d'Argental qui s'en étonnait un peu, sont
« un des plus *agréables ouvrages* que nous ayons dans
« notre langue. J'aime à me faire lire à table; les An-
« ciens en usaient ainsi, et je suis très-ancien. Je suis
« d'ailleurs un adorateur très-zélé de la Divinité; j'ai
« toujours été opposé à l'athéisme; j'aime les livres qui
« exhortent à la vertu, depuis Confucius jusqu'à Mas-
« sillon; et sur cela on n'a rien à me dire qu'à m'i-
« miter. »

Il ne m'appartient pas de faire le rigoriste, ni de m'inscrire contre cette magie de l'expression et de la parole qui faisait que Voltaire ici ne se formalisait pas du fond : pourtant, Massillon n'est-il pas un peu jugé par ce goût même si déclaré que Voltaire avait pour lui, et par cette faveur singulière dont il jouissait de ne pas déplaire à l'adversaire? car, malgré tout, c'est bien cela que Voltaire veut dire : « Tu as beau me prêcher, tu n'es pas de mes ennemis! » Il peut se tromper et il se trompe, mais il semble du moins deviner en lui une âme plus facile que ne le serait celle d'un Bossuet ou d'un Bourdaloue.

Ce n'est pas que le malin n'y reçût de temps en temps sa leçon au passage : dans ce même Petit Carême, Massillon, comme s'il eût présagé à l'avance l'auteur de *la Pucelle*, a dit : « Ces beaux-esprits si vantés, et qui, par
« des talents heureux, ont rapproché leur siècle du
« goût et de la politesse des Anciens; dès que leur cœur
« s'est corrompu, ils n'ont laissé au monde que des
« ouvrages lascifs et pernicieux, où le poison, préparé
« par des mains habiles, infecte tous les jours les mœurs
« publiques, et où les siècles qui nous suivront vien-
« dront encore puiser la licence et la corruption du
« nôtre. » — Quand Voltaire entendait lire cela en dînant, quelle figure faisait-il?

Massillon avait été nommé à l'évêché de Clermont en

1717, au refus de l'abbé de Louvois. Pauvre comme il était, ce fut un de ses amis, un riche généreux, l'un des Crozat, qui paya ses bulles. Le sacre de Massillon eut lieu le 21 (et non le 16) décembre 1718, dans la chapelle même du roi, et ce jeune prince y voulut assister. Il est des heures où, après avoir longtemps attendu la fortune, on n'a plus qu'à la laisser faire. Massillon fut reçu à l'Académie française le 23 février 1719, en remplacement de ce même ami, l'abbé de Louvois, qui lui avait déjà valu l'évêché de Clermont (1). Les honneurs se payent toujours, en ce monde, par quelque complaisance. On a beaucoup parlé de celle de Massillon, qui consentit à être l'un des deux évêques assistants pour le sacre du cardinal Dubois, nommé archevêque de Cambrai ; ce sacre eut lieu solennellement au Val-de-Grâce (juin 1720). Duclos et Saint-Simon ont donné là-dessus les seules raisons, et les meilleures, pour l'excuser de n'avoir pas dit *non :*

« Dubois, dit Saint-Simon, voulut (pour second assistant) Massillon, célèbre prêtre de l'Oratoire, que sa vertu, son savoir, ses grands talents pour la chaire, avaient fait évêque de Clermont... Massillon, au pied du mur, étourdi, sans ressources étrangères, sentit l'indignité de ce qui lui était proposé, balbutia, n'osa refuser. Mais qu'eût pu faire un homme aussi mince selon le siècle, vis-à-vis d'un Régent, de son ministre et du cardinal de Rohan ? Il fut blâmé néanmoins et beaucoup dans le monde, surtout des gens de bien de tout parti ; car, en ce point, l'excès du scandale les avait réunis. Les plus raisonnables, qui ne laissèrent pas de se trouver en nombre, se contentèrent de le plaindre, et on convint enfin assez généralement d'une sorte d'impossibilité de s'en dispenser et de refuser. »

Notez en passant ce témoignage impartial du très-

---

(1) La tendre liaison et l'amitié de Massillon et de l'abbé de Louvois datait de dix-huit ou vingt ans. On a imprimé deux lettres de Massillon à l'abbé de Louvois, écrites de Paris en 1701, pendant le voyage du jeune abbé en Italie. (*Journal général de l'Instruction publique*, du 25 juin 1853.)

peu indulgent Saint-Simon sur les mérites et sur la vertu établie de Massillon. C'est précisément à cause de cette vertu et de cette considération que l'abbé Dubois l'avait choisi.

Ajoutez que, dans la pratique et dans l'usage de la vie, cette même vertu n'avait rien d'entêté ni de farouche : il y avait de l'Atticus chez Massillon.

Après ces retards inévitables, Massillon, âgé pour lors de cinquante-huit ans, se rendit en son diocèse en 1721, et n'en sortit plus qu'une seule fois pour venir prononcer à Saint-Denis l'Oraison funèbre de la duchesse d'Orléans, mère du Régent (février 1723). Pendant les vingt et un ans qu'il résida dans son diocèse, il renonça à la prédication et à l'éloquence, soit, comme on l'a dit, que sa mémoire se fût lassée, soit que la paresse de l'âge se fût fait sentir ; il se borna à faire, à l'occasion, quelques mandements et quelques discours synodaux. Cependant il pratiquait les vertus épiscopales, la charité, la tolérance très-rare alors à cause des disputes si animées sur la Bulle. Il mêlait à cette tolérance une sorte d'aménité d'homme du monde ; il se plaisait à réunir à sa maison de campagne des Jésuites et des Oratoriens, deux sociétés assez peu disposées à s'entendre, et il les faisait jouer aux échecs : c'était la seule guerre qu'il leur conseillât. Il faisait donner les sacrements à la digne nièce de Pascal, mademoiselle Marguerite Périer, qui mourait à Clermont en 1733 à l'âge de quatre-vingt-sept ans, et qu'un curé moins sage voulait questionner sur certains articles au lit de mort. Il avait pour principe, quand la forme était sauve, d'éviter avant tout l'éclat. Les moins favorables à Massillon ne trouvaient d'autre reproche à lui faire que de l'appeler *ce pacifique prélat :* c'est le genre d'injure que le journal (janséniste) des *Nouvelles ecclésiastiques* lui adresse communément. Plus de détails sortiraient de mon cadre et appartiendraient à cette biographie ample et complète que je voudrais provoquer.

Le dernier ouvrage inachevé de sa vieillesse est une suite de *Paraphrases morales des Psaumes*. On y trouve des beautés, mais de plus en plus régulières et prévues dans leur expansion même ; c'est le talent habituel de Massillon, moins le mouvement et l'action qu'il imprimait à ces sortes de développements dans ses discours, comme, par exemple, lorsqu'il paraphrasait si puissamment le *De Profundis* dans le sermon de *Lazare*. J'ai quelquefois pensé, dans le cours de cette étude, à la différence qu'il y a entre Bossuet et Massillon employant tous deux les textes de l'Écriture. Massillon établit sa paraphrase morale sur un texte qu'il déroule verset par verset et qu'il gradue ; il met sa gerbe avec ordre et l'asseoit en quelque sorte sur les roues du char sacré : la marche en est égale, cadencée, nombreuse ; au lieu que la parole de Bossuet se confond le plus souvent avec le char lui-même, avec la roue enflammée qui emporte le Prophète.

Marmontel, destiné un moment dans sa jeunesse à l'état ecclésiastique, et qui avait étudié quelque temps à Clermont, eut l'occasion de visiter l'éloquent évêque, et, dans ses Mémoires, il a fait de cet ancien souvenir une scène affectueuse dont l'impression générale au moins doit être fidèle :

« Dans l'une de nos promenades à Beauregard, maison de plaisance de l'évêché, nous eûmes le bonheur, dit-il, de voir le vénérable Massillon. L'accueil plein de bonté que nous fit ce vieillard illustre, la vive et tendre impression que firent sur moi sa vue et l'accent de sa voix, est un des plus doux souvenirs qui me restent de mon jeune âge. Dans cet âge où les affections de l'esprit et celles de l'âme ont une communication réciproquement si soudaine, où la pensée et le sentiment agissent et réagissent l'un sur l'autre avec tant de rapidité, il n'est personne à qui quelquefois il ne soit arrivé, en voyant un grand homme, d'imprimer sur son front les traits du caractère de son âme ou de son génie. C'était ainsi que, parmi les rides de ce visage déjà flétri et dans ces yeux qui allaient s'éteindre, je croyais démêler encore l'expression de cette éloquence si sensible, si tendre, si haute quelquefois, si profondément pénétrante, dont je venais d'être enchanté à la lecture de ses Sermons. Il nous permit de lui en parler, et de lui faire hommage des religieuses larmes qu'elle nous avait fait répandre. »

Les Sermons de Massillon n'étant pas imprimés de son vivant, il semble qu'il y ait ici un anachronisme : mais il se pouvait qu'il y eût quelques copies en circulation parmi les écoliers de Clermont, ou qu'une édition incomplète leur eût passé par les mains.

Massillon mourut le 18 septembre 1742, dans sa quatre-vingtième année. Il ne vécut pas assez pour voir éclater, avec les scandales publics de Louis XV, toute l'ironie des chastes promesses et des vœux dont le Petit Carême avait salué cette royale enfance. Avec lui expira la dernière et la plus abondamment éloquente, la plus cicéronienne des grandes voix qui avaient rempli et remué le siècle de Louis XIV.

P. S. Je donnerai ici un extrait des endroits de mon livre de *Port-Royal* (édition de 1866), où il est fait mention de Massillon. C'est au livre III*e*, chap. xii, et à l'*Appendice* qui s'y rattache :

« Massillon, jeune et dans l'Oratoire, avait eu une veine de ferveur qui plus tard s'était fort calmée ; son talent naturel, comme il arrive à tant de grands talents, était resté chez lui assez indépendant du fond de l'inspiration même. Si le Père Massillon, du temps qu'il était à Saint-Honoré (ou à Saint-Magloire), avait paru bien humble et occupé uniquement de l'Éternité, l'évêque vieillissant semblait avoir légèrement oublié son sermon sur le petit nombre des Élus. Aux années où il prêchait devant la Cour, il disait à quelqu'un qui lui parlait de ses sermons : « Quand on approche de cette avenue de Versailles, on sent un air amollissant. » Cet air avait fini par agir sur son éloquence même, et, prélat, il en avait aussi emporté quelque chose. Il vivait riche, mondain, très-poli, ne fuyant nullement la compagnie des personnes du sexe, et ne s'interdisant pas les honnêtes divertissements de la société. On raconte qu'un jour de grande fête, au sortir du dîner, le prélat étant à jouer avec des dames, après que le jeu eut duré assez longtemps, quelqu'un fit remarquer que c'en était assez pour un jour de grande fête, et qu'il fallait donner quelque chose à l'édification. L'évêque alla sur-le-champ chercher un de ses sermons et le lut. Alors une de ces dames lui dit que, si elle avait fait un pareil écrit, elle serait une sainte ; mais l'auteur, en moraliste avisé, répondit qu'*il y a un pont bien large de l'esprit au cœur.* Sur quoi un Père de l'Oratoire, qui était dans un coin, ajouta : « *Et il y a bien quatre arches de ce pont de rompues.* » — L'anecdote est assez agréable ; elle ouvre un jour sur Massillon. »

Et dans l'*Appendice*, j'ai pu ajouter encore quelques détails inédits authentiques : j'y disais :

« Il y eut véritablement deux temps très-marqués dans la carrière ecclésiastique et oratoire de Massillon. La série d'extraits qu'on va lire me paraît fort curieuse pour fixer le premier temps de son éloquence, les débuts modestes, convaincus, touchants. Je tire ces passages de la Correspondance manuscrite de M. Vuillart, un ami de Racine, avec M. de Préfontaine ; c'est M. Vuillart qui raconte ses impressions au jour le jour :

« Ce mercredi 8 avril 1699. — J'ai ouï aujourd'hui le Père Massillon pour la première fois de ma vie. Je reprends ma lettre où je l'ai interrompue le matin, pour vous dire que ce prédicateur est charmant par sa solidité, son onction, son ordre, sa netteté et sa vivacité d'élocution, et, au milieu de tout cela, par son incomparable modestie. Il prêcha sur l'Évangile de demain, qui est de la femme à qui il fut beaucoup pardonné, parce qu'elle avait aimé beaucoup. Ce fut (sans citer que très-peu les Pères) la substance et comme le tissu de tout ce qu'ils ont de plus beau, plus fort et plus décisif, fondé sur l'Ecriture, qu'il possède admirablement. Vous concevez sur cela, monsieur, le désir de l'entendre. Vous l'entendrez, si Dieu nous donne la consolation de vous voir après Pâques ; car on croit qu'il continuera de prêcher dimanches et fêtes jusqu'à la Pentecôte. » —

« Un autre Oratorien, le Père Maur (ou Maure), brillait dans la chaire à la même date, et ses débuts semblaient balancer ceux de Massillon ; le Père Maur n'a pas tenu depuis tout ce qu'il promettait et son nom n'a pas surnagé, mais on faisait alors de l'un à l'autre des parallèles : C'est toujours M. Vuillart qui écrit :

« Ce jeudi 4 mars 1700. — Dieu fait primer encore hautement, cette année, les Pères de l'Oratoire dans le ministère de la parole, le Père Hubert à Saint-Jean, le Père Massillon à Saint-Gervais, le Père Guibert à Saint-Germain de l'Auxerrois, le Père de La Boissière à Saint-André, le Père de Monteuil à Saint-Leu, le Père Maur à Saint-Étienne-du-Mont. Il y en a d'autres encore ; mais voilà ceux qui ont le plus de réputation ; et ceux qui brillent davantage sont le Père Massillon et le Père Maur, Provençaux. Le premier, d'environ trente-quatre ans, a l'air mortifié et recueilli, une grande connaissance de la religion, beaucoup d'éloquence, d'onction, de talent pour appliquer l'Écriture. Le second, d'environ trente-deux ans, a une belle physionomie, l'air fin, le son de la voix plus beau et plus soutenu, l'action plus agréable, une prononciation charmante, a puisé le christianisme dans les mêmes sources, car ils ont les mêmes principes et ont même étudié ensemble et de concert. Deux choses le font emporter au Père Massillon sur le Père Maur : le grand succès qu'il eut l'Avent dernier qu'il prêcha devant le Roi, et l'avantage de la chaire de Saint-Gervais qui est au milieu de la ville, au lieu que celle de Saint-Étienne en est à une des extrémités et qu'il y faut grimper ; joint que l'on convient qu'encore que le Père Maur ne manque pas d'onction ni de pathos, le Père Massillon en a davantage. Les chaises de Saint-Gervais sont louées quinze sols ; les moindres, douze. Mais la paroisse a bien des gens de qualité et des gens riches, au lieu que Saint-Étienne n'en a que peu en comparaison et qu'il a le désavantage de la situation. Les loueuses de chaises se sont donc humblement réduites à n'en prendre que quatre sols. » —

« Le bon M. Vuillart a bien de la peine à se décider entre les deux ; le prix même des chaises, assez significatif dans son inégalité, ne lui paraît pas concluant : il tient tant qu'il peut pour celui qui prêche dans son quartier à lui, et qu'il est le plus à portée d'entendre. Toutefois on sent qu'à la fin la balance l'emporte pour le plus grand des deux orateurs sacrés :

« Ce jeudi 11ᵉ mars 1700. — J'ai entendu hier le Père Massillon, qui repose le mardi, au lieu que le mercredi est le repos du Père Maur. Le dessein de leurs sermons était le même : car le Père Maur avait pris par avance l'Évangile d'hier. Voici leur commune division : *La crainte de la méprise* dans la vocation et la nécessité d'y consulter Dieu et ses ministres pour l'éviter, premier point : et le second fut *le danger de la méprise*, laquelle est si ordinaire. Le dedans du Père Massillon est plus fécond et plus riche. Le dedans du Père Maur est moins fécond et moins riche ; il l'est néanmoins, mais le dehors du dernier l'emporte de beaucoup par le son de la voix, la prononciation, l'action. L'onction des deux pénètre. Celle du premier est plus abondante et plus soutenue. Comme il craignait hier la trop grande consternation de son auditoire sur les défauts de la vocation et sur la difficulté extrême de les réparer, il le releva et le ranima par une incomparable paraphrase de tout le Cantique de Jonas, qui le tint élevé à Dieu et comme transporté hors de la chaire assez longtemps les bras croisés et les yeux au ciel. Cette fin fut un vrai chef-d'œuvre. *Ce fut un torrent de lait et de miel.* Heureux qui s'en trouva inondé ! » —

« M. Vuillart a de grandes admirations pour un prédicateur plus ancien, également de l'Oratoire, le Père Hubert. Il le met au-dessus de tous pour la solidité, pour l'onction, pour la vertu chrétienne qui est dans toute sa vie et qui passe dans ses discours. Même après les grands éloges qu'il se plaît à leur donner, il continue de ne parler du Père Massillon et du Père Maur que comme venant après lui et à titre de jeunes talents qui promettent :

« Pour le Père Massillon et le Père Maur, c'est une réputation naissante que la leur. Elle se soutient bien jusques ici : et il y a grand sujet d'en espérer beaucoup pour la suite. Comme le Père Maur ne prêchait pas aujourd'hui (mercredi 17 mars 1700), j'ai entendu le Père Massillon, et j'en ai été encore charmé. C'est un prodige que la fécondité de ses vues pour la morale, sa pénétration dans l'esprit et dans le cœur humain, l'application heureuse et juste des exemples et des autorités de l'Écriture, son onction. Sa méthode est facile et naturelle. Ses preuves sont fortes. Son discours est vif, persuasif et pressant ; son air, modeste et mortifié. Ses élévations à Dieu, assez, mais point trop fréquentes, pénètrent l'auditeur qui ne peut ne pas sentir que le prédicateur en est lui-même pénétré. C'est un homme tout merveilleux. Nous sommes très-redevables à la Provence de nous avoir fourni deux sujets du mérite du Père Massillon et du Père Maur. Par ces fruits tout spirituels, elle n'est pas moins une petite Palestine pour nous et une figure du ciel que par ses figues, ses muscats, ses olives, ses oranges, etc. » —

« On voit que cet ami de Racine n'était pas sans avoir l'imagination quelque peu riante. — Il est moins question dans les toutes dernières lettres que nous avons de lui des deux prédicateurs émules ; la Cour les enlève à la ville ; Versailles et le monde, ce sera peu à peu l'écueil de l'illustre Massillon :

« (23 mars 1700). La réputation du Père Massillon et du Père Maur croît de jour à autre, parce qu'ils font de mieux en mieux. Le Roi a retenu le second pour l'Avent prochain, et le premier pour le Carême. Ainsi nous en serons frustrés à Saint-Étienne où il avait promis, et ce grand bien sera différé pour nous. » —

« ... Massillon suffira à remplir les quinze années suivantes et couronnera cette brillante carrière par son *Petit Carême*, son dernier chef-d'œuvre, déjà un peu amolli. Il connaissait trop bien le monde, il y avait trempé malgré lui ; les dames s'en étaient mêlées. Vers la fin, sous sa forme sacrée, ce n'était plus guère qu'un moraliste et un sage (1). »

(1) Voir sur la seconde carrière de Massillon les *Mémoires* de Matthieu Marais, t. I, p. 487 ; en retrancher l'injure qui y est inutile et injuste ; mais y lire les faits articulés. C'est d'un contraste parfait avec le point de départ qui vient de nous être si fidèlement marqué. — L'abbé Bayle, le dernier biographe de Massillon, a beau dire : cette quantité de propos, de bruits, d'anecdotes et de médisances qui s'appuient et concourent de toutes parts dans le même sens, ont bien leur gravité. Il n'y a pas de fumée sans feu, et comme dit le proverbe du midi : « Quelque chose il y a, quand le chien aboie. » Nier tout me paraît donc bien difficile ; j'ai cherché l'explication morale, à la fois la plus douce et la plus naturelle.

Lundi, 10 octobre 1853.

NOUVELLES LETTRES

DE

MADAME, MÈRE DU RÉGENT,

TRADUITES PAR M. G. BRUNET (1).

« Je suis très-franche et très-naturelle, et je dis tout ce que j'ai sur le cœur. » C'est la devise qu'il faudrait mettre à toutes ces Correspondances de Madame, la plupart écrites en allemand, et dont on a publié à diverses reprises de volumineux extraits à Strasbourg et au delà du Rhin. Ce sont ces Correspondances taillées et morcelées qu'on a ensuite traduites par fragments en français, et dont on a composé le volume improprement appelé *Mémoires de Madame* (2). Ce volume, venant

(1) Bibliothèque Charpentier.
(2) La première traduction et édition française, publiée en 1788, sous le titre de *Fragments de Lettres originales de Madame*, etc., et qui précéda d'un an la publication de l'original allemand, conserve sur les éditions françaises plus récentes l'avantage d'indiquer les dates des lettres et de laisser voir tout franchement le caractère d'extraits. Ce sont les éditions subséquentes qui ont été plus ou moins arrangées et déguisées en *Mémoires*. En tête de l'édition de 1822, il y a une Notice par M. Depping qui est à lire.

après les autres Mémoires des femmes célèbres du grand siècle, tranchait singulièrement par le ton et a causé beaucoup de surprise. Depuis que les Mémoires de Saint-Simon sont publiés en entier, je ne dirai pas que les pages de chronique qu'on doit à Madame ont pâli, mais elles ont cessé d'étonner; on y a reconnu de bonnes peintures naïves, un peu hautes en couleur et un peu grosses de traits, chargées et grimaçantes parfois, mais au fond ressemblantes. La vraie manière de bien s'en rendre compte et d'en tirer profit pour l'histoire du temps, c'est de voir comment Madame écrivait, dans quel esprit, ce qu'elle était elle-même par l'éducation, par le caractère. A cet égard, les nouvelles Lettres publiées dans le texte allemand par M. Menzel en 1843, et aujourd'hui traduites en partie et pour la première fois par M. G. Brunet, sont d'un grand secours, et font faire un pas de plus dans la connaissance de ce singulier et original personnage : ce n'est pas trop, pour le bien entendre, de l'Allemagne et de la France réunies.

Élisabeth-Charlotte, qui épousa en 1671 Monsieur, frère de Louis XIV, naquit à Heidelberg en 1652. Son père Charles-Louis était l'Électeur du Palatinat, rétabli dans ses États par la Paix de Westphalie. Dès sa jeunesse, Élisabeth-Charlotte se distingua par un esprit vif et par un caractère ouvert, franc et vigoureux : « Mademoiselle de Quadt, dit-elle, a été ma première gouvernante et celle de mon frère; elle était déjà vieille : elle voulut une fois me donner le fouet, car j'étais un peu volontaire dans mon enfance; mais je me débattis si fort, et je lui donnai avec mes jeunes pieds tant de coups dans son vieux ventre, qu'elle tomba tout de son long avec moi et faillit se tuer. Depuis elle ne voulut plus rester avec moi. » On lui donna une autre gouvernante, mademoiselle d'Offen, qui devint madame de

Harling. Il existe des lettres très-intéressantes, dit-on, adressées par Madame à cette seconde institutrice, madame de Harling; il en a été publié un extrait à Dantzig en 1791, avec une biographie de la princesse en tête. Pourquoi n'en sommes-nous pas mieux informés en France? La paix domestique ne régnait pas au foyer de l'Électeur Palatin; il avait une maîtresse qu'il épousa de la main gauche; la mère d'Élisabeth-Charlotte est accusée d'avoir eu un caractère acariâtre qui amena la séparation. La jeune fille fut confiée à un certain moment aux soins de sa tante Sophie, l'Électrice de Hanovre, personne de mérite, pour laquelle elle conserva toujours les sentiments et la reconnaissance d'une fille tendre. C'est à elle qu'elle adressait ses plus longues lettres et ses plus confidentielles, celles qui doivent surpasser en intérêt toutes les autres. Elles n'ont pas été publiées, et M. Menzel dit qu'on ne sait ce qu'elles sont devenues. Toute cette première partie de la vie et de la jeunesse de Madame serait curieuse et importante à bien établir : « J'étais trop âgée, dit-elle, quand je vins en France, pour changer de caractère; la base était jetée. » Tout en se soumettant avec courage et résolution aux devoirs de sa position nouvelle, elle gardera toujours ses goûts allemands; elle les confessera, elle les affichera en plein Versailles et en plein Marly, et cette Cour, qui était alors la règle de l'Europe, et qui donnait le ton, aurait pu s'en choquer si elle n'avait mieux aimé en sourire.

De Marly, le 22 novembre 1714, après quarante-trois ans de séjour en France, Madame écrivait : « Je ne peux supporter le café, le chocolat et le thé, et je ne puis comprendre qu'on en fasse ses délices : un bon plat de choucroûte et des saucissons fumés font, selon moi, un régal digne d'un roi, et auquel rien n'est préférable; une soupe aux choux et au lard fait bien mieux mon

affaire que toutes les délicatesses dont on raffole ici. »
Elle trouvait en France, aux choses les plus naturelles
et les plus usuelles, un autre goût et un goût moindre
qu'en Allemagne : « Le lait et le beurre, disait-elle après
cinquante ans de séjour, ne sont pas aussi bons que
chez nous ; ils n'ont pas de saveur et sont comme de
l'eau ; les choux ne sont pas bons non plus, car la
terre n'est pas grasse, mais légère et sablonneuse, de
sorte que les légumes n'ont pas de force et que le bétail
ne peut donner de bon lait. Mon Dieu ! que je voudrais
pouvoir manger les plats que vous fait votre cuisinière !
Ils seraient plus de mon goût que tout ce que m'apprête mon maître d'hôtel. »

Mais elle tenait à son pays, à sa souche allemande, à son Rhin allemand, par d'autres souvenirs que par celui des mets et de la cuisine nationale : elle aimait la nature, la campagne, la vie libre, un peu sauvage ; ses impressions d'enfance lui revenaient avec des bouffées de fraîcheur. A propos de Heidelberg rebâti après les désastres et d'un couvent de Jésuites ou de Cordeliers qu'on y établissait sur la hauteur : « Mon Dieu ! s'écriait-elle, combien de fois ai-je mangé des cerises sur la montagne avec un bon morceau de pain à cinq heures du matin ! J'étais alors plus gaie qu'aujourd'hui. »

Cet air vif de Heidelberg lui est encore présent après plus de cinquante ans comme au premier jour ; elle le recommande, quelques mois avant de mourir, à la demi-sœur à laquelle elle écrit (30 août 1722) : « Il n'y a pas au monde un meilleur air que celui de Heidelberg, et surtout celui du château où est mon appartement ; rien de mieux ne saurait se rencontrer. Personne mieux que moi ne peut comprendre, ma chère Louise, ce que vous avez dû sentir à Heidelberg ; je ne peux pas y songer sans la plus vive émotion ; mais je ne veux pas en parler ce soir, cela me rend trop triste et m'empêcherait de dormir. »

En Allemande des bords du Necker et du Rhin, Élisabeth-Charlotte aimait les sites pittoresques, les courses dans les forêts, la nature livrée à elle-même, et aussi des coins bourgeois et plantureux au milieu de l'encadrement sauvage : « J'aime mieux voir des arbres et des prairies que les plus beaux palais; j'aime mieux un jardin potager que des jardins ornés de statues et de jets d'eau; un ruisseau me plaît davantage que de somptueuses cascades; en un mot, tout ce qui est naturel est infiniment plus de mon goût que les œuvres de l'art et de la magnificence : elles ne plaisent qu'au premier aspect, et aussitôt qu'on y est habitué, elles inspirent la fatigue et on ne s'en soucie plus. » En France elle aimait particulièrement le séjour de Saint-Cloud, où elle jouissait avec plus de liberté de la nature. A Fontainebleau, elle se promenait souvent à pied et faisait chaque fois une bonne lieue à travers la forêt. A son arrivée en France et à son début à la Cour, quand on lui présenta son médecin, elle dit « qu'elle n'en avait que faire, qu'elle n'avait jamais été ni saignée ni purgée, et que, quand elle se trouvait mal, elle faisait deux lieues à pied, et qu'elle était guérie. » Madame de Sévigné, qui raconte ceci, paraît en conclure avec le commun de la Cour que la nouvelle Madame est *tout étonnée de sa grandeur*, et qu'elle parle en personne qui n'est pas accoutumée à un si grand entourage. Madame de Sévigné se trompe : Madame n'était nullement étonnée de sa grandeur; elle se sentait faite pour ce haut rang d'épouse de Monsieur, elle se fût sentie à sa place plus haut encore; mais madame de Sévigné, qui se promenait pourtant si volontiers dans ses bois de Livry ou dans son parc des Rochers, ne devinait pas la jeune fille fière, brusque et sauvage, qui avait mangé avec délices son morceau de pain et ses cerises cueillies à l'arbre, à cinq heures du matin, sur les hauteurs de Heidelberg.

Le mariage de Madame ne se fit point tout à fait selon son gré : en France on a dissimulé cela ; en Allemagne on le dit plus nettement. Son père l'Électeur espérait, moyennant cette alliance, acheter la sûreté de son pays toujours menacé par les Français. En fille pieuse, elle obéit, mais elle ne put s'empêcher de dire : « Je suis donc l'agneau politique qui vais être sacrifié pour le pays. » L'*agneau*, quand on la connaît, peut paraître un terme singulièrement choisi pour une si forte victime ; mais la comparaison reste juste, tant le cœur chez elle était tendre et était bon.

Le rôle que Madame concevait pour elle en France était donc de préserver son pays natal des horreurs de la guerre, de lui être utile dans les différents desseins qui s'agiteraient à la Cour de France et qui étaient de nature à bouleverser l'Europe. Elle y échoua, et ce fut pour elle une poignante douleur. Elle devint même la cause innocente de nouveaux malheurs pour ce pays qu'elle chérissait, lorsqu'à la mort de son père et de son frère, celui-ci n'ayant pas laissé d'enfants, Louis XIV, à cause d'elle, éleva des prétentions sur le Palatinat. Au lieu d'apporter des gages et des garanties de paix, elle se trouvait ainsi avoir procuré des prétextes et des moyens de guerre. La dévastation et les incendies célèbres qu'entraînèrent ces luttes d'ambition lui causèrent des peines inexprimables : « Quand je songe aux incendies, il me vient des frissons... Toutes les fois que je voulais m'endormir, je revoyais tout Heidelberg en feu ; cela me faisait lever en sursaut, de sorte que je faillis en tomber malade. » Elle en parle sans cesse, elle en saigne et en pleure après des années ; elle en garda à Louvois une haine éternelle : « J'éprouve une douleur amère, écrivait-elle trente ans après (3 novembre 1718), quand je pense à tout ce que M. Louvois a fait brûler dans le Palatinat; je crois qu'il brûle terriblement dans l'autre monde, car il est mort si brusquement qu'il n'a pas eu le temps de se repentir. » Sa vertu en de telles conjonctures fut de rester fidèle à la France et à Louis XIV, tout en se sentant déchirée dans cette intime et secrète partie d'elle-même. Elle ne cessa jusqu'à la fin de s'intéresser à la destinée de son malheureux pays et à sa résurrection après tant de désastres : « J'aime ce prince, disait-elle de l'Électeur d'une autre branche qui y régnait en 1718, parce qu'il aime le Palatinat. Je puis facilement imaginer combien il a été peiné quand il a vu qu'à peine restait-il des ruines de Heidelberg. Quand j'y songe, les larmes me viennent aux yeux, et je suis toute triste. » Elle regrette de voir pourtant des tracasseries ou des persécutions religieuses introduites dans le pays, et de se sentir impuissante à intervenir pour protéger ceux qu'on tourmente. Elle déplore cette impuissance où elle est en particulier de rendre service à ses braves compatriotes de Heidelberg, à cette ville que le nouvel Électeur irrité privera de sa résidence en la transférant à Manheim : « Je ne vois que trop maintenant, dit-elle (décembre 1719), que Dieu n'a pas voulu que je pusse accomplir quelque bien en France, car, en dépit de mes efforts, je n'ai jamais pu être utile à mon pays. Il est vrai que, si je suis venue en France, c'est par pure obéissance pour mon père, pour mon oncle et pour ma tante l'Électrice de Hanovre; mon inclination ne m'y portait nullement. » Ainsi donc, dans ce mariage si brillant en apparence qu'elle contracta avec le frère de Louis XIV, Madame ne songeait qu'à une chose, servir et protéger son pays allemand auprès de la politique française; et ce seul côté par où la politique, à laquelle elle resta d'ailleurs toujours étrangère, la touchait au cœur, elle eut le regret de le manquer.

Quand le mariage d'Élisabeth-Charlotte se négociait, elle était de la religion réformée, et il s'agissait de la convertir (1). L'érudit et bel esprit Chevreau, qui était dans cette Cour de l'Électeur Palatin avec le titre de conseiller, se flatte d'y avoir beaucoup contribué par des entretiens de quatre heures par jour durant trois semaines environ. Un des orateurs qui ont célébré Madame à l'époque de sa mort, son aumônier (l'abbé de Saint-Geri de Magnas), a dit à ce sujet : « Demandée en mariage pour Monsieur par Louis XIV, la condition principale fut qu'elle embrasserait la religion catholique. L'ambition ni la légèreté n'eurent point de part à son changement ; le respect et la tendresse qu'elle conservait pour madame la princesse Palatine, sa tante,

---

(1) Un de mes instruits et obligeants lecteurs me fait remarquer que la princesse n'était pas luthérienne comme je l'avais dit d'abord, mais réformée, c'est-à-dire plutôt calviniste : « La conversion de la maison Palatine au Calvinisme ou à ce qui en approche est, dans l'histoire d'Allemagne, un événement important et qui eut de graves conséquences. C'est, pour n'en citer qu'un exemple, au Calvinisme du malheureux électeur Frédéric V, grand-père de la duchesse d'Orléans, qu'il faut attribuer en grande partie la froideur avec laquelle les États luthériens d'Allemagne accueillirent l'élection de ce prince au trône de Bohême, et le peu d'appui qu'ils lui prêtèrent après sa défaite. » — « Ce fut, me dit-on encore de bonne part, un des ancêtres de Madame, l'électeur Frédéric III, qui se fit réformé vers 1560 et qui introduisit une forme de culte et de symbole, non pas exactement calviniste, mais plutôt zwinglien, et dont le *Catéchisme de Heidelberg* est l'expression. Les Luthériens ont toujours attaqué ce Catéchisme à cause de la doctrine sur la sainte Cène. Je crois, ajoute mon exact informateur, que ce livre a été un essai de conciliation : mais comme il penchait plutôt du côté des Réformés suisses, il n'a pas produit l'effet voulu ; bref il a été réputé calviniste, quoique n'étant pas dans l'extrême de cette doctrine. » Cela dit et ces éclaircissements donnés sur la communion particulière dans laquelle Madame avait été d'abord élevée, je demande à maintenir le nom et la trace de Luther dans les endroits où je le cite : il est certain que la princesse semble tenir de lui pour un reste de franche liberté, de large interprétation et d'indépendance, plutôt que de l'esprit rigoureux de Calvin.

qui était catholique, ne lui permirent pas de refuser l'instruction : elle écouta le Père Jourdan, jésuite; née avec cette droiture qui l'a si fort distinguée pendant sa vie, elle ne résista pas à la vérité. Elle fit abjuration à Metz... » Madame, en effet, fut sincère dans sa conversion : pourtant elle y porta quelque chose de sa liberté d'esprit et de son indépendance d'humeur : « Lors de mon arrivée en France, dit-elle, on m'a fait tenir des conférences sur la religion avec trois évêques. Ils différaient tous trois dans leurs croyances ; je pris la quintessence de leurs opinions et m'en formai ma religion. » Dans cette religion catholique ainsi définie en gros, qu'elle crut et qu'elle pratiqua en toute bonne foi, il restait des traces et bien des habitudes de son premier culte. Elle continua de lire la Bible en allemand. Elle remarque qu'alors en France presque personne, même parmi les fidèles, ne lisait la sainte Écriture. Les traductions qu'on en avait faites récemment ayant amené des discussions et des querelles très-vives, l'autorité ecclésiastique était intervenue pour en interdire la lecture, qui est toujours restée chez nous une rareté. Madame faisait donc une notable exception lorsque, dans son plan de vie, elle accordait une si grande place et si régulière à la méditation du saint livre. Elle s'était choisi trois jours par semaine pour ce salutaire usage : « Après une visite à mon fils, dit-elle (27 novembre 1717); j'ai été me mettre à table, et après dîner j'ai pris ma Bible et j'ai lu quatre chapitres du livre de Job, quatre psaumes et deux chapitres de saint Jean. J'ai remis les deux autres à ce matin. » Elle aurait pu en écrire autant presque à chaque ordinaire. Un jour qu'elle chantait sans y songer les Psaumes calvinistes ou les Cantiques luthériens (car elle mêle l'un et l'autre) en se promenant seule dans l'Orangerie de Versailles, un peintre qui était à travailler sur son échafaudage descendit en toute hâte et tomba à ses pieds, en disant avec reconnaissance : « Est-il possible, Madame, que vous vous souveniez encore de nos Psaumes? » Ce peintre était un réformé, depuis réfugié ; elle a très-bien raconté cette petite scène touchante. Elle n'avait rien de l'esprit de secte. Elle blâmait Luther d'avoir voulu faire une Église séparée ; il aurait dû se borner, selon elle, à s'élever contre de certains abus. Elle avait gardé de lui et des autres réformateurs, jusqu'à travers sa conversion, une habitude d'invectives contre les Ordres religieux de tout genre ; elle a, à ce propos, des sorties qui sont moins d'une femme que de quelque savant du seizième siècle en colère ou de quelque docteur émancipé de la rue Saint-Jacques. Gui Patin en vertugadin ne s'exprimerait pas autrement. Elle correspondait avec Leibniz, qui l'assurait qu'elle n'écrivait pas mal l'allemand, ce qui lui fait grand plaisir, car elle ne peut souffrir, dit-elle, de voir des Allemands qui méprisent et méconnaissent leur langue maternelle. Ces lettres qu'elle écrivait à Leibniz seraient précieuses à recouvrer et à publier. Elle aurait volontiers emprunté de l'illustre philosophe son idée d'un rapprochement et d'une fusion, d'une réconciliation entre les principales communions chrétiennes ; elle traduisait cela un peu brusquement à sa manière lorsqu'elle disait : « Si l'on suivait mon avis, tous les souverains donneraient ordre que parmi tous les chrétiens, sans distinction de religion, on eût à s'abstenir d'expressions injurieuses, et que chacun croirait et pratiquerait selon sa volonté... » Au milieu de cette Cour de Louis XIV, qui allait être si unanime sur la révocation de l'Édit de Nantes, elle apportait et elle conserva d'inviolables idées de tolérance : « C'est ne se montrer nullement chrétien, disait-elle, que de tourmenter les gens pour des motifs de religion, et je trouve cela affreux ; mais lorsqu'on examine la chose au fond, on trouve que la religion n'est là que comme un prétexte; tout se fait par politique et par intérêt. Chacun sert Mammon et non le Seigneur. » Plus tard, elle s'entremettait humainement auprès du Régent son fils pour tirer des galères ceux des Réformés qui y avaient été condamnés. Mais comme il est dans le tempérament de Madame et dans son humeur d'outrer tout, même ses bonnes qualités, et d'y introduire quelque incohérence, elle va fort au delà du but lorsqu'elle exprime le vœu de voir aux galères à la place des innocents ceux qu'elle suppose les persécuteurs, ou même d'autres moines quelconques, par exemple les moines espagnols qui furent les derniers à résister dans Barcelone à l'établissement du petit-fils de Louis XIV : « Ils ont prêché dans toutes les rues qu'il ne fallait pas se rendre; si l'on suivait mon avis, on mettrait ces coquins aux galères, au lieu des pauvres Réformés qui y pâtissent. » Voilà bien Madame dans sa bonté de cœur et dans ses excès de paroles, dans sa religion franche, sincère, mêlée de quelque bigarrure.

Quand elle arriva en France à l'âge de dix-neuf ans, on ne s'attendait pas à tout cela; on était rempli du souvenir et du regret de l'autre Madame, l'aimable Henriette, enlevée dans la fleur du charme et de la grâce : « Hélas! s'écriait madame de Sévigné en parlant de la nouvelle venue, hélas! si cette Madame pouvait nous bien représenter celle que nous avons perdue! » Au lieu d'une fée légère et d'un être d'enchantement, que vit-on tout d'un coup paraître?

« Madame, dit Saint-Simon, était une princesse de l'ancien temps, attachée à l'honneur, à la vertu, au rang, à la grandeur, inexorable sur les bienséances. Elle ne manquait point d'esprit, et ce qu'elle voyait, elle le voyait très-bien. Bonne et fidèle amie, sûre, vraie, droite, aisée à prévenir et à choquer, fort difficile à ramener; grossière, dangereuse à faire des sorties publiques; fort Allemande dans toutes ses mœurs, et franche; ignorant toute commodité et toute délicatesse pour soi et pour les autres, sobre, sauvage et ayant ses fantaisies. Elle aimait les chiens et les chevaux, passionnément la chasse et les spectacles, n'était jamais qu'en grand habit ou en perruque d'homme, et en habit de cheval... »

Et ailleurs, dans un second portrait d'elle qu'il recommence admirablement et qu'il conclut en ces mots : « *La figure et le rustre d'un Suisse*; capable avec cela d'une amitié tendre et inviolable. »

Introduite à la Cour par sa tante, l'illustre princesse Palatine Anne de Gonzague, elle ne lui ressemblait donc en rien pour l'esprit, pour le don d'insinuation habile et de conciliation, pour la prudence ; succédant à la première Madame, elle en était encore plus loin et véritablement le contraire pour les manières, pour la qualité et le tour des pensées, pour la délicatesse et pour tout. Madame, dans toute sa vie, était et sera ainsi le contraire de bien des choses et de bien des personnes autour d'elle : elle était originale du moins, et tout à fait elle-même.

Il semblait que ce fût une ironie du sort d'avoir donné pour seconde femme à Monsieur, à ce prince si mou et si efféminé, une personne qui par ses goûts ressemblait le plus à un homme et qui avait le regret de ne pas être née garçon. Madame raconte très-gaiement comme quoi dans sa jeunesse, sentant sa vocation de cavalier si forte, elle espérait toujours un miracle de la nature en sa faveur. Dans cette idée, elle se livrait à tous les exercices virils le plus qu'elle pouvait, aux sauts les plus périlleux. Elle aimait mieux les épées et les fusils que les poupées. Elle prouve surtout combien il y a peu de la nature de la femme en elle par le peu de délicatesse, et, pour tout dire, par le peu de pudeur qu'elle a dans les propos. Elle est l'honnêteté même, la vertu, la fidélité, l'honneur, mais aussi par moments la crudité, la grossièreté personnifiée. Elle parle de tout indistinctement comme un homme, n'est jamais dégoûtée en paroles, et n'y va jamais par quatre chemins quand elle a à exprimer quelque chose qui serait difficile et embarrassant pour toute autre. Au contraire de la nature des femmes, elle n'a aucune envie de plaire, aucune coquetterie : « Nulle complaisance, dit Saint-Simon, *nul tour dans l'esprit*, quoiqu'elle ne manquât pas d'esprit. » On lui demandait un jour pourquoi elle ne donnait jamais un coup d'œil au miroir en passant : « C'est, répondit-elle, parce que j'ai trop d'amour-propre pour aimer à me voir laide comme je suis. » Le beau portrait de Rigaud nous la rend d'une parfaite ressemblance dans sa vieillesse, grasse, grosse, à double menton, aux joues colorées, avec la dignité du port toutefois et la fierté du maintien, et une expression de bonté dans les yeux et dans le sourire. Elle-même s'est plu de tout temps à faire acte de laideur ; on dirait qu'elle y tient :

« Il n'importe guère que l'on soit beau, et une belle figure change bientôt ; mais une bonne conscience reste toujours bonne. Il faut que vous ne vous souveniez guère de moi si vous ne me rangez pas au nombre des laides ; je l'ai toujours été, et je le suis devenue encore plus des suites de la petite vérole : ma taille est monstrueuse de grosseur, je suis aussi carrée qu'un cube ; ma peau est d'un rouge tacheté de jaune ; mes cheveux deviennent tout gris ; mon nez a été tout bariolé par la petite vérole, ainsi que mes deux joues ; j'ai la bouche grande, les dents gâtées, et voilà le portrait de mon joli visage. »

On n'a jamais été laide avec plus de verve ni plus à cœur-joie. Il se glisse ainsi par moments, sous la plume et dans l'expression de Madame, une veine naturelle de Rabelais et de grotesque. C'est par là qu'elle tient un coin unique dans la Cour de Louis XIV. Tout en sachant ce qu'on doit à son rang et en ne s'en départant jamais, il est mille circonstances où elle fait disparate et où elle tranche sur le décorum.

C'est par cette naïveté de brusquerie peut-être, et aussi par ses qualités solides d'honnête femme, j'allais dire d'honnête homme, qu'elle plut à Louis XIV, et qu'entre elle et lui se noua cette amitié qui ne laisse pas d'avoir sa singularité et d'étonner au premier abord. Madame de Sévigné, dans une lettre à sa fille, a l'air de croire que Madame (comme cela était arrivé à la Madame précédente) ressent pour Louis XIV une inclination tant soit peu romanesque, et qui la tourmente sans qu'elle se rende bien compte de ce que c'est. Il y a dans tout ceci bien du raffinement. En général, et je l'ai déjà remarqué, madame de Sévigné comprend peu Madame et ne se donne pas la peine d'entrer dans le sens de cette nature si peu française. C'est ainsi qu'apprenant que cette princesse s'est évanouie de douleur à la nouvelle subite de la mort de l'Électeur Palatin, son père, madame de Sévigné badine là-dessus : « Voilà Madame à crier, dit-elle, à pleurer, à faire un bruit étrange, on dit à s'évanouir, je n'en crois rien ; elle me paraît incapable de cette marque de faiblesse ; c'est tout ce que pourra faire la mort que de fixer tous ses esprits. » *Fixer tous ses esprits*, parce que *ses esprits* (dans la langue de la physique du temps) étaient toujours en mouvement et en grande agitation. Mais laissons pour un moment la plaisanterie française et cette facilité de badiner sur tout et de chercher finesse à tout. Madame, mariée d'une manière si triste et si ingrate, et avec qui il ne fallait que causer, disait-on, quand on voulait se dégoûter à l'avance de cette condition pénible du mariage, n'était pas femme à se rejeter sur le roman pour se consoler de la réalité. Tombée au milieu d'une Cour brillante et fausse, toute pleine alors de galanterie et de plaisirs qui cachaient bien des rivalités et des ambitions, elle démêla, avec un instinct de bon sens et une certaine fierté de race, à qui elle pouvait s'attacher parmi tout ce monde, et elle s'adressa avec droiture au plus honnête homme encore de tous, c'est-à-dire à Louis XIV lui-même. Un jésuite, qui a prononcé l'Oraison funèbre de Madame, le Père Cathalan, a dit là-dessus ce qu'il y a de mieux à dire. Il y avait alors dans le royaume un roi digne de l'être, avec toutes les qualités qu'on sait, au milieu des défauts que chacun concourait à favoriser et à recouvrir ; un roi homme de mérite, « toujours maître et toujours roi, mais plus honnête homme encore et plus chrétien qu'il n'était maître et roi :

« C'est ce mérite qui la toucha, dit très-bien le Père Cathalan. Un goût et, si je puis m'exprimer de la sorte, une sympathie de grandeur attacha Madame à Louis XIV. De secrets rapports font les nobles attachements d'estime et de respect ; et les grandes âmes, quoique les traits de leur grandeur soient différents, se sentent et se ressemblent. Elle estima, elle honora, oserai-je le dire ? elle aima ce grand roi parce qu'elle était grande elle-même. Elle l'aimait lorsqu'il était plus grand que sa fortune ; et elle l'aimait encore davantage lorsqu'il était plus grand que ses malheurs. On l'a vu donner à ce prince mourant des larmes amères, en donner même à sa mémoire, le chercher dans ce superbe palais qu'il remplissait de l'éclat de sa personne et de ses vertus, dire souvent qu'il y manquait, et porter toujours depuis sa mort une plaie profonde, dont toute la gloire de son fils n'a pu lui ôter le sentiment. »

Madame était agréable à Louis XIV par sa franchise, par son naturel ; elle le réjouissait quelquefois par ses reparties et ses gaietés, elle le faisait rire de bon cœur. Chose rare à la Cour, elle aimait la joie pour elle-même : « La joie est très-bonne pour la santé, pensait-elle ; ce qui est sot, c'est d'être triste. » Elle rompait la monotonie des formes cérémonieuses, des menuets en tout genre, des longs repas silencieux. Ce qui eût été incongruité chez toute autre prenait un certain sel dans sa bouche ; elle avait ses priviléges : « Lorsqu'il répugnait au roi de dire quelque chose directement à une personne, c'était à moi qu'il adressait la parole; il savait bien que dans la conversation je ne me contraignais point, et cela le divertissait. A la table, il fallait bien qu'il s'entretînt avec moi, puisque les autres ne lui disaient mot. » Elle n'était pas si inférieure à ce roi qu'on le croirait, ou plutôt elle ne lui était inférieure qu'en politesse, en mesure, en esprit de suite et de précision : mais, à certains égards, elle le jugeait avec bien de l'intelligence et avec un bon sens plus libre et plus étendu qu'il n'osait se le permettre pour son propre compte; elle le trouvait ignorant sur une foule de points, et elle avait raison. Ce qu'elle prisait fort en lui, c'était sa droiture de sentiment et sa justesse de coup d'œil quand il était livré à son propre mouvement, c'était la qualité de son esprit, l'agrément de ses entretiens, la tournure excellente de ses propos; enfin c'était un certain naturel élevé qui l'attirait et la charmait en Louis XIV. Elle aida plus que personne à le consoler ou à le distraire de la mort de la duchesse de Bourgogne; elle allait près de lui le soir, aux heures permises, et marquait qu'elle se plaisait dans sa compagnie : « Il n'y a que Madame qui ne me quitte pas, disait Louis XIV, je vois qu'elle est bien aise d'être avec moi. » Madame a ingénument exprimé le genre d'affection ouverte et sincère qu'elle se sentait pour Louis XIV, lorsqu'elle a dit : « Quand le roi eût été mon père, je n'aurais pu l'aimer plus que je ne l'ai aimé, et j'avais du plaisir à être avec lui. » Quand la santé du roi décline et qu'il approche de la dernière heure, on voit Madame dans ses lettres laisser éclater sa douleur à nu ; elle, dont le fils sera Régent, elle craint, plus que tout, le changement de règne : « Le roi n'est pas bien (15 août 1715); cela me tracasse au point que j'en suis à moitié malade ; j'en perds l'appétit et le sommeil. Dieu veuille que je me trompe ! mais, si ce que je crains arrivait, ce serait pour moi le plus grand malheur. » Elle raconte les dernières scènes d'adieu avec un véritable et visible attendrissement. Le peu qui s'est fait de bien dans les dernières années, elle l'attribue à Louis XIV ; tout ce qui s'est fait de mal, elle l'impute à celle qu'elle considère comme un mauvais génie et le diable en personne, à madame de Maintenon.

Et ici nous arrivons à la grande antipathie de Madame, à ce qui, chez elle, est presque inimaginable de prévention, de haine, d'animosité, et si violent que cela en devient comique. En vérité, si Madame, à un moment, avait été réellement éprise de Louis XIV, et si elle avait haï en madame de Maintenon la rivale qui l'aurait supplantée, elle ne s'exprimerait pas autrement. Mais il n'est pas besoin de ce genre d'explication avec une nature si aisée à prévenir, si difficile à ramener, et que tout mettait en opposition et en contraste avec le point de départ et le procédé de madame de Maintenon. Ce sont des antipathies de race, de condition, d'humeur, et que de longues années passées en présence, dans la vue continuelle et dans une étroite contrainte, n'ont fait que cultiver, fomenter en secret et exaspérer. Qui n'a vu de ces longues inimitiés intimes, qui font explosion dès qu'il y a jour?

Madame, princesse et de maison souveraine avant tout, et qui, au milieu de toutes ses qualités humaines et de ses débonnairetés, n'oubliait jamais les devoirs de la naissance et de la grandeur ; elle de qui l'on a dit : « Jamais Grand ne connut mieux ses droits, ni ne les fit mieux sentir aux autres ; » Madame n'avait rien tant en horreur et en mépris que les mésalliances ; la galerie de Versailles a retenti longtemps du soufflet sonore qu'elle appliqua à son fils le jour où celui-ci, ayant consenti à épouser la fille naturelle de Louis XIV, s'approchait de sa mère, selon son usage, pour lui baiser la main. Or, de toutes les mésalliances, quelle plus grande et plus inexplicable à ses yeux que celle qui plaçait madame de Maintenon à côté de Louis XIV?

Madame, naturelle, franche, laissant éclater volontiers ses sentiments, aimant à s'épancher, plus souvent au delà qu'en deçà, et observant mal les mesures, ne devait pas aimer le procédé froid, prudent, discret, mystérieux, poli et inattaquable, d'une personne à qui elle supposait mille projets plus noirs et plus profonds que ceux de l'Enfer.

Elle lui en voulait pour de petites choses et pour de grandes choses. Elle supposait que c'était madame de Maintenon qui, d'accord avec le Père La Chaise, avait ourdi et mis en jeu toute la persécution contre les Réformés : elle se retrouvait sur ce point non-seulement humaine, mais un peu calviniste ou luthérienne, avec un reste de vieux levain; elle pensait de près comme les réfugiés de Hollande écrivaient de loin. Elle croyait voir en madame de Maintenon un Tartufe en robe couleur de feuille-morte. Et puis, autre grief presque aussi grave! s'il n'y avait plus d'étiquette à la Cour, si les rangs n'y étaient plus préservés et délimités, c'était madame de Maintenon qui en était cause :

« Il n'y a plus de Cour en France (23 mai 1720), et c'est la faute de la Maintenon, qui, voyant que le roi ne voulait pas la déclarer reine, ne voulut plus qu'il y eût de grandes réceptions, et persuada à la jeune Dauphine (*la duchesse de Bourgogne*) de se tenir dans sa chambre à elle, où il n'y avait plus de distinction de rang ni de dignité. Sous prétexte que ce n'était qu'un jeu, la vieille amena la Dauphine et les princesses à la servir à sa toilette et à table; elle leur persuada de lui présenter les plats, de changer ses assiettes, de lui verser à boire. Tout fut donc mis sens-dessus-dessous, et personne ne savait plus quelle était sa place ni ce qu'il était. Je ne me suis jamais mêlée à tout cela; mais, lorsque j'allais voir la dame, je me mettais près de sa niche sur un fauteuil, et je ne l'ai jamais servie, ni à table, ni à la toilette. Quelques personnes me conseillaient de faire comme la Dauphine et les princesses, je répondis : « Je n'ai jamais été élevée à faire des bassesses, et je suis trop vieille pour me livrer à des jeux d'enfants. » Depuis on ne m'en a plus reparlé. »

Je n'en finirais pas si je voulais énumérer toutes les raisons graduelles et insensibles qui ont amené l'espèce de déraison finale dont Madame est saisie toutes les fois qu'elle a à parler de madame de Maintenon ; car il n'est pas de termes qu'elle n'emploie à son égard. Elle tombe à ce sujet dans tout ce que peuvent imaginer aux jours de folie les plus grossières crédulités populaires : elle voit en madame de Maintenon, même après la mort de Louis XIV et depuis qu'elle est ensevelie à Saint-Cyr, tantôt une accapareuse de blé, tantôt une empoisonneuse, experte dans l'art des Brinvilliers, une *Gorgone*, une incendiaire qui fait mettre le feu au château de Lunéville. Quand elle a tout épuisé, elle ajoute : « Tout le mal qu'on dit de cette femme diabolique est encore au-dessous de la vérité. » Elle lui applique un vieux proverbe allemand : « Où le diable ne peut aller lui-même, il envoie une vieille femme. » Saint-Simon, tout enflammé qu'il est, pâlit, pour le coup, auprès de ces haines fabuleuses, et lui-même il se charge de nous en dire le secret.

Un jour, en une circonstance mémorable, Madame s'était vue humiliée devant madame de Maintenon, forcée de se reconnaître envers elle des torts, de lui en faire des excuses devant témoin, et de se dire son obligée avec reconnaissance. C'était à la mort de Monsieur (juin 1701). Madame, qui, en ce grave moment, avait tout à obtenir du roi et pour elle et pour son fils (et qui obtint tout en effet), fit l'effort de mettre sa dignité de côté et de s'adresser à madame de Maintenon. Celle-ci se rendit chez la princesse, et, en présence de la duchesse de Ventadour pour témoin, représenta à Madame, après l'avoir écoutée, que le roi avait eu à se plaindre d'elle, mais qu'il voulait bien tout oublier. Madame, se croyant sûre d'elle-même, protesta de son innocence : madame de Maintenon, avec un grand sang-froid, la laissa dire jusqu'au bout, puis tira de sa poche une lettre, comme Madame en écrivait journellement, adressée à sa tante l'Électrice de Hanovre, et dans laquelle il était parlé en termes outrageants du commerce du roi et de madame de Maintenon : « On peut penser si, à cet aspect et à cette lecture, Madame pensa mourir sur l'heure. »

Ce n'était là que la première partie de la scène si admirablement décrite par Saint-Simon, de cette espèce de duel entre les deux femmes. Quand le nom du roi fut hors de cause, madame de Maintenon eut bientôt à parler pour son propre compte et à répondre aux reproches que lui faisait Madame d'avoir varié de sentiments à son égard : l'ayant laissée dire comme la première fois, l'ayant laissée s'avancer jusqu'au bout et s'enferrer en quelque sorte, elle lui découvrit tout d'un coup des paroles secrètes, particulièrement offensantes pour elle-même, qu'elle savait depuis dix ans et plus, qu'elle avait gardées sur le cœur, et que Madame avait dites à une princesse, morte depuis, laquelle les avait répétées dans le temps mot pour mot à madame de Maintenon : « A ce second coup de foudre, Madame demeura comme une statue; il y eut quelques moments de silence. » Puis ce furent des pleurs, des cris, des pardons, des promesses, et un raccommodement qui, fondé sur un triomphe froid pour madame de Maintenon et sur une humiliation intime pour Madame, ne pouvait être de bien longue durée. C'est peu après cette scène, et durant le temps très-court de cette amitié ainsi renouée, que Madame écrivit à madame de Maintenon deux lettres (1) dont voici la première, datée du 15 juin; la scène était du 11 :

(1) Elles sont à la Bibliothèque du Louvre, et j'en dois connaissance et communication à l'obligeance de M. Barbier. On voit dans ces lettres, et dans quelques autres adressées au duc de Noailles,

« Ce mercredi, 15 de juin, à onze heures du matin.

« Si je n'avais eu la fièvre et de grandes vapeurs, Madame, du triste emploi que j'ai eu avant-hier d'ouvrir les cassettes de Monsieur, toutes parfumées des plus violentes senteurs, vous auriez eu plus tôt de mes nouvelles, mais je ne puis me tenir de vous marquer à quel point je suis touchée des grâces que le Roi a faites hier à mon fils, et de la manière qu'il en use pour lui et pour moi : comme ce sont des suites de vos bons conseils, Madame, trouvez bon que je vous en marque ma sensibilité, et que je vous assure que je vous tiendrai très-inviolablement l'amitié que je vous ai promise ; et je vous prie de me continuer vos conseils et avis, et de ne jamais douter de ma reconnaissance qui ne peut finir qu'avec ma vie.

« ÉLISABETH-CHARLOTTE. »

Le second billet, par lequel Madame soumet au roi une lettre qu'elle vient de recevoir de la reine d'Espagne, avec la réponse qu'elle y a faite, se termine par des protestations du même genre : « Ayez la bonté de me marquer la volonté du Roi. Je serai toujours ravie de les apprendre par vous, Madame, pour qui je me sens à cette heure, une véritable amitié fondée sur une grande estime. »

Fière comme l'était Madame, il n'y avait pour elle, après une telle démarche et un rapprochement aussi pénible dans son principe, qu'à devenir l'amie intime et cordiale de madame de Maintenon, ou son ennemie irréconciliable. C'est ce dernier sentiment qui l'emporta. Malgré des efforts qui purent être un moment sincères, les situations et les répugnances furent les plus fortes ; les antipathies se redressèrent et prévalurent.

que Madame n'écrivait pas plus mal en français que la plupart des personnes de qualité de son temps. Je n'ai pas reproduit les fautes d'orthographe, qui sont d'ailleurs perpétuelles dans les lettres des plus grandes dames d'alors, des Montespan et autres.

Lundi, 17 octobre 1853.

NOUVELLES LETTRES
DE
MADAME, MÈRE DU RÉGENT,

TRADUITES PAR M. G. BRUNET

(FIN)

Madame mérite qu'on s'occupe d'elle à plus d'un titre, et en particulier parce qu'ayant beaucoup écrit, son témoignage demeure et est invoqué dans bien des cas. Un travail définitif reste à faire, dans lequel on rassemblerait en corps d'ouvrage et l'on traduirait tout ce qui vaut la peine d'être recueilli. Lorsque l'édition des nouvelles Lettres, des nouveaux fragments de lettres, traduits par M. Brunet, sera épuisée, pourquoi ne lui aurait-on pas cette obligation de plus? pourquoi lui-même ne se chargerait-il pas de former ce recueil complet, en ne négligeant rien de ce qui pourrait l'enrichir et l'éclairer du côté de l'Allemagne, et en n'y ajoutant en fait de notes et d'érudition française que ce qui serait nécessaire? On aurait ainsi, non pas précisément un document historique ajouté à tant d'autres, mais une grande chronique de mœurs, un ardent commérage de société par celle qu'on peut appeler le Gui Patin ou le

Tallemant des Réaux de la fin du dix-septième siècle et des premières années du dix-huitième; on aurait un livre vivant, spirituel et brutal, qui ferait pendant et vis-à-vis à Saint-Simon sur plus d'un point.

Madame et le duc de Saint-Simon ont cela de commun que ce sont deux honnêtes gens à la Cour, honnêtes gens que l'indignation aisément transporte, souvent passionnés, prévenus, féroces alors et sans pitié pour l'adversaire. Saint-Simon, est-il besoin de le dire? a sur Madame toute la supériorité d'une nature de génie faite exprès pour sonder et pour fouiller dans les cœurs, pour en rapporter des descriptions toutes vives, qu'il nous rend présentes en traits de flamme. Madame, souvent crédule, regardant ailleurs, mêlant les choses, peu critique dans ses jugements, voit bien pourtant ce qu'elle voit, et elle le rend avec une force, une violence, qui, pour être peu conforme au goût français, ne se grave pas moins dans la mémoire. Quand elle tombe juste, elle emporte nettement la pièce comme Saint-Simon. Tous deux se connurent beaucoup et s'estimèrent; ils avaient sans s'en douter le même travers, et ils le notaient réciproquement chacun chez l'autre : l'une était à cheval sur son rang de princesse, et sur le qui-vive, de peur qu'on ne lui rendît pas assez; l'autre était intraitable, on le sait, et comme fanatique sur le chapitre des ducs et pairs

« En France et en Angleterre, dit Madame, les ducs et les lords ont un orgueil tellement excessif qu'ils croient être au-dessus de tout; si on les laissait faire, ils se regarderaient comme supérieurs aux princes du sang, et la plupart d'entre eux ne sont pas même véritablement nobles. J'ai une fois joliment repris un de nos ducs; comme il se mettait à la table du roi, devant le prince de Deux-Ponts, je dis tout haut : « D'où vient que M. le duc de Saint-Simon presse tant le prince de Deux-Ponts? a-t-il envie de le prier de prendre un de ses fils pour page? » Tout le monde se mit si fort à rire qu'il fallut qu'il s'en allât.

Saint-Simon n'en voulut pas trop à Madame de cette petite mortification. Il a parlé d'elle avec vérité et justice, comme d'une nature mâle un peu parente de la sienne; tout ce qu'on a lu et ce qu'on lit dans les nombreuses lettres où Madame se déclare et se montre à tous les yeux, n'est en quelque sorte que la démonstration et le commentaire du jugement premier donné par Saint-Simon.

Madame était naturellement juste, humaine, compatissante. Elle s'inquiétait beaucoup de ses dettes et de ses créanciers, ce que les Grands ne faisaient pas toujours, et on a remarqué qu'elle n'était tranquille que lorsqu'elle avait assuré avant tout cet ordre de payements, « prévenant les demandes, quelquefois les désirs, et toujours l'impatience et les plaintes. » Les lettres qu'elle écrit durant le terrible hiver de 1709 respirent la pitié pour les pauvres gens « qui mouraient de froid comme des mouches. » Nulle princesse n'avait, plus qu'elle, égard à ceux qui l'entouraient et la servaient; « elle aimait mieux quelquefois se passer des assiduités nécessaires que d'en exiger qui eussent été trop incommodes aux autres. » Elle était ce qu'on appelle une bonne maîtresse, et plus on l'approchait, plus on la regretta : « Saint-Cloud, écrivait-elle dans l'automne de 1717, n'est qu'une maison d'été; beaucoup de mes gens y ont des chambres sans cheminée; ils ne peuvent donc y passer l'hiver, car je serais cause de leur mort, et je ne suis pas assez dure pour cela; ceux qui souffrent m'inspirent toujours de la pitié. » Une seule fois elle fut impitoyable : elle était blessée dans son endroit le plus délicat. Madame de Maintenon avait fait venir de Strasbourg (et *tout exprès* pour la narguer, supposait Madame), deux filles d'une naissance équivoque qui se donnaient pour comtesses Palatines et qu'elle plaça comme suivantes auprès de ses nièces. La première Dauphine, qui était Allemande et née princesse de Bavière, le dit à Madame en pleurant, mais sans rien oser pour empêcher un tel affront qui les atteignait toutes deux : « Laissez-moi faire, répondit Madame, j'arrangerai cela ; car, lorsque j'ai raison, rien ne m'intimide. » Et le lendemain elle s'arrangea si bien qu'elle rencontra dans le parc une des deux demoiselles soi-disant comtesses Palatines : elle l'aborda et la traita de telle sorte (les termes étonnants en ont été conservés) que la pauvre fille en prit une maladie dont elle mourut. Louis XIV se contenta de dire à Madame : « Il ne fait pas bon se jouer à vous sur le chapitre de votre maison ; la vie en dépend. » A quoi Madame répliqua : « Je n'aime pas les impostures. » Et elle n'eut pas le moindre regret à ce qu'elle avait fait. Ce trait est caractéristique de la part d'une nature d'ailleurs essentiellement bonne. Toute passion vive devient aisément cruelle quand elle se trouve en face de l'objet qui la gêne ou qui la brave. Ici cette exécution que fit Madame lui apparaissait sous la forme rigoureuse d'un devoir d'honneur.

La vie que Madame menait à la Cour de France varia nécessairement un peu durant les cinquante et un ans qu'elle y passa ; elle n'y vivait pas tout à fait à l'âge de vingt-cinq ans comme elle faisait à soixante. A toutes les époques cependant et dès avant la mort de Monsieur, elle sut s'y faire une retraite et une sorte de solitude. Les côtés excessifs et disparates du caractère de Madame sont déjà assez visibles et assez connus : je voudrais ne pas négliger de faire apercevoir les parties fermes et élevées de son âme. Elle écrivait de Saint-Cloud le 17 juin 1698 :

« Je n'ai pas besoin de beaucoup de consolation à l'égard de la mort ; je ne désire pas la mort, et je ne la redoute point. On n'a pas besoin du Catéchisme de Heidelberg pour apprendre à ne pas trop s'attacher à ce monde, surtout en ce pays où tout est si plein de faussété, d'envie et de méchanceté, et où les vices les plus inouïs s'étalent sans retenue ; mais désirer la mort est une chose tout à fait opposée à la nature. Au milieu de cette grande Cour, je me suis retirée comme dans une solitude, et il y a fort peu de gens avec lesquels j'aie de fréquents rapports ; je suis de longues journées entières toute seule dans mon cabinet, où je m'occupe à lire et à écrire. Si quelques personnes viennent me rendre visite, je ne les vois qu'un moment, je parle de la pluie et du beau temps ou bien des nouvelles du jour, et je me réfugie ensuite dans ma retraite. Quatre fois par semaine, j'ai mes jours de courrier : le lundi, en Savoie ; le mercredi, à Modène ; le jeudi et le dimanche j'écris de très-longues lettres à ma tante à Hanovre ; de six à huit heures, je me promène en voiture avec Monsieur et avec nos dames ; trois fois par semaine, je vais à Paris, et tous les jours j'écris à mes amies qui y demeurent ; je chasse une ou deux fois par semaine : c'est ainsi que je passe mon temps. »

Quand elle parle de solitude, on voit que c'était une solitude de Cour, et encore très-diversifiée. Pourtant c'était quelque chose à une femme d'un si grand monde, à une princesse, que de passer ainsi plusieurs heures chaque jour seule dans son cabinet et en présence de son écritoire.

Après la mort de Monsieur, Madame put vivre davantage à sa guise. Elle eut du regret d'être obligée de renvoyer ses filles d'honneur, dont la jeunesse et la gaieté la divertissaient ; elle se donna un dédommagement selon son cœur en prenant près d'elle et en s'attachant sans titre officiel deux amies, la maréchale de Clérembault et la comtesse de Beuvron, toutes deux veuves, que Monsieur avait éloignées avec aversion de la Cour du Palais-Royal, et auxquelles Madame était restée fidèle dans l'absence ; c'étaient ces *amies de Paris* à qui elle écrivait continuellement. Devenue libre elle-même, elle les voulut près d'elle, et sut jouir presque en simple particulière de cette amitié unie et constante à laquelle elle croyait.

La chasse avait été longtemps une des grandes distractions ou plutôt une des passions de Madame. J'ai dit qu'enfant à Heidelberg, elle s'était livrée le plus qu'elle avait pu aux exercices virils. Toutefois son père s'était opposé à ce qu'elle chassât et qu'elle montât à cheval. C'est donc en France qu'elle fit son apprentissage; sa pétulance le lui rendit assez dangereux; elle tomba jusqu'à *vingt-six fois* de cheval, sans s'effrayer pour cela en rien ni se décourager : « Est-il possible que vous n'ayez jamais vu de grandes chasses? J'ai vu prendre plus de mille cerfs, et j'ai fait aussi des chutes graves; mais sur vingt-six fois que je suis tombée de cheval, je ne me suis fait mal qu'une seule. » Elle s'était démis le coude ce jour-là.

La comédie était une autre de ses passions, et qui tenait en elle à l'intelligence et au goût des choses de l'esprit. Ce fut le seul plaisir (avec celui d'écrire) qui lui resta jusqu'à la fin de sa vie. Elle n'était pas, sur le chapitre de la comédie, de l'avis de Bossuet, de Bourdaloue et des autres grands oracles religieux d'alors; elle devançait l'opinion de l'avenir et celle des moralistes plus indulgents : « A l'égard des prêtres qui défendent la comédie, écrivait-elle assez irrévérencieusement, je n'en parlerai pas davantage : je dirai seulement que, s'ils y voyaient un peu plus loin que leur nez, ils comprendraient que l'argent que le peuple dépense pour aller à la Comédie n'est pas mal employé : d'abord, les comédiens sont de pauvres diables qui gagnent ainsi leur vie; ensuite la comédie inspire la joie, la joie produit la santé, la santé donne la force, la force produit de bons travaux; la comédie est donc à encourager plutôt qu'à défendre. » Elle aimait à rire, et *le Malade imaginaire* la divertissait au point qu'on croirait quelquefois, à lire ses lettres, qu'elle en a voulu imiter le genre de plaisanteries dans ce qu'elles ont de plus physique et de moins fait pour la bouche des femmes. Cependant « *le Malade imaginaire* n'est pas celle des comédies de Molière que j'aime le mieux, disait-elle; *Tartufe* me plaît davantage. » Et dans une autre lettre : « Je ne puis vous écrire plus long, car on m'appelle pour aller à la Comédie; je vais voir *le Misanthrope*, celle des pièces de Molière qui me fait le plus de plaisir. » Elle admirait Corneille, elle cite *la Mort de Pompée;* je ne sais si elle goûta *Esther:* elle aurait aimé Shakespeare : « J'ai souvent entendu Son Altesse notre père, écrivait-elle à sa demi-sœur, dire qu'il n'y avait pas au monde de plus belles comédies que celles des Anglais. »

Après la mort de Monsieur et durant les dernières années de Louis XIV, elle avait adopté un genre de vie tout à fait exact et retiré : « Je suis ici fort délaissée (5 mai 1709), car tous, jeunes et vieux, courent après la faveur; la Maintenon ne peut me souffrir; la duchesse de Bourgogne n'aime que ce que cette dame aime. » Elle s'était donc faite absolument *ermite* au milieu de la Cour : « Je ne fraye avec personne si ce n'est avec mes gens; je suis aussi polie que je peux avec tout le monde, mais je ne contracte avec personne des liaisons particulières, et je vis seule; je me promène, je vais en voiture; mais *depuis deux heures jusqu'à neuf et demie*, je ne vois plus figure humaine; je lis, j'écris, ou je m'amuse à faire des paniers comme celui que j'ai envoyé à ma tante. » Quelquefois, cependant, pour animer ce long intervalle de deux heures à neuf heures et demie, les dames de sa maison faisaient auprès de sa table une partie d'hombre ou de brelan. La Régence de son fils ramena du monde de la Cour chez Madame, et d'ailleurs le séjour plus ordinaire à Paris durant cette Régence lui permettait moins la retraite que ne l'avait fait le séjour à Versailles. Quelquefois, dès le matin, il lui arrivait des demi-douzaines de duchesses qui lui prenaient son temps et lui coupaient sa correspondance. Elle détestait ces conversations de pure politesse, où l'on parle sans avoir rien à dire : « J'aime bien mieux être seule qu'avoir à me donner le tourment de chercher ce que j'aurai à dire à chacun ; car les Français trouvent mauvais qu'on ne leur parle pas, et alors ils s'en vont mécontents ; il faut donc se mettre en peine de ce qu'on peut leur dire ; aussi suis-je contente et tranquille lorsqu'on me laisse dans ma solitude... » Elle faisait exception avec moins de déplaisir quand il s'agissait des Allemands de qualité, qui demandaient tous à être présentés chez elle et qu'elle accueillait fort bien. Elle avait quelquefois dans son appartement jusqu'à vingt-neuf princes, comtes ou gentilshommes allemands. L'un de ces voyageurs, et qui était plus homme d'esprit qu'autre chose, nous l'a très-bien peinte dans ces dernières années de sa vie ; on a par lui cet intérieur au naturel :

« Cette princesse, dit le baron de Poellnitz, était très-affable, accordant cependant assez difficilement sa protection. Elle parlait beaucoup et parlait bien : elle aimait surtout à parler sa langue naturelle que près de cinquante années de séjour en France n'ont pu lui faire oublier ; ce qui était cause qu'elle était charmée de voir des seigneurs de sa nation et d'entretenir commerce de lettres avec eux. Elle était très-exacte à écrire à madame l'Électrice de Hanovre et à plusieurs autres personnes en Allemagne. Ce n'étaient point de petites lettres qu'elle écrivait ordinairement, elle remplissait fort bien vingt à trente feuillets de papier. J'en ai vu plusieurs qui auraient mérité d'être rendues publiques ; je n'ai rien vu de mieux écrit en allemand. Aussi cette princesse ne faisait-elle qu'écrire du matin au soir. D'abord, après son lever qui était toujours vers les neuf heures (1), elle se mettait à sa toilette ; de là, elle passait dans son cabinet où, après avoir été quelque temps en prière, elle se mettait à écrire jusqu'à l'heure de sa messe. Après la messe, elle écrivait

---

(1) Poellnitz indique une autre heure ; je corrige d'après ce que dit Madame (voir une lettre d'elle du 20 septembre 1714). Elle n'oublie pas une chose essentielle qu'elle fait en se levant et qu'une autre qu'elle n'aurait jamais eu l'idée de dire. Décidément elle avait été un peu élevée selon la méthode de Ponocrates dans Rabelais : « Se eveilloit donc Gargantua environ quatre heures du matin... : » et ce qui suit.

encore jusqu'au dîner qui ne durait pas longtemps. Madame retournait ensuite écrire et continuait ainsi jusqu'à dix heures du soir. Vers les neuf heures du soir, on entrait dans son cabinet : on trouvait cette princesse assise à une grande table et entourée de papiers : il y avait une table d'hombre auprès de la sienne, où jouaient ordinairement madame la maréchale de Clérembault et d'autres dames de la maison de cette princesse. De temps en temps, Madame regardait jouer, quelquefois même elle conseillait en écrivant ; d'autres fois elle entretenait ceux qui lui faisaient la cour. J'ai vu une fois cette princesse s'endormir, et, un instant après, se réveiller en sursaut et continuer d'écrire... »

Madame confesse quelque part qu'elle dormait à l'église : « Le matin, je n'y dors pas, mais le soir, après dîner, il m'est impossible d'y rester éveillée. — Je ne dors pas à la Comédie, ajoute-t-elle, mais très-souvent à l'Opéra. » Ici nous venons de la surprendre dormant même dans ce qu'elle aime le mieux après la comédie, dans sa correspondance.

Un jour, elle fit devant tous une scène à la duchesse de Berry, sa petite-fille, qui était venue chez elle le soir en déshabillé, dans une mise de fantaisie, et qui se préparait à aller aux Tuileries en cet équipage : « Non, Madame, rien ne peut vous excuser, lui disait-elle en coupant court à toute explication ; vous pouvez bien vous habiller le peu souvent que vous allez chez le roi, puisque je m'habille tous les jours, moi qui suis votre grand'mère. Dites naturellement que c'est la paresse qui vous empêche de vous habiller ; ce qui ne convient ni à votre âge ni à votre rang. Une princesse doit être vêtue en princesse, et une soubrette en soubrette. » Et tout en disant cela, et toujours sans écouter la réponse de la duchesse de Berry, qui, piquée, fit une profonde révérence et sortit, Madame continuait d'écrire sa lettre en allemand, et sa plume ne cessait de courir sur le papier. La table sur laquelle elle écrivait d'habitude était un bureau un peu exhaussé, de telle sorte que, sans se déranger, elle pouvait, dans les moments de pause, suivre le jeu d'un des joueurs à l'une ou à l'autre des tables qui étaient de chaque côté : « C'était là son occupation lorsqu'elle n'écrivait point; mais, aussitôt que quelqu'un entrait et s'approchait d'elle pour la saluer, elle quittait tout pour demander : *Quelle nouvelle?* et comme on était très-bien venu à lui en donner, on en imaginait lorsqu'on n'en avait pas : elle ne les avait pas plus tôt entendues, que, sans autre examen, elle reprenait toutes ses lettres commencées, pour y consigner ce qu'on venait de lui débiter (1). » Et c'est ainsi qu'à côté des choses bien vues et bien dites, et qui sont l'expression de sa pensée, ses lettres en contiennent tant d'autres qui ne sont que de méchants propos et des remplissages.

Du temps de Louis XIV, on décachetait les lettres à la poste et on les lisait; on en faisait des extraits qu'on montrait au roi et quelquefois à madame de Maintenon. Madame savait cela et ne continuait pas moins son train, usant de son privilége de princesse, disant chemin faisant des vérités sans gêne ou des injures à ceux même qui, en décachetant le paquet, devaient y trouver le leur : « Du temps de M. de Louvois, on lisait toutes les lettres aussi bien qu'à présent, mais on les remettait du moins en temps convenable; maintenant (février 1705) que ce *crapaud* de Torcy a la direction de la poste, les lettres se font attendre un temps infini... Comme il ne sait pas beaucoup d'allemand, il faut qu'il les fasse traduire. Je ne lui sais nullement gré de son attention. » M. de Torcy a pu se régaler de ce passage.

Parmi les goûts ou les fantaisies qui, avec la correspondance, contribuaient à remplir et à distraire les longues heures de retraite de Madame, il faut compter

---

(1) *Souvenirs de Berlin*, par Thiébault, tome III, page 56 (4ᵉ édit.).

deux perroquets, un serin, et huit petits chiens : « Après mon dîner, je me suis promenée une demi-heure dans ma chambre pour faire la digestion, et je me suis amusée avec mes petites bêtes. » Quelquefois un des petits chiens déchirait et mangeait quelque feuille d'une lettre qu'elle venait d'écrire; tant pis alors pour la lettre et pour celui ou celle à qui elle était adressée, elle ne la recommençait pas. Un goût plus noble était celui des médailles, que Madame avait à un haut degré; elle en recueillait de toutes parts, et c'était lui faire le plus délicatement sa cour que de lui en offrir. La collection qu'elle avait formée était célèbre; elle en avait confié la garde au savant Baudelot, qui avait toute l'érudition et la naïveté d'un antiquaire et dont elle s'amusait quelquefois. « Une étude seule fut capable de l'attacher, a dit de Madame un de ses panégyristes, ce fut celle des médailles. Cette suite d'empereurs du haut et du bas Empire, qu'elle recueillit avec choix, qu'elle arrangea avec soin, lui remettait tout d'un coup sous les yeux ce qu'il y a eu de plus respectable dans les siècles passés. En examinant les traits de leurs images, elle se rappelait les traits de leurs actions, et elle se remplissait avec eux des nobles idées de la grandeur romaine. » — Je ne sais si, en formant son cabinet de médailles, Madame avait une vue si haute et si sévère; du moins, par ce plus remarquable de ses goûts, elle se montrait bien la mère du Régent, c'est-à-dire du plus brillant et du plus instruit des amateurs.

Il y a un côté sérieux dans ces Lettres de Madame, celui par lequel elle juge les mœurs, les personnages et le monde de la Régence. Elle eut quelque peine à se faire à ce genre de vie nouveau, à cette résidence plus assidue à la ville et au Palais-Royal : « J'aime les Parisiens, disait-elle, mais je n'aime pas à résider dans leur ville. » Elle s'était accoutumée, durant ses longues saisons à Saint-Cloud, à cette mesure de retraite, de compagnie et de liberté qui allait à sa nature et, je dirai, à sa demi-philosophie. Dès qu'elle y retournait, elle se sentait dans son élément : « Je me trouve bien à Saint-Cloud où je suis tranquille (mai 1718), tandis qu'à Paris on ne me laisse jamais un instant de repos. L'un me présente un placet, l'autre demande que je m'intéresse pour lui, un autre sollicite une audience, etc. En ce monde, les Grands ont leurs peines comme les petits, ce qui n'est pas étonnant; mais ce qui est le plus fâcheux pour les premiers, c'est qu'ils sont toujours entourés d'une foule nombreuse, de sorte qu'ils ne peuvent ni cacher leurs chagrins, ni s'y livrer dans la retraite; *ils sont toujours en spectacle.* » Ce regret chez elle était très-sincère. Le pouvoir de son fils ne lui apporta que peu d'influence; elle ne voulut en avoir que pour rendre des services particuliers. Elle ne se mêlait point des affaires ni de la politique, et se piquait de n'y rien entendre : « Je n'ai aucune ambition, disait-elle (août 1719), je ne veux point gouverner, je n'y trouverais aucun plaisir. Il n'en est pas de même des Françaises; la moindre servante se croit très-propre à diriger l'État : je trouve cela tellement ridicule que j'ai été guérie de toute manie de ce genre. » Elle assiste en honnête femme au débordement du temps, à celui de sa famille, et elle exprime le dégoût profond qui lui en vient. Le Régent n'a jamais été mieux peint que par sa mère; elle nous le montre avec toutes ses facilités, ses curiosités en tous sens, ses talents, son génie propre, ses grâces, son indulgence pour tous, même pour ses ennemis; elle dénonce ce seul défaut capital qui l'a perdu, cette débauche ardente et à heure fixe, où il s'abîmait et disparaissait tous les soirs jusqu'au matin : « Tout conseil, toute remontrance à cet égard sont inutiles, disait-elle; quand on lui parle, il répond : « Depuis

« six heures du matin jusqu'à la nuit, je suis assujetti
« à un travail prolongé et fatigant; si je ne m'amusais
« pas un peu ensuite, je ne pourrais y tenir, je mour-
« rais de mélancolie. » — « Je prie Dieu bien sincèrement pour sa conversion, ajoute-t-elle; il n'a pas d'autres défauts que ceux-là, mais ils sont grands. » Elle
nous le montre libertin, même dans les choses de l'esprit, même dans les choses de science, c'est-à-dire
curieux et amoureux de tout ce qu'il voyait, et dégoûté
de tout ce qu'il possédait : « Quoiqu'il parle de choses
savantes, on voit pourtant bien qu'au lieu de lui faire
plaisir, elles l'ennuient. Je l'en ai souvent grondé; il
m'a répondu que ce n'était pas sa faute; qu'il prenait
du plaisir à s'instruire de tout, mais que, *dès qu'il savait
une chose, elle ne lui faisait plus de plaisir.* »

Elle cite de lui une preuve de bon naturel, et « qui
m'a tellement émue, dit-elle en vraie mère, que les
larmes m'en sont venues aux yeux. » C'est à propos de
l'exécution du comte de Horn, de ce misérable dont le
Régent, détestant les crimes, avait refusé la grâce. Pendant l'exécution le peuple disait : « Quand on fait quelque chose personnellement contre le Régent, il pardonne tout, mais quand on fait quelque chose contre
nous, il n'entend point raillerie et nous rend justice. »
Le Régent racontait ce mot à sa mère avec sensibilité
et émotion, et elle en était heureuse. Mais ce n'étaient
là que des éclairs de joie, et le fond des pensées de Madame en ces années était le découragement et un sou-
lèvement de cœur perpétuel contre la grande orgie dont
elle était témoin.

Les passages les plus caractéristiques de ses lettres ne
sont pas de ces choses qui se puissent détacher et citer
isolément. Jamais l'effronterie et la gloutonnerie des
femmes de tout rang, jamais la cupidité de tous, le jeu
et le trafic éhonté, la soif cynique de l'or, n'ont trouvé

une main plus ferme et plus vigoureuse à les prendre sur le fait et à les flétrir. Madame, en traitant de ces excès, a une sorte de vertueuse impudeur comme un Juvénal, ou plutôt, au sortir de sa lecture de la Bible, elle applique à ces scandales présents l'énergie du texte dont elle est remplie, et elle les qualifie dans les termes des Patriarches (1). « Combien de fois, a dit un de ses panégyristes que j'aime à citer, combien de fois condamna-t-elle ces négligences hardies d'habillements qui favorisent la corruption, et que je ne sais quel goût de liberté et de caprice, le charme funeste de notre nation, a criminellement inventées ! Modes indécentes, que la gravité ancienne n'aurait pu souffrir ! elles mirent sur son visage et dans ses yeux toute l'émotion et tout le feu d'une pudeur indignée. » Car ce n'était pas seulement l'étiquette qui se révoltait chez Madame quand elle faisait à sa petite-fille la duchesse de Berry cette leçon qu'on a vue sur son déshabillé, c'était un autre sentiment encore et plus respectable. Là même où elle ne s'enflammait pas, il y avait des détails qui la faisaient sourire de pitié : « Il n'est que trop vrai que des femmes se font peindre des veines bleues, afin de faire croire qu'elles ont la peau si fine qu'on distingue leurs veines à travers. » Elle n'avait de consolation que dans sa fille la duchesse de Lorraine, qu'elle avait élevée selon son cœur et mariée un peu à l'allemande. Cette honnête princesse vint visiter sa mère à Paris dans ces années de la Régence (février 1718). A voir les manières nouvelles, elle était dans un étonnement qu'elle ne pouvait retenir et qui fit rire plus d'une fois sa mère. Elle ne pouvait s'habituer à voir en plein Opéra les femmes qui portaient les plus grands noms se permettre des

---

(1) Par exemple à la page 134 de ces Nouvelles Lettres : « Le temps est venu où, comme dit la sainte Écriture, sept femmes, etc. »

familiarités qui les affichaient : « Madame ! Madame ! » s'écriait-elle en regardant sa mère. — « Que voulez-vous, ma fille, que j'y fasse? ce sont les manières du temps. » — Le duc de Richelieu, ce jeune fat qui tournait alors toutes les têtes et que des gens d'esprit aux abois ont cherché de notre temps à remettre à la mode dans le roman et au théâtre, est pour Madame l'objet d'une aversion singulière : il est peint par elle de main de maître (notamment pages 203, 224), parfaitement méprisable, avec ses charmes équivoques et légers, son vernis de politesse et tous ses vices. C'est un portrait à lire et que je voudrais citer, si je n'étais retenu par le respect du grand homme et des honnêtes gens qui ont rendu si français ce nom de Richelieu. Sans sortir des observations générales, quoi de plus juste et de plus sensé que cette réflexion de Madame, écrite peu de mois avant sa mort (16 avril 1722) : « Les jeunes gens, à l'époque où nous sommes, n'ont que deux objets en vue, la débauche et l'intérêt; la préoccupation qu'ils ont toujours de se procurer de l'argent, n'importe par quel moyen, les rend pensifs et désagréables : pour être aimable, il faut avoir l'esprit débarrassé de soucis, et il faut avoir la volonté de se livrer à l'amusement dans d'honnêtes compagnies; mais ce sont des choses dont on est bien éloigné aujourd'hui. » Dans le pressentiment de sa fin, elle ne demandait à Dieu que sa grâce pour elle-même et pour ses enfants, pour son fils en particulier : « Dieu veuille le convertir ! c'est la seule grâce que je lui demande. Je ne crois pas qu'il y ait dans Paris, tant parmi les ecclésiastiques que parmi les gens du monde, cent personnes qui aient la véritable foi chrétienne, et même qui croient en notre Sauveur; cela me fait frémir. »

Le peuple de Paris sentait dans Madame une princesse d'honneur, de probité, incapable d'un mauvais conseil et d'une influence intéressée ; aussi elle était en grande faveur auprès des Parisiens, et plus même qu'elle ne le méritait, disait-elle, se mêlant aussi peu des affaires. Jusque dans les émeutes et au milieu des exécrations que soulevait sur la fin la catastrophe du système de Law, Madame, en traversant les rues, ne recevait que des bénédictions ; elle aurait voulu les reporter à son fils. Elle remarquait en mère que, si l'on criait bien haut contre Law, on ne criait pas du moins contre le Régent. A d'autres jours, les rumeurs contre son fils montaient jusqu'à elle, et elle se plaignait de l'ingratitude des Français envers lui. Elle n'était pourtant pas sans se rendre compte du principe de faiblesse de son Gouvernement ; elle le dit et le redit sans cesse : « Il est très-vrai qu'il vaut mieux être bon que méchant, mais la justice consiste à punir aussi bien qu'à récompenser, et il est sûr que celui qui ne se fait pas redouter des Français, a bientôt sujet de les craindre ; car ils méprisent bientôt celui qui ne les intimide pas. » Elle connaît la nation et la juge toujours comme quelqu'un qui n'en est pas.

Sur un point, Madame sacrifia à l'esprit de la Régence, et fut en contradiction étrange avec elle-même. Elle s'était prise de grande amitié pour un fils naturel du Régent, et qu'il avait eu d'une danseuse de l'Opéra nommée Florence : il lui rappelait *feu Monsieur*, avec une plus belle taille. Bref, elle aimait fort ce jeune homme, qu'elle appelait *son* abbé de Saint-Albin, qui fut depuis archevêque de Cambrai, et lorsqu'il soutint sa thèse en Sorbonne (février 1718), elle y voulut assister en grande cérémonie, déclarant ainsi à la fois et honorant la naissance illégitime de cet enfant. Ce fut dans son genre une scène de Régence à la Sorbonne. Madame manqua ce jour-là à tous ses principes d'orthodoxie sur les devoirs du rang et se laissa aller à sa fantaisie. — Je regrette également pour elle qu'elle ait écrit, bien avant la Régence, certaine lettre à l'Électrice de Hanovre, et je me passerais très-bien aussi de la réponse de cette dernière : ce sont tout simplement des grossièretés dignes du mardi-gras. Si les princesses honnêtes femmes s'écrivaient de telles gaietés sans aucune vergogne, de quel droit reprenaient-elles les autres, celles qui cherchaient leur plaisir ailleurs et entendaient le carnaval autrement? Je voudrais retrancher ces lettres du volume, auquel elles ne se rattachent en rien : il y a des recueils tout spéciaux où il convient de laisser ces sortes de choses.

Madame, âgée de soixante-dix ans, mourut à Saint-Cloud, le 8 décembre 1722, dix jours après sa fidèle amie la maréchale de Clérembault, et un an seulement avant son fils. Elle fut, d'après sa volonté dernière, portée à Saint-Denis sans pompe. Les obsèques furent célébrées le 13 février suivant (1723). Massillon, qu'elle avait connu et qu'elle aimait, eut à y prononcer l'Oraison funèbre, qui fut trouvée belle. Le Père Cathalan, jésuite, en prononça une à Laon le 18 mars, et elle nous a fourni quelques traits de caractère.

Telle qu'elle est, avec toutes ses crudités et ses contradictions sur ce fonds de vertu et d'honneur, Madame est un utile, un précieux et incomparable témoin de mœurs. Elle donne la main à Saint-Simon et à Dangeau, plus près de l'un que de l'autre. Elle a du cœur; ne lui demandez pas l'agrément, mais dites : Il manquerait à cette Cour une figure et une parole des plus originales si elle n'y était pas. Arrivée à Versailles au moment où l'astre de La Vallière déclinait et s'éclipsait, ayant vu les dernières années brillantes, elle entre peu dans cet ordre délicat et qui était fait pour flatter l'imagination : mais sans y entendre finesse, et tout uniment par sa franchise, elle nous découvre à nu la seconde partie du règne sous son aspect humain et très-humain, naturel, et, pour tout dire, matériel. Elle dépouille ce grand siècle de l'idéal, elle l'en dépouille trop ; elle irait presque jusqu'à le dégrader si l'on n'écoutait qu'elle. A mesure qu'on avance, et tandis que la délicatesse et la pureté des manières ou du langage se retirent de plus en plus dans le coin de madame de Maintenon et vont par moments chercher un refuge à Saint-Cyr, Madame se tient à part à Saint-Cloud, puis encore à part au Palais-Royal, et de là, soit sur la fin de Louis XIV, soit sous la Régence, elle fait, la lance en arrêt, la plume sur l'oreille, de fréquentes et vaillantes sorties dans ce style brusque qui est à elle, qui a de la barbe au menton, de qui l'on ne sait trop, quand on l'a traduit de l'allemand en français, s'il tient de Luther ou de Rabelais, et qui en tout est certainement l'opposé de la langue des Caylus.

Lundi, 24 octobre 1853.

FROISSART

L'Académie française a mis depuis quelque temps au concours une Étude sur Froissart. Je ne viens pas concourir comme bien l'on pense, ni anticiper non plus sur un jugement dans lequel j'entrerai très-peu : je ne veux que rendre à ma manière, et comme quelqu'un du dehors, l'impression qu'a faite sur moi la lecture de Froissart, la rejoindre et la comparer à cette autre impression que m'ont produite les Mémoires de Joinville. Dans cette place qui m'est accordée aux pages du *Moniteur*, que puis-je faire de mieux que de m'occuper, même au risque de remonter assez haut dans le passé, des grands noms qui ont honoré notre littérature et notre histoire? Il me semble quelquefois qu'il nous est permis d'étaler des estampes et des images aux yeux des passants, au bas des murs du Louvre. Lesquelles choisirions-nous? Certes, les plus célèbres et les plus riches en souvenirs, les plus historiques, les plus en accord avec le caractère et l'esprit du monument. Autant faut-il en dire pour ces images au moral qu'il nous est donné d'exposer ici. Je ne suis qu'un *imagier* des grands hommes.

Froissart n'est peut-être pas un grand historien, du moins c'est un admirable *chroniqueur* et le plus bel exemple du genre; c'est en narration le grand prosateur du quatorzième siècle. De même que, dans ses vastes Chroniques, l'histoire de son temps se réfléchit comme dans un large miroir, de même la prose déjà et la langue s'y déroulent avec tout leur développement, leur facilité et leur éclat. Sa vie, son caractère sont pleins de naturel et d'originalité, et merveilleusement assortis à son œuvre.

Jean Froissart, prêtre, chanoine et trésorier de l'église collégiale de Chimay, historien et poëte, naquit à Valenciennes en Hainaut, non pas vers l'an 1337 comme le dit Sainte-Palaye (si excellent guide d'ailleurs), mais en 1333, selon qu'il résulte d'un passage du texte (1). On ne sait pas bien l'époque de sa mort, mais il est certain qu'il vécut son âge de nature et qu'il ne mourut qu'âgé de plus de soixante ans et dans le quinzième siècle. Il fut le contemporain des règnes de Jean le Bon et de Charles V, et d'une grande partie de celui de Charles VI, époque agitée, souvent malheureuse, et dans laquelle il trouva moyen de ne prendre que son plaisir. On a con-

(1) M. Kervyn de Lettenhove, dans son *Étude* sur Froissart (1857), se déclare au contraire de nouveau pour l'année 1337. Cette *Étude* est ce qu'on a écrit de plus complet sur Froissart. L'auteur est un véritable érudit, et il a de la critique, bien qu'il se permette beaucoup de conjectures. Il est fâcheux qu'il n'écrive pas plus simplement et qu'il sacrifie, pour son compte, à une fausse élégance. M. Kervyn de Lettenhove se flatte d'avoir retrouvé dans la Bibliothèque de Bourgogne à Bruxelles deux poëmes inconnus et inédits de Froissart, la *Court de may* et le *Trésor amoureux*; ni l'un ni l'autre, il est vrai, ne portent le nom de l'auteur; « mais pour quiconque a étudié Froissart, dit M. de Lettenhove, il est *impossible* de ne pas y reconnaître aussitôt son *style*. » Cette sorte de preuve, n'en déplaise au savant investigateur, est bien périlleuse, bien décevante, prête bien à l'illusion, et peut tromper même des gens de goût. — Froissart, en poésie, n'a pas de style, il n'a qu'un genre qui est celui de son temps, le genre en vogue à cette date; et ce genre, qui nous dit que d'autres à côté de lui ne le cultivaient pas avec autant de facilité? et comment alors êtes-vous sûr que ces poëmes soient de lui, plutôt que d'un autre?

5.

jecturé d'après un passage de ses Poésies que son père, qui s'appelait Thomas, était peintre d'armoiries : en ce cas, l'enfant put épeler de bonne heure tous ces blasons de famille qu'il devait, à sa manière, si bien illustrer un jour. Son enfance précoce annonça ce qu'il serait : il s'est décrit lui-même dans des pièces de vers selon le goût du temps, imitées, dans la forme, du *Roman de la Rose*, allégoriques, et plus faciles et abondantes qu'originales. Jamais il ne se vit de curiosité plus vive, plus éveillée, plus enjouée, plus universelle; jamais la vie extérieure avec tous ses accidents ne se peignit dans une imagination plus ouverte, plus avide, plus franchement amusée que la sienne :

« En ma jeunesse, dit-il en des vers que je traduis le plus légèrement que je peux, j'étois tel que je m'ébattois volontiers, et tel que j'étois, encore le suis-je aujourd'hui. J'avois à peine douze ans que j'étois avide sur toutes choses de voir danses et rondes, d'ouïr ménestrels et paroles de joyeux déduit ; et ma nature m'induisoit à aimer tous ceux qui aiment chiens et oiseaux (tous nobles chasseurs). Et quand on me mit à l'école, il y avoit des jeunes filles qui de mon temps étoient jeunettes, et moi, tout jeunet comme elles, je les servois de mon mieux par des cadeaux d'épingles, ou d'une pomme, ou d'une poire, ou d'un annelet d'ivoire, et il me sembloit que j'avois beaucoup fait si je m'étois acquis leur bonne grâce. Et lors je disois à part moi : Quand viendra-t-il pour moi le moment où je pourrai aimer par amour ! On ne m'en doit point blâmer si à cela ma nature étoit encline ; car en plusieurs lieux il est reçu que toute joie et tout honneur viennent et d'armes et d'amours. »

Voilà bien Froissart : reprenons un à un ses goûts. Enfant, il aimait donc toutes sortes de déduits et d'ébats, et il s'attachait par instinct aux gens riches, à ceux qui tenaient grand état de chasse, faucons et meutes, ce qui lui semblait le signe d'une noble inclination. Il n'a aucun mépris pour le *métal*, et il ne s'en cache pas : « Car c'est le métal, dit-il, par quoi on acquiert l'amour des gentilshommes et des pauvres bacheliers. » A peine à l'école, quand il était avec les petites filles de son âge, il se piquait d'être empressé, attentif auprès d'elles; il se demandait quand il pourrait tout de bon faire le métier d'homme galant, courtois, *amoureux*, ce qui, dans le langage du temps, était synonyme d'homme *comme il faut*. Froissart a de bonne heure son idéal : les grands romans de chevalerie, les grands exploits des siècles précédents, qui se renouvellent dans ce siècle, ont mis en circulation une certaine idée d'honneur et de courtoisie; il en est épris ; elle a relui sur son berceau, et toute sa vie sera consacrée à en retracer et à en perpétuer par écrit l'image.

Sa nature vive, mobile, toujours *à la fenêtre*, se peint bien dans la pièce de vers d'où ces détails sont tirés, et où il nous rappelle plus d'une fois La Fontaine (le La Fontaine des commencements et encore contemporain de Voiture). Il aimait jouer à tous les jeux d'enfants, et il nous les décrit avec un intérêt vraiment enfantin. On voit que, même déjà vieux, il aimait encore, comme dit saint François de Sales, à *faire ses enfances*. Quand il est un peu plus *assagi*, et qu'on le met au latin, on a besoin de le *battre* plus d'une fois pour le contraindre. Il le rendait bien à ses compagnons, et le futur chanoine, tantôt battant et tantôt battu, s'en revenait à la maison les *draps* ou habits tout déchirés comme un jeune Du Guesclin. On avait beau le punir, on n'y gagnait rien. Nature avant tout sociable, il ne pouvait demeurer seul un moment : « *Trop malgré moi me trouvois seul*, » dit-il. Dès qu'il voyait passer ses compagnons par le chemin, il courait à eux et les rejoignait. Qui l'eût voulu retenir y eût perdu sa peine : « Car lors étoit tel mon vouloir que *Plaisance* étoit ma loi. »

Nous connaissons La Fontaine, et ses aveux. N'est-ce pas lui qui dans son poëme de *Psyché*, dans cet Hymne à la *Volupté*, c'est-à-dire à la *Plaisance*, comme dirait Froissart, nous a confessé ses goûts divers :

> J'aime le jeu, l'amour, les livres, la musique,
> La ville et la campagne; enfin tout : il n'est rien
>   Qui ne me soit souverain bien,
> Jusqu'aux sombres plaisirs d'un cœur mélancolique.

Ne croirait-on pas que c'est La Fontaine encore qui parle, lorsque c'est Froissart qui nous dit :

> Mais je passois à si grand'joie
> Ce temps..............,
> Que tout me venoit à plaisir
> Et le *parler* et le *taisir*,
> Le *aller* et le *être coi*.

Froissart aimait fort le printemps : *son cœur volait* partout où il y avait roses et violettes : mais l'hiver, il savait aussi s'accommoder de la saison, et, se tenant coi au logis, il lisait *espécialement* traités et romans d'amour. Le roman de *Cléomadès*, par le poëte Adenès, un des célèbres trouvères du siècle précédent, fut un de ces livres favoris, et par lequel lui vint le mal qu'il désirait tant. Il a raconté tout cela avec grâce, bien qu'avec prolixité. Pris d'une passion très-vive pour une personne qu'il a chantée et qu'il ne pouvait obtenir, il quitta son pays pour se distraire et passa en Angleterre à la Cour de la reine Philippe de Hainaut, femme d'Édouard III. Messire Robert de Namur, seigneur de Beaufort, parent et allié de cette reine, avait déjà engagé Froissart, qui semble avoir été un moment de ses domestiques, à écrire l'histoire des guerres de son temps, et n'avait pas eu de peine à l'y décider. Pendant la traversée en Angleterre, le jeune homme pensait plus volontiers à la poésie qu'à autre chose, et, malgré le mauvais temps et sans se soucier de la grosse mer qu'il faisait, il ne songeait, nous dit-il, qu'à finir un rondeau pour sa dame. Quoi qu'il en soit, il ne devait pas mourir de son mal, et, si sérieux qu'il nous l'ait peint dans ses vers, il était de nature à s'en vite consoler. Il a dit encore de lui-même dans une ballade, qu'au bruit du vin qu'il entend verser de la bouteille, qu'au fumet des viandes appétissantes qu'il voit servir sur les tables, *son esprit se renouvelle*, et qu'il se renouvelle encore à voir chaque fleur en sa saison, et les chambres éblouissantes de lumières pendant les longues veilles, comme aussi à trouver bon lit après la fatigue, sans oublier la friande collation arrosée de clairet, que l'on fait pour mieux dormir. Un tel esprit, si souvent et si aisément renouvelé, ne devait pas engendrer longtemps mélancolie, ni se laisser mourir d'amour. Nous en savons déjà assez pour connaître ce qu'était Froissart, quelle nature légère, enjouée, musarde, curieuse. Il prenait à toute chose ; rien ne lui était bagatelle. Une fois appliqué à l'histoire, à la chronique contemporaine, il va trouver sa pâture et faire merveille.

Soit à ce premier voyage, soit à un second qu'il fit en Angleterre peu de temps après, il portait déjà une partie de sa Chronique compilée (1) pour l'offrir à sa compatriote la reine Philippe de Hainaut. Elle reçut Froissart gracieusement, l'attacha à son service et lui donna part à sa familiarité : elle lui commandait souvent des vers (virelais et rondeaux) ; il avait titre *clerc* (secrétaire) de la chambre de la reine, et de plus il était *de l'hôtel du roi*, comme on disait, et de celui de plusieurs grands seigneurs et chevaliers, c'est-à-dire qu'il en recevait des cadeaux et qu'il mangeait chez eux quand il lui plaisait. Le premier soin de Froissart et son plus grand plaisir au milieu de cette Cour, dans la fréquentation de ces nobles et grands seigneurs et de leurs écuyers, fut de s'enquérir avec détail de tous les événements mémorables et de toutes les particularités qui pouvaient lui servir à dresser son histoire. Dans la première par-

(1) M. Kervyn de Lettenhove réfute cette opinion (tome I, pages 51, 53), et pense que Froissart ne porta en Angleterre que des poésies, et qu'il ne commença ses enquêtes historiques que postérieurement à son second voyage.

tie, il avait eu pour guide, comme il le dit lui-même en commençant, la Chronique de Jean Le Bel, chanoine de Saint-Lambert de Liége (je change à peine quelques mots dans ma citation pour qu'on puisse lire couramment) :

> « On dit, et c'est vrai, que tout édifice est formé et maçonné une pierre après l'autre, et toutes grosses rivières sont faites et rassemblées de plusieurs ruisseaux et fontaines : de même les sciences sont extraites et compilées par plusieurs clercs et savants, et ce que l'un sait l'autre ne le sait pas : pourtant il n'est rien qui ne soit su de loin ou de près. Ainsi donc, pour atteindre et venir à la matière que j'ai entrepris de commencer, premièrement par la grâce de Dieu et de la benoîte vierge Marie dont tout comfort et avancement viennent, je me veux fonder et ordonner sur les vraies Chroniques jadis faites et rassemblées par vénérable homme et discret seigneur Monseigneur Jean Le Bel, chanoine de Saint-Lambert de Liége, qui y mit grand'-cure et toute bonne diligence et les continua toute sa vie le plus exactement qu'il put, n'y plaignant aucuns frais ni dépenses; car il étoit riche et de grands moyens, et de plus il étoit large, honorable et courtois par nature, et dépensant volontiers du sien... »

L'histoire alors était un luxe : elle supposait des voyages coûteux, des fréquentations illustres, des relations étendues : ne s'y appliquait pas qui voulait; c'était comme un office noble attenant aux seigneuries Cette Chronique de Jean Le Bel a été, du moins en partie, recouvrée et publiée récemment par M. Polain, archiviste de la province de Liége (1850). On peut voir, d'après cette publication et les discussions intéressantes auxquelles elle a donné lieu (1), jusqu'à quel point Froissart a tenu ce qu'il promettait au début, de ne rien introduire dans le récit de son devancier ni de n'en rien retrancher qui pût l'altérer, mais seulement de le *multiplier* et *accroître* autant qu'il le pourrait. C'est, en effet, ce qu'il semble avoir surtout fait sans trop de peine; il a versé tout d'abord sur ce canevas un peu sec

---

(1) Au tome XIX, n° 4, des *Bulletins de l'Académie royale de Belgique.*

son mouvement de narration, son abondance aisée et naturelle, et il est à croire que, pour les dernières parties où la comparaison manque, par exemple pour le célèbre siége de Calais, il avait entièrement recouvert et renouvelé par sa propre richesse le texte primitif sur lequel il ne s'appuyait plus que de loin et par le fond. Pour les années qui suivirent la prise de Calais, Froissart, qui avait vingt ans en 1353, et qui s'était senti au sortir de l'école la vocation de chroniqueur, recueillit ses informations par lui-même, composa de son crû et vola de ses propres ailes. La bataille de Poitiers (1356), par laquelle il débute dans la partie originale de son récit, est de tout point, comme on le verra, un chef-d'œuvre.

Mais d'abord louons Froissart d'avoir compris et embrassé dans toute son ampleur sa fonction de *chroniqueur*, qui était le véritable rôle de l'historien d'alors. De la critique, de la philosophie même, en histoire, il en faut sans doute quand il y a moyen d'en mettre ; mais la critique suppose le choix, la comparaison, la libre disposition de nombreux matériaux antérieurs. Ce qui était le plus important à l'âge et à l'époque de Froissart, c'était précisément d'amasser ces matériaux, de les posséder et de les disposer dans toute leur étendue et dans leur richesse ; et c'est ce qu'il a fait avec un zèle, une ardeur infatigables, et avec un sentiment élevé du service qu'il rendait à ses contemporains et à la postérité en conservant ainsi la mémoire des grands événements et des nobles prouesses. Il n'y a pas de plus ample *information* que la sienne (*historia* dans le sens d'Hérodote); il n'en est pas, pour les bonnes parties, de plus facilement et lumineusement exposée et ordonnée. Il comprit à première vue qu'il n'y avait que la prose qui pût suffire à embrasser ainsi et à porter à l'aise tous ces événements, et, malgré la facilité tout ovidienne qu'il avait à rimer, il se garda bien d'imiter Philippe Mouskes, l'évêque de Tournay, et d'aller emprisonner sa Chronique dans des rimes. L'âge des *chansons de geste* était proprement passé, et la grande chanson de geste contemporaine du quatorzième siècle devait être la *chronique* pure, la chronique émancipée, et elle devait s'écrire en belle, facile et abondante prose.

Pour prendre idée du zèle et du sentiment que Froissart apportait à la confection de son œuvre, il faut lire les diverses préfaces et les passages où il s'en exprime avec effusion. Voici le début de son 4° livre par lequel il se remettait, après quelque interruption, au travail. La verve et la chaleur de l'historien s'y produisent avec redoublement, et l'on y sent, pour ainsi dire, la ferveur de l'ouvrier, du forgeron en sa forge. Je n'y change toujours et n'y rajeunis çà et là que quelques mots :

« A la requête, contemplation et plaisance de très-haut et noble prince, mon très-cher seigneur et maître Gui de Châtillon, comte de Blois, sire d'Avesnes, de Chimay, etc., je, Jean Froissart, prêtre et chapelain de mon très-cher seigneur susnommé, et pour lors trésorier et chanoine de Chimay et de Lille en Flandre, *me suis de nouveau réveillé et entré dedans ma forge*, pour ouvrer et forger en la haute et noble matière de laquelle dès longtemps je me suis occupé, laquelle traite et propose les faits et les événements des guerres de France et d'Angleterre, et de tous leurs conjoints et leurs adhérents...

« Or, considérez, entre vous qui me lisez, ou lirez, ou avez lu, ou entendrez lire, comment je puis avoir su ni rassemblé tant de faits desquels je traite avec tant de détail. Et pour vous informer de la vérité, je commençai jeune dès l'âge de vingt ans; je suis venu au monde avec les faits et les événements, et y ai toujours pris grand'-plaisance plus qu'à autre chose; et Dieu m'a fait la grâce d'avoir toujours été de toutes les Cours et hôtels des rois, et spécialement de l'hôtel du roi Édouard d'Angleterre et de la noble reine sa femme, Madame Philippe de Hainaut, de laquelle en ma jeunesse je fus clerc et secrétaire. Et je la servois de beaux livres de poésie et traités amoureux ; et pour l'amour du service de la noble dame à qui j'étois, tous autres seigneurs, rois, ducs, comtes, barons et chevaliers, *de quelque nation qu'ils fussent*, m'aimoient, m'écoutoient et voyoient volontiers, et m'étoient grandement utiles. Ainsi, au nom de la bonne dame et à ses frais, et aux frais des hauts seigneurs de mon temps, je visitai la plus grande partie de la Chrétienté...; et partout où je venois, je

faisois enquête aux anciens chevaliers et écuyers qui avoient été en
faits d'armes et qui proprement en savoient parler, et aussi à quelques hérauts d'armes de confiance pour vérifier et justifier toutes
choses. Ainsi ai-je rassemblé la haute et noble histoire et matière;
et tant que je vivrai, par la grâce de Dieu, je la continuerai; car
*d'autant plus j'y suis et plus y laboure, et plus elle me plaît ; tout de
même que le gentil chevalier et écuyer qui aime les armes, en persévérant et continuant, s'y nourrit et s'y accomplit, ainsi en travaillant
et opérant sur cette matière, je m'habilite et délite* (je me rends habile et je me réjouis). »

C'est, en effet, ce sentiment de *délectation* très-sensible
chez Froissart dans la composition de son histoire et
dans l'acquisition de tout ce qui peut y servir, qui le
caractérise entre tous ses pareils et qui fait de lui le
chroniqueur par vocation et par excellence. C'est bien
de lui qu'on peut dire qu'il ne plaint aucune fatigue ni
aucune dépense pour obtenir ses résultats. S'il y a en
Écosse ou ailleurs au loin quelque chevalier qui peut le
bien renseigner sur tel ou tel fait de guerre qui s'est
passé en ces pays étrangers, messire Jean Froissart
monte à cheval, sur son cheval gris, et tenant un blanc
lévrier en laisse, il va interroger et questionner quiconque le saura compléter sur une branche d'événements qu'il ignore. Aussi est-il partout presque à la fois,
et jamais ne vit-on voyageur plus multiplié, plus infatigable : tantôt à la suite du prince de Galles à Bordeaux,
tantôt à Melun, tantôt à Milan, à Bologne, à Rome, tantôt à Auch ou à Orthez, puis en Hollande, et à travers
tout cela de temps en temps en Hainaut où il obtient une
cure; mais il n'y eut oncques curé moins sédentaire ni
qui fît plus gagner les aubergistes et taverniers en tous
lieux où il passait. Après avoir été attaché à Wenceslas,
duc de Brabant, il le fut en dernier lieu; on vient de le
voir, à la chapelle de Gui, comte de Blois et sire de
Chimay. Cela ne l'oblige guère, et il ne cesse de vaquer,
par monts et par vaux, à l'accroissement et à l'*engrossement* de son trésor. Cette curiosité en tous sens, et qui

ne se lassait jamais, équivalait à une impartialité véritable ; car, dès qu'il sentait qu'une information lui manquait, il ne pouvait s'empêcher d'aller s'en enquérir, et, dès qu'il savait le fait nouveau, il le couchait par écrit à l'instant. C'est ainsi qu'en 1388 il profite d'une paix qui venait de se conclure dans le nord, pour aller dans le midi à la Cour de Gaston Phœbus, comte de Foix et de Béarn : car il sait qu'il trouvera là nombre de guerriers qui lui apprendront les choses d'Espagne, de Portugal et de Gascogne, dont il a affaire. Cette fois messire Jean Froissart se met en route en plus respectable état que jamais, et il n'a pas moins de quatre lévriers en laisse qu'il va offrir au comte Gaston, grand amateur de chasse comme on sait. Il est curieux de l'entendre lui-même exposer ses raisons de voyage, tout rempli qu'il est de l'importance de l'œuvre honorable qu'il veut parfaire et achever.

Il s'est laissé aller un peu longuement, dit-il, à raconter les événements et les choses nouvelles qui étaient voisines de lui et qui *inclinaient à son plaisir*, et pourtant le bruit des exploits qui se passent en pays lointains le préoccupe : il se sent arriéré et veut se remettre au pas de ce côté :

« Et pour ce, dit-il, je, sire Jean Froissart qui me suis chargé et occupé de dicter et écrire cette histoire, considérai en moi-même que nulle espérance n'étoit qu'aucuns faits d'armes se fissent aux pays de Picardie et de Flandre, puisqu'il y avoit paix ; et point ne voulois être oiseux, car je savois bien qu'encore au temps à venir et quand je serai mort, sera cette haute et noble histoire en grand cours et y prendront tous nobles et vaillants hommes plaisance et exemple de bien faire ; et, tandis que j'avois, Dieu merci ! sens, mémoire et bonne souvenance de toutes les choses passées, esprit clair et aigu pour concevoir tous les faits dont je pourrois être informé, âge, corps et membres pour souffrir peine (1), je m'avisai que je ne voulois point tarder de poursuivre ma matière ; et pour savoir la vérité des lointaines besoignes et entreprises, sans que j'y envoyasse

(1) En 1388 il avait déjà cinquante-cinq ans environ.

aucune autre personne en mon lieu, je pris voie et occasion raisonnable d'aller devers haut prince et redouté seigneur monseigneur Gaston, comte de Foix et de Béarn... »

Le comte de Foix ne l'a jamais vu, mais il le connaît de réputation et a bien souvent entendu parler de lui. Il l'accueille donc à merveille, le salue de prime abord en bon langage français, et le loge en son hôtel. Pendant ce séjour à Orthez, Froissart interroge les seigneurs et chevaliers qu'il a sous la main, et le comte lui-même, sur les grands faits d'armes arrivés de l'un et de l'autre côté des Pyrénées. A toutes ses questions le comte de Foix répond volontiers, et il promet à l'historien pour son ouvrage un crédit dans l'avenir et une fortune que nulle autre histoire ne lui disputera : « Et la raison en est, disait-il, *beau Maître*, que depuis cinquante ans en çà sont advenus plus de faits d'armes et de merveilles au monde qu'il n'en étoit de trois cents ans auparavant. » Encouragé par un tel suffrage, Froissart s'applique de plus en plus à mettre son langage au niveau des actions qu'il a à raconter ; car il n'a rien tant à cœur que d'étendre et rehausser sa matière, dit-il, et d'*exemplier* (enseigner par des exemples) les bons qui se désirent avancer par armes. Le livre de Froissart, tel qu'il le voudrait faire, c'est proprement le livre d'honneur, la Bible de chevalerie.

Il rendait au comte Gaston la monnaie de son dire en lui lisant son poëme de *Meliador*, le chevalier au soleil d'or. Chez Froissart le poëte de société, le trouvère à la mode, qui ne vient, pour ainsi dire, qu'au second plan, a pourtant son à-propos et sert à ménager les voies à l'historien.

Mais avant d'arriver à Orthez, à cette Cour de Gaston, Froissart a fait route (il nous le dit un peu plus loin dans son histoire) avec un bon chevalier, messire Espaing de Lyon, qui lui procure à la fois sûreté et agrément par sa compagnie. C'est plaisir de les écouter tous les deux, chacun faisant son échange et payant les récits de l'autre par quelque beau récit en retour. Froissart contant les guerres de Loire qu'il sait si bien, mais écoutant surtout celles de Gascogne qu'il ne sait pas et que le bon chevalier lui raconte à plaisir. Chaque ville, chaque vieux château, chaque pan de mur qu'ils rencontrent, est une occasion nouvelle de souvenir et de vive narration : — « Messire Jean, voyez-vous ce mur qui est là? » — « Oui, sire, dis-je; et pourquoi le dites-vous? » — « Je le dis, répond le chevalier, pour que vous voyiez bien qu'il est plus neuf que les autres. » — « C'est vrai, » répondis-je. — « Or, dit-il, je vous conterai la chose et comment, il y a dix ans, cela arriva. » Et suit une histoire singulière de siége et de brèche faite à la muraille de cette ville de Cazères qu'ils traversaient en ce moment. A chaque pas ce sont de pareilles histoires chevaleresques et gasconnes qui émerveillent Froissart et lui abrégent le chemin : « Sainte Marie! dis-je au chevalier, que vos paroles me sont agréables, et qu'elles me font grand bien tandis que vous me les contez! et vous ne les perdrez pas, car toutes seront mises en mémoire, en récit et chronique dans l'histoire que je poursuis, si Dieu m'accorde que je puisse retourner sain et sauf dans la comté de Hainaut et en la ville de Valenciennes dont je suis natif. »

Nous devons toucher ici à l'un des points essentiels qui ont été précisément contestés à Froissart, je veux dire son impartialité. Ses premières et très-étroites liaisons avec l'Angleterre, les bienfaits qu'il reçoit de la reine Philippe de Hainaut et de son époux, tout semble le rendre un peu partial pour ce pays; et de même il est difficile qu'étant lié et obligé à tant de seigneurs, il n'ait pas payé de retour leurs bienfaits et leurs largesses, ou même simplement leurs bonnes informations.

en leur accordant une trop belle place dans ses récits. Ce sont là des inconvénients inévitables ; mais l'extrême et passionnée curiosité de Froissart était une sorte de remède et de garantie contre la partialité même, s'il y avait été enclin ; car il n'était pas homme à se boucher une oreille, ni à retenir un récit qui lui aurait été conté, ce récit eût-il dû contredire sur quelque point une autre version précédente. Il était avide d'écouter toutes les parties. Voyez-le courir à Bruges, puis en Zélande, dès qu'il apprend qu'il y a là un chevalier portugais qui pourra lui donner sur les affaires d'Espagne des renseignements, qui seront la contre-partie de ceux qu'il tient déjà des Gascons et des Castillans. C'est ce qui a fait dire de lui à Montaigne, assez pareil de nature, et qui était si bien fait pour l'apprécier et le comprendre (il parle en cet endroit des historiens *simples*, qui ramassent tout ce qui vient à leur connaissance, et qui enregistrent *à la bonne foi* toutes choses sans choix et sans triage) :

« Tel est entre autres, pour exemple, le bon Froissart qui a marché, en son entreprise, d'une si franche naïveté qu'ayant fait une faute, il ne craint aucunement de la reconnoître et corriger en l'endroit où il en a été averti, et qui nous représente la diversité même des bruits qui couroient et les différents rapports qu'on lui faisoit : c'est la matière de l'histoire nue et informe ; chacun en peut faire son profit autant qu'il a d'entendement. »

Et puis, il faut se bien rendre compte de l'état de la chevalerie d'alors, de laquelle Froissart est proprement l'historien sans acception de cause et de nation. En consacrant sa plume à en retracer en tous lieux les exploits et les prouesses, il faisait un peu comme ces chefs vaillants de bandes en Italie, qui mettaient leur épée au service de qui les favorisait et les payait, sans pour cela se croire engagés à toujours et surtout sans l'être exclusivement. Dans les idées du temps cela ne déshonorait en aucune façon, tant s'en faut; et l'idéal de Froissart (car il en avait un) était précisément cette sorte de confrérie, de confraternité universelle, commune à tout ce qui était noble et vaillant, qui comptait dans ses rangs toute fleur de chevalerie, et qui savait couronner le vainqueur en respectant, en relevant honorablement le vaincu. Ce que le Prince-Noir fit à Poitiers auprès du roi Jean, Froissart le fait en toute circonstance à l'égard des personnages qu'il introduit et dont il expose les actions. Il est tour à tour de la patrie de tous ceux qui font vaillamment, et qui méritent renom par honneur. En un mot, il est proprement l'organe de la *Chevalerie*, comme d'autres en pareil temps le seraient de la *Chrétienté*.

Néanmoins on ne saurait dissimuler que, surtout dans ses premiers livres, il ne penche visiblement pour l'Angleterre dont il avait tant à se louer et de laquelle lui venaient pour cette première partie la plupart de ses renseignements : et ce faible pour elle, il l'a gardé toujours. L'Angleterre lui en a été reconnaissante. Dans ce pays qui a conservé sans interruption le culte du gothique fleuri et de la noblesse chevaleresque, Froissart n'a pas cessé d'être apprécié, ou du moins il a de bonne heure retrouvé des lecteurs d'élite et des admirateurs, non pas seulement chez les savants et les érudits comme en France, mais chez les hommes de lettres et les curieux délicats. Le charmant poëte Gray qui, dans sa solitude mélancolique de Cambridge, étudiait tant de choses avec originalité et avec goût, écrivait à un ami en 1760 : « Froissart (quoique je n'y aie plongé que çà et là par endroits) est un de mes livres favoris : il me semble étrange que des gens qui achèteraient au poids de l'or une douzaine de portraits originaux de cette époque pour orner une galerie, ne jettent jamais les yeux sur tant de tableaux mouvants de la vie, des actions, des mœurs et des pensées de leurs ancêtres, peints sur place avec de simples mais fortes couleurs. »

Combien cela semble plus vrai encore lorsque l'on parcourt un de ces beaux Froissart manuscrits comme en possède notre grande Bibliothèque et comme l'Angleterre en a sans doute aussi, tout ornés de vignettes du temps, admirablement coloriées, d'une vivacité et d'une minutie naïve qui commente à chaque page le texte et le fait parler aux yeux, avec une entière et fidèle représentation des villes et châteaux, des cérémonies, des siéges, des combats sur terre et sur mer, des costumes, vêtements et armures! Toutes ces choses y sont peintes comme d'hier; la poésie de Gray elle-même n'est pas plus nette ni plus fraîche, et ne reluit pas mieux.

Mais celui des Anglais qui lui rend le plus bel hommage, c'est un génie facile, un peintre au large et courant pinceau, qui n'est pas sans de grands rapports de parenté avec lui, Walter Scott, en ses *Puritains d'Écosse*.

On est au lendemain de la victoire que Claverhouse a remportée sur les fanatiques et qu'il a souillée à son tour par d'impitoyables cruautés. Morton, délivré et traité avec distinction par le général, lui tient compagnie pendant la route. Frappé de son courage, de son urbanité, de ses manières généreuses et chevaleresques, il ne sait comment concilier tant de hautes et d'aimables qualités avec son mépris de la vie des hommes, surtout de ceux d'une classe inférieure, et il ne peut s'empêcher tout bas de le comparer au fanatique Burley. Quelques mots qu'il laisse échapper trahissent sa pensée.

« Vous avez raison, dit Claverhouse en souriant, parfaitement raison : nous sommes tous deux des fanatiques; mais il y a quelque différence entre le fanatisme inspiré par l'honneur, et celui que fait naître une sombre et farouche superstition. »

— « Et cependant vous versez tous deux le sang sans remords et sans pitié, » reprend Morton, incapable de cacher ses sentiments.

Claverhouse en convient : il insiste sur son idée en la poussant cruellement à bout ; il l'exprime en des termes énergiques que nul, certes, n'a oubliés, distinguant entre le sang et le sang, entre celui « des braves soldats, des gentilshommes loyaux, des prélats vertueux, et la *liqueur rouge*, dit-il, qui coule dans les veines de manants grossiers, d'obscurs démagogues, de misérables psalmodieurs... » Et c'est alors qu'après quelques autres propos à ce sujet, il dit brusquement à Morton :

« Avez-vous jamais lu Froissart ?
— « Non, » répondit Morton.
— « J'ai envie, dit Claverhouse, de vous procurer six mois de prison pour vous faire jouir de ce plaisir. Ses chapitres m'inspirent plus d'enthousiasme que la poésie elle-même. Avec quel sentiment chevaleresque ce noble chanoine réserve ses belles expressions de douleur pour la mort du brave et noble chevalier dont la perte est à déplorer, tant sa loyauté était grande, sa foi pure, sa valeur terrible à l'ennemi, et son amour fidèle! Ah! *benedicite!* comme il se lamente sur la perte de cette perle de la chevalerie, quel que soit le parti qu'elle ait ornée! Mais, certes, quant à quelques centaines de vilains nés pour labourer la terre, le noble historien témoigne pour eux aussi peu, peut-être moins de sympathie que John Grahame de Claverhouse lui-même. »

Froissart cependant a presque besoin d'être justifié et lavé d'un tel éloge, dont il ne faut accepter pour lui que l'enthousiasme, en laissant de côté ce qui tient au fanatisme. Il est bien vrai qu'il réserve toutes ses sympathies et ses couleurs pour les hautes prouesses et les nobles entreprises d'armes, et ceux qui les font ; il est bien vrai que dans la répression de la Jacquerie, par exemple, et après le tableau des horreurs auxquelles elle s'est livrée, il se réjouit des représailles et de la vengeance qu'en tirent partout les seigneurs, et qu'il nous montre à plaisir les chevaliers qui, en fin de compte, ont raison par le glaive de tous « ces vilains, noirs et petits, et très-mal armés. » Mais chez Froissart ne cherchons point de système ni d'inspiration plus profonde : les Claverhouse pas plus que les de Maistre en théorie ne sauraient le revendiquer comme un des leurs. Un jour, Marie-Joseph Chénier, dans une leçon à l'Athénée, l'a qualifié avec humeur de *valet de prince*. Froissart est également loin de ces ardeurs et de ces colères en sens opposé. Il a la morale de son temps, celle des seigneurs et chevaliers qu'il hante et qu'il sert; il a le culte de ce qui paraît beau et brillant autour de lui, de ce qui rapporte profit, honneur et renommée à travers le monde. C'est un curieux, et d'une curiosité qui lui est propre. Nous trouverons en une occasion à le rapprocher naturellement de Saint-Simon; mais ce dernier avait la curiosité interne, concentrée, profonde et amère : Froissart a la sienne ouverte, riante et comme à fleur de tête. Il y a quelques années, M. Jules Quicherat a vu de lui à Arras un portrait dessiné, le seul authentique, et qu'il estime provenir de Belgique, et d'une collection formée par les ducs de Bourgogne; il a bien voulu m'en montrer une esquisse fidèle qu'il en a prise. On y voit le bon chanoine déjà vieux, la figure assez marquée de rides, le nez fort, le menton fin, l'œil vif, le sourcil avancé, mais la lèvre supérieure courte et la bouche entr'ouverte comme s'il écoutait surtout et s'il attendait ce qu'on va lui dire. Il a, si l'on peut ainsi parler, la lèvre curieuse et un peu crédule. Froissart interroge, et tout ce qu'on lui dit, il l'enregistre avec amour, avec confiance, non comme un greffier, mais comme un conteur.

Lundi, 31 octobre 1853.

FROISSART

(FIN)

Il me semble que nous connaissons déjà Froissart, cette nature vive, mobile, curieuse, amusée, toute à l'impression du dehors, toute au *phénomène*. C'est là une grande prédisposition pour l'historien en tant que narrateur et peintre, et, s'il peut joindre à cette faculté première et indispensable une réflexion plus secrète, la recherche des causes, ce sera tant mieux, et il s'élèvera alors à toute la hauteur de sa mission, quoiqu'il y ait toujours un peu à craindre qu'avec cette qualité de plus, avec ce fonds philosophique, le tableau du premier plan ne perde quelque chose de sa sincérité et de sa fraîcheur, et que la représentation des événements qu'on est jaloux d'expliquer ne conserve pas la même netteté involontaire, la même franchise. Il n'y a pas, notez-le bien, de formes d'esprit plus opposées que celle de l'historien proprement dit, narrateur et chroniqueur, et celle du philosophe ou de l'homme de doctrine. Un jour, à quelqu'un qui opposait avec trop d'insistance un fait à l'une de ses idées, M. Royer-Collard épondait : « Monsieur, il n'y a rien de plus méprisable qu'un fait. » Ce n'était là qu'une plaisanterie dite d'un air grave. Pourtant l'opposition existe entre les deux

familles d'esprits, bien réelle et profonde. L'historien et
le philosophe, du moins le philosophe moraliste, se re-
joignent dans Tacite, et c'est sa gloire. Mais si vous
prenez les facultés dans ce qu'elles ont d'extrême, le
contraste et même la contradiction se manifestent. Il y
a ceux qui ne sont contents que quand ils ont la tête à
la fenêtre, qu'ils voient défiler le cortége en toute chose,
et qu'ils racontent aux autres tout ce qui passe. Il y en
a qui sont tout l'opposé; un vrai philosophe de nos
jours, Maine de Biran, qui avait vu la Révolution et
l'Empire, n'avait de plaisir que quand il se tournait en
dedans et qu'il regardait en lui-même comme dans un
puits. Le métaphysicien Malebranche, dans sa jeunesse
et avant d'avoir trouvé sa vocation, avait voulu s'appliquer à l'histoire ecclésiastique; il commença par lire
Eusèbe et d'autres chroniqueurs : « Mais les faits, dit
Fontenelle, ne se liaient point dans sa tête les uns aux
autres; ils ne faisaient que s'effacer mutuellement. » Au
contraire, prenez un pur historien, Tillemont : tout enfant, dès l'âge de douze ans, il ne peut se détacher de
Tite-Live; dès qu'il l'a ouvert, il ne peut se résoudre à
le fermer qu'il n'en ait lu tout un livre. De même Gibbon aspire dès sa première jeunesse à la qualité d'historien. Froissart ne sera jamais un historien critique
comme Tillemont, ni encore moins un historien philosophe comme Gibbon; mais sa vocation, réduite à toute
sa simplicité, à l'enquête curieuse et à la vive représentation des faits, n'en paraît que plus en saillie; nous
avons vu cette vocation courir et jouer pour ainsi dire
devant nos yeux dès son enfance, et il passa toute sa vie
à la satisfaire.

J'ai prononcé à son sujet le mot de conteur : il faut
entendre en quel sens. Il y avait en France bien des
conteurs avant Froissart, et il y en aura depuis. C'est
une branche charmante et bien variée de la littérature

française dès le moyen âge que le Conte, depuis les auteurs de fabliaux jusqu'à La Fontaine, en passant par les Nouvelles de la Cour de Bourgogne, par les jolis romans d'Antoine de La Salle, par les Contes de Marguerite de Navarre, de Des Perriers. C'est un genre universel, très-épanoui au quatorzième siècle, et dans lequel Boccace excelle comme Chaucer. Eh bien! Froissart, à certains égards, n'est qu'un conteur, mais un conteur à la plus haute puissance, s'appliquant de préférence aux faits d'armes et aux épisodes épiques, un conteur élevé à l'historien. Il a lui-même de ces distractions qui trahissent la race et l'origine; il vous dira dès son quatrième chapitre : « Or, dit le conte, que le beau roi Philippe de France (Philippe le Bel) eut trois fils, etc.; » absolument comme le ferait un romancier. — « Dans l'âge suivant, au quinzième siècle, dit Gray à la suite du passage que j'ai précédemment cité, je vois que Froissart était lu avec grand plaisir par tous ceux qui savaient lire, et sur le même pied que le *Roi Arthur, Sire Tristram* et l'*Archevêque Turpin*; non pas qu'on le prît pour un romancier auteur de fables, mais bien parce qu'on les prenait, eux tous, pour de vrais et authentiques historiens; tant il était alors de peu de conséquence pour un homme, de se mettre en peine d'écrire la vérité ! »

Je crois pourtant que Gray va ici un peu loin : Froissart, à sa manière et selon sa mesure de jugement, s'était mis fort en peine de recueillir la vérité dans ce qu'il raconte. On a cité des exemples naïfs de sa crédulité, et qui montrent qu'en fait de critique il n'est pas supérieur aux gens d'esprit de son temps. Sans doute, et nous le savons assez, il ne *triait* pas beaucoup dans ce qui venait à sa connaissance, il prenait un peu de toutes mains. Les seigneurs et chevaliers avaient beau jeu à lui réciter leurs prouesses, il n'y faisait guère d'objections, et, les aventures une fois entendues, il ne s'inquiétait plus ensuite que de les mettre en ordre et dans un beau jour. Son mode de questionner et de s'enquérir ne se voit jamais mieux que quand il tient un héraut d'armes, un écuyer, un de ces hommes secondaires qui ont été agents dans une entreprise; c'est alors qu'il ne les lâche pas qu'il n'ait tiré d'eux tout ce qu'ils savent. Il retient de leur bouche et consigne mot à mot chaque circonstance. Cependant, quand on a dit qu'il est crédule, il ne faut rien exagérer. Il a le sentiment de la mission et de la gravité de l'histoire; il se reproche à un certain moment (en termes assez obscurs) d'en être descendu, d'y avoir dérogé. Il recherche jusqu'à un certain point les causes, et surtout il s'enquiert des moyens. Voyez-le dans cet intéressant entretien qu'il a avec l'écuyer anglais, Henri Crystède, pendant un de ses derniers voyages en Angleterre. Cet écuyer, témoin du bon accueil que lui font le roi et les seigneurs, et le sachant d'ailleurs historien, l'accoste à dessein et offre de lui raconter le voyage et la conquête du roi Richard II en Irlande, et la soumission des quatre rois irlandais, lesquels semblaient alors aux Anglais de purs sauvages :

« Messire Jean, dit Henri Crystède, avez-vous point encore trouvé personne en ce pays ni en la Cour du roi notre sire, qui vous ait dit ni parlé du voyage que le roi a fait en cette saison en Irlande, et de la manière dont quatre rois d'Irlande, grands seigneurs, sont venus en obéissance au roi d'Angleterre? » Et je répondis, pour avoir matière de parler : « Nenni. » — « Et je vous le dirai, dit l'écuyer, afin que vous le mettiez en mémoire perpétuelle quand vous serez retourné dans votre pays et que vous aurez de ce faire plaisance et loisir. » De cette parole je fus tout réjoui et répondis : « Grand merci. »

Notez qu'à la première question que lui adresse l'écuyer, s'il a déjà entendu parler de ce voyage, Froissart fait semblant de n'en rien savoir pour mieux tout apprendre. Et quand l'écuyer a tout dit, et la soumission inattendue des quatre rois, et leurs façons étranges, et la peine qu'il eut, lui Henri Crystède, qui savait leur langue et avait été attaché à leurs personnes, à leur enseigner les belles manières et les bienséances indispensables; quand il les a montrés apprivoisés peu à peu et amenés à se laisser faire chevaliers de la main du roi Richard en l'église cathédrale de Dublin, puis dînant ce jour-là avec le roi; et après qu'il a ajouté que c'était chose très-intéressante et qui eût été pour Froissart tout à fait neuve à regarder : « Henri, répond Froissart, à qui l'eau est venue à la bouche d'un tel récit, je le crois bien et *voudrois qu'il m'eût coûté du mien et que j'eusse été là.* » C'est absolument comme quand Saint-Simon, à une certaine scène de cour (le mariage de Mademoiselle d'Orléans avec le duc de Berry), en un moment où toutes les intrigues et les cabales étaient en jeu, nous dit : « Je n'ai point su ce qui se passa chez elle (la duchesse de Bourbon, une des ennemies) dans ces étranges moments, *où j'aurais acheté cher une cache derrière la tapisserie.* » Pour Froissart, qui est d'une curiosité moins compliquée et moins dévorante, ce n'est jamais derrière la tapisserie qu'il désirerait se cacher, mais bien être dans quelque coin d'où il pût voir à l'aise le devant du spectacle et de la cérémonie. Ici toutefois un autre désir se mêle à la curiosité, et la réflexion y a sa part; il se sent à l'aise avec l'écuyer Crystède, et il le presse plus peut-être qu'il ne ferait un autre :

« Je veux, lui dit-il, vous demander une chose qui ne laisse pas de me faire grandement émerveiller, et que j'aimerois à apprendre de vous si vous la savez; et vous en devriez savoir quelque chose : c'est la manière dont ces quatre rois d'Irlande sont venus sitôt en l'obéissance du roi d'Angleterre, tandis que le roi son aïeul, qui fut si vaillant homme, si craint et partout si renommé, ne les put soumettre et les a toujours eus pour ennemis. Vous m'avez dit que ce fut par traité et par grâce de Dieu. La grâce de Dieu est bonne quand on la peut avoir, et elle a certes son prix; mais on voit peu de seigneurs terriens présentement augmenter leurs seigneuries, si ce n'est par force et puissance; et quand je serai retourné en la comté de Hainaut, où je suis né, et que je parlerai de cette matière, sachez que j'en serai examiné et questionné très-avant. »

Ainsi, Froissart ne se paye pas de ce qui contenterait Joinville : il en est, par moments, à vouloir connaître les causes secondes. Un siècle après, Commynes remontera jusqu'aux principes politiques, aux causes premières des événements : voilà la gradation. Froissart va jusqu'à mi-chemin; il est de son siècle pourtant et de sa robe, et, si l'on surprend parfois chez lui un sourire, l'idée ne lui vient jamais de s'émanciper. Il est religieux et dévot, quoique mondain et bon vivant; il s'agenouille devant une croix qu'il rencontre, et récite des *Pater* et des *Ave* pour les morts; il félicite les chevaliers qu'il célèbre, et tire sujet de louange pour eux que Dieu leur ait accordé pleine connaissance et entière repentance à l'heure de la mort. Il a des prédictions, des miracles soudains, de singuliers châtiments du Ciel qu'il expose en détail sans paraître en douter. C'est ce que j'appelle chez lui des restes de fabliaux dévots à la Joinville. En certains cas il va plus loin : il croit aux esprits, aux démons familiers. Tout ce mélange, ce composé naturel et sincère où domine et surnage partout la curiosité historique, nous est d'un grand charme en le lisant.

Ses Chroniques embrassent les événements pendant les trois quarts du siècle, depuis 1325 jusqu'à 1400 (c'est-à-dire depuis le couronnement du roi Édouard III d'Angleterre jusqu'au détrônement et à la mort de son petit-fils Richard II). On y voit l'histoire de ce qui s'est passé, pendant cette longue période, dans toutes les provinces du royaume de France; ce qui est arrivé de considérable en Angleterre, en Écosse, en Irlande, en Flandre : une infinité de particularités touchant les affaires des papes de Rome et d'Avignon, touchant celles d'Espagne, de Portugal, d'Allemagne, d'Italie et quelquefois même de pays plus lointains, tels que Hongrie,

Turquie, et des pays d'outre-mer. Mais ici, quand le bon Froissart s'aventure si loin, il n'y a plus du tout à compter sur lui, et les méprises, même les fables, abondent. Au milieu de cette vaste trame un peu confuse, l'Angleterre et la France tiennent le premier plan; et c'est dans les tableaux qu'il en retrace qu'on pourrait le mieux choisir pour donner idée de sa manière. Entre trois morceaux d'une peinture bien expressive qu'on rencontre chez lui dès le début, l'un purement gracieux et romanesque, l'épisode de l'amour du roi Édouard pour la comtesse de Salisbury; — l'autre, pathétique et dramatique, l'épisode du siége de Calais et des six bourgeois pour qui la reine d'Angleterre obtient grâce; — un troisième, enfin, tout épique et grandiose, la bataille de Poitiers, j'ai préféré ce dernier comme nous montrant mieux Froissart dans sa plus haute et plus grande manière et dans son entier développement. Rien n'est plus largement conté, plus clair, plus circonstancié que cette bataille, mieux suivi dans ses moindres circonstances en même temps que posé dans son ensemble et couronné par une fin vraiment touchante. On suit à la fois distinctement le plan général comme dans une relation moderne, et chaque duel singulier comme dans un combat de *l'Iliade*. C'est ce que je voudrais faire sentir et démontrer à tous par une analyse un peu complète et par une juste application de la critique littéraire. Ceci demande un peu d'attention : mais ceux qui voudront bien la prêter en seront payés avant la fin, si je ne me trompe (1).

Le prince de Galles, partant de Bordeaux, s'était mis

(1) Les batailles de Crécy et de Poitiers sont les premières bataille-données en France dont les historiens aient pris soin de nous pas prendre la disposition avec quelque exactitude. On apprend ce qui les fit perdre, on s'en rend compte. Cela est surtout vrai pour Poitiers : c'est le premier récit de bataille, tout à fait développé. (Voir le Père Daniel, *Histoire de la Milice française*, t. I, p. 307, 308.)

à faire une *chevauchée* dans le Limousin et le Berry; ce qu'apprenant le roi Jean, il passa la Loire à la tête d'une nombreuse armée : « Si pouvez bien croire et sentir que là étoit toute la fleur de France, de chevaliers et d'écuyers, quand le roi de France et ses quatre enfants y étoient personnellement. » — Ayant passé la rivière de Vienne, l'armée du roi arrivait devant Poitiers, quand les coureurs du prince de Galles donnèrent sur la queue de son armée, et le roi apprit que les ennemis qu'il cherchait en avant étaient plutôt derrière lui.

A cette nouvelle, le roi eut grande joie. Il s'arrêta à l'instant et fit faire volte-face à ses gens, qui se logèrent au loin dans la campagne. C'était un samedi soir. Le prince de Galles, de son côté, quand ses coureurs lui eurent donné la nouvelle que l'armée ennemie, si nombreuse, lui coupait le chemin, n'en fut nullement effrayé, et il ne songea qu'à combattre avec le moins de désavantage. Cette nuit, les Anglais se logèrent dans un lieu assez fort, entre haies, vignes et buissons. Les sentinelles veillaient, et on était sur ses gardes des deux parts.

Le dimanche matin, le roi de France, qui avait grand désir de combattre, fit chanter la messe solennellement dans son pavillon et y communia avec ses quatre fils. Après la messe se tint un grand conseil composé des princes et grands seigneurs, pour savoir ce qu'on allait faire. Il fut décidé que l'on combattrait sans retard, que tous se mettraient aux champs, et que chaque seigneur déploierait sa bannière au nom de Dieu et de saint Denis. Ce conseil plut grandement au roi de France :

« Lors sonnèrent les trompettes parmi l'armée, et s'armèrent toutes gens et montèrent à cheval, et vinrent sur les champs, là où les bannières du roi ventilloient au vent et étoient arrêtées, et, par espécial, l'oriflamme que messire Geoffroy de Charny portoit. Là eût-on pu voir grand'noblesse de riches armures, de belles armoiries, et toutes sortes de pennons et bannières ; car là étoit toute la fleur des seigneurs de France, et nul chevalier ni écuyer n'osoit demeurer à l'hôtel s'il ne vouloit être déshonoré. »

L'ordre général de bataille était celui-ci : trois *batailles*, autrement dit trois corps de troupes, l'un commandé par le duc d'Orléans, frère du roi; l'autre commandé par le duc de Normandie, fils aîné du roi (le futur Charles V), pour lors âgé de dix-neuf ans; le troisième, par le roi en personne. Quatre chevaliers envoyés pour reconnaître l'ordre et le plan des Anglais le viennent redire au roi Jean, qui, « monté sur un grand blanc coursier, » exhalait son ardeur et n'épargnait pas les paroles pour piquer les siens : « Entre vous, disait-il, quand vous êtes à Paris, à Chartres, à Rouen ou à Orléans, vous menacez les Anglais et vous vous souhaitez le bassinet en la tête devant eux : or, y êtes-vous; je vous les montre... » Et ses barons lui répondaient par des cris de joie et d'espérance.

Le plan des Anglais est très-bien exposé; ils n'ont qu'une *bataille*, un corps de troupes, mais bien ordonné, le long d'un chemin fortifié de haies et de buissons, les archers défendant la haie, et cette haie n'offrant qu'une étroite entrée pour quatre hommes de front au plus. Sur les côtés de la haie, parmi les vignes et les épines où l'on ne peut aller à cheval, sont disposés leurs gens d'armes tous à pied, et ils ont mis devant eux leurs archers « en manière de herse. » Le roi décide, sur le conseil des plus experts chevaliers, que trois cents hommes d'élite à cheval commandés par les deux maréchaux messire Jean de Clermont et messire Arnoul d'Andrehen, et choisis parmi les plus durs, les plus roides et les plus hardis, iront pour rompre et forcer l'entrée. Derrière ces trois cents hommes, dits *la bataille des maréchaux*, se trouvera, pour les soutenir, sous le commandement du duc d'Athènes, connétable de France, le corps d'Allemands, à cheval aussi.

Mais voilà, quand les *batailles* du roi sont bel et bien ordonnées (trois grosses *batailles* et deux moindres, mais d'élite, placées en tête), voilà qu'arrive au galop, piquant des deux et venant de Poitiers, le bon cardinal de Périgord, qui va se démener tout le jour à vouloir faire la trêve entre les deux armées : rôle honorable, mais vain, et qui le fait un peu ressembler à l'archevêque Turpin dans les romans des douze pairs (1). Le dimanche 18 septembre (1356) est tout employé à ces allées et venues. Le prince de Galles y paraît plus accommodant que le roi, et cette confiance de celui-ci, bientôt démentie par l'issue, ajoute encore au dramatique de la catastrophe.

Froissart, qui ne perd aucune occasion de nous faire assister au spectacle, nous montre pendant ces heures de répit le roi de France qui fait tendre sur le terrain, dans le lieu même où il s'est arrêté, un pavillon de soie vermeille, très-élégant et très-riche; le roi rompt et congédie pour le reste du jour ses divers corps d'armée, sauf les deux troupes du connétable et des maréchaux. Nous sommes comme Froissart; cette variété de couleurs et de mouvement dans la plaine amuse la vue en attendant.

Tandis que le bon cardinal se démène ainsi tout le dimanche et perd ses peines, le preux chevalier messire Jean Chandos, l'ami et le conseiller du prince de Galles, gentil et noble de cœur, et de *sens imaginatif*, profite de la trêve pour côtoyer l'armée des Français; et de même fait du bord opposé messire Jean de Clermont, maréchal de France, et, se rencontrant, ils se prennent de paroles comme deux héros d'Homère. Mais si les paroles sont un peu grosses et *moult félonnesses*, si ce sont des paroles peut-être antiques de crudité, le motif

---

(1) Avec cette différence que l'archevêque Turpin ne demande pas mieux que de bien frapper.

est bien délicat et tout moderne : « Je vous dirai pourquoi, dit Froissart qui ne perd jamais une occasion de glisser dans l'histoire un coin de galanterie : ces deux chevaliers, qui étoient jeunes et amoureux, ainsi le peut-on et le doit-on entendre, portoient chacun une même devise sur le bras gauche, une figure d'une dame en bleu brodée sous des rayons de soleil, et ils ne la quittoient jamais en aucun moment. Ceci donc ne plut guère à messire Jean de Clermont de ce qu'il vit porter sa devise à messire Jean Chandos... » De là les grosses paroles des deux héros qui en viendraient aux coups, n'était la trêve, et qui se donnent rendez-vous au lendemain. Le plus provoquant et le plus outrageux des deux est précisément celui qui y périra.

Le lendemain matin, au soleil levant, le cardinal de Périgord revient encore à la charge; mais cette fois il est reçu avec impatience du côté des Français, et renvoyé même avec colère. En passant, il reporte ces paroles au prince de Galles, qu'il contribue par là à enflammer. Ces menues circonstances toutes naturelles ajoutent au tragique de la catastrophe et à la leçon que va donner la fortune. Un peu de patience, en effet, de la part des Français, leur livrait l'adversaire qui manquait de vivres et de fourrages : mais on se croirait déshonoré d'attendre et de ne pas courir droit à l'ennemi, fût-il retranché dans son vignoble. On est toujours les fils de ces Francs de l'époque carlovingienne qui, à certaines journées, se heurtaient dans un duel immense, en dédaignant les avantages que l'habileté seule pouvait procurer.

Et pour que rien ne manque à cet épisode assez piquant du cardinal, ajoutez qu'au moment où il s'en retourne à Poitiers, plusieurs de ses gens, de ceux de son hôtel, l'abandonnent et s'en viennent, alléchés par l'honneur du combat, se mettre en l'armée des Français, sous le châtelain d'Amposte; ce dont le bon cardinal ne s'aperçoit point.

Cependant la bataille va commencer ce matin du lundi 19 septembre. On a vu l'ordre des combattants; mais Froissart, qui veut être exact et qui est au niveau de la stratégie de son époque, Froissart, qui, en son genre, est aussi clair dans son récit de la bataille de Poitiers que tel moderne peut l'être dans celui de la bataille d'Austerlitz, nous expose que l'ordonnance du prince de Galles a de plus cela de particulier, qu'il a formé, d'une part, un corps d'élite de chevaliers pour faire tête à la *bataille* des maréchaux de France, et que, d'autre part, à main droite, sur une montagne qui n'est pas trop roide à monter, il a disposé trois cents hommes à cheval et autant d'archers à cheval également, pour longer *à la couverte* cette montagne et tomber à l'improviste, à un moment donné, sur le corps du duc de Normandie, qui est rangé au pied. Quant au prince en personne, avec le gros de ses forces, il se tenait au fond des vignes dans une position inexpugnable; « tous armés, leurs chevaux assez près d'eux pour monter aussitôt, s'il étoit besoin : et ils étoient fortifiés et enclos, à l'endroit le plus foible, de leurs charrois et de tous leurs bagages : aussi ne les pouvoit-on approcher de ce côté. » C'est par cette disposition forte et sensée que le Prince-Noir comptait bien racheter l'extrême inégalité du nombre et rendre inutile la plus grande partie des forces de l'ennemi. Son attitude dans toute cette journée est belle, entre ses deux chevaliers conseillers, messire Jean Chandos et messire Pierre d'Audelée, frère de Jacques.

Ce dernier, messire Jacques, noble figure, se détache entre tous par son vœu chevaleresque, par la manière héroïque dont il le tient, par son touchant retour (navré et blessé qu'il est) à la fin de l'action, par sa noblesse de désintéressement après la victoire. C'est un épisode tout à la fois brillant et senti. L'art du narrateur a été, dans ce vaste récit, tout en ne sacrifiant rien de l'action principale, de maintenir la part singulière de ces figures héroïques et de les détacher, de les ramener à temps; il y a là un grand talent de composition sans qu'il y paraisse. Il entrelace tous ses récits et les retrouve quand il le veut. Chaque chose et chacun est posé en son lieu et sans confusion.

Ce messire Jacques d'Audelée avait donc fait depuis longtemps ce vœu tout chevaleresque que, s'il se trouvait jamais en une affaire où serait le roi d'Angleterre ou l'un de ses fils, il serait le premier assaillant et le mieux combattant de son côté, ou qu'il périrait à la peine. Il vient, avant que l'action commence, prier le prince de Galles, au nom de ses bons et loyaux services passés, de lui octroyer cette grâce d'être le premier à assaillir et à combattre. La noble permission est accordée, et messire Jacques d'Audelée, joyeux, va se mettre au premier front de toute la ligne, accompagné seulement de quatre vaillants et fidèles écuyers, et, durant toute l'action, il ne songe qu'à combattre, à frapper, à aller toujours en avant sans vouloir faire aucun prisonnier (ce qui le retarderait et le forcerait de quitter le premier rang). Cette figure de messire Jacques d'Audelée, nous le verrons, est digne en tout d'un Homère chrétien; c'est comme un héros du Tasse.

Cependant la bataille commence mal pour les Français : le corps de chevaliers d'élite commandé par les maréchaux en personne, qui essaye de forcer l'entrée du chemin entre deux haies sous les traits des archers, n'y parvient pas et est refoulé en désordre sur le gros de l'armée. Jean de Clermont, maréchal de France, le même qui s'était pris de paroles la veille avec Jean Chandos, y est tué des premiers en combattant vaillamment; et quelques-uns même voulurent dire que ce fut pour ses paroles outrageuses de la veille. Messire Arnoul d'Andrehen, l'autre maréchal, est blessé et fait prisonnier : « A peine vit-on jamais, dit Froissart, tomber en peu d'heures si grand méchef sur gens d'armes et bons combattants, qu'il advint sur cette bataille des maréchaux de France; car ils fondoient l'un sur l'autre et ne pouvoient aller avant. » Quelle image expressive de ces vaillants hommes détruits en un instant, et qui *fondoient l'un sur l'autre !* — La *bataille* du duc de Normandie elle-même, qui est de côté, ne tient pas. Elle commence à s'ébranler, à se *dérompre* et *ouvrir*, quand elle voit les maréchaux déconfits par-devant, et qu'elle se sent assaillie en arrière et sur ses flancs par le corps de chevaliers anglais et d'archers à cheval qui débusquent de la montagne. C'est alors que le prince de Galles et Jean Chandos montent à cheval et s'élancent du vignoble retranché, sentant que le moment décisif est venu : « Sire, dit Jean Chandos au prince, Sire, chevauchez avant; la journée est vôtre. Adressons-nous devers votre adversaire le roi de France, car là gît tout le fort de la besogne. » Et le prince répond : « Jean, allons, allons ! Vous ne me verrez jamais aujourd'hui retourner, mais toujours chevaucher avant. » En reproduisant ces paroles après cinq siècles, je n'oublie point pourtant que ce sont des paroles d'adversaire dans une journée qui fut de grand deuil pour la France d'alors; mais la France est en fonds de gloire, et elle peut honorer un victorieux si doué de générosité, comme lui-même il honora un vaincu si plein de vaillance.

Au moment où le prince et sa bannière chevauchent *en entrant en ses ennemis,* un piquant détail nous reporte au cardinal de Périgord. Le prince, en effet, rencontre là des gens de ce cardinal rangés du côté des Français et qui prennent part à la bataille: il croit, dans le premier moment, que c'est l'effet d'une fourberie du prélat pacificateur, et veut leur faire trancher la tête : Jean Chandos l'arrête à temps. Froissart, dans sa netteté de récit, n'oublie rien. Je l'ai dit, toutes ces parties et ces détails se correspondent chez lui à distance, sans se confondre.

Derrière et à quelque intervalle du corps des maréchaux, également à cheval, dans la même direction, venait pour les appuyer la *bataille* des Allemands ou du connétable. Le prince de Galles s'y porte sans tarder. Il y a une bien forte peinture de la mêlée à ce moment : « Là eut grand *froissis* et grand *boutis*, et maints hommes renversés par terre. Là s'écrioient les chevaliers et écuyers de France qui se battoient par troupes : *Montjoie ! Saint Denis !* et les Anglois : *Saint George ! Guyenne !* Là se firent grandes preuves de prouesse; car il n'y avoit si petit qui ne valût un homme d'armes. » Quant à la *bataille* du duc d'Orléans qui était venue, on ne sait trop pourquoi, se mettre derrière celle du roi toute saine et entière, il n'en est guère question, et il ne paraît pas qu'elle ait rendu de services en cette journée (1).

Mais c'est à la *bataille* du roi Jean que se portent désormais les grands coups. Le roi Jean est en ligne directe derrière le corps du connétable qui est refoulé sur celui du roi. Ici se déclare en traits bien énergiques l'hommage loyal et généreux que rend Froissart à la vaillance des vaincus : selon lui, la bataille de Poitiers n'est point à comparer à celle de Crécy, bien qu'aussi fatale par le sort, mais elle fut bien autrement combattue :

« Et s'acquittèrent si loyalement envers leur seigneur tous ceux qui demeurèrent à Poitiers morts ou pris, qu'encore en sont les hé-

(1) On s'explique peu cette conduite et cette inutilité du duc d'Orléans avec son corps d'armée durant l'action ; ce qui a fait dire à quelqu'un : « C'est le Grouchy de l'affaire. »

riliers à honorer et les noms des vaillants hommes qui y combattirent à recommander. Ni ne peut-on dire ni présumer que le roi Jean de France s'effraya jamais de choses qu'il vit ni ouït dire, mais demeura et fut toujours bon chevalier et bien combattant, et il ne fit mine de fuir ni de reculer quand il dit à ses hommes : « A pied ! à pied ! » et qu'il fit descendre tous ceux qui étoient à cheval, et que lui-même se mit à pied devant tous les siens, une hache de guerre en ses mains, et fit passer en avant ses bannières au nom de Dieu et de saint Denis, desquelles messire Geoffroy de Charny portoit la souveraine (l'oriflamme). »

Et au moment où les deux corps d'armée principaux se choquent :

« Là eut grand hutin fier et cruel, et donnés et reçus maints horions de haches, d'épées et d'autres bâtons de guerre. Bien avoit sentiment et connoissance le roi de France que ses gens étoient en péril, car il voyoit ses rangs ouvrir et s'ébranler, et bannières et étendards trébucher et reculer, et par la force de l'ennemi reboutés; mais par fait d'armes il les pensa bien tous recouvrer. »

Remarquez en passant les consonnances et rimes en *é*; on dirait des restes de vers épiques, semés par habitude dans cette prose. — Froissart énumère le plus de noms qu'il peut dans les combattants : « Car croyez fermement que toute fleur de chevalerie y étoit de part et d'autre. » Il s'arrête pourtant de guerre lasse après un essai de dénombrement : « On ne peut de tous parler, faire mention ni dire : *Celui-ci fit bien, et celui-ci fit mieux*; car trop y faudroit de paroles. »

Une part spéciale est faite pourtant, et elle est bien due, à ce Jacques d'Audelée, qui reparaît de temps à autre comme le Bayard de la bataille. Il avait accompli son vœu, escorté de ses quatre écuyers, toujours en avant, entrant le premier au plus épais de la mêlée; si bien que blessé au corps, à la tête et au visage, il lui fallut céder et renoncer à plus faire ce jour-là : « Doncques, sur la fin de la bataille, le prirent les quatre écuyers qui le gardoient, et l'emmenèrent tout foible et tout blessé hors des rangs près d'une haie, pour le rafraîchir un petit et l'éventer; et le désarmèrent le plus doucement qu'ils purent, et se mirent à bander et lier ses plaies et à recoudre les plus dangereuses. »

A ce moment Froissart semble se ralentir et s'oublier un peu : il tient à ne rien omettre, et c'est difficile. Il s'engage donc dans le récit de quelques particularités singulières qui eurent lieu hors du champ de bataille et aux alentours, par exemple l'aventure d'un chevalier français et celle d'un écuyer de Picardie, qu'on poursuivait, et qui sur le point d'être pris, par un coup de fortune et d'adresse, firent prisonnier chacun son poursuivant. Ce sont là les curiosités et les hors-d'œuvre de la grande bataille. Nous sommes près quasi de retomber dans la joute et le tournoi; il y en a toujours un peu dans ces grandes journées chevaleresques. Mais Froissart, qui s'est écarté, rentre bientôt après dans son sujet, et par une réflexion assez piquante : « Ainsi adviennent souvent, dit-il, les fortunes en armes et en amours, plus heureuses et plus merveilleuses qu'on ne les pourroit ni oseroit penser et souhaiter. » Il se répète sensiblement en cet endroit, et a quelque peine à se remettre en train; il recommence plus d'une fois à reprendre haleine; on dirait qu'on est avec lui dans le flux et le reflux de la mêlée. Il semble que le narrateur est lui-même tout haletant comme ses chevaliers.

Mais bientôt il se dégage. La manière dont est pris le roi Jean est bien contée. C'est à un Français transfuge (nouveau coup de fortune!) qu'il rend son épée ou du moins son gant. Cette idée de transfuge n'entraînait pas toujours déshonneur dans les idées du temps, et le chevalier de Morbecque, de Saint-Omer, racontant son histoire au roi Jean et comme quoi il a dû quitter le royaume de France par suite d'un homicide qu'il a eu le malheur de commettre dans sa jeunesse, ressemble à ces héros d'Homère qui racontent sans embarras comment ils ont été obligés de quitter leur pays pour avoir tué un homme par imprudence. C'est à lui, au milieu de cette foule qui le presse de toutes parts et qui se dispute l'honneur de sa prise, que le roi préfère encore de s'adresser pour lui donner son gant droit et se mettre sous sa protection. Mais au même instant, le chevalier, tout grand et robuste qu'il est, a fort à faire pour défendre sa noble capture ; car, Anglais et Gascons, c'est à qui se ruera à l'entour du roi en criant à tue-tête : « Je l'ai pris ! je l'ai pris ! »

A cette heure, le prince de Galles est assez loin dans la plaine : on dirait qu'en parlant de lui, Froissart s'est ressouvenu et d'Ajax et de Roland : « Le prince de Galles qui durement étoit hardi et courageux, le bassinet en tête, semblable à un lion cruel et furieux, et qui ce jour avoit pris grand'plaisance à combattre et à pourchasser ses ennemis, sur la fin de la bataille étoit durement échauffé... » Jean Chandos, qui ne l'a point quitté de la journée, l'engage donc à s'arrêter un peu, à planter sa bannière sur les buissons pour y rallier son monde et s'y rafraichir. On dresse là un petit pavillon vermeil ; on apporte à boire au prince et aux seigneurs qui sont près de lui. Cependant, n'apercevant plus au loin à travers la plaine de corps d'ennemis qui résiste, il fait chercher de toutes parts nouvelles du roi Jean. Toute cette scène de l'amenée du noble vaincu, de la cohue et du *touillement* qui se passe autour de sa personne est bien naturellement racontée ; on y assiste, on se sent dans la foule et en danger d'étouffer avec lui.

Le prince de Galles fait aussi demander des nouvelles du brave chevalier Jacques d'Audelée, le héros de la journée : « De messire James d'Audelée, est-il nul qui en sache rien ? » — « Oui, Sire, répondirent quelques chevaliers qui étoient là, et qui l'avoient vu ; il est très-blessé et est couché en une litière assez près d'ici. »

— « Par ma foi ! dit le prince, suis-je très-fortement fâché de sa blessure, et je le verrois bien volontiers. Or, qu'on sache, je vous prie, s'il pourroit supporter d'être amené ici ; et, s'il ne le peut, je l'irai voir. » Messire Jacques d'Audelée apprenant ce désir du prince, appelle huit de ses varlets et se fait porter par eux en sa présence : « Messire James, lui dit le prince, je vous dois bien honorer, car, par votre vaillance et prouesse, avez-vous aujourd'hui acquis la grâce et renommée de nous tous, et y êtes tenu par science certaine pour le plus preux. » Messire Jacques s'incline en disant qu'il ne pouvait faire moins sans honte, n'ayant fait qu'accomplir un vœu ; mais le prince insiste sur la louange : « Messire James, moi et tous les autres, nous vous tenons pour le meilleur de notre côté. » Et il le retient désormais pour son chevalier, lui octroyant cinq cents marcs de revenu par an. Messire Jacques d'Audelée se retire, emporté par ces mêmes huit varlets. Les cinq cents marcs de rente n'en resteront pas là : le généreux d'Audelée va les donner en cadeau et en héritage à ses quatre braves écuyers, par l'aide et confort desquels il a pu tenir son vœu : « Car, cher Sire, dira-t-il ensuite au prince, je ne suis qu'un seul homme, et ne puis que ce que peut un homme, et c'est parce que je comptois sur leur secours et leur aide que j'ai entrepris d'accomplir le vœu que j'avois de longtemps voué ; et c'est grâce à leur force et à leur bravoure que j'ai été le premier assaillant ; je serois mort et j'aurois péri à la peine, s'ils n'eussent été là. » Cela fait encore une belle scène, qui bientôt après retrouve son pendant par celle du prince de Galles, qui ne veut pas être en reste de générosité avec messire Jacques, et qui, laissant ce don aux écuyers, lui octroye à lui-même en sus six cents marcs. C'est, entre le prince et son sujet, une suite d'assauts de courtoisie, de libéralité et de noblesse d'âme. Ce messire Jacques d'Audelée est une figure de héros modeste, pieux et humain.

Au moment où on l'emportait du pavillon, on voit entrer le comte de Warwick et messire Regnault de Cobehen, qui viennent *faire présent* au prince de Galles du roi de France, lequel présent fut bien reçu comme l'on peut croire. Le prince s'incline très-bas en l'accueillant, et fait apporter aussitôt vins et épices qu'il offre de sa main au roi « en signe de très-grand amour. » Mais la scène du souper surpasse tout et achève d'imprimer à cette journée son entier caractère de noblesse chevaleresque, et au tableau qui nous est retracé toute sa grandeur, j'ai presque dit sa sublimité. Donnons-nous au complet le sentiment de cette belle page :

« Quand ce vint au soir, le prince de Galles donna à souper en sa tente au roi de France et à monseigneur Philippe son fils, à monseigneur Jacques de Bourbon et à la plus grande partie des comtes et des barons de France qui étoient prisonniers ; et le prince fit asseoir le roi de France et son fils, et monseigneur Jacques de Bourbon... (je supprime la suite des noms) à une table très-haute et bien couverte, et tous les autres barons et chevaliers aux autres tables. Et toujours servoit le prince au devant de la table du roi, et par toutes les autres tables, le plus humblement qu'il pouvoit ; et il ne se voulut asseoir à la table du roi pour prière que le roi lui en pût faire, mais disoit toujours qu'il n'étoit pas encore de telle valeur qu'il lui appartînt de s'asseoir à la table d'un si haut prince et d'un si vaillant homme comme étoit la personne du roi et comme il l'avoit montré en cette journée. Mais toujours il s'agenouilloit par devant lui et lui disoit : « Bien cher Sire, ne veuillez faire trop maigre chère de ce que Dieu n'a aujourd'hui voulu consentir à votre vouloir, car certainement Monseigneur mon père vous fera tout honneur et amitié qu'il pourra, et s'accordera à vous si raisonnablement que vous demeurerez bons amis ensemble à toujours. Et m'est avis que vous avez grand'raison de vous éjouir, bien que l'affaire ne soit tournée à votre gré, car vous avez aujourd'hui conquis le haut nom de prouesse et avez passé tous les mieux faisants de votre côté. Je ne le dis point, sachez-le bien, cher Sire, pour vous railler, car tous ceux de notre parti qui ont vu les uns et les autres se sont par pleine science à cela accordés, et tous vous en donnent le prix et chapelet d'honneur si vous le voulez porter. »

« A ce moment, un murmure d'approbation se fit entendre, et tous, François et Anglois, se disoient entre eux que le prince avoit très-noblement parlé et à propos ; et ils célébroient son éloge, et disoient qu'en lui il y avoit et il y auroit encore un gentil seigneur dans l'avenir s'il pouvoit longuement durer et vivre, et en cette fortune persévérer. »

A cette admirable scène, les réflexions, les sentiments se pressent : notons-en seulement quelques-uns. De même que messire Jacques d'Audelée est celui qui est proclamé avoir le mieux fait du côté des Anglais, de même le roi Jean est salué le premier en cette journée du côté des Français. Qu'il est délicat au prince de Galles de s'effacer ainsi et d'avoir comme décerné à eux deux l'honneur! Et Froissart l'a bien senti.

Ces paroles du prince de Galles au roi Jean peuvent rappeler sans doute les vers de Corneille dans *la Mort de Pompée* :

> O soupirs! ô respect! ô qu'il est doux de plaindre
> Le sort d'un ennemi lorsqu'il n'est plus à craindre!

Mais le sentiment moderne chevaleresque était plus sincère dans ses imprudences, et il n'attendait pas pour honorer l'ennemi qu'il fût par terre ; c'est ce qui donnait le droit au princes de Galles de dire à son *cher Sire* captif qu'il ne *raillait* pas. Malgré cet onéreux traité de Brétigny qu'on a devant soi pour conclusion dernière, on peut dire que cette rude bataille finit et se couronne comme le plus magnifique des tournois.

On a comparé cette scène à celle de Paul-Émile et de Persée, et M. Villemain a fait ressortir la supériorité morale du sentiment moderne. Il ne manque pas non plus à cette comparaison d'offrir, du côté du prince de Galles, je ne sais quoi de mélancolique qui se mêle dans le lointain à la splendeur de la victoire. La réflexion qui termine et que l'auteur ne fait pas en son nom, mais qu'il place dans la bouche des chevaliers présents, ce pronostic tout flatteur et favorable sur l'avenir du prince-roi, s'il lui est donné de vivre pour y atteindre, rappelle dans une perspective éloignée l'instabilité des choses humaines et les compensations du sort, qui ne permet pas aux plus heureux d'accomplir tout leur bonheur : ce prince si brillant, et à qui tous souhaitent vie, ne régnera pas en effet, et mourra plein de gloire, mais avant le temps. Je ne sais si cette pensée d'un rapprochement funèbre est venue à l'esprit de Froissart; elle semble comme négligemment touchée dans les paroles qui concluent le récit, et, qu'il l'ait eue ou non, il met le lecteur à même d'achever et de tirer toute la réflexion morale.

J'ai voulu insister un peu sur ce grand tableau de la bataille de Poitiers, et je l'ai choisi comme l'exemple le plus frappant et le plus en vue de la manière de l'historien. Jusqu'à cette époque de son histoire, Froissart avait plus ou moins suivi la Chronique de Jean Le Bel : c'est à partir de l'année 1356 et de la bataille de Poitiers seulement, qu'il commence à cheminer seul, et, dès les premières pages, il débute par un grand tableau digne d'un maître. Quiconque raconte et expose les choses de cette sorte peut laisser à désirer d'ailleurs, pour quelques qualités qui lui manquent ; mais il a assurément de bien essentielles et grandes parties de l'historien.

Si je tenais à être tant soit peu complet, j'aurais encore beaucoup à dire sur Froissart, même au seul point de vue littéraire et sans entrer dans la discussion du fond. Après le grand tableau, il faudrait le prendre dans l'épisode, dans l'anecdote militaire et chevaleresque, dans les mille incidents et tableaux de genre qui sont ses vignettes à lui. Quand on l'aurait présenté comme le narrateur le plus varié et le plus piquant des entreprises d'armes et de toutes les chevaleries d'alors, il y aurait à se garder encore de le trop circonscrire et de lui refuser l'intelligence du reste; car, s'il entend par excellence le fait des chevaliers et gentilshommes, il a montré dans ses récits des affaires et des troubles de Flandre qu'il n'entendait pas moins bien le tribun du peuple, le factieux de la bourgeoisie et de la commune, le chef des *chaperons blancs*, c'est-à-dire des bonnets rouges de ce temps-là. Son portrait de Jean Lyon de Gand, l'orateur et le meneur populaire, serait reconnaissable encore et frappant de vérité aujourd'hui. Il faut se borner. La connaissance de Froissart, d'ailleurs, est désormais devenue vulgaire en France. Il y a trente ans que M. de Barante a contribué à le remettre en circulation par l'usage qu'il en fait dans les premières parties de son *Histoire des Ducs de Bourgogne*. Un érudit, plus zélé en général et plus actif qu'exact, mais utile sur ce point, M. Buchon, a donné des Chroniques de Froissart une édition qui avait été en grande partie préparée par M. Dacier, et qui, tout en laissant à désirer sans doute aux studieux pour le détail, est très-passable en gros, et, jusqu'à nouvel ordre, suffisante pour tous. Cette édition est quelquefois de nature à en faire souhaiter une autre, mais aussi elle permet de l'attendre (1). Les cri-

(1) M. Lacabane, qui s'était chargé de cette nouvelle édition pour la Société de l'Histoire de France, et qui s'en est occupé pendant plus de trente ans, ne la fera jamais. Le cas de ce savant homme est piquant et nous offre un singulier phénomène : c'est que plus il a étudié et approfondi son auteur, plus il en a collationné de manuscrits, et plus aussi la tâche de choisir et de fixer un texte lui est devenue impossible. Sa science de Froissart, en avançant, s'est frappée elle-même d'incapacité. Froissart, à mesure qu'il l'a mieux connu et eu égard aux variantes sans nombre qu'on y rencontre, n'a plus été, à ses yeux, que le moins exact et le plus incertain des historiens. Il me semble que l'honorable érudit s'est laissé en ceci dévoyer et tromper par le détail : il s'est perdu par excès de recherches et par trop de conscience. Dans le désespoir où il se voit de remplir sa promesse, M. Lacabane est tombé dans un travers qui fait sourire : Froissart lui est devenu une espèce de remords, à ce point qu'il n'en parle, dit-on, qu'avec déplaisance et comme du plus infidèle des narra-

tiques les plus distingués de notre époque, M. Villemain, M. Ampère, M. Nisard, ont tour à tour parlé de Froissart avec une sorte de prédilection, et avec une variété de louanges qui s'accorde dans un même jugement. L'émulation a gagné ses compatriotes, jusque dans son lieu natal : la ville de Valenciennes sa patrie a décidé, il y a quelques mois, qu'il lui serait élevé une statue, et elle a confié le soin de l'exécution à un habile artiste né dans les mêmes contrées, M. Lemaire, de l'Institut. J'ai vu le modèle qui n'attend plus que le marbre : Froissart encore jeune, et à cet âge où le poëte en lui pouvait plaire, y est représenté assis, non plus en quête et questionnant, mais tel qu'il devait être, lorsque, rentré dans sa ville natale, il recueillait ses souvenirs et les couchait par écrit pendant des heures de méditation légère (1).

teurs : il le déprécie encore plus que M. Chéruel ne fait Saint-Simon, qu'il a édité. De même, pour l'avoir trop creusé et regardé à la loupe, M. Lacabane est devenu le sceptique de Froissart par excellence. Simples amateurs, et à moins de frais, tenons-nous-en au vrai point de vue. Pour nous, la fidélité de Froissart est celle d'un peintre, sinon d'un historien.

(1) L'inauguration de la statue a eu lieu à Valenciennes le 21 septembre 1856, avec grand appareil et solennité. M. Mérimée, au nom de l'Académie française, y a prononcé en l'honneur de Froissart un discours d'une netteté exquise. (Voir *le Moniteur* du 23 septembre 1856.)

Lundi, 7 novembre 1853.

LE BUSTE DE L'ABBÉ PRÉVOST [1]

On peut observer depuis quelque temps par toute la France un fait général, et qui est caractéristique de notre époque. Chaque province, chaque cité revient avec un esprit de curiosité et d'émulation sur son passé, sur ses origines, sur ce que son histoire locale a eu de mémorable, et elle s'honore de le consacrer par quelque monument. Et en particulier, les hommes remarquables, guerriers, prélats, savants, hommes de lettres, qui sont sortis avec éclat de la terre natale, y rentrent à l'état de personnages historiques après des années ou après des siècles, et y obtiennent d'un commun suffrage des bustes, des statues. Froissart à Valenciennes, Joinville en Champagne, le roi René à Angers, Du Cange à Amiens, Bossuet à Dijon, ce ne sont partout qu'inaugurations patriotiques et pieuses, et images ressuscitées de grands hommes. Il s'élève de toutes parts une sorte de biographie universelle en marbre et en bronze, et qui parle aux yeux. C'est là un noble et juste emploi de la statuaire. Aujourd'hui il s'agit d'une image plus modeste, mais chère à tous, du buste de l'abbé Prévost, et

[1] C'est la troisième fois que je parle de l'abbé Prévost, et chaque fois j'ai tâché, sans trop me répéter, d'ajouter quelque chose à ce qu'on savait déjà de lui. (Voir *Portraits littéraires*, édition Didier de 1852, tome I, page 259; et *Derniers Portraits littéraires*, édition Didier, 1852, page 443.)

la cérémonie de cette inauguration, qui a eu lieu à Hesdin le dimanche 23 octobre dernier, a présenté le caractère d'une fête de famille, qui allait bien au souvenir du romancier plus aimable et plus touchant que solennel.

L'abbé Prévost, comme on sait, est né à Hesdin le 1ᵉʳ avril 1697. Son père, avocat en parlement, était procureur du roi au bailliage. Sa famille, une des anciennes du pays, comptait des magistrats, des échevins, des curés de la ville, des militaires. Un neveu de l'abbé Prévost, M. Prévost de Courmières, lieutenant-colonel de dragons et chevalier de Saint-Louis, né en 1747 et mort en 1838 se trouvait auprès de l'abbé dans le temps même de sa mort. A la fête de l'autre jour assistait un petit neveu du même nom, M. Prévost, doyen du Conseil général du département dont il fait partie depuis plus de trente-deux ans, maire de la ville d'Hesdin pendant trente-cinq ans jusqu'en 1848, considéré et vénéré de ses concitoyens pour les services qu'il n'a cessé de leur rendre, et vivant aujourd'hui dans la retraite. Le maire actuel de la ville, M. Houzel, est un arrière-neveu de l'abbé Prévost par sa mère, et M. Laisné, directeur de la comptabilité au ministère de l'Intérieur, et que je ne puis nommer sans me rappeler notre amitié d'enfance, est un arrière-neveu de l'abbé, par sa mère également. C'est de M. Laisné qu'est venue la première idée de remplir ce devoir public envers son grand-oncle, et de lui faire décerner cet honneur (1). On conçoit qu'avec tous ces souvenirs vivants, en présence de ces membres d'une famille qui est encore aujourd'hui pour la cité ce qu'elle était il y a plus d'un siècle, la fête qui se célébrait, il y

(1) Sur la demande de M. Laisné, M. Romieu, directeur alors des Beaux-Arts, proposa à M. le comte de Persigny d'accorder à la ville d'Hesdin le buste en marbre de l'abbé Prévost; la décision du ministre est du mois d'août 1852.

a quinze jours, dans la jolie ville d'Hesdin n'était pas une solennité ordinaire, toute d'apparat et de curiosité; il s'y mêlait un intérêt amical et commun, et ce n'était que justice. Était-ce bien pour l'abbé Prévost, pour l'auteur de ces romans et de ces mille écrits qu'ils n'ont point lus, que se pressaient vers la ville, dès le matin du dimanche 23, les habitants des communes rurales d'alentour, tellement que le travail des moulins chômait et qu'il ne restait dans les villages qu'une seule personne par maison pour la garde des enfants et des bestiaux? Était-ce pour l'auteur de *Cléveland*, du *Doyen de Killerine* et de *Manon Lescaut*, que ces dignes gens se mettaient en fête, ou bien par reconnaissance pour la famille d'administrateurs municipaux, d'échevins, de magistrats héréditaires, dont le souvenir se lie dans leur idée à celui d'une bienveillance constante et d'une équitable protection? Pour moi, j'aime à ne point séparer ces divers mobiles, et il me semble que, même au point de vue littéraire, ils méritent de s'unir et de se confondre. Si l'abbé Prévost, en effet, a répandu et comme réfléchi sur les siens une partie de sa célébrité littéraire et quelque chose de la faveur romanesque qui s'attache à son nom, il leur a dû, il a dû à l'excellente éducation qu'il reçut de ses pères et à la souche honnête et saine dont il sortait, de garder toujours, même au milieu des vicissitudes d'une vie trop souvent irrégulière et abandonnée, le fonds essentiel de l'honnête homme, de l'homme *comme il faut*. Comme son Des Grieux, il conserve, à travers toutes les phases et les légèretés de sa première vie, un air noble et qui sent sa qualité et son monde; c'est l'homme bien élevé qui se marque toujours sous sa plume jusque dans l'écrivain de métier et dans l'auteur trop assujetti. Ainsi donc, il dut beaucoup dès le principe à sa famille et à sa race du *bon pays d'Artois*, comme il l'appelait; même lorsqu'il affligeait ses proches par ses écarts et qu'il les étonnait par ses aventures, il continuait de leur être fidèle par bien des traits et de leur appartenir d'une manière reconnaissable : et aujourd'hui, après un siècle presque écoulé, lorsque la renommée a fait le choix dans ses œuvres, lorsque l'oubli a pris ce qu'il a dû prendre et que, seule, la partie immortelle et vraiment humaine survit, — aujourd'hui, en leur apportant plus que jamais ce renom de grâce, de facilité, de naturel, de pathétique naïf, qui est son lot et qui le distingue, il trouve encore à leur emprunter de cette estime solide, de cette autorité bien acquise et de cette considération publique universelle qui s'ajoute si bien à la gloire. Disons-le sans détour, l'abbé Prévost, reparaissant à Hesdin sous forme de marbre et couronné de la main de ses compatriotes, ce n'est pas seulement l'homme célèbre qui est salué avec respect, c'est à la fois moins et plus, et c'est mieux : c'est l'Enfant prodigue qui, après une longue absence et après avoir longtemps fait parler de soi en bien des sens, illustré par ses erreurs mêmes et par cette sorte de magie qu'il n'est donné qu'au génie d'y répandre, a terminé son temps d'exil, et qui revient plus aimé, plus embrassé de tous, fêté même et pardonné par les plus sévères.

L'habile artiste, auteur du buste, semble l'avoir ainsi compris. M. Dubray, s'inspirant du beau portrait de l'abbé Prévost par Schmidt, portrait qui fut placé d'abord en tête du tome Ier de l'*Histoire générale des Voyages* (1746), y a changé ou adouci quelques traits. C'est toujours le même âge de quarante-cinq à quarante-huit ans, mais avec une fleur retrouvée de jeunesse. Dans la gravure, l'abbé Prévost a quelque chose de plus fier, de plus hardi au milieu de sa physionomie aimable; dans le buste, il y a je ne sais quoi de plus affectueux répandu sur l'ensemble. La grâce avec l'indulgence y respire; la bouche exprime la bonté; l'œil large et spirituel, le coin souriant des lèvres, la rondeur et la mollesse des tempes, composent une physionomie ouverte et sensible, où la joie laisse percer peut-être un dernier fonds de tristesse. C'est bien avec ce front et ce visage que l'abbé Prévost devait rentrer parmi les siens, et qu'il doit répondre désormais à leur hommage attendri.

Le samedi 22 octobre, veille de l'inauguration, une pierre commémorative en marbre noir, avec une inscription en lettres d'or, a été posée au-dessus de la porte d'entrée de la maison où il est né, et qui appartient encore à la famille. La rue de l'Empereur (ainsi nommée de l'Empereur Charles-Quint), dans laquelle est située la maison natale, était toute pavoisée et ornée de guirlandes de fleurs et de verdure en long et en travers, de sorte que les façades des maisons en étaient très-élégamment décorées, et que l'on circulait sous une espèce de berceau réellement très-joli. J'écris ici sous la dictée d'un témoin fidèle. Devant la maison natale était suspendu une sorte de dôme, également formé de guirlandes naturelles et qui produisait un effet charmant; enfin, on y avait déjà disposé les mâts vénitiens et les lanternes de papier de couleurs vives et variées pour l'illumination du soir. A la chute du jour cette illumination officielle eut lieu; et en même temps toutes les fenêtres des maisons de la rue se couvrirent d'une ligne de feux que les habitants s'empressaient d'allumer. La musique municipale vint devant la porte de la maison exécuter des fanfares et des symphonies pendant toute la soirée. Ce n'était que le prélude de la fête du lendemain.

Ce lendemain dimanche, à trois heures de l'après-midi, la fête commença. Le buste avait été placé pour ce jour en dehors de l'Hôtel-de-Ville, dont le caractère primitif a dès longtemps disparu sous les restaurations diverses, mais qui a conservé de son ancien style une espèce de tribune en saillie à deux étages et avec dôme :

c'est ce qu'on appelle la *Bretèche,* terme fort en usage dans les Coutumes d'Artois pour désigner « le lieu où se font les cris, publications et proclamations de Justice. » C'est au premier étage de cette espèce de perron ou balcon de l'Hôtel-de-Ville que le buste avait été posé. Des deux côtés on avait construit un amphithéâtre avec gradins, et la décoration de la place était d'un effet très-pittoresque. M. le comte du Hamel, préfet du Pas-de-Calais, M. Watebled, député au Corps législatif, M. Delalleau, recteur de l'Académie départementale, et autres personnes notables et de distinction, appelés par leur rang ou invités, parmi lesquels on remarquait M. Vincent, membre de l'Institut (Académie des inscriptions et belles-lettres) et enfant d'Hesdin, formaient le groupe d'honneur. M. le préfet donna le signal par quelques paroles bien senties, où l'administrateur montrait qu'il se ressouvenait de l'homme de lettres. Le voile qui couvrait le buste tomba; la figure tout d'un coup se découvrit. J'ai sous les yeux un certain nombre de discours qui ont été successivement prononcés. M. le docteur Danvin, premier adjoint, et le suppléant, dans toute cette journée, de M. le maire d'Hesdin qui ne voulut être autre chose que le premier des invités et qu'un membre de la famille, M. Danvin parla d'abord, puis M. Delalleau, puis M. Vincent. Je n'ai point à analyser ces discours qui d'ailleurs ne sentent point du tout le panégyrique, et qui se recommandent par une étude consciencieuse de l'écrivain célèbre qui en était l'occasion et le sujet. Je dois dire avec reconnaissance, au nom des critiques de Paris absents qui se sont autrefois occupés de l'abbé Prévost, qu'ils n'y furent point oubliés : M. Jules Janin, M. Gustave Planche, d'autres encore, eurent les honneurs de la citation : ce fut un titre ce ce jour-là d'avoir bien parlé de Manon Lescaut.

Quoique je ne prétende point donner un récit complet de la fête, j'indiquerai encore, après les discours, une Cantate qui fut exécutée par cent musiciens de la ville. Cette Cantate qui, pour la musique, est d'un professeur d'Hesdin, pour les paroles est de M. Duchange ancien officier et président de la Société académique de Laon. Un passage, entre autres, me semble avoir du sentiment, et, chanté, dut faire de l'effet. L'auteur fait allusion à la mort connue de l'abbé Prévost qui, étant tombé frappé d'apoplexie dans la forêt de Chantilly, fut transporté dans un village voisin, où un chirurgien ignorant procéda incontinent, dit-on, à l'ouverture, ce qui détermina en effet la mort; je cite de souvenir après une simple lecture, mais assez fidèlement, je crois :

> Pleurez! pleurez! car, dans son sein, la vie
> S'était, au choc, seulement engourdie;
> Une main sage, habile, eût pu l'y réveiller :
> Imprudente! elle y plonge aveuglément l'acier.
> Pleurez! pleurez! car, dans son sein, la vie
> S'était, hélas! seulement endormie...

Ce motif, heureusement ramené, a dû bien faire. Après ces discours et ces chants, il était cinq heures environ, le défilé de la garde nationale, ou plus exactement des sapeurs-pompiers, termina le tout. Avant le défilé, qui se fit devant les autorités, il y en eut un devant le buste, et comme tout exprès en l'honneur du mort. Vinrent ensuite le dîner chez le premier adjoint, les illuminations, le bal; la journée fut complète. La ville d'Hesdin acquittait à la fois sa dette municipale envers une famille honorable et chère, et elle acquittait aussi la dette générale de la France envers un écrivain aimé, populaire, qui ne fut point heureux en son temps, qui n'eut jamais les honneurs littéraires et académiques, qui travailla constamment pour vivre, et qui, un jour de bonne fortune, a fait un chef-d'œuvre sans y songer.

Cela m'a remis en goût de relire çà et là de l'abbé

Prévost, et particulièrement *Manon Lescaut*, le livre par lequel il vivra. J'ai relu le roman sur la première édition, ou du moins sur celle qui passe pour telle (Amsterdam, 1733) (1) : j'ai été frappé des différences qu'elle offre avec les éditions suivantes. Dans ce premier jet, le style moins correct, moins court, est peut-être encore plus naturel, plus lié, et offre des traits qui se rapprochent davantage de la réalité telle quelle : l'auteur, sans viser ensuite à rien ennoblir, a pourtant songé évidemment à adoucir certains tours ou certains mots qui avaient semblé trop bas. Revenu en France et à Paris, il a remis quelques endroits au ton d'un monde plus poli, plus prompt au dégoût. Il y a une trace de respect humain : vers la fin, dans la première version, le chevalier Des Grieux était montré comme sur la voie de la pénitence dans le sens chrétien et dans l'idée de Grâce, et comme se livrant entièrement aux *exercices de la piété*. Dans la seconde forme et la rédaction définitive, le chevalier annonce simplement qu'il est revenu aux *inspirations de l'honneur;* le caractère de l'homme du monde y est observé sans rien de plus. Il manque dans la première édition un ravissant passage, la description de la vie heureuse à Chaillot, pendant les semaines qui suivent la sortie de Saint-Lazare. Manon s'amusant gaiement à coiffer de ses mains le chevalier, et choisissant ce singulier moment pour recevoir le prince italien qu'elle veut berner et à qui elle montre le miroir en disant : « Voyez, regardez-vous bien, faites la comparaison vous-même...; » cette tendre et folâtre espièglerie

(1) Un bibliophile de mes amis, M. Rochebillière, m'a montré une édition de *Manon Lescaut*, portant la date de 1731 (Amsterdam), et formant le septième volume des *Mémoires et Aventures d'un Homme de qualité*, édition de la même date ; mais le titre de ce septième volume pourrait bien avoir été fait après coup, et pour se conformer aux titres des volumes précédents. Tout ceci mériterait discussion en son lieu.

n'était pas dans le premier récit, et c'est un petit épisode que Prévost a voulu ajouter après coup, un souvenir sans doute qui lui sera revenu. Car plus on lit *Manon Lescaut*, et plus il semble que tout cela soit vrai, vrai de cette vérité qui n'a rien d'inventé et qui est toute copiée sur nature. S'il y a un art, c'est qu'il est impossible au lecteur de sentir l'endroit où la réalité cesse et où la fiction commence. Ce livre, avec tous ses étranges aveux et avec l'espèce de mœurs si particulières qu'il présente, ne plaît tant que par le parfait naturel et cet air d'extrême vérité. Si l'on pouvait supposer que l'auteur en a conçu un moment le projet, l'invention avec un but quelconque, on ne le supporterait pas. Ce qui le sauve du reproche d'immoralité, c'est qu'il n'a fait, évidemment, que dire ce qu'il a vu et entendu. On ne comprend pas, disait quelqu'un, que l'abbé Prévost ait eu l'idée d'une pareille histoire. C'est qu'il n'en a pas eu l'*idée* : il l'a sue, il l'a sentie, il l'a racontée.

Le mérite du style lui-même est d'être si coulant, si facile, qu'on peut dire en quelque sorte qu'il n'existe pas. Ce sont les expressions les plus simples de la langue ; les mots de *tendresse*, de *charme*, de *langueur*, y reviennent souvent et ont sous la plume de l'abbé Prévost une douceur et une légéreté de première venue qu'ils semblent n'avoir qu'une fois : par exemple, au moment où, au sortir de sa captivité, Des Grieux revoit Manon et où, accompagné de son libérateur, M. de T., il s'empresse d'aller pour la délivrer à son tour :

« ... Elle comprit que j'étais à la porte. J'entrai lorsqu'elle y accourait avec précipitation. Nous nous embrassâmes avec cette effusion de tendresse qu'une absence de trois mois fait trouver si charmante à de parfaits amants... » Et ce qui suit : « Tout le reste d'une conversation si désirée ne pouvait manquer d'être infiniment tendre... » Quand des écrivains de talent ont voulu depuis paraître aussi simples, ils ne l'ont pas été sans quelque manière. Dans *le Pressoir*, cette jolie comédie-idylle de madame Sand, un paysan dit d'une jeune fille sans fortune dont il ne veut pas pour son fils : « J'avoue qu'elle est charmante *et très-douce*. » Ce dernier mot, dit d'une certaine façon villageoise, fait un gracieux effet : et pourtant c'est un peu cherché et calculé en fait de naturel : celui de l'abbé Prévost coulait de source.

Ne demandez point au roman de l'abbé Prévost de ces descriptions, ni de ces couleurs dont on a tant usé et abusé depuis : s'il peint, c'est en courant et sans appuyer ; ses personnages n'ont de couleur que la carnation même de la vie dans la première jeunesse. Comme Térence, avec qui il a plus d'une ressemblance pour le fond des sujets, il a de ces grâces de diction et de ces finesses rapides qui enchantent.

Les débuts, les inconstances de l'abbé Prévost, ses allées et venues de la vie monastique à la vie mondaine, sont si connus et ont été si souvent racontés que je n'y reviendrai pas ; j'ai publié autrefois moi-même des lettres intéressantes qu'il écrivit au moment de sa fuite de chez les Bénédictins et quelque temps après. Le premier malheur de l'abbé Prévost fut, ce me semble, d'avoir en lui et de concevoir un double idéal du bonheur, dont l'un excluait sans cesse et troublait l'autre. Combien de fois ne s'est-il pas dit dans sa jeunesse comme son chevalier Des Grieux, en rêvant aux moyens de fixer son âme et d'apaiser ses inquiétudes : « Je mènerai une vie sainte et chrétienne ; je m'occuperai de l'étude et de la religion, qui ne me permettront point de penser aux dangereux plaisirs...! » Combien de fois ne forma-t-il point là-dessus, d'avance, un système de vie paisible et solitaire : « J'y faisais entrer une maison écartée, avec un petit bois et un ruisseau d'eau pure au bout du jardin; une bibliothèque composée de livres choisis, un petit nombre d'amis vertueux et de bon sens, une table propre, mais frugale et modérée. J'y joignais un commerce de lettres avec un ami qui ferait son séjour à Paris, et qui m'informerait des nouvelles publiques, moins pour satisfaire ma curiosité que pour me faire un divertissement des folles agitations des hommes...! » Mais prenez garde! remarquez que déjà le plan se gâte : cet ami de Paris qui vient l'informer des nouvelles dans sa solitude, et qui lui est plus nécessaire qu'il ne pense, répond à une faculté secrète qui est en lui : il y a dans l'abbé Prévost un curieux, en effet, un journaliste, un homme à l'affût des livres et des productions du moment. Il y a aussi l'homme de tendresse, de roman ou de passion, qui, après quelques semaines ou quelques mois de retraite, vient déranger l'homme d'étude et le demi-solitaire, et lui représenter un bonheur plus vif dans l'amour ou dans le plaisir. Voilà bien des hommes, et deux surtout, qui, dans l'abbé Prévost, se traversent et se combattent : un Tiberge d'une part, et un Des Grieux de l'autre. Après bien des essais et des rechutes, des tentatives de retraite et des engagements de divers genres renoués et brisés, Prévost sentit qu'il ne réaliserait jamais ni l'un ni l'autre idéal; il ne crut plus en lui-même et il s'abandonna. Comme les hommes extrêmement sincères et naturels, ayant dû renoncer une fois à ce qui lui était le plus cher, il ne trouva plus ensuite de ressort suffisant et de point d'appui dans l'amour-propre social et dans la seule vanité mondaine. D'une grande incurie et d'une parfaite indifférence pour les intérêts matériels, il ne put toutefois s'y soustraire, et il fut toujours commandé par eux : la plus grande partie de sa vie se passa dans les assujettissements laborieux desquels il ne retirait que le strict nécessaire. M. Didot, dans un écrit récent sur la *Typographie* (1), nous le montre signant ses traités avec un aïeul des Didot, dans un petit cabaret au coin de la rue de la Huchette : les Didot demeuraient alors quai des Augustins. La feuille d'impression était payée à Prévost un louis d'or, somme honnête pour le temps. Mais, même dans ces besognes obligatoires que la nécessité lui imposait, une fois la plume à la main, que ce soit la grande compilation de l'*Histoire générale des Voyages* qu'il entreprenne (1746) que ce soit un simple *Manuel lexique ou Dictionnaire portatif des Mots français* obscurs et douteux (1750), un de ces vocabulaires comme Charles Nodier en fera plus tard par les mêmes motifs; que ce soit le *Journal étranger*, ce répertoire varié de toutes les littératures modernes, dont il devienne le rédacteur en chef (1755); de quelque nature de travail qu'il demeure chargé, remarquez le tour noble et facile, l'air d'aisance et de développement qu'il donne à tout : il y met je ne sais quoi de sa façon agréable et de cet esprit de liaison qui est en lui. Même quand il porte des fers et quand il est à la gêne, on sent chez Prévost l'homme de qualité, une plume de vocation libérale et non esclave.

J'ai indiqué tout à l'heure sans honte le coin de la rue de la Huchette, où il signait volontiers ses engagements avec le libraire; le même jour peut-être ou le lendemain, l'abbé Prévost était à l'Ile-Adam, dans les jardins du prince de Conti, au milieu d'une société délicieuse. Il voyait le monde à tous ses étages, et, dans sa philosophie naïve, tous ces étages lui paraissaient souvent n'en faire qu'un.

Je dois à l'obligeance de M. Laisné d'avoir la copie d'un certain nombre de lettres inédites de l'abbé Pré-

---

(1) *Essai sur la Typographie*, au tome XXVI de l'*Encyclopédie moderne*, page 836.

vost, qui achèveraient de le peindre. On l'y verrait tel qu'il était, ni plus ni moins, avec ses gaietés familières et ses échappées spirituelles, même en ses moments de retraite et de demi-repentir : car, de tous les hommes célèbres de son temps, il est, avec Le Sage, celui qui certainement a le moins songé à poser. Après un long exil de sept ans, rentré en France en 1735, retiré quelque temps, pour la forme, à l'abbaye de La Croix-Saint-Leufroy au diocèse d'Evreux, chez l'abbé de Machault, où il voyait bonne compagnie, et d'où il correspondait avec Thieriot et avec l'abbé Le Blanc, qui lui donnaient des nouvelles littéraires ; ayant achevé sa courte pénitence spirituelle à Gaillon ; puis devenu l'hôte et l'aumônier commode et tout honoraire du prince de Conti, l'abbé Prévost, quoique souvent aux expédients jusque sous le toit d'un prince, vivait toutefois d'une existence relativement heureuse au prix de son ancienne vie errante, lorsqu'au commencement de 1741, un service de correction de feuilles, qu'il rendit imprudemment à un nouvelliste satirique, l'obligea de quitter de nouveau Paris et le royaume. Il alla à Bruxelles d'abord, puis à Francfort. Toutes les puissances, en ces divers lieux, s'intéressèrent à lui. Les offres du roi de Prusse, Frédéric, qui recrutait alors des académiciens et des soldats, vinrent le chercher sans trop le tenter. C'était le moment où la diète de l'Empire était assemblée à Francfort pour l'élection d'un empereur. Le maréchal de Belle-Isle, qui était dans cette ville, au moment de partir pour la Bohême, prit soin d'écrire en sa faveur au cardinal de Fleury. On s'entremit surtout auprès de M. de Maurepas, alors ministre de Paris (c'était le terme), de qui dépendait l'affaire et qui devait être moins difficile qu'un autre, ce semble, sur ce chapitre de la légèreté médisante et de la satire. On a une lettre que Prévost lui adressa de Francfort, et qui doit être du mois d'octobre 1744. On y verra un exemple de plus de cette grâce, de ce tour coulant qu'il portait volontiers dans sa propre apologie comme en tout, et de cette manière de se soumettre sans s'abaisser :

« Monseigneur,

« Ma disgrâce ne m'a pas rendu importun. J'ai senti, au contraire, qu'ayant eu le malheur de déplaire à la Cour, je devais expier l'imprudence de ma conduite par ma patience et ma soumission ; et, quoique le Ciel me soit témoin que je n'ai effectivement que de l'imprudence à me reprocher, je me suis condamné moi-même sur les apparences sans penser à faire valoir la simplicité de mes intentions et l'innocence de mon cœur. Mais, si huit mois d'éloignement et de silence peuvent vous paraître une satisfaction suffisante, je me flatte, Monseigneur, que votre bonté achèvera de se laisser toucher en considérant que mon caractère est tout à fait exempt de malignité, que, dans plus de quarante volumes que j'ai donnés au public, il ne m'est rien échappé qui soit capable d'offenser, et que l'accident même qui fait mon crime n'a été qu'un aveugle sentiment de charité et de compassion pour un malheureux *camarade d'école* que j'ai voulu secourir dans sa misère après l'avoir aidé longtemps de ma propre bourse... M. le curé de Saint-Sulpice et mesdemoiselles de Raffé du Palais-Bourbon, qui l'ont assisté aussi à ma recommandation, ne me refuseront pas ce témoignage.

« Ne doutez pas, Monseigneur, que mon infortune ne soit une leçon dont l'effet durera autant que ma vie. S'il y manquait encore quelque chose, au moins du côté du public, je suis prêt à me retirer pour quelque temps dans une communauté de Paris, ou dans ma famille qui demeure au pays d'Artois, et je m'y occuperai à composer quelque livre utile qui puisse être regardé comme un surcroît de satisfaction. Enfin, Monseigneur, souffrez que je tire un peu d'avantage de la conduite que j'ai tenue depuis huit mois d'absence, soit à Bruxelles, soit à Francfort. J'ai vécu dans le commerce et avec l'estime de tout ce qu'il y a de personnes de distinction ; et, si vous me permettez ce badinage, je n'aurai point d'embarras à vous fléchir quand il ne me faudra que le témoignage et la protection des ambassadeurs réunis de toute l'Europe. Mais ma principale confiance est dans votre bonté, dont j'ai déjà ressenti bien des marques personnelles, et dont je m'efforcerai assurément de me rendre digne par l'usage que je ferai désormais de ma plume.

« J'ai l'honneur d'être, avec le plus profond respect (1), etc. »

(1) Cette lettre de l'abbé Prévost à M. de Maurepas se trouve incluse dans une autre lettre de lui, également datée de Francfort, et

L'abbé Prévost a l'apologie persuasive : ici le cas était léger ; M. de Maurepas se laissa fléchir, et le fugitif, en retrouvant sa place auprès du prince de Conti, reprit sa même vie, ses mêmes sociétés faciles, et ses habitudes plus que jamais laborieuses. Mais, jusqu'à la fin, il éprouva et il nous confirme par son exemple une vérité : l'empire en ce monde, l'influence qu'on y conquiert n'appartient pas tant à l'esprit, au talent, au travail, qu'à une certaine économie habile et à l'administration continuelle qu'on sait faire de tout cela (1).

Sa mort, survenue brusquement le 25 novembre 1763, est restée enveloppée de mystère dans quelques-unes de ses circonstances, et ce qui s'est dit l'autre jour à Hesdin, dans la cérémonie même, n'est pas de nature à lever tous les doutes. On a vu, en effet, l'auteur de la Cantate, M. Duchange, adopter l'opinion commune et la tradition sur la mort de l'abbé Prévost, attribuée à la promptitude d'un chirurgien ignorant; d'autre part, dans le discours qu'il a prononcé, M. le docteur Danvin a dit : « Il existe, sur la fin de l'abbé Prévost, une histoire lugubre que l'on rencontre reproduite partout : on rapporte que, trouvé sur un grand chemin dans un état de mort apparente, il aurait été, de son vivant, soumis à l'autopsie, et aurait pu rouvrir les yeux pour voir le misérable état où il était. Nous sommes heureux de pouvoir affirmer qu'il n'y a rien de vrai dans cette histoire. Nous devons ce renseignement à une communication de la famille, qui ne peut laisser aucun doute. » Cependant, j'ai sous les yeux une note écrite de la main d'une petite-nièce de l'abbé

---

adressée à Bachaumont, l'auteur des *Mémoires secrets*; les originaux font partie de la riche collection de M. Feuillet de Conches.

(1) Ou plus brièvement, comme l'a dit La Rochefoucauld : « Ce n'est pas assez d'avoir de grandes qualités, il en faut avoir l'*économie*. »

Prévost, mademoiselle Rosine Prévost, et dictée à elle par son père, lequel avait dix-huit ans au moment de la mort de l'abbé; et il dut certainement être informé avec précision de toutes les circonstances par son frère, qui était alors auprès de leur oncle commun. Or, il est dit textuellement dans cette note « qu'un jour que l'abbé Prévost revenait de Chantilly à Saint-Firmin où il habitait, une attaque d'apoplexie l'étendit au pied d'un arbre dans la forêt; que des paysans qui survinrent le portèrent chez le curé du village le plus voisin; qu'on rassembla avec précipitation la Justice, qui fit procéder sur le champ à l'ouverture du cadavre, et qu'un cri du malheureux, qui n'était pas mort, arrêta l'instrument et glaça d'effroi les spectateurs. » Enfin la version qui a généralement couru y est confirmée.

L'acte officiel du décès, qui a été retrouvé par les soins de M. Randouin, préfet de l'Oise, en novembre 1852, ne dit rien sur cette circonstance qui, dans tous les cas, a dû être dissimulée; on n'y voit rien non plus qui la contredise absolument ni qui l'exclue :

« L'an mil sept cent soixante-trois, le vendredi vingt-cinq du mois de novembre, dit l'Extrait mortuaire, a été trouvé au lieu dit la Croix de Courteuil, sur le territoire de cette paroisse, *expirant* et frappé d'un coup de sang, le corps de Dom Antoine-François Prévost, âgé de soixante-*trois* ans (il faut lire soixante-six), aumônier de S. A. S. Mgr le prince de Conti, prieur et seigneur temporel et spirituel de Gesne au Bas-Maine, diocèse du Mans, demeurant depuis quelques années dans la paroisse de Saint-Firmin, chez dame Catherine Robin, veuve du sieur Claude-David de Genty, avocat en Parlement; lequel, *ayant expiré* dans notre maison presbytérale, a été le lendemain vingt-six dudit mois visité par les officiers de la Justice de Chantilly, d'où cette paroisse dépend; il a été constaté par ladite visite que ledit Dom Prévost était mort d'une apoplexie... »

Que s'est-il passé durant les premiers moments dans la maison presbytérale? Y a-t-il eu, en effet, un coup de scalpel du chirurgien de l'endroit? C'est ce que l'acte ne dit pas, et ce qu'on ne peut exiger d'une pièce rédi-

8.

gée sous les yeux des intéressés mêmes. De ce silence toutefois et de ces témoignages contradictoires émanés de la famille, il résulte un dernier doute. C'est à cela qu'aboutissent souvent, même à si courte distance, les recherches historiques sincères.

Le prieur et les religieux de Saint-Nicolas-d'Acy près Senlis, apprenant que l'abbé Prévost venait de succomber, et se souvenant qu'il avait été bénédictin, réclamèrent charitablement, et aussi sans doute pour constater leur droit, ses restes mortels; il fut donc transporté et inhumé dans leur maison comme s'il n'avait pas cessé d'être des leurs. Le convoi et transport se fit en présence de M. Alphonse Prévost de Courmières, neveu du défunt, du sieur Quin, inspecteur des jardins du prince de Condé, et des curés convoqués des lieux circonvoisins. Dom Prévost rentrant finalement au bercail et enterré dans le préau ou sous les dalles du cloître, c'est un trait de plus qui achève et clôt les disparates de sa vie.

Homme bon, entraînant, fragile, cœur tendre, esprit facile, talent naturel, langue excellente, plume intarissable, inventeur invraisemblable et hasardeux, qui sut être une fois, comme par miracle, le copiste inimitable de la passion, tel fut l'abbé Prévost, qu'il ne faut point juger, mais qu'on relit par son meilleur endroit et qu'on aime. Ce n'est point tant l'admiration qu'il appelle, c'est la sympathie et l'affection, c'est un pardon fraternel pour des fragilités qui sont souvent les nôtres, mais que l'orgueil recouvre et que l'hypocrisie sait dissimuler. Quiconque a, dans sa jeunesse, conçu un idéal romanesque et tendre, et l'a vu se flétrir devant soi et se briser sous ses pieds en avançant; quiconque a plus ou moins connu, en tout genre, les écarts, les engagements téméraires et les difficultés sans issue, et n'a pas cherché à se faire de ses fautes une théorie ni un trône d'orgueil;

quiconque (et le nombre en est grand) a connu les assujettissements pénibles de la vie littéraire et le poids des corvées même honorablement laborieuses, au lieu du joug léger des Muses; ceux-là auront pour l'abbé Prévost un culte particulier comme envers un ancêtre et un patron indulgent. Heureux du moins est-il, et favorisé entre tous, au milieu de ses succès mêlés et de ses labeurs, puisqu'il a rencontré le rayon! Laissons la statue aux hommes célèbres qui ont marché sur cette terre avec autorité, d'un pied sûr, orgueilleux ou solide : pour l'homme de lettres, pour le romancier, pour celui que l'amour de la retraite poursuit jusque dans le bruit, pour ceux qu'une demi-ombre environne et que plutôt elle protége, pour ceux-là c'est le buste qui convient, et celui de l'abbé Prévost, placé comme il l'est aujourd'hui, répond bien à ce qui eût été son espérance la plus haute et son plus doux vœu.

Lundi, 14 novembre 1852.

ÉTIENNE DE LA BOETIE

L'AMI DE MONTAIGNE

La Boëtie a été la passion de Montaigne ; il lui a inspiré son plus beau chapitre, ou du moins son plus touchant ; leurs deux noms sont à jamais inséparables, et sitôt qu'on parle d'amitié, on les rencontre des premiers, on les cite inévitablement, de même que lorsqu'on parle de l'amour d'une mère pour sa fille, on nomme madame de Sévigné. La Boëtie mérite donc l'intérêt non-seulement des érudits, mais de tous ceux qui s'occupent des Lettres au point de vue de la morale et des sentiments les plus chers à l'homme. Il a laissé peu d'écrits, et ces écrits, productions de première jeunesse, ne représentent que très-imparfaitement sa forme intime et définitive, et cette supériorité qu'il faut bien lui reconnaître, puisque Montaigne l'a si hautement saluée en lui. Il est curieux pourtant de l'étudier et de chercher à le deviner et à le découvrir dans ce qu'il a laissé. Dans ces dernières années et depuis quelque temps, La Boëtie a trouvé des investigateurs et des biographes qui se sont attachés particulièrement à le mettre en lumière. M. Léon Feugère, qui s'est fait si honorablement connaître par ses publications sur le seizième siècle, a donné en 1845 une *Etude sur la Vie et les Ouvrages de La Boëtie;* l'année suivante il publiait les *Œuvres complètes* de La Boëtie (traités, traductions, poésies latines et françaises), recueillies et réunies pour la première fois (1), et il mettait ainsi à la portée de tous ce qui n'était jusque-là que la curiosité et le partage de quelques-uns. Comme amateur des vieux livres, on peut souffrir de cette divulgation des choses rares ; comme partie du public et comme lecteur du commun, on ne saurait s'en plaindre. Un bibliophile des plus distingués, qui porte dans l'étude de Montaigne et de tout ce qui l'approche (et qui donc approche plus près de Montaigne que La Boëtie?) une passion noble et élevée, M. le docteur Payen a touché ce point dans un article inséré au *Bulletin du Bibliophile* (août 1846). En annonçant la publication de M. Feugère et en y applaudissant volontiers dans son ensemble, il a laissé percer un regret :

« Pourtant, bibliographiquement parlant, dit-il, je suis un peu blessé de cette sorte de profanation qui consiste à jeter à profusion à la multitude ce qui, jusque-là, avait été le partage de quelques lecteurs d'élite. Sans doute les grands génies dont s'honore l'intelligence humaine ont subi cette épreuve, et l'une de leurs gloires est d'y avoir résisté ; mais les Sonnets de La Boëtie ne le classeront pas avec Pindare, Anacréon, Horace... J'accorde qu'il ne perdra pas à être envisagé de près ; mais je crois qu'il gagnerait à être entrevu à distance. Le demi-jour seyait bien à cette grave figure du seizième siècle; j'aimais à apercevoir cette grande âme, avec la perspective de trois cents années. Ses Œuvres d'ailleurs n'étaient point tellement rares qu'on ne pût les trouver en les cherchant, et la peine qu'on prend en ce cas est déjà du plaisir. »

J'ai voulu citer cette expression fidèle d'un regret d'amateur, parce qu'elle se rattache à un sentiment plus général, à celui que porte tout antiquaire et tout ami des souvenirs dans l'objet favori de son culte, dans ce coin réservé du passé où l'on a mis son étude, son in-

(1) Chez Jules Delalain, rue des Mathurins-Saint-Jacques.

vestigation sympathique et pieuse, une part de son imagination et de son cœur, et où l'on ne voudrait appeler que ceux qui sont dignes d'en tout apprécier et comprendre. Mais qu'y faire? le siècle marche, les voies publiques s'étendent, les rues s'élargissent, le grand chemin est partout. Oui, tous bientôt vont passer devant cette ruine, devant cette chapelle et cet autel détourné, devant ce site sauvage et mystérieux dont on savait presque seul les sentiers et dont on avait, l'un des premiers, reconnu le caractère. Les indifférents vont en juger comme les autres. Il en est des vieux livres comme des vieux débris de cloître, comme de tout ce qui fut autrefois le domaine ou la religion d'un certain nombre. Sachons garder cette religion en nous, bien que désormais les profanes y soient de plus en plus admis pêle-mêle. Antiquaires, amateurs de tout genre, accoutumons-nous, jusque dans nos sujets de prédilection, à voir pénétrer et traverser les empressés et les indifférents. De quoi pourrait-on se plaindre à cet égard dans ce siècle de concours et de facilité universelle, lorsqu'on voit que ce ne sont plus seulement les pèlerins et les fervents, mais les simples curieux et les touristes qui chaque année s'en vont en foule même à Jérusalem?

Aujourd'hui, en s'occupant tout spécialement de La Boëtie, M. Payen est venu payer tribut, à son tour, à cette noble mémoire, et lui convier des lecteurs. Dans la Notice qu'il publie (1), il est arrivé, à force de recherches, à quelques résultats nouveaux sur la vie et sur les écrits de cet ami de Montaigne : il a trouvé surtout, à la Bibliothèque impériale, un manuscrit du traité de *la Servitude volontaire*, provenant de Henri de Mesmes,

(1) *Notice bio-bibliographique sur La Boëtie, l'ami de Montaigne, suivie de la Servitude volontaire, donnée pour la première fois, selon le vrai texte de l'auteur, d'après un manuscrit contemporain et authentique.* (Paris, Firmin Didot, 1853.)

manuscrit meilleur et plus correct que les imprimés, et qui lui a permis de donner de ce traité une édition qu'on peut dire définitive. Avant de passer moi-même à l'étude de La Boëtie et de profiter du travail de mes guides et de mes devanciers, de M. Payen et de M. Feugère, je tiens à faire équitablement entre eux la part, telle que je la conçois. M. le docteur Payen, qui au milieu des devoirs et de la pratique assidue de sa profession, a, depuis des années, concentré sa pensée la plus chère sur Montaigne, en l'étendant à tout ce qui intéresse cet objet principal de son admiration, est un de ces investigateurs ardents, sagaces, infatigables, qui ne connaissent ni l'ennui ni le dégoût de la plus ingrate recherche quand il s'agit d'arriver à un détail vrai, à un éclaircissement nouveau, à un fait de plus. Il est, si j'en ose parler d'après ceux qui le connaissent, de ces natures élevées, originales, qui ont besoin d'admirer, d'aimer, et qui, même dans l'ordre intellectuel, n'ont de satisfaction réelle que de se dévouer exclusivement à ce qu'ils aiment, à la mémoire illustre en qui leur sentiment de vénération et d'idéal s'est une fois logé. Tout ce qui y tient leur devient relique. « Je crains l'homme d'un seul livre, » a-t-on dit en plus d'un sens. On a lieu de le craindre, en effet, si en présence de cet homme on parle inexactement et à la légère de ce qu'il possède à fond et qu'il a étudié de longue main : il n'a qu'un mot à dire pour dénoncer votre erreur et pour la révéler. Que d'autres craignent cet homme d'un seul livre : pour moi, quand c'est M. le docteur Payen, bien au contraire, je le cherche, j'aime à le voir d'abord et à le consulter; et ce respect affectueux qu'il ressent pour l'objet de son étude, aisément lui-même il l'inspire. — M. Léon Feugère, cet autre éditeur qui a bien mérité de La Boëtie, n'est pas et ne prétend pas être un amateur aussi déclaré ni aussi opiniâtrément en quête sur tel ou tel point, un défricheur ni un investigateur bibliographique du même genre : il ne s'adresse qu'à ce qui peut intéresser plus généralement le public; universitaire des plus instruits, littérateur estimable, plein d'acquis, de culture, et utilement laborieux, il a pris à tâche de faire connaître avec étendue et de mettre aux mains de tout le monde des auteurs jusqu'ici peu répandus, et dont la lecture courante ne peut se faire qu'à l'aide d'un introducteur aussi complaisant qu'érudit. Sur Étienne Pasquier, sur Henri Estienne, sur La Boëtie, sur mademoiselle de Gournay encore, M. Feugère a fait une suite d'études consciencieuses et très-recommandables, qu'il ne faut point séparer des publications complètes ou partielles qu'il donne des Œuvres de ces vieux auteurs. Nul plus que lui n'aura contribué à vulgariser, dans le meilleur sens du mot, nos bons prosateurs du seizième siècle. Ainsi, par des voies différentes, nous arrivons à connaître plus entièrement et plus commodément La Boëtie, et nous apprenons sur son compte tout ce qu'on en peut savoir. Après cette justice rendue à des efforts et à des travaux qui me semblent si bien concourir et s'accorder, j'en viens à mon sujet même.

Étienne de La Boëtie (1), né à Sarlat en Périgord le 1er novembre 1530, était de deux ans l'aîné de Montaigne. Il fit ses études au collége de Bordeaux et montra une précocité surprenante. Le traité de *la Servitude volontaire*, qui, bien lu, n'est à vrai dire qu'une déclamation classique et un chef-d'œuvre de seconde année de rhétorique, mais qui annonce bien de la fermeté de pensée et du talent d'écrire, fut composé par lui, à seize ans, disent les uns; à dix-huit ans, disent les autres. Comme toute la jeunesse de son temps, et l'un des pre-

---

(1) On prononce assez ordinairement La *Boëcie* : autrefois et dans le pays on prononçait le *t*, comme dans *amitié*.

miers, il prit feu au signal poétique donné par Du Bellay et par Ronsard, et il fit des sonnets dans leur genre. On a de lui également des vers latins, qui sont infiniment préférables. Il traduisit aussi en français un traité de Xénophon et un autre de Plutarque. Pourvu d'une charge de conseiller au Parlement de Bordeaux à l'âge de vingt-trois ans (1553), il s'y trouva, quatre ans après environ, le collègue de Montaigne (1557), et tous deux à l'instant se lièrent. Cette intimité occupa les cinq ou six dernières années de la vie de La Boëtie, car il mourut le 18 août 1563, d'une maladie contractée dans une tournée qu'il avait faite pour le service de sa charge : il n'avait pas accompli sa trente-troisième année (1).

Montaigne, dans une lettre à son père, a raconté en détail les principales circonstances de cette mort à la fois stoïque et chrétienne : surtout il nous a tracé, dans son chapitre sur l'*amitié*, un admirable portrait de sa liaison avec celui qu'il appelait presque dès le premier jour du nom de *frère*. Ce qui nous frappe dans tous les endroits où Montaigne parle de La Boëtie, ce n'est pas seulement l'affection, c'est le respect et l'admiration, sentiments que Montaigne, en général, ne prodiguait pas, mais qu'il pousse jusqu'à l'apparence de l'illusion lorsqu'il parle de son ami. Ainsi, il proclame hardiment cet homme de mérite mort à trente-deux ans, et qui n'avait été promu qu'à des charges locales et aux *dignités de son quartier*, il le proclame *le plus grand*

(1) Cette biographie de La Boëtie est devenue incomplète. Il faudrait maintenant consulter le *Discours sur la Renaissance des Lettres à Bordeaux au seizième siècle*, de M. Reinhold Dezeimeris, et aussi son opuscule intitulé : *Remarques et Corrections d'Etienne de La Boëtie sur le traité de Plutarque*, etc., (1867). M. Dezeimeris a retrouvé là un La Boëtie primitif, antérieur, philologue et tout à fait neuf, un La Boëtie admiré de Scaliger avant de l'être de Montaigne. — Ces humbles travaux d'histoire littéraire seraient sans cesse à retoucher et à remettre au courant : la vie n'y suffit pas.

homme, à son avis, de tout le siècle : il a connu, dit-il, bien des hommes qui ont de belles parties diverses, l'un l'esprit, l'autre le cœur, tel la conscience, tel autre la parole, celui-ci une science, celui-là une autre ; « mais de grand homme en général et ayant tant de belles pièces ensemble, ou une en tel degré d'excellence qu'on le doive admirer ou le comparer à ceux que nous honorons du temps passé, ma fortune ne m'en a fait voir nul (1) ; et le plus grand que j'aie connu au vif, je dis des parties naturelles de l'âme, et le mieux né, c'était Étienne de La Boëtie. C'était vraiment une âme pleine et qui montrait un beau visage à tous sens, une âme à la vieille marque, et qui eût produit de grands effets si sa fortune l'eût voulu... » En dédiant les vers latins de La Boëtie au chancelier de l'Hôpital, Montaigne développe cette même idée : il se console, dit-il, de voir tant de hasard présider au choix des hommes qui gouvernent les autres, et, là même où la chose publique est le mieux réglée, le discernement faire faute trop souvent sur ce point, en considérant qu'Étienne de La Boëtie, « l'un des plus propres et nécessaires hommes aux premières charges de France, avait tout du long de sa vie croupi méprisé ès cendres de son foyer domestique. » Cet exemple paraît à Montaigne devoir consoler de tout mécompte d'ambition si on en avait ; mais on ne voit point que La Boëtie ait nulle part exprimé un regret pareil en ce qui le concernait. Lorsqu'on lit les réflexions et fragments de cet autre généreux écrivain enlevé comme lui dès le début, de Vauvenargues, et qu'on en pénètre l'esprit, l'inspiration secrète, on voit certes un homme de pensée, mais on reconnaît encore plus un

---

(1) Des hommes bien distingués en ont jugé pareillement de nos jours : « Notre époque manque de grands hommes, » a dit M. de Rémusat. — « Je ne vois nulle part le grand homme, » a dit Tocqueville.

homme de caractère et d'action qui a manqué sa destinée et qui en souffre. Vauvenargues, ou *l'homme d'action mutilé et étouffé*, ce point de vue serait à développer et, je crois, ne serait qu'exact. Dans ce qu'on a de La Boëtie, il ne s'aperçoit rien de semblable. Magistrat, époux, n'étaient les malheurs de la patrie, il paraît satisfait de son sort. Il faut s'adresser à Montaigne pour entendre une plainte, pour apprendre que son ami était si loin d'être à la place où l'appelait son mérite, et pour être informé de cette supériorité en tout point qu'il était fier de lui décerner.

Comme c'est du véritable La Boëtie, déjà homme fait, que je veux m'occuper ici, j'ai hâte de me débarrasser de ce premier traité soi-disant politique, qui est comme sa tragédie de collége, *la Servitude volontaire* ou *le Contr'un*, œuvre déclamatoire, toute grecque et romaine, contre les tyrans, et qui provoque à l'aveugle le poignard des Brutus. Les hommes de parti s'en sont servis en tout temps pour s'en faire une arme. Montaigne était sur le point de le publier innocemment dans ses *Essais*, pour donner une idée du talent précoce de son ami, lorsqu'il s'aperçut qu'il avait été devancé par les violents et les irrités du temps, qui, dans un recueil imprimé au lendemain de la Saint-Barthélemy, avaient mis le traité de La Boëtie avec d'autres discours du même genre, à cette fin de remuer et renverser l'État. En 89, et plus récemment, en des années rapprochées de nous, on a remis en lumière ce traité toujours dans le même but, et pour en faire un brûlot et un brandon. En 1835 et 1836, on l'a réimprimé à part avec des préfaces à notre usage, comme on eût réimprimé une tragédie révolutionnaire de Charles IX, de Tibérius Gracchus, ou de Brutus (1). Examiné en lui-même, le traité

(1) A la date de 1·89, on trouve une brochure intitulée *Discours*

de la Boëtie ne laisse pas de soulever plus d'une question et de faire naître plus d'un doute. Dans quelle intention précise, et à quel âge au juste l'auteur l'a-t-il composé ? Montaigne, qui avait d'abord dit que c'était d'un garçon de dix-huit ans, a fini par dire de *seize ans* (1). De Thou le suppose écrit de dix-huit à dix-neuf ans,

de Marius, plébéien et consul, traduit en prose et en vers français du latin de Salluste, suivi du Discours d'Etienne de La Boëtie sur la Servitude volontaire, traduit du français de son temps en français d'aujourd'hui, par L'Ingénu, soldat dans le régiment de Navarre; le tout dédié aux Mânes de Chevert. Pour corriger ce que le Discours de La Boëtie, ainsi reproduit, semblait avoir de provoquant en face de Louis XVI, on y disait par précaution, à la fin de la préface : « Le Discours de La Boëtie ne convient que dans ces cas où il y a de grandes injustices. » Puis on faisait un portrait supposé, ou par allusion, d'un chef de la noblesse oppresseur, d'un chef de la justice prévaricateur, d'un premier ministre despote : « Voilà peut-être, concluait-on, contre qui le Discours de La Boëtie peut avoir quelque force ; mais contre la monarchie il n'en peut avoir, au moins parmi nous. Depuis que la France a eu un Fénelon et que le trône est occupé par un descendant du duc de Bourgogne, son élève, il n'est point à craindre qu'on oublie *Télémaque*. *Télémaque* a fait de nos rois des guides et des amis... » Il n'est pas impossible, à la rigueur, que l'éditeur *ingénu* de La Boëtie en 89 ait cru à ces niaiseries. Du moins l'éditeur de 1835, M. de La Mennais, a eu le mérite de la franchise ; il a fait sa préface et l'a dirigée contre qui de droit, absolument comme si l'on vivait sous Tibère : « La Terreur a régné en Europe il y a quarante ans, disait-il : il serait curieux de voir aujourd'hui sur une couronne le bonnet rouge de Marat. » L'année suivante (1836), on réimprimait le même traité de *la Servitude volontaire, transcrit en langage moderne pour être plus à la portée d'un chacun, voire des moins aisés*, par Adolphe Rechastelet, anagramme de Charles Teste (Bruxelles et Paris). Le commentaire est un réchauffé grossier de celui de La Mennais.

(1) Dans ce traité, il est fait mention des nouveaux poëtes d'alors, Ronsard, Du Bellay, Baïf : or ils ne commencèrent à se faire connaître qu'en 1549-1550, et pas plus tôt ; cette date de l'apparition de la Pléiade est précise comme celle d'une insurrection. Il est donc de toute impossibilité que ces passages où il est question d'eux soient écrits antérieurement : ce qui donnerait à La Boëtie l'âge de vingt ans au moins, et non celui de dix-neuf ou de seize. Mais il a pu retoucher son traité et y ajouter çà et là quelques phrases après l'avoir composé. Je laisse ce point à discuter à M. le docteur Payen, dans un travail supplémentaire que je sais qu'il prépare.

sous l'impression des horreurs et sous le coup des cruautés que commit à Bordeaux le connétable de Montmorency, lorsqu'il y vint châtier la rébellion que la gabelle avait excitée en Guyenne (1548). D'Aubigné, en son *Histoire*, donne à cet écrit une origine moins patriotique et plus personnelle; il suppose que l'idée en est venue à l'auteur dans un voyage à Paris. D'après cette version, La Boëtie voulant voir un jour la salle du bal au Louvre, un archer de la garde, qui lui trouva l'air d'un écolier, lui laissa tomber sa hallebarde sur le pied : « De quoi celui-ci criant justice par le Louvre, n'eut que des risées des Grands qui l'entendirent. » Du ressentiment de cet affront serait né le pamphlet vengeur. Ceci n'irait à rien moins qu'à faire de La Boëtie une nature irritable et bilieuse comme celle d'Alfieri. Je crois qu'il faut renoncer à serrer de trop près l'explication à cette distance, et qu'on doit s'en tenir à une idée plus générale, qui reste vraie dans toutes les suppositions. Les nobles et généreuses natures, lorsqu'elles entrent dans la vie, et qu'elles ne connaissent point encore les hommes, ni l'étoffe dont nous sommes en majeure partie formés, passent volontiers par une période politique ardente et austère, par une passion stoïque, spartiate, tribunitienne, dans laquelle, selon les temps divers, on invoque les Harmodius, les Caton, les Thraséas, et où de loin les Gracques et les Girondins se confondent. Nous avons connu en grand cette maladie-là. Le livre de La Boëtie n'est autre chose qu'un des mille forfaits classiques qui se commettent au sortir de Tite-Live et de Plutarque, et avant qu'on ait connu le monde moderne ou même approfondi la société antique. Seulement, dans cet écrit si étroit et si simple d'idées, il y a de fortes pages, des mouvements vigoureux et suivis, d'éloquentes poussées d'indignation, un très-beau talent de style : on y sent quelque chose du poëte dans un grand nombre de comparaisons heureuses. Parlant, en un endroit, de la force de l'éducation qui va souvent jusqu'à corrompre et à changer la nature :

« Les semences de bien que la nature met en nous, dit-il, sont si menues et glissantes, qu'elles ne peuvent endurer le moindre heurt de la nourriture (de *l'éducation*) contraire ; elles ne s'entretiennent pas si aisément comme elles s'abâtardissent, se fondent et viennent à rien : ni plus ni moins que les arbres fruitiers qui ont bien tous quelque naturel à part, lequel ils gardent bien si on les laisse venir; mais ils le laissent aussitôt, pour porter d'autres fruits étrangers et non les leurs, selon qu'on les ente. Les herbes ont chacune leur propriété, leur naturel et singularité ; mais toutefois le gel, le temps, le terroir, ou la main du jardinier y ajoutent ou diminuent beaucoup de leur vertu : la plante qu'on a vue en un endroit, on est ailleurs empêché de la reconnaître. »

Mais à côté de ces remarques justes et si bien rendues, il y a de singulières erreurs de fait, comme lorsque l'auteur suppose qu'on jouit à Venise d'une liberté républicaine complète dans le sens vulgaire du mot, et qu'il méconnaît et ignore le caractère de cette aristocratie mystérieusement constituée. — Le petit traité de La Boëtie a, du reste, été fort bien apprécié récemment dans le savant ouvrage que M. Baudrillart a publié sur Bodin, et je ne puis mieux faire que d'y renvoyer..

J'ai hâte d'en venir chez La Boëtie au jeune homme mûr, guéri de sa première fièvre, au bon citoyen, ami et gardien des lois de son pays, et au frère d'alliance de Montaigne. L'un avait vingt-cinq ans lorsqu'ils se connurent, et l'autre en avait vingt-sept. Dans cette amitié entre deux âmes déjà si faites et si égales, il y a ceci pourtant à remarquer que si quelque supériorité semble d'un côté, c'est plutôt de celui de La Boëtie, en ce sens que c'est lui qui exhorte son ami et qui, l'aîné des deux, paraît aussi le plus ferme dans la voie de la vertu et de la pure morale. Si l'on peut faire quelque part distincte entre eux, Montaigne serait plutôt le juge de l'esprit et des écrits de son ami, et La Boëtie le juge des mœurs. On a trois pièces de vers latins que La Boëtie adresse à Montaigne. La première est touchante. Elle fut sans doute écrite à l'occasion des premiers troubles civils et religieux qui déchirèrent la France (1560); elle ne s'adresse pas à Montaigne seul, mais aussi à un autre ami, M. de Bellot :

« Montaigne, toi le juge le plus équitable de mon esprit, et toi, Bellot, que la bonne foi et la candeur antique recommandent, ô mes amis, ô mes chers compagnons, s'écrie le poëte (je traduis en resserrant un peu sa pensée), quels sont vos desseins, vos projets, vous que la colère des Dieux et que le destin cruel a réservés pour ces temps de misères? Car, pour moi, je n'ai d'autre idée que de fuir sur des vaisseaux, sur des coursiers, n'importe où, n'importe comment. Dites, voyez : qu'y a-t-il, en effet, de mieux à faire, si toutefois on le peut encore? Certes, l'extrémité est cruelle et le cœur m'en saigne ; mais j'en ai pris mon parti de dire un long, un éternel adieu à cette terre natale... Mieux eût valu de fuir, sans doute, avant la ruine de la patrie qu'après, et de s'être épargné ce spectacle funeste : pourtant, ne nous repentons point d'avoir rempli jusqu'au bout notre devoir de bon Français, et que notre piété se console même par ce qu'elle a fait d'inutile. Ah ! les Dieux aussi semblaient nous conseiller la fuite, lorsqu'ils nous ont montré ces continents nouveaux qui s'étendent à l'Occident, et que de hardis navigateurs, pénétrant dans l'Océan immense, ont découvert un autre soleil et d'autres terres. Il est à croire, puisqu'ils voulaient perdre notre Europe et la remettre en friche par les dissensions et par les guerres, que les Dieux, dans leur indulgence, préparaient un asile aux peuples fugitifs, et que c'est à cette fin qu'aux approches de ce siècle, du sein des vastes mers, ils ont fait jaillir un monde : — un monde vierge, humide encore, qui d'abord ne pouvait, dit-on, supporter qu'à peine les traces légères de quelques races errantes, et où maintenant le sol facile appelle la charrue, où les champs illimités n'attendent qu'un maître. C'est là qu'il faut aller, qu'il faut tendre à force de rames et à voiles déployées ; là où du moins je ne verrai point, ô France! tes funérailles, et où, loin des discordes civiles, je pourrai, colon obscur, me refaire un humble domaine. Mais, quel que soit le lieu qui m'accueille dans ma fatigue (et plût à Dieu que ce fût avec vous, ô mes amis!), non, jamais je ne pourrai arracher de mon cœur le désastre de la patrie; partout elle me suivra, je reverrai son image abattue et désolée. Ni la raison, ni l'âge ne m'en ôtera le soin, ni l'Océan, jetant entre elle et moi son large intervalle. A ce prix, inquiet sur ce seul point, rassuré sur le reste, je me résigne à vivre en exil, à ne point revoir la maison natale, et, avec cette amère certitude, j'attendrai le décret du destin, soit que l'ennui d'un ciel étranger doive m'enlever avant l'heure, soit qu'il plaise à la Parque de me laisser longtemps survivre. »

Dans cette traduction, j'ai accusé le mieux que j'ai pu le sentiment, et l'ai dégagé des centons de vers latins qui le masquent.

Telles étaient les inspirations senties et touchantes que le spectacle des premières guerres civiles dont allait s'embraser toute la dernière moitié du siècle, faisait naître dans les nobles âmes, et qu'Étienne de La Boëtie exhalait en des vers qui n'ont contre eux que de n'être point en français. Ne dirait-on pas, dans cette idée anticipée de l'Amérique, qu'il devançait le cours des révolutions et des âges, et ne croirait-on pas entendre en 1793 ou en 1795, et dans les années suivantes, un Volney, un Dupont de Nemours ou quelque autre fugitif des orages politiques et de l'anarchie, s'en allant demander aux États-Unis un asile qu'ils y trouveront en passant? Étienne de La Boëtie a de plus qu'eux de mêler, au milieu de son découragement et de sa douleur, une verte séve de jeunesse, un accent un peu rude, mais franc, de poésie.

On aura pu remarquer d'ailleurs, en lisant cette pièce, à quel point La Boëtie, quand il l'écrivait, devait être revenu de ses idées *de la Servitude volontaire*. Au premier signal des discordes et des déchirements civils, l'horreur et le dégoût le saisissent; il veut fuir, il ne peut habiter dans le désordre et dans le sang; il est prêt à renoncer même à la patrie pour retrouver la paix, la règle, la sécurité et la décence de la vie. Cet homme-là n'était pas fait pour l'état d'inflammation politique violente auquel se complaisent ceux qui l'ont depuis si bruyamment adopté.

Les deux autres pièces en vers latins qu'il adresse à Montaigne sont pour l'exhorter et l'affermir dans son effort vers la vertu. Nous y entrevoyons, non pas encore le Montaigne sceptique, railleur et malin que nous connaissons, mais un premier Montaigne jeune et ardent, enthousiaste, ce semble, et pourtant ayant à se garder du côté des plaisirs et de la volupté. Par deux fois La Boëtie lui parle en ce sens et comme pour le prémunir contre ce penchant au libertinage, qui peut contrarier en lui et compromettre sa lutte noble et courageuse :

« La plus grande partie des prudents et des sages, lui dit-il, est méfiante et n'a foi à une amitié qu'après que l'âge l'a confirmée et que le temps l'a soumise à mille épreuves : mais nous, l'amitié qui nous lie n'est que d'un peu plus d'une année, et elle est arrivée à son comble; elle n'a rien laissé à ajouter. Est-ce imprudence? personne du moins ne l'oserait dire, et il n'est sage si morose qui, nous connaissant tous deux, et nos goûts et nos mœurs, aille s'enquérir de la date de notre alliance, et qui n'applaudisse de bon cœur à une si parfaite union. Et je ne crains point que nos neveux refusent un jour d'inscrire nos noms (si toutefois le destin nous prête vie) sur la liste des amis célèbres. Toutes greffes ne conviennent point à tous les arbres : le cerisier refuse la pomme, et le poirier n'adopte point la prune : ni le temps ni la culture ne peuvent l'obtenir d'eux, tant les instincts répugnent. Mais à d'autres arbres la même greffe réussit aussitôt par un secret accord de nature ; en un rien de temps les bourgeons se gonflent et s'unissent, et les deux ensemble s'entendent à produire à frais communs le même fruit... Il en est ainsi des âmes : il en est telles, une fois unies, que rien ne saurait disjoindre; il en est d'autres qu'aucun art ne saurait unir. Pour toi, ô Montaigne, ce qui t'a uni à moi pour jamais et à tout événement, c'est la force de nature, c'est le plus aimable attrait d'amour, la vertu. »

Et il définit cette vertu idéale à laquelle il faut tendre; il n'ose se croire digne encore de l'atteindre, mais du moins il la recherche, il la poursuit, et partout où il lui est donné de la contempler, il l'aime et l'admire. Tout son soin, dans l'amitié, est de n'en point flétrir en lui l'image par des vices; mais c'est moins de lui-même à cet égard qu'il s'inquiète que de son ami; car, lui, il se considère comme moins propre aux grandes perfections, et moins sujet par là même aux grandes maladies morales : « Pour toi, au contraire, dit-il à Montaigne, il y a plus à combattre, toi, notre ami, que nous savons propre également aux vices et aux vertus d'éclat. » Toute la pièce d'où ceci est tiré a pour but de montrer les inconvenients du libertinage et du plaisir. Sans trop pousser l'application et sans voir d'allusion trop particulière, il m'est évident que La Boëtie jugeait que Montaigne à cet âge y était un peu trop enclin, et il le conviait de toutes ses forces à la chasteté domestique et aux mœurs graves qui sont le fondement de la sagesse.

Que serait-il arrivé de Voltaire, me suis-je demandé quelquefois, s'il avait rencontré de bonne heure un tel ami; si, jeune, au lieu des liaisons frivoles et dissipées de la Régence, il avait trouvé un Vauvenargues de son âge, et si leurs âmes s'étaient prises, ne fût-ce que pendant quelques années, par un tel lien? Je ne dis pas que le libertinage d'esprit, qui fait la plaie du talent de Voltaire, eût jamais pu être corrigé; il eût été modéré du moins, comme le fut celui de Montaigne. Heureux qui, dès sa jeunesse, trouve dans un compagnon et dans un ami une seconde et quelquefois une première conscience, un témoin perpétuel qui l'encourage, qui l'enhardit, qui le maintient, et que partout ensuite, absent ou présent, il s'habitue à respecter ! C'est bien alors que celui qui survit peut s'écrier avec Pline le Jeune : « J'ai perdu un témoin de ma vie... Je crains désormais de vivre plus négligemment. »

Parler de La Boëtie et de Montaigne, c'est nécessairement parler de l'amitié. Il en est de plus d'une sorte dont aucune, si elle est sincère, n'est à dédaigner. Celle qui les unissait a ce caractère propre et singulier, d'être le type de l'*amitié-passion;* elle naquit en eux avec la rapidité et l'imprévu de l'amour : « Si on me presse de dire pourquoi je l'aimais, dit Montaigne, je sens que cela ne peut s'exprimer qu'en répondant : *Parce que c'était lui; parce que c'était moi.* Nous nous cherchions avant que de nous être vus... : je crois par quelque ordonnance du Ciel. Nous nous embrassions par nos noms; et à notre première rencontre qui fut par hasard en une grande fête et compagnie de ville, nous nous trouvâmes si pris, si connus, si obligés entre nous, que rien dès lors ne nous fût si proche que l'un à l'autre. » Cet attrait intérieur qui les porta ainsi tout d'abord à une mutuelle rencontre était bien celui d'esprit à esprit, d'âme à âme. Étienne de La Boëtie n'avait rien d'ailleurs, à ce qu'il semble, de particulièrement attrayant, et son premier aspect, si l'on en juge par une parole de Montaigne, offrait plutôt quelque *mésavenance* et quelque rudesse; mais la franchise et une *brave démarche* se faisaient sentir dans toute sa personne.

Cette amitié-passion n'a pas été connue de beaucoup de ceux même qui ont le mieux parlé de l'amitié. La Bruyère, qui a dit ce beau mot : « Il y a un goût dans la pure amitié où ne peuvent atteindre ceux qui sont nés médiocres, » ne paraît pas admettre cette formation prompte et soudaine du même sentiment : « L'amour, dit-il, naît brusquement, sans autre réflexion, par tempérament ou par faiblesse : un trait de beauté nous fixe, nous détermine. L'amitié, au contraire, se forme peu à peu, avec le temps, par la pratique, par un long commerce. Combien d'esprit, de bonté de cœur, d'attachement, de services et de complaisance dans les amis, pour faire en plusieurs années bien moins que ne fait quelquefois en un moment un beau visage ou une belle main ! » La Fontaine, au contraire, semble avoir conçu l'amitié aussi vive que l'amour, et il les a quelquefois mêlés par une sorte de confusion charmante. Dans ses *Deux Pigeons*, sont-ce d'abord deux époux? sont-ce deux frères? on ne sait pas bien ; ce pourrait être deux amis : il se trouve à la fin que le poëte a songé à des amants. Dans ses *Deux Amis* du Monomotapa, les craintes de l'ami qui se lève la nuit à cause d'un songe et qui court sur l'heure réveiller son autre lui-même, sont un trait de l'amitié-passion :

> Un songe, un rien, tout lui fait peur
> Quand il s'agit de ce qu'il aime.

Dans l'amitié raisonnable la plus délicate, on se contenterait, après un mauvais rêve, d'envoyer de grand matin savoir des nouvelles de son ami. Sénèque, dans sa lettre 9ᵉ à Lucilius, a dit : « Sans doute l'amour ressemble à l'amitié, il en est pour ainsi dire la folie. » Ici, dans le cas des amis de La Fontaine, l'amitié aussi a sa douce folie et son délire. C'est en songeant à l'amitié-passion que Montesquieu a pu dire : « Je suis amoureux de l'amitié. »

Le plus ordinairement l'amitié a une teinte plus douce, plus apaisée, que celle qui marque la passion de Montaigne et de La Boëtie. Lorsqu'ils se rencontrèrent, leurs deux âmes étaient à la fois déjà faites et encore jeunes : elles sentirent à l'instant leur pareille et s'y portèrent avec une énergie adulte qu'elles n'avaient encore nulle part employée. Ils s'aimèrent de toutes les facultés puissantes qui étaient en eux et qui avaient vainement cherché matière et issue jusque-là. Il est permis de penser que plus tard leur liaison, en se formant toujours, n'eût point eu cet ardent et absolu caractère ; on ne se fond ainsi sous la même écorce que dans la jeunesse. Un homme qui est plus qu'on ne croit de la trempe de Montaigne, Saint-Évremond, trouva également dans sa vie un ami parfait, M. d'Aubigny ; mais Saint-Évremond alors n'était déjà plus depuis longtemps à cet âge où on lutte pour les hautes aspirations premières et pour l'idéal : il se contenta de chercher la sûreté, la douceur du commerce, le charme infini des entretiens; et, quand il perdit M. d'Aubigny, il le pleura comme l'ami qui faisait sa joie, et dans la conversation duquel il trouvait un agrément universel.

En lisant cet admirable chapitre de Montaigne sur l'amitié, je le trouve incomplet sur un point : il semble exclure les femmes de ce sentiment excellent; il ne les estime point d'assez forte complexion d'esprit pour suffire à cette communication et consultation perpétuelle sur tout sujet : « Ni leur âme, dit-il, ne semble assez ferme pour soutenir l'étreinte d'un nœud si pressé et si durable. » Et il revient au commun consentement des anciennes écoles par lequel, en fait d'amitié parfaite, ce sexe était rejeté. Et pourquoi donc cette fois, ô Montaigne, aller vous en rapporter à l'autorité et aux écoles? Il est vrai que c'est surtout depuis l'établissement de ce qu'on appelle la société polie que les exemples d'amitié où interviennent les femmes sont plus en vue. Quoi qu'on ait dit, elles connaissent entre elles la parfaite amitié; et, pour m'en tenir aux témoignages que la littérature me prête, qu'on veuille relire à la fin des Mémoires d'une des femmes les plus spirituelles, madame de Staal-Delaunay, ce qu'elle dit de sa dernière et intime amie madame de Bussy, et de sa douleur pénétrée, de son accablement après l'avoir perdue. Ce portrait qui commence ainsi : « Je n'ai connu aucune femme aussi parfaitement raisonnable, et dont la raison eût aussi peu d'âpreté...; » est à mettre pour l'expression du sentiment et la tendresse du regret à côté de celui de M. d'Aubigny par Saint-Évremond, et tous deux supportent le voisinage de celui de La Boëtie par Montaigne.

Mais il y a mieux, il y a cette sorte d'amitié dont La

Bruyère a parlé quand il a dit : « L'amitié peut subsister entre des gens de différents sexes, exempte même de toute grossièreté. Une femme cependant regarde toujours un homme comme un homme ; et réciproquement un homme regarde une femme comme une femme. Cette liaison n'est ni passion ni amitié pure : elle fait une classe à part. » Madame de Lambert, qui semble nier que l'amitié entre deux femmes soit possible, admet cet autre sentiment mixte entre deux personnes du sexe et le décrit d'une manière pleine de vérité ; c'est qu'elle l'avait éprouvé pour M. de Sacy, l'auteur du *Traité de l'Amitié*. Il arrive d'ordinaire, dans les réflexions de moraliste sur les sentiments, qu'on ne fait ainsi que généraliser ses impressions secrètes et l'histoire de son propre cœur. Madame de Lambert estime que ce sentiment, qui n'est souvent qu'un essai et un doux refus d'amour se terminant en amitié, quand il a lieu entre personnes vertueuses et dignes de le partager, est de toutes les sortes d'affections celle qui a le plus de charme : « Il est sûr que de toutes les unions, dit-elle, c'est la plus délicieuse. Il y a toujours un degré de vivacité qui ne se trouve point entre les personnes du même sexe ; de plus, les défauts qui désunissent, comme l'envie et la concurrence, de quelque nature que ce soit, ne se trouvent point dans ces sortes de liaisons. » Elle en réserve la perfection et l'exquise délicatesse pour les femmes qui ont su rester fidèles aux vertus de leur sexe, et pour les hommes qui savent le leur pardonner, mais qui, près d'elles et avec les années, y retrouvent leur compte : « Quand elles n'ont point usé leur cœur par les passions, leur amitié est tendre et touchante ; car il faut convenir, à la gloire ou à la honte des femmes, qu'il n'y a qu'elles qui savent tirer d'un sentiment tout ce qu'elles en tirent. »

J'insiste sur cette espèce et cette qualité d'amitié que

Montaigne a oubliée et qu'il semble avoir regardée d'avance comme impossible ; elle est le produit d'une culture sociale très-perfectionnée. L'avantage de ces sortes de liaisons, c'est de pouvoir commencer bien plus tard que les amitiés d'hommes, lesquelles, pour être tout à fait vives et profondes, ont besoin de s'être nouées dans la jeunesse. Ici, c'est le contraire ; c'est sur le déclin, c'est quand les orages de la jeunesse ne nous troublent plus et sont déjà loin, que ces attachements sensibles et permis ont plus de chance pour prendre sans péril et pour durer. Les amitiés d'hommes, pour porter tout leur fruit, doivent être comme des greffes de printemps : ici, on recueille encore les plus doux fruits, même lorsque l'on n'arrive que dans l'extrême automne.

Parmi les exemples, que j'emprunte toujours de préférence à la littérature la plus connue de nous et à notre portée, je citerai l'affection de M. Joubert pour madame de Beaumont, affection qui est consacrée par des lettres touchantes (1). On sait la longue liaison devenue presque classique de M. de La Rochefoucauld et de madame de La Fayette. M. de La Rochefoucauld, qui a écrit quelques paroles injustes et vraiment affreuses sur l'amitié des hommes (« Dans l'adversité de nos meilleurs amis, nous trouvons toujours quelque chose qui ne nous déplaît pas. »), était particulièrement et peut-être uniquement sensible à cette amitié des femmes : car il est à observer que les hommes qui se sont accoutumés à cette liaison délicate avec des personnes du sexe se passent plus aisément de l'autre espèce d'amitié. Mais je ne sais personne qui en ait mieux parlé dans la pure nuance et la juste mesure qu'un auteur du commencement de ce siècle, que je cite quelquefois, et à qui la France doit

---

(1) Voir au tome II des *Pensées* de M. Joubert (1850) la correspondance, et notamment pages 309, 317, 326.

un souvenir, puisqu'il est du petit nombre des étrangers aimables qui ont le mieux écrit en Français :

« Malgré les treize lustres qui pèsent sur ma tête, écrivait M. Meister, je ne craindrai point d'avouer encore qu'il n'est point d'amitié dans le monde sur la constance de laquelle je compterais plus volontiers que celle d'une femme intéressante par son esprit et par son caractère, surtout si ce dernier sentiment se trouve enté sur un autre qu'il remplace, qu'il supplée, dont il a reçu la première séve, dont il conserve encore plus ou moins le charme et les illusions.

« Entre hommes et femmes, il y a moins de grandes et moins de petites rivalités qu'entre des personnes du même sexe : il y a, par conséquent, beaucoup moins d'occasions de se heurter et de se blesser. L'habitude des soins, des égards, des ménagements réciproques est plus facile, plus naturelle : on croirait se manquer à soi-même si l'on était capable de s'en dispenser dans les moments même d'abandon, d'humeur, de refroidissement. Tout ce qu'on fait l'un pour l'autre porte plus constamment le caractère d'une heureuse inspiration, d'un mouvement involontaire, indépendant de toute espèce de calcul ou de réflexion. Vis-à-vis de l'homme qu'on chérit le plus, on ne renonce jamais à sa volonté : vis-à-vis d'une femme, il est souvent permis, il est souvent si doux de n'en point avoir ! »

Je n'ai voulu qu'indiquer le seul coin par où l'admirable chapitre des *Essais* laisse à désirer et à redire. Montaigne n'aurait-il pas trouvé ces sortes de liaisons qu'on vient de définir, trop molles pour lui et trop délicates? Je le croirais volontiers. Ce qu'on peut affirmer, c'est que, s'il les avait connues, il y a dans ses *Essais* toute une partie qui déplaît, qui rebute, et qu'il se serait interdite. Mais acceptons-le dans la noble et virile amitié qu'il nous a peinte, embrassons-le sans réserve tel que nous l'avons. Quand ils se rencontrèrent La Boëtie et lui au début de la vie publique, ils étaient encore sous le vestibule de l'antiquité et comme sous le Portique. L'immortel honneur de La Boëtie est de nous représenter Montaigne en cette époque de stoïcisme moral et *avant le scepticisme*, Montaigne enthousiaste du bien; et toutes les fois qu'il lui arrivera plus tard de ressonger à son ami, et d'en parler, Montaigne redeviendra ce qu'il était en ces années où il le connut et où ils s'unirent. L'image de La Boëtie demeura jusqu'à la fin dans sa vie et s'y maintint debout comme la colonne isolée d'un temple, — d'un temple resté inachevé et qui n'a jamais été construit. Toutes les fois, du moins, qu'on parlera des nobles vies interrompues au sommet de la jeunesse et à la fleur de la maturité, de ces hommes supérieurs morts jeunes et déjà formés tout entiers, grâce au généreux témoignage de Montaigne, le nom de son ami se présentera, et au-dessous de Pascal, sur un marbre à part, on inscrira Vauvenargues et La Boëtie.

Lundi, 21 novembre 1853.

LE MARQUIS DE LASSAY

ou

UN FIGURANT DU GRAND SIÈCLE

On a dit que « la lie même de la littérature des Grecs dans sa vieillesse offre un résidu délicat. » Il en est un peu de même pour la littérature du siècle de Louis XIV. J'en voudrais donner aujourd'hui un exemple en m'occupant d'un personnage qui a été médiocrement remarqué jusqu'ici (1), qui n'a été qu'un homme de société et très-secondairement en scène, qu'on a rencontré un peu partout, nommé çà et là dans les Mémoires du temps, et dont la figure assez effacée n'a guère laissé de souvenir qu'à ceux qui l'ont connu de plus près. Le connaître de près est pourtant facile, car il a écrit, il a fait imprimer dans sa vieillesse beaucoup de papiers sous ce titre : *Recueil de différentes Choses*. Ce Recueil en quatre volumes qui, même depuis sa réimpression, est resté rare, n'était destiné en premier lieu qu'à un petit nombre de lecteurs, et ce fut dans son château, pour

(1) M. Paulin Paris est le seul, à ma connaissance, qui de nos jours ait écrit sur le marquis de Lassay; on peut se souvenir d'un assez piquant article de lui inséré dans le *Bulletin du Bibliophile* en 1848, et dans lequel il parlait avec détail de l'hôtel Lassay, qui n'était autre alors que l'hôtel de la présidence de l'Assemblée nationale. M. P. Paris y cherchait un contraste ou un à-propos : Armand Marrast et Lassay. Il y a commis, d'ailleurs, quelque confusion entre les Lassay père et fils.

plus de sûreté, que M. de Lassay le fit d'abord imprimer. On y trouve toutes sortes de pièces très-mélangées, des histoires d'amour, des lettres de famille, des discussions de procès, des relations de guerre et de campagnes, des maximes, des portraits : l'auteur y entre pour très-peu ; c'est l'homme de société, le vieillard oisif et amusé, qui vide pêle-mêle ses portefeuilles. A la longue, c'est absolument comme si l'on causait avec les personnes de ce monde-là. Profitons de cette facilité et donnons-nous ce plaisir : il est bon quelquefois de se détendre.

Saint-Simon, en deux ou trois endroits, a peint le marquis de Lassay en courant, et ce portrait nous le présente comme un type de ces hommes qui veulent être de tout, et qui, sans échouer absolument, n'arrivent jamais qu'à être dans l'à-peu-près ; bien moins un *figurant*, comme je l'ai dit pour abréger, qu'un homme qui n'a pu avoir les beaux rôles. Ce que je veux dans cet article, n'est que de faire littérairement, et à l'aide des Mémoires de Lassay, le commentaire et la démonstration (sauf correctif) du portrait que Saint-Simon a donné de lui ; je laisse donc avant tout parler le maître. Saint-Simon ne rencontre Lassay qu'au milieu de sa carrière, lorsque celui-ci, âgé de quarante-quatre ans déjà (1696), fait son troisième mariage, et épouse à la fois par amour et par ambition mademoiselle de Châteaubriant, fille naturelle de M. le Prince (fils du grand Condé) :

« Lassay épousa à l'hôtel de Condé la bâtarde de M. le Prince et de mademoiselle de Montalais, qu'il avait fait légitimer. Elle était fort jolie et avait beaucoup d'esprit. Il en eut du bien et la lieutenance générale de Bresse... Lassay avait déjà été marié deux fois. D'une Sibour, qu'il perdit tout au commencement de 1675, il eut une fille unique... Il devint ensuite amoureux de la fille d'un apothicaire qui s'appelait Pajot, si belle, si modeste, si sage, si spirituelle, que Charles IV, duc de Lorraine, éperdu d'elle, la voulut épouser malgré elle, et n'en fut empêché que parce que le roi la fit enlever. Lassay, qui n'était pas de si bonne maison, l'épousa et en eut un fils unique; puis la perdit et en pensa perdre l'esprit. Il se crut dévot, se fit une retraite charmante joignant les *Incurables*, et y mena quelques années une vie forte édifiante. A la fin il s'en ennuya; il s'aperçut qu'il n'était qu'affligé, et que la dévotion passait avec la douleur. Il avait beaucoup d'esprit, mais c'était tout. Il chercha à rentrer dans le monde, et bientôt il se trouva tout au milieu. Il s'attacha à M. le Duc et à MM. les princes de Conti, avec qui il fit le voyage de Hongrie. Il n'avait jamais servi (*inexact*), et avait été quelque temps à faire l'important en Basse-Normandie; il plut à M. le Duc par lui être commode à ses plaisirs, et il espéra de ce troisième mariage s'initier à la Cour sous sa protection et celle de madame la Duchesse. Il n'y fut jamais que des faubourgs... »

N'être jamais que des faubourgs, quand on vise au cœur de la place, fréquenter toute sa vie la Cour sans en avoir jamais pu être par le dedans, c'est là le cachet à la La Bruyère que Saint-Simon imprime au personnage de Lassay et qui, selon lui, le caractérise. Il lui reconnaît, d'ailleurs, des qualités : « Il avait de l'esprit, dit-il, de la lecture, de la valeur. » Disons tout de suite que Lassay, dans les aveux et les confidences qu'il nous fait sur lui-même, ne dément pas trop le jugement de Saint-Simon. Déjà vieux et hors de la carrière (et il ne mourut qu'à près de quatre-vingt-six ans), il disait avec un soupir, en rejetant ses regards sur le passé : « *Je m'en irai sans avoir déballé ma marchandise;* et comme on ne m'a jamais mis en œuvre, on ne saura point si j'étais propre à quelque chose; je ne le saurai pas moi-même : je m'en doute pourtant, et, croyant me sentir des talents, il y a eu des temps dans ma vie où je me suis trouvé affligé en songeant qu'ils étaient perdus, et en les comparant avec ceux des personnes à qui je voyais occuper les premières places. »

En essayant, sans trop d'effort, de rejoindre ensemble ce que Saint-Simon nous dit de Lassay et ce que Lassay nous dit de lui-même, il arrivera pourtant que nous serons peut-être plus indulgent envers l'homme : c'est un résultat moins rare qu'on ne pense. Les hommes vus de près et dans l'intérieur sont souvent pires, mais quelquefois aussi ils valent mieux que quand on ne les voit et qu'on ne les juge que d'après le monde et sur l'étiquette de la renommée. Cela m'est déjà arrivé une fois à l'occasion de M. d'Antin; nous le vérifierons encore aujourd'hui sur M. de Lassay, que nous allons trouver, au milieu de ses diversités de conduite, un homme d'esprit, de lecture et de coup d'œil.

Né le 28 mai 1652, de l'ancienne famille de Madaillan, originaire de Guyenne, fils du marquis de Montataire, père très-peu tendre, il s'émancipa de bonne heure. Cet homme, qui passera une grande partie de sa vie auprès des Grands et à s'insinuer dans leur fortune, avait en lui un certain principe d'indépendance le plus contraire au métier de courtisan; il n'aimait pas à être soumis ni à obéir : « Je ne me soucie point de commander, disait-il, mais l'obéissance m'est insupportable. — Ce sentiment, ajoutait-il, est né avec moi; je l'ai eu dès mon enfance, et à peine en étais-je sorti, que je secouai le joug de la domination paternelle aux dépens de tout ce qui m'en pouvait arriver; et, pendant plusieurs années, je me réveillais la nuit avec un mouvement de joie que me donnait la pensée de ne plus dépendre de personne. » Il ne faut peut-être point chercher ailleurs la cause de la demi-fortune de Lassay et de ce qu'il resta toujours à moitié chemin de son ambition. Il avait en lui un ressort qui dérangeait le train de vie où il s'était mis et qui empêchait la suite, la persévérance nécessaire au plein succès. Son caractère n'était pas formé tout d'une chaîne, ou du moins dans cette chaîne il y avait un anneau peut-être d'un meilleur métal et plus pur que le reste : mais précisément c'était cet anneau qui rompait. Madame Sand a remarqué cela d'un des personnages de ses romans, et j'en crois l'application juste par rapport à M. de Lassay.

Il commença par servir vaillamment dès 1672, d'abord comme aide de camp du grand Condé, puis il eut le guidon et bientôt l'enseigne de la compagnie des gendarmes de la garde du roi. A Senef (1674) il se trouva le seul officier sur pied de la compagnie et commanda les gendarmes durant l'action : il y reçut trois blessures et eut deux chevaux tués sous lui. Il avait fait la même année la campagne de la Franche-Comté. Il prit part aux divers siéges en Flandre, dans les années suivantes; à la prise de Valenciennes (1677), il fut de ceux qui entrèrent les premiers dans la place. Mais durant cet intervalle s'était venu placer un événement qui fut décisif dans sa vie et qui brisa dès le commencement sa carrière. Veuf de sa première femme, en 1675, il s'éprit éperdument de Marianne Pajot, célèbre par son aventure avec le duc de Lorraine, et l'épousa. Saint-Simon nous a déjà dit un mot sur Marianne Pajot en la louant pour son esprit, sa beauté et sa sagesse. La grande Mademoiselle, chez qui le père de Marianne avait l'office d'apothicaire et qui considérait Marianne elle-même comme une de ses domestiques, a parlé d'elle avec hauteur. Le vrai et le meilleur témoin est Lassay, qui a raconté en détail, et avec une admiration tendre, l'histoire de celle qu'il regretta toute sa vie.

Il résulte de son récit que, peu après la Paix des Pyrénées, le duc Charles IV de Lorraine étant venu en France, et ayant fait avec le roi le traité par lequel il lui cédait ses États après lui et l'instituait héritier de ses duchés de Lorraine et de Bar, trouva encore à travers cela le temps de s'éprendre d'une violente passion pour mademoiselle Marianne, qu'il rencontrait au Luxembourg chez sa sœur Madame, épouse de Gaston duc d'Orléans. Les grâces et les qualités rares de cette jeune personne, sa distinction naturelle, l'avaient mise, même dans ce monde de Cour, sur un pied tout différent de celui où la plaçaient sa condition et sa naissance. Elle plaisait à tous. M. de Lorraine, dans son empressement « s'aperçut bientôt que ce n'était pas une conquête aisée, et il l'estima assez pour la vouloir faire duchesse de Lorraine. » Le duc Charles n'était jamais en reste en fait de promesses de mariage, mais ici l'offre fut des plus sérieuses : « On peut aisément imaginer, dit Lassay, l'effet que fit une telle proposition sur une jeune personne dont l'âme était noble et élevée ; elle regarda un honneur si surprenant avec modestie, mais elle n'en fut point éblouie au point de s'en croire indigne. M. de Lorraine parla à ses parents de ses intentions, et la chose alla si loin qu'il y eut un contrat de mariage fait dans toutes les formes ; que les bans furent publiés, et le jour pris pour faire le mariage. » Le contrat qu'on a est à la date du 18 avril 1662, « fait et passé en la maison du sieur Tistonnet, maître apothicaire rue Saint-Honoré ; » le tout dressé en bonnes formes entre les deux parties contractantes, et en invoquant la juridiction du Parlement comme cela eût pu se pratiquer entre deux familles de bourgeois de Paris (1). Le préambule motivé rend hommage à la pudeur et la sagesse, au mérite et à la grande honnêteté de l'épousée. C'est alors que les derniers efforts furent tentés auprès de Louis XIV de la part de Madame, sœur du duc, pour rompre cette mésalliance. La raison d'État intervint, et le secrétaire d'État Le Tellier, instruit de ce qui se passait, et qui avait fait avec M. de Lorraine le traité par lequel les duchés devaient être cédés au roi, conseilla

(1) Dans le contrat qu'on peut lire dans les Mémoires du marquis de Beauvau, les père et mère de Marianne sont ainsi désignés : « très-noble personne Claude Pajot, et Elisabeth Souard, demeurants au palais d'Orléans, » c'est-à-dire au Luxembourg. Le Cabinet généalogique (Bibliothèque impériale) contient un dossier concernant la famille Pajot et ses diverses branches. C'était de la bonne bourgeoisie, ayant ses armes au besoin.

de profiter de la conjoncture et de cet intérêt de passion pour tâcher d'obtenir ou confirmation ou mieux commencement d'exécution immédiate de ce qui avait été convenu. Le conseil donné et agréé du roi, il n'y avait pas un moment à perdre, car le mariage était près d'être consommé. M. Le Tellier, accompagné d'un officier et de trente gardes, se rendit aussitôt à la maison où il savait qu'était mademoiselle Marianne : il la trouva à table chez un de ses oncles où se faisait le festin de noces, avec sa famille, et le duc de Lorraine à son côté :

« Je crois, dit Lassay, que la surprise fut grande de voir arriver M. Le Tellier, qui demanda à parler en particulier à la mariée. Il remplit son ordre en homme qui avait fort envie de réussir ; il lui fit envisager tout ce qu'elle avait à craindre et à espérer, et il lui dit enfin qu'il ne tenait qu'à elle d'être reconnue le lendemain duchesse de Lorraine par le roi ; qu'elle n'avait qu'à faire signer à M. de Lorraine un papier qu'il avait apporté avec lui et qu'il lui montra, et qu'elle serait reçue au Louvre avec tous les honneurs dus à un si haut rang ; mais que, si elle refusait de faire ce que Sa Majesté souhaitait, il y avait à la porte un de ses carrosses, trente gardes du corps et un enseigne, qui avaient ordre de la mener au couvent de La Ville-l'Évêque ; ce que *Madame* demandait avec beaucoup d'empressement.

« L'alternative était grande, et il y avait lieu d'être tentée. Marianne ne balança pas un moment, et elle répondit à M. Le Tellier qu'elle aimait beaucoup mieux demeurer Marianne que d'être duchesse de Lorraine aux conditions qu'on lui proposait ; et que, si elle avait quelque pouvoir sur l'esprit de M. de Lorraine, elle ne s'en servirait jamais pour lui faire faire une chose si contraire à son honneur et à ses intérêts ; qu'elle se reprochait déjà assez le mariage que l'amitié qu'il avait pour elle lui faisait faire. M. Le Tellier, touché d'un procédé si noble, lui dit qu'on lui donnerait, si elle voulait, vingt-quatre heures pour y songer. Elle répondit que son parti était pris, et qu'elle n'avait que faire d'y penser davantage ; et puis elle rentra dans la chambre où était la compagnie pour prendre congé de M. de Lorraine qui, ayant appris de quoi il était question, se mit dans des transports de colère effroyables ; après l'avoir calmé autant qu'elle put, elle donna la main à M. Le Tellier, laissant la chambre toute remplie de pleurs, et monta dans le carrosse du roi sans verser une seule larme. »

C'est par ce noble procédé que Marianne montrait

vraiment un cœur de princesse, au moment où on lui refusait de le devenir. A quelques jours de là, elle renvoyait à M. de Lorraine la valeur d'un million de pierreries qu'il lui avait données, « lui disant qu'il ne lui convenait pas de les garder, n'ayant pas l'honneur d'être sa femme. »

Lassay n'était âgé que de dix ans au moment où arriva cette aventure, et sa jeune imagination en avait été frappée ; il avait eu l'occasion presque au sortir de l'enfance de rencontrer Marianne et s'était accoutumé à l'admirer, à l'aimer. Devenu à vingt-trois ans veuf de sa première femme, il songea à faire un mariage d'amour, et crut pourvoir au bonheur de toute sa vie en épousant une personne accomplie, mais qui était restée dans une position fausse, duchesse de Lorraine durant quelques heures, et puis bourgeoise après comme devant. Tout le monde disait du bien d'elle, et tout le monde le blâma de l'épouser. Il prit un grand parti : il rompit à peu près avec la Cour et avec la ville ; l'enseigne des gendarmes du roi quitta le service et renonça à sa charge tout en se réservant de faire les campagnes comme volontaire. C'est alors qu'il s'éloigna de Paris pour s'en aller résider plus habituellement en Basse-Normandie, et, selon les railleurs, *faire le noble* en province. Il avait au Montcanisy un château au bord de la mer, dans un site d'une beauté surprenante, « où l'on se promène, disait-il, sur les plus belles pelouses du monde, et d'où l'on voit l'univers. » Il avait d'autres terres encore voisines de là (1). Il y mena quelque temps une vie d'indé-

(1) Un doute me vient au sujet du Montcanisy ; je ne suis pas certain qu'à cette date Lassay en eût la jouissance, non plus que de ses autres terres de Normandie, et l'on peut même inférer le contraire d'après un Mémoire qu'il rédigea dans le cours de ses démêlés et procès avec son père. Il est possible que ce soit à la terre de Lassay qu'il soit allé vivre avec sa femme, et, en ce cas, Saint-Simon se serait mépris en disant la *Basse-Normandie* au lieu du *Maine*.

pendance, d'union parfaite, de bonheur sans nuage auprès de la personne distinguée qui (autant qu'on peut l'entrevoir) lui était supérieure et qui semblait l'avoir fixé. Il la perdit après peu d'années de mariage, et tomba dans un abattement et un désespoir qu'il crut éternel ; on lui doit cette justice qu'il fit tout son effort pour conserver et consacrer cette disposition d'âme, et il eût volontiers écrit alors à M. de Tréville, ou à tel autre de ses amis avancé dans la pénitence, cette belle parole qui résume toute la piété d'un deuil vertueux :
« Priez Dieu d'accroître mon courage et de me laisser ma douleur. »

On a dans plusieurs lettres de lui, et dans des réflexions écrites en ce temps-là, l'expression très-naturelle et très-vive de ses sentiments ; il s'écriait :

« Dieu a rompu la seule chaîne qui m'attachait au monde ; je n'ai plus rien à y faire qu'à mourir ; je regarde la mort comme un moment heureux... Que je me trouve jeune ! la longueur de ma vie me paraît insupportable quand je la compare à la longueur des jours que j'ai passés depuis la perte effroyable que j'ai faite. Je suis demeuré seul sur la terre... Quand on a connu le plaisir d'aimer et d'être aimé par une personne qui ne vivait que pour vous, et pour qui seule on vivait, on ne veut plus de la vie à d'autres conditions.

« Il n'y a plus rien dans le monde pour moi ; je n'ai d'espérance qu'en la mort ; elle seule peut finir mes maux, il n'est pas au pouvoir de tous les hommes de me donner un moment de plaisir ; la plus aimable personne du monde n'est plus ; une personne qui ne vivait que pour moi, que la perte de la vie n'a pu occuper un moment en mourant, et qui n'a senti que la douleur de me quitter ; qui était si parfaite, que mon imagination ne me saurait fournir un endroit par où je me puisse consoler ; je ne la verrai plus. Hélas ! que je serais heureux s'il avait plu à Dieu de me réduire à l'aumône, et de me la conserver ! Nous eussions partagé nos peines, et elles n'eussent plus été des peines. A quinze ans je l'ai connue, et à quinze ans j'ai commencé à l'aimer ; depuis, cette passion a toujours réglé ma vie, et il n'y a rien que je ne lui aie sacrifié...

« Il n'y a plus de lieu où j'aie envie d'aller, tout m'est égal ; ma chère Marianne donnait de la vie à tout ; et, en la perdant, tout est mort pour moi ; je découvrais tous les jours en elle de nouveaux sujets de l'aimer, sans pouvoir jamais en découvrir aucun de ne la pas aimer. »

Sa douleur, comme toutes les vraies douleurs, est inépuisable dans l'expression et se complaît dans les redites. Il est sur le point de renoncer au monde sérieusement et pour jamais, à ce qu'il croit; il se faisait arranger alors cette retraite près des *Incurables* dont Saint-Simon nous a parlé; il ne la voulait d'abord que triste, monotone et sans autre douceur que celle de pleurer. Ce renoncement suprême en vue de Marianne ne lui paraissait pas même mériter le nom de sacrifice: « Je ne sens que de la joie, disait-il, en songeant que je vais, en attendant la mort, mener une vie plus triste qu'elle, et j'aime si fort ma douleur qu'il me semble que c'est encore un moindre malheur de la souffrir que de la perdre; si ma chère Marianne la peut voir, elle lui fait plaisir. » Il haïssait les biens, les grandeurs, tout ce qu'il ne pouvait plus partager; il n'aimait que cette douleur, la seule chose qui lui restât de son amie; il en parlait, d'ailleurs, comme d'une peine poignante, qui le tenait cruellement éveillé durant les nuits et qui prolongeait ses insomnies jusqu'au matin, où il ne s'assoupissait qu'à la fin et par excès de fatigue : « Mais j'ai beau faire, je ne saurais perdre de vue l'objet de mon tourment. En m'éveillant, il vient se saisir de moi, et me serre le cœur avant que ma raison soit encore éveillée et m'ait appris la cause de ma douleur. » Tout cela est très-vrai, d'un accent très-senti, et vaut mieux que toutes les railleries du monde qui a commencé par en sourire, et qui a triomphé ensuite quand cette grande résolution n'a pas duré.

Lassay, en cet âge de vingt-six à vingt-sept ans, eut donc une peine aussi profonde que sa nature le comportait; il eut un accès ardent de pénitence, une veine religieuse bien sincère. On a une lettre de lui « à un mari et à une femme qui s'aimaient fort, et qui avaient beaucoup de piété; » il leur disait : « J'ai vu les jours heureux que vous voyez; il a plu à Dieu de me faire sentir la douleur mortelle de les voir finir; et il lui plaît encore d'entretenir cette douleur si vive dans mon cœur... Tous mes jours sont trempés dans le fiel; je ne me repose que dans la pensée de la mort, et, ce que Dieu seul peut faire, au milieu de tout cela je suis heureux, sans perdre rien de ma douleur. Personne ne saurait connaître la douceur qu'il y a à s'affliger et à sacrifier sa douleur à Dieu, que ceux qui l'ont sentie. » Mais bientôt cette affliction pieuse qu'il chérissait, et à laquelle il s'était voué comme dans un oratoire mystérieux, eut le sort des choses humaines et s'affaiblit par degrés chaque jour. Le temps opéra, la jeunesse en lui reprit son cours, et, la dévotion lui passant d'abord et s'évanouissant, il se trouva tout étonné de l'engagement solennel qu'il avait juré. Toutes les religions se tiennent, et celle envers Dieu venant à lui manquer ne faisait qu'annoncer que son culte pour la mémoire de Marianne allait finir. Peu d'âmes sont assez fermes, peu de cœurs assez profondément tendres pour savoir conserver une grande douleur. Dès l'abord, M. de Tréville, cet homme d'esprit, cet ancien ami de Madame Henriette d'Angleterre, devenu l'un des amis de Port-Royal, ce pénitent sincère, mais qui avait lui-même ses variations, avait averti Lassay en essayant de le consoler; et ce dernier lui répondait : « Je sais que vous me faites l'honneur de me dire que le temps adoucit les douleurs les plus vives; mais les grandes afflictions font le même effet sur l'âme que les grandes maladies font sur le corps : quoique l'on en guérisse, le tempérament est attaqué; on vit, mais on ne jouit plus d'une santé parfaite : il en est de même de l'âme, elle ne peut plus jamais sentir une joie pure. » Malgré tout cela, après quelque temps, après quelques années de ce genre de vie, Lassay, qui avait remis un pied dans la société tout en ayant l'autre dans la retraite, comprit trop bien qu'il n'y pouvait tenir, et que ce qui, dans le principe, avait été de sa part une consécration pieuse envers une chère défunte, n'était plus qu'une gageure d'amour-propre envers le monde. Il prit son parti et résolut de se remettre dans le train ordinaire par quelque coup d'éclat, qui rompît avec le passé. La victoire de Sobieski devant Vienne retentissait dans l'Occident. Les jeunes princes de Conti partaient alors secrètement pour faire leurs premières armes en Hongrie et guerroyer contre les Turcs ; Lassay s'arrangea pour être avec eux de l'entreprise et de la croisade. Au moment de partir, il écrivait naïvement à la maréchale de Schomberg ses raisons et ses excuses : « Demeurer aux *Incurables* sans dévotion, lui disait-il, être à Paris sans voir le roi, porter une épée à mon côté sans aller à la guerre, passer ma vie avec des femmes sans être amoureux d'aucune, était une vie qui me rendait trop ridicule à mes yeux pour que je la pusse supporter plus longtemps. » Quiconque redevient si sensible à l'impression du ridicule et à la raillerie n'est plus bien affligé. Lassay pourtant voulait encore le paraître, et il ajoutait comme dernière raison à toutes les autres sa douleur et l'idée de celle qu'il avait perdue et qui lui était, disait-il, aussi présente que le premier jour. La différence toutefois, c'est qu'il était arrivé à cette période finale où l'on cherche à se distraire de sa douleur ; il n'était plus dans celle où on la veut nourrir en silence et honorer.

Il a raconté dans une Relation historique fort précise, et dans des lettres écrites au maréchal de Bellefonds, toute cette campagne de Hongrie contre les Turcs (1685). Les généraux allemands dans cette guerre étaient l'Électeur de Bavière et, avant tout, le duc de Lorraine (neveu de celui qui avait autrefois voulu épouser Marianne). La campagne fut assez faiblement menée des deux parts; elle commença tard et finit tôt. Il y eut pourtant deux siéges et une bataille. Les jeunes princes amoureux du métier des armes y étaient accourus de tous côtés et s'y étaient donné rendez-vous comme à une école : « Il y a une si grande quantité de princes dans notre armée que je ne crois pas qu'on en ait jamais vu tant ailleurs, hors dans les romans. » Le prince Eugène, à ses débuts, y était. Les princes de Conti y firent leurs preuves, et le plus jeune qui survécut à son frère, et qui fut le Conti élève du grand Condé, le Conti de Steinkerque et de Nerwinde, y montra des vues et des intentions de capitaine. Lassay nous fait bien connaître le caractère des généraux, les tatonnements et les fautes, les qualités et les différences de tactique des deux armées; enfin son récit a de la netteté et montre du jugement. Lorsque le duc de Lorraine s'est porté du siége de Neuhauzel qu'il est sur le point de prendre, au secours de Gran que les Turcs étaient près de forcer, on assiste à toute cette marche et à tous les accidents qui précédèrent la bataille; la rapidité des Turcs, leur hardiesse à passer et repasser un ruisseau assez large et profond dont les bords sont escarpés, sous les yeux d'une armée ennemie de trente mille hommes, est bien rendue : « Il faut avouer que cette nation-là fait de belles diligences. » Pendant la bataille, les trois charges des Turcs, dont la première s'annonçait comme vive et dont la dernière est tout à fait molle, se dessinent aux yeux. Au moment de la première charge, voyant qu'on ne s'ébranlait pas, ils s'arrêtèrent à vingt ou trente pas des escadrons et bataillons allemands, sauf un petit nombre qui poussèrent à fond : « Dans ce moment, dit Lassay, nos petites pièces de canon ayant commencé à tirer, et les bataillons à faire un feu prodigieux, on leur vit faire *un mou-*

vement quasi pareil à celui que fait le blé qui est agité par le vent; et ensuite ils tournèrent, mais assez lentement; toute notre ligne s'ébranla pour les suivre, mais fort lentement aussi, craignant de se rompre... » En un mot, toutes les particularités et les circonstances de cette victoire de Gran se comprennent à merveille par le récit de Lassay. Il nous fait voir le houssard hongrois, le houssard primitif, avec ses fuites rapides et ses retours aussi prompts : « Ce sont gens qui vont bon train, montés sur de petits chevaux maigres, ayant sur le dos des peaux de loups, auxquelles ceux qui ont fait quelque belle action joignent des ailes d'aigles. » Il a, çà et là, des traits assez pittoresques en passant.

Aussitôt la campagne finie, les princes de Conti revinrent en France où ils avaient à se faire pardonner de Louis XIV, étant partis sans sa permission. Lassay, qui ne revint point avec eux, aurait bien voulu désarmer pour son compte le mécontentement du roi, qui à son égard datait de plus loin (1) : dans une lettre sérieuse, assez politique, et où il mêle des vues sur les armées, sur les finances et l'administration des États de la maison d'Autriche, il loue délicatement Louis XIV et son gouvernement: « Comme on ne juge bien des choses que par comparaison, écrit-il, en vérité il faut sortir de France pour connaître parfaitement la puissance du roi. » On voit, par le désordre qu'il décrit, que l'Autriche n'avait pas eu alors ses Louvois et ses Colbert.

(1) Ce mécontentement de Louis XIV ne venait pas précisément de ce que Lassay avait épousé Marianne, puisqu'on voit que le roi lui-même, qui appréciait son caractère et la conduite qu'elle avait tenue, parla au père de Lassay pour lui faire accepter ce mariage; il entretint plusieurs fois assez familièrement Marianne depuis qu'elle était marquise de Lassay et lui demanda même un jour si elle lui avait pardonné de l'avoir empêchée d'être duchesse de Lorraine. Le mécontentement de Louis XIV tenait à ce que Lassay avait quitté le service quelque temps après son mariage.

Il signale les vices d'organisation dans l'armée des Impériaux ; il en reconnaît les éléments solides, la supériorité de la cavalerie sur l'infanterie, et par où pèche celle-ci : « Ils ont peu d'officiers ; et on ne voit point dans ceux qu'ils ont un certain désir de gloire qui est dans les officiers français. » Lorsqu'il en vient aux Turcs et à leur gouvernement, il donne aussi ses idées, ses pronostics ; il se livre à des considérations proprement dites, et tourne le tout à la plus grande gloire de Louis XIV qu'il se plaît à supposer voisin de l'Empire ottoman, pour lui faire faire de ce côté des conquêtes plus faciles à exécuter, prétend-il, que ne l'a été celle des Pays-Bas. Lassay, en bon courtisan, supprime ici les difficultés qu'il avait jusque-là fort bien entrevues. Si cette lettre habilement flatteuse avait pu être montrée au roi, il avait de quoi espérer de reprendre pied en Cour, et peut-être serait-il devenu un personnage employé et utile, au lieu qu'il tourna encore au roman.

Après être resté quelque temps à Vienne à observer les intrigues politiques et, qui sait? à en nouer déjà d'un autre genre, il partit pour l'Italie : Marianne alors était complètement oubliée. Dans les lettres écrites pendant son séjour d'Italie (1685-1686), on le voit épris de plus d'une beauté soit romaine, soit étrangère. Il avait trente-trois ans, il était Français, il venait de faire le paladin en Hongrie, et avait une certaine auréole d'extraordinaire, même par sa douleur et sa pénitence manquée : c'était assez pour avoir tous les succès. Il vit à Rome madame des Ursins, alors madame de Bracciano, qui réunissait le meilleur monde. Dans la visite qu'il fait à une charmante villa à Bagnaia près Viterbe, il est évident, à la manière dont il y est accueilli et dont il en parle, qu'il s'y considérait volontiers en passant comme le maître de la maison. La maîtresse en était absente, et, en la remerciant de l'hospitalité donnée en son nom, il lui écrivait avec un vif sentiment de la nature italienne : « Vous ne m'aviez point dit assez de bien de Bagnaia, madame ; c'est le plus aimable lieu du monde que j'aie jamais vu ; on y trouve en même temps une belle vue, de grands arbres aussi verts qu'en France et qu'il ne faut point aller chercher, et des quantités de fontaines qui vont quand les maîtres n'y sont point : jamais ordre n'a été plus inutile que celui que vous aviez donné au jardinier de les faire toutes aller ; elles n'attendent pas vos ordres pour jeter des torrents de la plus belle eau du monde. » Il juge en curieux et parle à ravir des autres parties de la villa, de la forme et de l'intérieur de l'appartement ; il conseille à la princesse romaine, maîtresse de ce beau lieu, et qu'il ne nomme pas, d'y faire des changements qui soient propres à l'embellir encore. Lassay avait du goût pour les jardins et pour les bâtiments, comme il le prouva plus tard en accommodant l'hôtel Lassay, comme il l'avait déjà montré en petit dans sa jolie maison de retraite près des *Incurables;* il avait le goût simple et uni, et avec peu il obtenait d'heureux effets : « Je vous demande encore, disait-il à la maîtresse de cette villa de Bagnaia, de faire abattre, à hauteur d'appui, la muraille qui est devant vos fenêtres, car cette muraille vous donne une vue effroyable et vous en cache une fort belle ; et, si on prétend qu'elle est nécessaire pour votre maison, il n'y a qu'à faire un petit fossé derrière. Je souhaiterais encore une chose, ce serait de remplir de fleurs et d'orangers la petite allée qui est à droite en entrant, et d'abattre les murs qui enferment votre parterre, vous verriez quelle gaieté cela lui donnerait. » Puis, après ces devis d'embellissements et profitant du cadre trouvé, il en revenait au roman : « Vivre en paix dans un beau séjour avec une personne qui ne vit que pour vous, y avoir une compagnie de gens qui vous conviennent, est

une vie qui n'est propre qu'à un fainéant comme moi. »
Ce dernier mot était un trait indirect à l'adresse de
M. de Torcy, en qui il entrevoyait pour le moment un
rival, mais trop occupé, selon lui, et trop destiné à la
politique pour être longtemps et parfaitement amoureux.

Cependant la grande passion de Lassay à Rome fut
pour la jeune princesse de Hanovre, Sophie-Dorothée,
femme du futur Électeur de Hanovre et roi d'Angleterre, Georges Ier : on a les lettres qu'il lui écrit et qui
prouvent que, malgré les contrariétés, les obstacles et
les jalousies qui vinrent à la traverse de cette liaison,
il ne s'en trouva pas trop malheureux. Ces lettres de
Lassay à la princesse sont assez jolies, mais pâles ; ce
n'est point là le langage de la passion vraie : il a beau
dire en dénouant et en s'éloignant : « Il vaut mieux que
je meure et que vous viviez moins malheureuse. Cessez
donc d'écrire à un homme qui traîne tous les malheurs
après lui, et dont l'étoile est empoisonnée... » Lassay
fera toute sa vie grand usage de cette *étoile*, pour lui imputer tout ce qui sera faute ou légèreté de sa part : et
quant à vouloir mourir sans cesse, cette manière de
dire le mènera jusqu'à quatre-vingt six ans.

Ce n'est qu'après cette aventure de quelques mois
que Lassay rentra en France en 1686 : il me semble que
nous commençons à le connaître et que nous pouvons
nous rendre compte de la réputation d'inconsistance et
d'inégalité qu'il s'était faite, et dont il ne se releva jamais qu'imparfaitement. Il passait alors pour un homme
léger, qui, avec de l'esprit, n'avait fait que des folies,
qui avait obéi à des fantaisies et à des fougues, qui avait
pris de grands partis sans les tenir :

> Impie, dévot, jaloux amant,
> Courtisan, héros de province,

disait ou allait dire de lui la chanson ; on l'appelait *le*

Don Quichotte moderne ; des gens qui valaient moins que lui par l'esprit et par le cœur le raillaient, et il n'y était pas insensible. Cette considération, qui le fuyait et qu'il ne rattrapera point, était précisément ce qui lui tenait le plus à cœur : vers la fin, il la regagna petit à petit et en détail moyennant les longues années qu'il vécut, mais jamais à temps ni avec éclat, et sur le pied qu'il aurait souhaité. Aurait-il évité tout cela si Marianne avait vécu ? aurait-il sauvé ses défauts, et son caractère eût-il été fixé par son cœur ? Il le croyait du moins, et récapitulant sa vie dans sa vieillesse, revoyant ses affections passées dans leur vrai jour, et ne comptant que celles qui méritaient de survivre, il disait : « La source de tous mes malheurs et ce qui ne se peut réparer, est d'avoir perdu une femme que j'avais choisie selon mon cœur, et pour qui j'avais tout quitté. Je suis un exemple qu'on ne meurt point de douleur, puisque je ne suis pas mort en la perdant. » Si c'est une dernière illusion de Lassay, de croire qu'il aurait évité ses échecs et ses fautes en supposant que Marianne eût vécu, c'est du moins une illusion touchante et qui honore sa sensibilité.

Allons ! cet homme valait un peu mieux que Saint-Simon ne nous l'a dit. Il nous reste à le serrer d'aussi près que nous pourrons dans la dernière moitié de sa vie, et à tirer de lui, observateur et moraliste, quelques fruits d'expérience.

Lundi, 28 novembre 1853.

LE MARQUIS DE LASSAY

ou

UN FIGURANT DU GRAND SIÈCLE

(FIN)

Lassay a pour nous cet avantage, précisément parce qu'il n'est qu'un homme de société et un amateur, non un auteur, de nous représenter au juste le ton de distinction et de bonne compagnie du dix-septième siècle, et la langue parlée que ce siècle finissant transmit au dix-huitième.

Revenu d'Italie en France en 1686, Lassay trouva des ennuis domestiques : il avait une fille du premier lit qu'il avait confiée en partant à madame de La Fayette; celle-ci qui écrivait de si agréables romans, mais qui n'entendait pas moins bien les affaires positives, jugea que cette pupille était un bon parti pour son fils, et elle était près d'arranger ce mariage contre le gré du père qu'elle cherchait à tenir éloigné. Lassay raconte au long cette tracasserie; il s'en plaignit à madame de Maintenon brouillée alors avec madame de La Fayette, et en laquelle il cherchera désormais un appui en Cour et une patronne en toute circonstance. Sans prétendre décider qui avait tort ou raison dans ce démêlé assez compliqué et sur lequel nous n'entendons qu'une des parties, une seule chose en ressort pour moi avec évidence, c'est que madame de La Fayette, qui savait mieux que personne ce que c'était que crédit et considération, n'en accordait pas beaucoup à Lassay à cette époque de sa vie, qu'il ne paraissait pas être de ceux avec qui l'on compte, et qu'il était temps pour lui de songer à refaire sa situation et auprès du roi et dans le monde. Il ne cessa d'y travailler dans les années suivantes, essayant de se remettre sur pied et n'y parvenant qu'imparfaitement et toujours d'une manière boiteuse. Ce sont ces années actives et fécondes de la première maturité qu'il regrettait plus tard de n'avoir pu appliquer selon qu'il s'en estimait capable : repassant sa vie dans sa vieillesse et faisant son examen de conscience, il croyait qu'il y avait moins encore de sa faute dans cette médiocre fortune que de celle de son étoile : « Si on me demande ce que c'est qu'*étoile*, disait-il, je répondrai que je ne le sais pas; je sais seulement que c'est quelque chose de réel qu'on ne connaît point; et je suis persuadé que ceux qui prétendent que notre bonne ou notre mauvaise fortune dépend de notre conduite ont grand tort; elle y peut beaucoup, mais l'étoile y peut encore plus. Je vais dire une chose où il y a bien de la vanité; il n'importe, car je ne prétends pas que ceci soit vu de personne (1) : si mon étoile avait eu quelque proportion avec les qualités qui sont en moi, je serais plus élevé que je ne suis; mais elle est faible et commune, je l'ai éprouvé cent fois. » Tout en convenant avec lui que les qualités qu'on possède sont loin de se produire toujours; que c'est l'occasion qui nous révèle aux autres et souvent à nous-même, et que la seule

---

(1) On dit toujours cela quand on écrit, puis on finit par se faire imprimer.

pierre de touche pour bien juger du mérite est qu'il soit mis à sa place, je remarquerai que, dans l'analyse très-détaillée et assez naïve qu'il nous donne de son esprit et de son caractère, il nous dit : « J'ai un défaut effroyable pour les affaires, qui gâte et qui détruit tout ce que je pourrais avoir de bon : c'est une grande paresse dans l'esprit ; en de certaines occasions, je la peux surmonter par élans ; mais à la longue je prends trop sur moi et j'y retombe toujours ; si bien que je ne serais propre qu'à penser, et encore plus à choisir et à rectifier ; car ce qu'il y a de meilleur en moi, c'est le discernement : mais il faudrait qu'un autre agît. » Quand je vois des gens d'esprit se lancer dans la vie active par saillies et se résigner d'ailleurs si bien pour l'ordinaire, et comme pis-aller, à la condition oisive, j'ai toujours un doute sur leur vocation réelle, et, quand ils s'en prennent ensuite aux astres de n'avoir point réussi, j'incline à croire qu'ils sont de moitié pour le moins dans leur étoile. Lassay, dans ses velléités d'ambition, mélangées de paresse, me semble avoir été de ces hommes de l'ordre et de la portée de Bernis, avec qui il a cela de commun encore d'être devenu de plus en plus aimable en vieillissant. Ce que Bernis écrivait de Venise à Paris-Duverney, Lassay l'écrira presque dans les mêmes termes à Bolingbroke : « J'ai toujours pensé qu'une extrême ambition ou une entière liberté peuvent seules remplir le cœur d'un honnête homme : l'état qui est entre deux n'est fait que pour les gens médiocres. »

En attendant, la guerre ayant recommencé en 1688, Lassay fit comme les gentilshommes de cœur, et alla servir en Allemagne et en Flandre sur le pied de volontaire. En 1691 il fut au siége de Mons, et en 1692 à celui de Namur ; mais dans ces derniers siéges il se trouvait avec le titre et en qualité d'aide-de-camp du roi. Il avait obtenu cette faveur par le canal de madame de Maintenon, à qui il écrivit des lettres fort pressantes à ce sujet, et qui avait pour lui de l'amitié. Madame de Maintenon avait dû plus d'une fois songer, dans les degrés divers de son élévation, à cette histoire romanesque de Marianne, et elle savait gré sans doute à Lassay d'avoir osé mettre un jour la sagesse de conduite et la vertu au-dessus du rang. Elle l'aida donc à effacer les impressions fâcheuses que sa démission ancienne avait pu laisser dans l'esprit de Louis XIV : « Je ne demande au roi pour toute grâce, écrivait Lassay, que de me donner des occasions de le servir ; l'extrême envie que j'aurais de lui plaire me donnera de l'habileté ; quand on a une grande envie de bien faire, il est difficile qu'on fasse bien mal ; et personne dans le monde n'a tant de bonne volonté que moi. » Redemandant cette même faveur d'être aide de camp du roi pour la campagne qui suivit celle de Namur, et qui fut la dernière que fit Louis XIV, Lassay savait bien qu'il allait au cœur de madame de Maintenon lorsqu'il insistait sur la prudence et qu'il disait bien plus en courtisan qu'en soldat : « Si je ne regardais que mon intérêt particulier, par toutes sortes de raisons je souhaiterais ardemment qu'il (le roi) allât commander ses armées, mais je crois qu'il n'y a pas de bon Français qui doive souhaiter qu'il y aille : quand je songe à Namur, je tremble encore ; sans compter les autres périls, le roi passait tous les jours au milieu des bois *qui pouvaient être pleins de petits partis ennemis;* on n'oserait seulement porter sa pensée à ce qui pouvait arriver : que serait devenu l'État, et que serions-nous devenus ? »

Si on vous disait : « Pendant le siége de Mons, la jeune noblesse en quittant Paris laissa bien des aventures galantes et des liaisons de cœur ; il y eut de belles affligées qui bientôt se consolèrent ; on s'écrivait des billets avant et après le siége, mais le retour pour plusieurs ne fut point aussi heureux que l'avait été le départ; » si on vous disait cela, on ne vous apprendrait rien qui ne soit facile à supposer et qui n'ait dû être; mais si l'on ajoutait : « Il existe une trentaine de lettres écrites par l'un de ces cavaliers de l'état-major du roi à une jeune dame de la Cour, qui fut persuadée, touchée, tendre à son égard, puis volage, » on voudrait lire ces lettres : eh bien, le marquis de Lassay nous les a conservées. Ce sont quelques-unes des siennes, écrites précisément en ce temps-là.

Les lettres de ce genre sont le plus souvent d'une lecture assez fade pour les indifférents : « Ce qui fait que les amants et les maîtresses ne s'ennuient point d'être ensemble, a dit La Rochefoucauld, c'est qu'ils parlent toujours d'eux-mêmes. » La flamme seule et la rapidité de la passion a sauvé quelques lettres de la Religieuse portugaise du sort commun aux lettres d'amour, qui est d'ennuyer bientôt ceux qui n'y sont pas mêlés ; mademoiselle de Lespinasse, dans les siennes, est quelquefois importune au lecteur presque autant qu'à M. de Guibert; elle a des longueurs. Lassay en a aussi, bien que ses billets écrits d'un style poli et pur soient courts. Son point de départ est toujours son ancienne passion pour Marianne; il ne craint point de l'évoquer et d'y revenir : « Vous avez rappelé dans mon cœur, dit-il à son nouvel objet, des sentiments dont je ne le croyais plus capable : je retrouve en moi ce même trouble et ces mêmes agitations que j'avais connus autrefois. Ah! serais-je assez heureux pour sentir encore une fois en ma vie le plaisir charmant d'aimer et d'être aimé (1), et serait-ce à vous que je le devrais? Mais je suis un fou

---

(1) Ne sentirai-je plus de charme qui m'arrête?

a dit La Fontaine dans des vers que chacun sait par cœur, et qui suppriment toutes les phrases de prose qu'on peut faire sur le même thème.

de me flatter de cette espérance; peut-être que vous êtes engagée ailleurs; peut-être que cette lettre sera sacrifiée; peut-être que je vous déplais, et jamais je ne peux être aimé comme je l'ai été. » Il désavoue toute autre passion antérieure récente, et celle même de Rome qui a fait de l'éclat : « Ne soyez plus jalouse de la princesse de Hanovre, je n'ai jamais rien senti pour elle qui approche de ce que je sens pour vous. » Si on avait à être jalouse de quelqu'un, ce serait du seul souvenir et de l'ombre de Marianne : « La mort et bien des années ne pouvaient, sans vous, effacer de mon cœur le seul amour qu'il ait jamais senti avant que de vous aimer; il durerait encore si je ne vous avais point connue : je ne sais pas même si tout celui que j'ai pour vous l'a bien éteint; et, si vous avez à être jalouse, c'est de cet amour que vous devez l'être. » Il me déplaît de voir Lassay se servir de cette ancienne affection sacrée comme d'une amorce ou d'un aiguillon dans ses conquêtes nouvelles, et d'une manière d'ingrédient pour se faire aimer. Il se pose trop en homme qui a eu une belle douleur, et qui semble dire : « Faites-la-moi oublier, ce sera pour vous une gloire. » Mais c'est ainsi que sont faits les cœurs humains, et une délicate fidélité, ou même un délicat oubli, un ensevelissement profond et respecté, n'est le propre que de bien peu. On ne sait rien de la personne à laquelle il s'adressait alors, sinon qu'elle était bien plus jeune que lui; il l'appelle une enfant : « La vivacité de vos sentiments, des manières simples et naturelles, et un air de vérité, m'avaient fait croire que vous ne ressembliez point aux autres femmes, et je me flattais de retrouver en vous cette personne que j'ai tant aimée, et qui, toute morte qu'elle est depuis longtemps, n'a rien à me reprocher que la passion que j'ai eue pour vous; je vois que je me suis trompé. » Il s'était trompé en effet, et je n'ose dire qu'il en souffrit beaucoup. Le siége de Mons (mars 1691) vint interrompre cette légère intrigue à laquelle il prêtait un air de passion ; au retour, Lassay jaloux et supplanté n'eut qu'à rendre les lettres qu'on lui avait écrites, et à reprendre en échange les siennes qu'il nous a données (1).

Il n'était déjà plus jeune, il avait quarante-deux ans (1694) lorsqu'il s'éprit plus au sérieux d'une jeune personne jolie, spirituelle et très-capricieuse, fille naturelle de M. le Prince et légitimée par lui. Ici Lassay songeait au mariage pour la troisième fois, mais c'était encore un mariage peu régulier et assez extravagant selon le monde. Cet homme, en effet, qui avait précédemment essayé d'introduire Marianne de la bourgeoisie dans la noblesse, allait s'efforcer à son tour de s'initier parmi les princes du sang à l'aide d'une alliance du côté gauche. L'ambition pourtant eut moins de part à ce nouvel engagement que la passion, si l'on en juge par les nombreuses lettres que Lassay écrivait à Julie (c'était le nom de mademoiselle de Châteaubriant). La correspondance débute tout à fait comme dans un roman : « Je suis ici, écrit Lassay, dans un château au milieu des bois (le château de Lassay dans le Maine), qui est si vieux, qu'on dit dans le pays que ce sont les Fées qui l'ont bâti. Le jour, je me promène sous des hêtres pareils à ceux que Saint-Amant dépeint dans sa *Solitude;* et, depuis six heures du soir que la nuit vient, jusqu'à minuit qui est l'heure où je me couche, je suis tout seul dans une grosse tour, à plus de deux cents pas d'aucune créature vivante : je crois que vous aurez

---

(1) Quand j'ai dit qu'on ne connaît pas la personne à qui ces lettres sont adressées, j'ai peut-être été trop circonspect ; je crois, si la discussion était convenable en pareil cas, qu'on pourrait montrer qu'elles sont probablement adressées à la marquise de Nesle, née de Coligny, qui mourut en 1693 dans sa vingt-sixième année : elle en aurait eu vingt-trois ou vingt-quatre au moment de cette liaison.

peur des esprits en lisant seulement cette peinture de la vie que je mène... » Les circonstances qui précédèrent et suivirent ce mariage furent assez singulières, et achevèrent de donner à Lassay, de lui confirmer aux yeux du monde le caractère de bizarrerie et d'excentricité qui tenait plus aux personnes auxquelles il s'était lié, qu'à lui-même. Il lui fallut, pour arriver au but de ses désirs, vaincre l'incertitude et les tergiversations du prince de Condé, le plus insaisissable et le plus maniaque des hommes. Le mariage manqua, puis se renoua avec toutes sortes d'efforts. Élevée à Maubuisson, placée ensuite à l'Abbaye-aux-Bois où elle s'ennuyait, mademoiselle de Châteaubriant, dès ses premiers pas dans le monde de Chantilly, y sentit se développer des instincts de dissipation, de bel-esprit et de coquetterie qui désolèrent Lassay avant même qu'il en fût victime : « On est trop heureux, lui disait-il, de trouver une seule personne sur qui l'on puisse compter, et vous l'avez trouvée ; vous devez du moins en faire cas par la rareté ; il me semble pourtant que vos lettres commencent à être bien courtes, et qu'elles ressemblent à celles que vous m'écrivez quand vous êtes désaccoutumée de moi ; vous avez un défaut effroyable, c'est que, dès qu'on vous perd de vue, vous oubliez comme une épingle un pauvre homme qui tout le jour n'est occupé que de vous. » Lorsque, après deux années d'efforts et de persévérance, les dernières difficultés furent vaincues, et que l'union allait se conclure, il se trouvait que mademoiselle de Châteaubriant était déjà dégoûtée de celui qu'elle semblait d'abord avoir sincèrement aimé, et avec qui elle eût voulu partager une chaumière ou *le creux d'un arbre*, disait-elle, dans les Indes. Il lui représentait avec force et douceur les inconvénients de cette versatilité, et il faisait tout pour l'en guérir : « Une honnête personne qui a tant fait que d'aimer et de le dire, ne doit pas imaginer qu'elle puisse jamais cesser d'aimer; vous ne m'aimez point assez, et, à mesure que mon goût augmente pour vous, il me semble que le vôtre diminue. » Mademoiselle de Châteaubriant paraît avoir été une personne romanesque qui voyait avant tout dans la passion la difficulté à vaincre, et dont la pensée était toujours ailleurs, en avant: « Présentement que cet obstacle est levé, lui disait Lassay, vous en imaginerez d'autres... Vous n'aimez qu'à penser et à imaginer... Notre plus grand ennemi est votre esprit... — Il y a, lui disait-il encore en lui faisant voir son caractère à elle comme dans un miroir, il y a une bizarrerie dans votre humeur, à laquelle il est impossible de résister ; je comptais de passer des jours heureux avec une personne qui m'aimait, et que j'aimais plus que ma vie : vous me forcez à perdre cette espérance; je ne sais plus comme vous êtes faite, mais je sais bien que vous trouvez moyen de faire que c'est un malheur d'aimer et d'être aimé de la personne du monde la plus aimable; il y a bien de l'art à cela. Quelle étoile est la mienne! Pourquoi ne voulez-vous pas que nous soyons heureux? » A peine marié (1696), Lassay dut rompre toute intimité avec elle et lui rendre une entière liberté, comme on le voit par une lettre sévère et fort digne qu'il lui adresse.

C'est cette même marquise de Lassay pour laquelle Chaulieu, qui en était épris, et qui la rencontrait sans cesse dans la petite Cour de madame la Duchesse à Saint-Maur, a fait une foule de jolis vers, et ceux-ci entre autres où il parle de son cœur d'un ton presque aussi ému que l'eût pu faire La Fontaine :

> Il brûle d'une ardeur désormais éternelle;
> Et, livré tout entier à qui l'a su charmer,
> Il sert encore un Dieu qu'il n'ose plus nommer (1).

(1) Ce n'était pas la première fois que Chaulieu se trouvait en

On a retenu, grâce à madame de Caylus, un mot très-spirituel et piquant de la marquise de Lassay à son mari, un jour qu'il soutenait devant tous la vertu sans tache, l'impeccabilité de madame de Maintenon, et qu'il s'en montrait plus opiniâtrément convaincu qu'il n'était convenable à un homme du monde. Ennuyée de la longueur de la dispute et du ton qu'y portait M. de Lassay, elle lui dit avec un sang-froid admirable : « Comment faites-vous, monsieur, pour être si sûr de ces choses-là ? »

Très-initié malgré tout, et nonobstant les ennuis, dans ce monde de Chantilly et de Saint-Maur, devenu coûte que coûte allié des princes du sang et appartenant dorénavant du côté gauche à la maison de Condé, Lassay passait sa vie dans la familiarité du plus grand monde; s'il essuyait quelquefois la chanson et la satire, il les rendait bien. Tant qu'il eut un reste de jeunesse pourtant, il était mélancolique; il se plaint de *vapeurs*; il a des rêves de roman et des soupirs d'ambition. Chaulieu, dans une pièce badine, nous le représente à Saint-Maur ayant l'air assez ennuyé, se frottant la tête et comme regrettant les coups de mousquet qui se donnent sans lui. On lui reprochait dès longtemps de se mêler trop aux plaisirs de M. le Duc (son demi-beau-frère) et d'avoir été pour ce jeune prince le contraire d'un mentor. Laissons tous ces côtés fugitifs et évanouis, et ne prenons Lassay que par l'endroit où nous pouvons l'atteindre, le seul aujourd'hui qui nous intéresse : prenons-le comme l'un des hommes qui ont eu le plus de connaissance de la société et des caractères.

Vivant avec ces princes de la maison de Condé, il les

concurrence avec un rival du nom de Lassay : il avait été quelque temps auparavant supplanté auprès de madame d'Aligre par un Lassay ; mais ce n'était pas le nôtre (quoi qu'en ait dit M. Walckenaer en son *La Bruyère*), c'était son fils déjà produit et émancipé, le fils qu'il avait eu de Marianne.

a connus à fond, et il les a peints en traits assez inaperçus jusqu'ici, mais ineffaçables. Saint-Simon n'a pas rendu en des termes plus énergiques M. le Prince fils du grand Condé, et, en nous retraçant le portrait de ce personnage avec qui il avait eu tant de choses à démêler, Lassay est d'une précision aussi inexorable que madame de Staal-Delaunay lorsqu'elle nous exprime si au vif la duchesse du Maine. J'indiquerai quelques-uns des passages principaux de ce portrait du beau-père par le gendre, en faisant remarquer qu'il est anonyme dans le Recueil de Lassay et qu'on n'y avait pas encore mis le vrai nom :

« M. le Prince n'a aucune vertu; ses vices ne sont affaiblis que par ses défauts, et il serait le plus méchant homme du monde, s'il n'était pas le plus faible. Esclave des gens qui sont en faveur, tyran de ceux qui dépendent de lui, il tremble devant les premiers et persécute sans cesse les autres... Souvent il est agité par une espèce de fureur qui tient fort de la folie : ce ne sont quasi jamais les choses qui en valent la peine, mais les plus petites, qui lui causent cette fureur : cela dépend de la situation où se trouve son esprit ; et cela vient aussi de ce qu'il n'est point touché de ce qui est véritablement mal ; si bien qu'il ne regarde jamais les choses, mais simplement les *personnes* qui les ont faites ; et, si c'est quelqu'un qui lui déplaise, il grossit des bagatelles et en fait une affaire importante : cependant il est si faible et si léger que tout cela s'évanouit, et il ressemble assez aux enfants qui font des bulles de savon.

« Quand sa fureur l'agite, ceux qui ne le connaissent point et qui l'entendent parler croient qu'il va tout renverser, mais ceux qui le connaissent savent que ses menaces n'ont point de suite, et que l'on n'a à appréhender que les premiers mouvements de cette fureur ; ce n'est pas qu'il ne soit assez méchant pour faire beaucoup de mal de sang-froid, mais c'est qu'il est trop faible et trop timide, et on ne doit craindre que le mal qu'il peut espérer de faire par des voies détournées, et jamais celui qui se fait à force ouverte...

« Il est avare, injuste, défiant au-dessus de tout ce qu'on peut dire ; sa plus grande dépense a toujours été en espions ; il ne peut pas souffrir que deux personnes parlent bas ensemble, il s'imagine que c'est de lui et contre lui qu'on parle... Dans les affaires qu'il a, il se sert tantôt de discours captieux et tantôt de discours embarrassés pour cacher le but où il veut aller, croyant être bien fin... Jamais il ne va au bien de l'affaire, soit qu'il soit question de l'État, de sa famille ou d'autres gens; il est toujours conduit par quelque sorte d'intérêt prochain ou éloigné, et, au défaut de l'intérêt, par la haine, par l'envie ou par une basse politique.

« Toutes les charges de sa maison sont vacantes; il n'y a plus ni grandeur ni dignité; son avarice et son incertitude en sont cause; il n'est magnifique qu'en secrétaires dont il a dix-huit ou vingt : il est tout le jour enfermé, sous je ne sais combien de verroux, avec quelqu'un de ses secrétaires; et ceux qui ont affaire à lui, après avoir cherché longtemps, trouvent à peine dans une garde-robe quelque malheureux valet-de-chambre, qui souvent n'oserait les annoncer; si bien qu'ils sont des deux et trois mois sans lui pouvoir parler; sa femme et ses enfants n'oseraient pas même entrer dans sa chambre qu'il ne leur mande...

« Tout est mystère à l'hôtel de Condé, et rien n'y est secret...

« Il a des biens immenses et Chantilly, c'est-à-dire la plus belle demeure du monde; il trouve le moyen de ne jouir de rien de tout cela et d'empêcher que personne n'en jouisse... Il aime mieux y vivre sans aucune considération que d'assembler le monde et les plaisirs dans des lieux enchantés où il serait avec dignité. »

Et après l'avoir peint en tout et dans les moindres détails son bourreau et le fléau des autres, Lassay ajoute : « Voilà le portrait de M. le Prince. Ceux qui ne le connaissent pas croiront, en le lisant, que la haine en a tracé les traits; mais ceux qui le connaissent sentiront à chaque mot que c'est la vérité : cette même vérité me va faire dire le bien qui est en lui. » En conséquence il lui reconnaît de l'esprit et même beaucoup, de la politesse de langage, de la pénétration, une plaisanterie vive et légère; mais les traits généraux subsistent, et la physionomie dans son ensemble n'admet rien qui en puisse adoucir l'odieux.

Le portrait qui succède à celui-là dans le Recueil, et qui est également anonyme, me paraît pouvoir être celui de M. le Duc (fils de M. le Prince), et le suivant est certainement celui de la duchesse du Maine.

Lassay qui, à la mort du prince de Conti, donna sur lui le mémoire qui servit à l'Oraison funèbre prononcée par Massillon (1709), en a tracé un autre portrait ou caractère beaucoup plus vrai, ce me semble, et plus réel, quand ce prince vivait encore. Il l'y montre avec toutes ses grâces dans l'esprit et dans la personne, avec sa douceur charmante dans l'humeur et son soin continuel de plaire, en un mot, le plus aimable des hommes, et tel qu'on voit le Conti de Saint-Simon ; puis il ajoute d'une manière neuve et très-judicieusement, au moins selon toute vraisemblance :

« Mais je suis persuadé qu'il est à la place du monde qui lui convient le mieux, et, s'il en occupe quelque jour une plus considérable, il perdra de sa réputation et diminuera l'opinion qu'on a de lui ; car il est bien éloigné d'avoir les qualités nécessaires pour commander une armée ou pour gouverner un État : il ne connaît ni les hommes ni les affaires, et n'en juge jamais par lui-même ; il n'a point d'opinion qui lui soit propre...; il ne *saisit* point la vérité (1) ; on lui ôte ses sentiments et ses pensées, et souvent il n'a que celles qu'on lui a données, qu'il s'approprie si bien et qu'il explique avec tant de grâce et de netteté qu'il n'y a que les gens qui ont de bons yeux et qui l'approfondissent avec soin qui n'y soient pas trompés : on peut même dire qu'il les embellit. Il ne sait ni bien aimer, ni bien haïr ; *les ressorts de son âme sont si liants qu'ils en sont faibles*; ce défaut contribue encore à le rendre aimable, mais il est bien dangereux dans un homme qui remplit les premières places. De plus, il est paresseux ; il craint les affaires, et il aime le plaisir ; peut-être que de grands objets pourraient l'obliger à se vaincre là-dessus, mais on ne se donne ni la fermeté ni le discernement ; et, quand ces deux choses manquent, quelques perfections qu'on ait d'ailleurs, on n'est pas un homme du premier ordre. »

(1) *Saisir* est ici employé dans son acception propre et la plus forte, *prendre avec la main, apprehendere*. Quand la langue est restée pure, elle permet de ces acceptions heureuses et justes, trouvées en passant et sans qu'on appuie trop. — Il y a bien des années, un jeune écrivain, depuis célèbre, M. Mignet, en compagnie de son ami Thiers, était allé entendre à la Sorbonne le cours d'un des plus illustres professeurs d'alors (Villemain), et, en sortant, au milieu de tous les éloges que lui paraissait mériter une si belle littérature, il ajoutait : « C'est singulier ! il arrive quelquefois jusqu'aux idées, il les atteint, il les touche, il les palpe, mais il ne les *empoigne* pas ! » Voilà bien la manière marquée du dix-neuvième siècle, en regard de l'expression vive et légère du dix-septième.

On voit que Lassay, quand il se mêle d'envisager et de définir, a bien de la netteté dans le trait, de la finesse et de la précision décisive dans l'esprit.

C'est ce talent de juger et de discerner les hommes qu'il croyait avoir et qu'il avait à un très-remarquable degré, qui l'a conduit à dire de lui une chose singulière dont Voltaire s'est moqué, et dont l'expression ne saurait en effet, raisonnablement, échapper à la raillerie. Récapitulant tous les talents et toutes les facultés qu'il reconnaît ne posséder que d'une manière secondaire et inférieure à ce qu'il avait vu chez d'autres, il ajoute que pour l'*esprit de connaissance et de discernement*, il croit que peu de personnes l'ont plus que lui : « Et cela, conclut-il, m'a fait penser bien des fois fort extravagamment que, de toutes les charges qui sont dans un royaume, *celle de roi serait celle dont je serais le plus capable ;* car l'esprit de connaissance et de discernement est juste celui qui convient aux rois : ils n'ont qu'à savoir bien choisir ; et, donnant à un chacun l'emploi qui lui convient, ils se servent de toutes ces sortes d'esprits que Dieu a distribués aux hommes, sans qu'il soit nécessaire qu'ils les aient. Dans les affaires, chacun pense et imagine pour eux, ils n'ont qu'à prendre le bon parti ; et, dans toutes les choses qu'on leur présente et qu'on leur dit, ils n'ont qu'à tâcher à démêler la vérité et à ne plus changer quand ils l'ont une fois saisie. » Lassay réduit trop ici l'idée de roi à sa portée et à son image ; il fait son roi le plus inactif et le moins inventif qu'il peut, sans initiative aucune, afin que la place de tout point lui convienne. Mais il a beau nous expliquer et nous commenter sa pensée, le vieillard a trahi son faible de vanité : le dernier mot est toujours qu'il n'y a qu'une place dans l'État à laquelle il se soit cru éminemment propre, celle de roi, d'un roi plus ou moins constitutionnel et à l'anglaise sous Louis XIV. Et le plaisant, c'est qu'il trouve moyen d'arriver à cette conclusion d'un air de modestie. Il a laissé échapper comme malgré lui son *incognito*.

Comme les hommes qui ont beaucoup vécu dans la société intime des femmes, Lassay se laissait aller volontiers à dire tout le bien qu'il pensait de lui.

Voltaire, qui en a ri, n'était pas d'ailleurs sans faire cas de Lassay. Il avait loué dans les premières éditions du *Temple du Goût* son entente heureuse pour l'emplacement, pour la distribution et les embellissements intérieurs de sa maison près le Palais-Bourbon (1). Il le cite aussi en un endroit pour son jugement en littérature. Un jour, à un dîner chez le poëte La Faye, où étaient La Motte et Voltaire, on causait de la *Phèdre* de Racine, et M. de Lassay fit remarquer qu'il y avait une sorte de contradiction ou d'inadvertance dans le dénoûment. Au cinquième acte, Hippolyte exilé par son père veut engager Aricie à fuir avec lui, et à venir recevoir sa foi dans un temple fameux, voisin de Trézène :

> Aux portes de Trézène, et parmi ces tombeaux,
> Des princes de ma race antiques sépultures,
> Est un temple sacré, formidable aux parjures ;
> C'est là que les mortels n'osent jurer en vain ;
> Le perfide y reçoit un châtiment soudain...

Pourquoi, observait M. de Lassay, puisque ce temple était connu par son caractère redoutable et sacré, pourquoi Hippolyte, accusé par son père et le trouvant in-

---

(1) Je suis l'opinion commune, en attribuant à M. de Lassay père la construction de l'hôtel Lassay. Cependant, tout ce qu'on sait de la position de son fils auprès de la Duchesse douairière de Bourbon et de son empire établi, semblerait indiquer que c'est plutôt celui-ci qui, tout à côté du palais princier, a dû avoir l'idée de construire l'élégant et somptueux hôtel. Le père et le fils ont dû l'un et l'autre y contribuer. Mais les malignités et les traits satiriques des écrits du temps, qu'on peut voir dans le curieux article de M. Paulin Paris, ne sauraient s'appliquer qu'à Lassay fils.

crédule à sa parole, n'a-t-il pas eu aussi bien la pensée de lui offrir le serment devant l'autel même où la vérité se déclarait et, pour ainsi dire, éclatait à l'instant? Cette remarque, qui avait échappé au commun du public, a été relevée par La Motte et, depuis, par Voltaire; ils en font honneur à M. de Lassay.

Lassay était de ces esprits tempérés, bien faits et polis, que l'usage du monde a perfectionnés en les usant, qui ont peu d'imagination, qui n'ajoutent rien aux choses, et qui prisent avant tout une observation juste, une pensée nette dans un tour vif et concis : « Un grand sens, disait-il, et quelque chose de bien vrai renfermé en peu de paroles qui l'expriment parfaitement, est ce qui touche le plus mon goût dans les ouvrages d'esprit, soit en vers, soit en prose. » Il n'allait pas pourtant jusqu'à la sécheresse, et il tenait à rester dans le naturel; il croyait que les choses qu'on dit ont quasi toujours chance de plaire quand elles sont *plutôt senties que pensées :* « Il y a des gens qui ne pensent qu'à proportion de ce qu'ils sentent, observait-il; et il semble que leur esprit ne sert qu'à démêler ce qui se passe dans leur cœur : ces gens-là, qui sont toujours vrais, ont quelque chose de naturel qui plaît à tout le monde. »

Chamfort, qui prête quelquefois de son âcreté aux autres et qui est homme à la glisser sous leur nom, a écrit dans ses notes : « M. de Lassay, homme très-doux, mais qui avait une grande connaissance de la société, disait qu'il faudrait avaler un crapaud tous les matins pour ne trouver plus rien de dégoûtant le reste de la journée quand on devait la passer dans le monde. » On ne voit rien ou presque rien dans ce que dit et dans ce qu'écrit Lassay qui soit en rapport avec une si amère parole (1). Suard, qui la citait aussi quelquefois en con-

---

(1) Voici quelques-unes des maximes de Lassay qui approchent le

versation comme étant de Lassay, nous l'explique et la rend toute vraisemblable en lui ôtant le sens général et absolu que lui a donné Chamfort. Selon Suard, M. de Lassay n'a dit ce mot énergique qu'à l'époque du ministère du duc de Bourbon et des trafics publics de madame de Prie, et c'est à ce moment de la société seulement qu'il entendait l'appliquer. Suard, de son côté, l'appliquait volontiers à ce qu'il voyait autour de lui pendant° le Directoire. Je tiens ce détail d'un homme de ce temps-là et du nôtre, plein de littérature et de bons souvenirs, M. Hochet. Le mot ainsi expliqué, gardons-nous de faire de Lassay un misanthrope. En vieillissant, il était, il est vrai, fort las du monde, ou du moins il le disait volontiers, mais il y revenait sans cesse : « On méprise le monde, et on ne saurait s'en passer. » Il reconnaissait que, pour un homme qui en a pris le train et l'habitude, c'était encore la meilleure manière d'être que de ne pas s'en séparer trop longtemps. Tous ceux qui l'ont connu parlent de son absence d'humeur et de la douceur de son commerce. Il n'aimait la campagne que comme temps de repos, pour se remettre en vivacité et comme en appétit de société : « Un homme qui a de l'esprit, disait-il, est plus aimable à la campagne qu'ailleurs; on lui trouve la tête débarrassée des affaires et des intrigues du monde; il est affamé de conversation, et son esprit, qui est reposé et rempli de mille réflexions qu'il

plus du mot que rapporte Chamfort; mais encore sont-elles d'un homme du monde désabusé et sans illusion, plutôt que d'une âme ulcérée et d'un cœur aigri :

« Il n'y a rien de si beau que l'esprit de l'homme, et rien de si effroyable que son cœur. » — « L'usage du monde corrompt le cœur et perfectionne l'esprit. » — « La plupart des connaissances qu'on a sont nos véritables ennemis ; car, pour l'ordinaire, ce ne sont pas les hommes avec qui nous ne vivons point qui nous font du mal. » — Gourville allait plus loin que Lassay lorsqu'il disait dans sa fuite et son exil : « Garantissez-moi de mes amis, je saurai bien me défendre de mes ennemis. »

a faites, est plus vif qu'à l'ordinaire. » Mais il ajoutait qu'il n'y fallait point séjourner trop longtemps, et, comme Saint-Évremond, il ne voyait de retraite pour un honnête homme que les capitales.

A défaut des grandes choses et des hauts emplois qui lui furent refusés, il désira quelques honneurs qui flattent et qui classaient alors ceux qui les obtenaient. Il souhaita recevoir de l'Espagne la Toison d'or et fut contrarié, et peut-être affligé, quand Louis XIV mit obstacle à son désir. Il sollicita le Cordon bleu et ne l'obtint que tard, en 1724, à l'âge de soixante-douze ans. Ninon, qu'il connaissait et avec laquelle il était lié, lui avait autrefois adressé, à l'occasion de l'une de ses espérances manquées, quelque consolation assaisonnée de réprimande et quelque rappel à la philosophie ; il lui répondait avec bonne grâce, en lui donnant raison sur le fond : « Quant à l'extérieur, ajoutait-il, il faut faire à peu près comme les autres, et c'est être fou que de vouloir être sage tout seul.... Qu'on me laisse chez moi vivre en repos ; qu'on m'y laisse choisir mes plaisirs et mes amusements et jouir tranquillement de mon bien, je serai trop content ; mais cela est impossible en ce pays-ci ; c'est la pierre philosophale qu'on cherche inutilement depuis tant de temps : tout le monde vient vous y tourmenter. Un honnête homme se passe aisément de la fortune, mais il ne saurait s'accommoder du manque de considération qui, en France, est indispensablement attaché à ce genre de vie. » En France, en effet, on a toujours voulu des places, ou, à leur défaut, on a demandé des distinctions. Parlant de cette classe d'ambitieux qui y aspirent en affectant de les dédaigner, il ajoutait : « Malheureux celui qui les méprise en y courant ! »

En avançant en âge, il se trouva peu à peu affranchi des gênes et des principales servitudes au milieu desquelles il avait passé une si grande partie de sa vie. Il a écrit sur les princes, sur ceux, en particulier, de ces petites Cours oisives, et en vue de ces intérieurs des Condé, des Bourbon et des Du Maine, des pages telles que le courtisan le plus clairvoyant et le plus dégoûté en peut seul écrire (1) ; il revenait à ses anciennes idées

(1) Je donnerai ici tout ce morceau, qui est le compte-rendu définitif d'une longue et aride expérience. Lassay put connaître La Bruyère à l'hôtel de Condé ; il est un de ses disciples pour l'observation vraie ; il en a le fond, sinon le relief :

« Mon étoile bien plutôt que mon goût, dit-il dans une lettre à une femme, m'a conduit à vivre avec des Princes, connaissant qu'ils sont encore plus imparfaits que les autres hommes ; car, n'étant pas nécessités à se contraindre, ils se laissent aller à toutes leurs mauvaises inclinations. Il n'y en a point à qui on puisse dire la vérité ; on sent bien vite en les fréquentant combien il serait dangereux et souvent inutile de le faire, et on sent aussi qu'ils ne vous aiment pas assez pour mériter qu'on hasarde de leur déplaire ; si bien qu'on leur parle toujours comme à des malades ; chacun cherche à leur dire des choses agréables, et tout le monde les gâte. Je veux enfin secouer leur joug, il m'est insupportable ; quand on vient à un certain âge, le commerce familier avec eux ne convient plus : on n'a pas assez de facilité dans l'humeur, et même assez de santé pour être toujours complaisant ; le respect dû à leur naissance, quelque soin qu'ils prennent à l'adoucir, attire une sorte de contrainte dont on ne peut plus s'accommoder ; les commodités de la vie et les bonnes chaises deviennent nécessaires : on est moins propre à leurs plaisirs, et moins sensible aux divertissements qui les entourent ordinairement. La supériorité blesse trop pour aimer à passer sa vie avec des gens qui en ont beaucoup sur vous ; les vues d'intérêt et d'ambition cessent, et ce sont les seules raisons qui peuvent engager à vivre avec des personnes à la mauvaise humeur et aux fantaisies desquelles on est exposé à tous les moments, qui ont toujours raison quelque tort qu'ils aient, dont la haine est dangereuse, qui ne se soucient de vous qu'autant que vous pouvez contribuer à leur amusement, et qui croient que tout leur est dû et qu'ils ne doivent rien à personne. Ils exigent des autres mille soins ; ils trouvent bien mauvais quand ils y manquent, et cependant ils ne leur en rendent jamais aucuns. S'il leur arrive quelque chose, soit maladie, soit affliction, il faut tout quitter pour demeurer auprès d'eux : et, en pareil cas, ils en sont quittes à votre égard pour des compliments, ou tout au plus pour une visite ; et vous sentez le peu d'intérêt qu'ils prennent à vous : il

favorites d'indépendance, de loisir honnête et digne. Il avait retrouvé une amie sincère, véritable et tendre, dans une personne bien plus jeune que lui, dans madame de Bouzols, fille de M. Colbert de Croissy et sœur de M. de Torcy et de l'évêque de Montpellier. Après des années d'un fidèle attachement, il eut encore la douleur de la perdre, et, à soixante-douze ans, il put se dire une dernière fois avec amertume : « Je n'ai plus personne qui m'aime par préférence à tout ce qu'il y a dans le monde et que j'aime de même, à qui je puisse dire tout ce que je pense et les jugements que je fais des personnes et des choses qui se présentent à mes yeux et à mon esprit ; je perds une amie avec qui je passais ma vie. » On a de lui une prière touchante dans laquelle il se remet entre les mains de Dieu, et où il réunit dans une intercession commune les trois femmes qu'il a le plus aimées, en y comprenant même celle dont il eut tant à se plaindre : « Ma chère *Marianne*, ma chère *Julie*, ma chère *Bouzols*, priez mon Dieu pour moi ! Être des Êtres, ayez pitié de ces chères femmes, écoutez leurs prières, et faites-moi la grâce de les revoir quand j'aurai accompli les jours que vous voulez que je passe sur la terre ; mais, mon Dieu, donnez-moi, non pas ce que je

---

y a trop d'inégalité dans un tel commerce pour qu'il soit aimable. Les cabales de leurs petites Cours et de leurs domestiques qui s'imaginent qu'on leur veut ôter des choses qui leur paraissent grandes, parce qu'elles le sont à leur égard, et dont cependant de certaines gens n'ont aucune envie ; les mauvais offices qu'ils tâchent à vous rendre dans cette vue ; l'insolence de leurs valets avec lesquels il ne faut jamais se commettre et dont il est bien plus sage de souffrir, tout devient insupportable ; on est même honteux de se trouver au milieu de choses si petites; on veut jouir de l'indépendance et de la liberté dont le désir augmente en vieillissant, et qu'un honnête homme ne peut plus sacrifier avec honneur qu'au service de sa patrie : encore faut-il qu'elle ait besoin de lui. » — La Bruyère avait dit plus brièvement en concluant son chapitre *De la Cour :* « Un esprit sain puise à la Cour le goût de la solitude et de la retraite. »

souhaite, mais ce que vous savez qui m'est nécessaire, et que vos ordres éternels s'accomplissent ! »

Tel était au fond Lassay dans sa vieillesse, au moins à de certaines heures. Malgré cette humble et confiante prière, je ne répondrais point que sa religion fût aucunement orthodoxe : il se permettait souvent des réflexions assez libres, qui ont un certain air *théophilanthropique*, et l'on sent que le souffle du dix-huitième siècle arrivait. En politique de même, il a fait son utopie, sa description du royaume de *Félicie* d'après Fénelon et l'abbé de Saint-Pierre (1). Le fondateur et législateur de ce nouveau royaume de Salente n'est autre que l'antique et doux *Lélius*, l'ami de Scipion, ou plutôt Lassay, qui avait toujours son arrière-pensée d'être roi, s'est fait là un royaume comme pour lui, et s'est donné le plaisir de régner tout à son aise sans trop gouverner. Il semble y rêver pour la France dans un avenir idéal le gouvernement et le régime anglais, moins les passions et la corruption ; il se prononce contre les conquêtes et n'admet la guerre que dans les cas de nécessité ; il a, sur la milice provinciale, sur la liberté individuelle, sur le droit de paix et de guerre déféré aux Assemblées, sur un ordre de chevalerie accordé au mérite seulement, et à la fois militaire et civil, sur l'unité du Code et celle des poids et mesures, sur le divorce, enfin sur toutes les branches de législation ou de police, toutes sortes de vues et d'aperçus qui, venus plus tard, seraient des hardiesses, et qui n'étaient encore alors que ce qu'on appelait les rêves d'un citoyen éclairé ; il est évident que M. de Lassay, s'il avait pu assister soixante ans plus tard à l'ouverture de l'Assemblée constituante, aurait été, au moins dans les premiers jours, de la minorité de la

---

(1) Le marquis de Lassay voyait et estimait beaucoup l'abbé Terrasson, auteur de *Séthos* (voir les fragments de *Mémoires* de Duclos).

noblesse. Saint-Simon parle de lui dans sa vieillesse comme d'un fade adulateur du cardinal de Fleury; mais, en examinant les idées, les inclinations douces et pacifiques de Lassay, on voit que le cardinal de Fleury les réalisait suffisamment à son heure, et, s'il y a eu flatterie, c'était une flatterie toute naturelle, un faible de vieillard pour un vieillard.

Bolingbroke, dans une lettre à madame de Villette (lady Bolingbroke), a parlé mieux que personne de Lassay arrivé à la grande vieillesse, et il en a fait le portrait le plus souriant : « Que j'aurais mangé avec plaisir, écrit-il, de ce potage aux choux chez le plus aimable homme du monde ! *Un discernement juste, une humeur douce et aisée, un bon esprit éclairé par un grand usage du monde, et cultivé par beaucoup de lecture;* un cœur qui ne respire que l'amour et qui est rempli de courage ; cette sagesse que l'expérience donne et qui est le partage de la vieillesse, accompagnée de la vivacité et de la gaieté de la jeunesse; tout cela forme un caractère unique, et tout cela se trouve en M. le marquis de Lassay, que je vous prie d'embrasser tendrement pour moi. » Lassay, tout en s'en faisant honneur, reconnaissait que ce portrait était flatté, et il répondait au peintre par un mot du maréchal d'Ancre : « Tu me flattes, mais ça me fait plaisir (*Tu m'aduli, ma mi piace*). »

La vieillesse fut son bel âge. On a de lui d'assez jolis mots de vieillard :

« (A l'abbé de Langeron.) Vous me demandez des nouvelles de ma santé; je ne suis ni sain ni malade, et j'attends le printemps et les beaux jours comme les petits oiseaux. »

« (A M. de Tréville.) Hélas ! quand on commence à ne plus rêver, ou plutôt à rêver moins, on est près de s'endormir pour toujours. »

« On devrait pleurer la perte d'un goût; c'est un

des grands maux que les années nous apportent. Elles nous laissent une vie aussi triste et aussi décharnée que notre corps. »

A d'autres jours il voyait plutôt les avantages de la vieillesse, et il se consolait en regrettant :

« La délicatesse dans les plaisirs, le badinage dans la conversation, le goût et la connaissance des hommes, se trouvent rarement dans l'âge où l'on a une figure aimable : cependant cet assortiment serait bien souhaitable. » C'était aussi le vœu de Pétrarque : *le fruit de l'âge dans une fleur de jeunesse,*

> Frutto senile in sul giovenil fiore.

A quatre-vingt-six ans, arrivé au terme, il écrivait : « Je sens que je suis usé : je tombe avec le soleil ; le soir je me trouve dans un état misérable ; le sommeil me redonne des forces, et le matin, en m'éveillant, je me porte bien. » — M. de Lassay mourut à Paris, le 21 février 1738.

Je me suis plu à montrer cette figure qui fuirait aisément, mais qui a pourtant son espèce d'originalité. Les écrits dont j'ai parlé ne sont pas proprement de la littérature, ce sont des témoignages de société qui viennent en aide et en ornement aux jugements littéraires. Lassay, je l'ai dit, n'est pas un écrivain ; son style est sans cachet, mais il parle en perfection cette langue pure, polie, incolore, exempte du moins de tout mélange, et parfaitement naturelle, que continuent de parler et d'écrire les personnes de goût de l'époque qui succède, le président Hénault, madame de Tencin. Lassay est bien, en littérature et en langage, de l'ordre et du niveau du cardinal de Fleury ; c'est la fin prolongée et affaiblie, mais aimable encore et élégante, de Louis XIV. A défaut d'imagination, on y sent l'urbanité. — Des quatre volumes de Lassay, il me semble qu'on en pourrait tirer un qui ne serait pas désagréable, et qui le classerait à quelque distance, et un cran plus bas, entre les Caylus et les Aïssé.

Lundi, 5 décembre 1853

DUCLOS

« Autrefois, disait Duclos dans son livre des *Considérations*, les gens de lettres livrés à l'étude et séparés du monde, en travaillant pour leurs contemporains, ne songeaient qu'à la postérité : leurs mœurs, pleines de candeur et de rudesse, n'avaient guère de rapport avec celles de la société; et les gens du monde, moins instruits qu'aujourd'hui, admiraient les ouvrages, ou plutôt le nom des auteurs, et ne se croyaient pas trop capables de vivre avec eux. » Et dans le même ouvrage, à un autre endroit, parlant des gens à la mode et montrant l'inconvénient de cette prétention pour les diverses conditions du magistrat, du militaire, il ajoutait : « L'homme de lettres, qui, par des ouvrages travaillés, aurait pu instruire son siècle et faire passer son nom à la postérité, néglige ses talents et les perd, faute de les cultiver : il aurait été compté parmi les hommes illustres, il reste un homme d'esprit de société. » Ces deux passages rapprochés renferment toute la destinée de Duclos comme homme d'esprit et comme écrivain. L'un des premiers, il fut de ces hommes de lettres, intrépides et hardis causeurs, qui passaient leur vie dans la société, y marquaient d'abord leur place, l'y maintenaient de pied ferme tant qu'ils étaient présents, mais s'y dissipaient et ne devaient point laisser d'ouvrage égal à leur renommée ni peut-être à leur valeur. Duclos s'est dépensé en causant. Il ne s'est jamais recueilli ; il est de ceux qui n'ont jamais travaillé passé midi et demi : on s'habillait, on mettait manchettes et jabot, on sortait pour dîner en ville, et on ne rentrait plus que très-tard le soir ou dans la nuit. Ses écrits ont du sens, de la fermeté, de la finesse, mais il gardait toute sa chaleur et son intérêt pour la conversation ; il y était lui tout entier, il y avait son style, et bien des mots nous en sont restés. Arrêtons-nous un instant et repassons, après tant d'autres critiques, sur cette figure originale de causeur mordant, peu lu aujourd'hui à titre d'auteur, et qui a été justement considérable dans le dix-huitième siècle.

Duclos nous a laissé des commencements de Mémoires de sa vie, qui sont pleins d'intérêt. Né à Dinan en Bretagne, le 12 février 1704, d'une honnête famille de commerçants, le dernier venu des enfants, il fut l'objet des soins de sa mère veuve, personne de mérite, de raison, qui ne mourut qu'à plus de cent ans, et quelques années seulement avant son fils. Il tint de cette mère estimable et de vieille roche plusieurs des qualités qu'il mit en œuvre : « Elle réunissait, dit-il, des qualités qui vont rarement ensemble ; avec un caractère singulièrement vif, une imagination brillante et gaie, elle avait un jugement prompt, juste et ferme : voilà déjà une femme assez rare, mais ce qui est peut-être sans exemple, elle a eu, à cent ans passés, la tête qu'elle avait à quarante. » En voyant ce que deviennent chez les hommes célèbres les qualités qui existaient déjà chez leurs parents, et qui y sont demeurées obscurément utiles, il me semble qu'ils en sont souvent les dissipateurs et les prodigues encore plus que les économes publics et les dispensateurs généreux. La mère de Duclos, voyant ses dispositions précoces, prit sur elle de l'envoyer tout enfant à Paris pour y faire ses études, ce que bien des gens de qualité ne faisaient pas pour leurs fils et ce que nul bourgeois du pays n'osait alors se permettre. L'enfant arriva donc, à neuf ans, rue de la Harpe par le coche. Il fut mis d'abord rue de Charonne, dans une institution fondée par MM. de Dangeau, où l'on élevait, aux frais des fondateurs, une vingtaine de jeunes gentilshommes chevaliers de Saint-Lazare, et où l'on admettait, pour l'émulation, d'autres enfants payants. Duclos commença là en petit ce qu'il fera plus tard dans la société : il fut respecté et peut-être un peu craint de ces jeunes seigneurs ; il se tint à sa place, mais se la fit. Après cinq années d'école, il fut mis au collége d'Harcourt, où il entra en seconde ; il s'y distingua, y eut tous les prix, et contracta des amitiés de choix. Vers la fin de ses classes, il se gâta fort pour la conduite et devint libertin. Ce qui peut frapper dans le récit, d'ailleurs intéressant, que Duclos nous fait de ses jeunes années, c'est le ton brusque et sans charme ; l'espèce de gaieté qui s'y montre est une gaieté sèche et sans fleur ; il ne s'étend un peu et ne marque un sentiment de complaisance que lorsqu'il y parle des hommes qu'il a connus, et qu'il se met à développer les caractères.

Ces pages de Mémoires n'ont été écrites par Duclos que dans les dernières années de sa vie ; il ne s'y refuse pas les réflexions sur le temps soit passé, soit présent. Enfant, il était au collége d'Harcourt quand le système de Law vint bouleverser les têtes et bientôt les fortunes ; et, à ce propos, Duclos fait la théorie des crises ou révolutions fréquentes auxquelles est assujetti notre pays. Il montre, dans ces grandes perturbations financières, la souffrance frappant surtout et d'abord les artisans des villes, et il en suit les conséquences dans les diverses classes de la société telle qu'elle était constituée alors : « La souffrance gagne toutes les classes de citoyens par une espèce d'ondulation, jusqu'à ce que l'État ait repris un peu de consistance. Les choses reprennent ensuite le même train, et préparent une nouvelle révolution qui arrive en France, où tout s'oublie, tous les quarante ans. Nous touchons actuellement à une de ces crises d'État. » Duclos écrivait cela de 1767 à 1772, et entrevoyait très-nettement une révolution ou crise imminente.

Après avoir jeté en passant quelques idées sensées et pratiques sur la réforme à faire dans les études, il arrive à ses années de jeunesse proprement dite : elles furent plus ardentes que romanesques et délicates. Plongé en plein dans le monde licencieux de Paris, il se livrait à toutes les liaisons et à toutes les rencontres; considérant, après coup, les dangers qu'il y avait courus, il remercie la Providence de l'avoir conduit encore si bien, et de l'avoir soutenu à travers les précipices et quelquefois les bourbiers. En parlant ainsi, Duclos songeait surtout à la probité et à l'honneur qu'il aurait pu perdre dans les mauvaises compagnies qu'il fréquenta; il oubliait ou ne comptait pour rien la pudeur, qu'il n'eut jamais.

Parmi les mauvaises connaissances que l'amour du plaisir lui fit contracter et dont ce sentiment d'honneur le retira à temps, il nous présente très-gaiement un M. de Saint-Maurice, chevalier d'industrie, qui vivait de sa fourbe et faisait croire à de riches adeptes qu'il était en rapport avec les Génies. Un jour, après avoir bien amorcé Duclos par l'amour du plaisir, Saint-Maurice juge qu'il est temps de s'ouvrir à lui et lui offre de devenir son compère. Duclos répond par un éclat de rire, et se refuse d'abord à croire à la duperie de tant de gens plus ou moins considérables qu'on a nommés: « Il me répondit, continue Duclos, que j'étais jeune et ne connaissais encore ni les hommes ni Paris; que dans cette ville où la lumière de la philosophie paraît se répandre de toutes parts, il n'y a point de genre de folie qui ne conserve son foyer, qui éclate plus ou moins loin, suivant la mode et les circonstances. L'astrologie judiciaire, la pierre philosophale, la médecine universelle, la cabale, etc., ont toujours leurs partisans secrets, sans parler des folies épidémiques, telles que l'agiot dont je venais d'être témoin, temps où chacun s'imaginait pouvoir devenir riche, sans que personne devînt pauvre. » Duclos, dans ses récits, dans ses livres de morale, a de ces observations de bon sens bien touchées, bien frappées, et qui prouvent que le moraliste en lui connaissait son sujet, et le médecin son malade.

La mère de Duclos, sans le savoir avec précision, sent bien qu'il se dissipe à Paris et qu'il n'y suit pas son cours de droit en jeune homme studieux; elle le rappelle à Dinan et le presse sur le choix d'un état. Duclos, qui ne songe qu'au plaisir, qui a fréquenté les salles d'armes, et qui est plein de vigueur corporelle, ne demanderait pas mieux que d'entrer au service et de devenir militaire; il pourrait avoir une lieutenance dans le régiment de Piémont. Sa mère s'y oppose; elle veut que chacun reste sinon dans son état, du moins dans son ordre. Aux gentilshommes les armes; aux autres la plume, la robe et l'étude. Duclos retourne donc à Paris, toujours en qualité d'étudiant en droit, et se met en pension chez un avocat au Conseil; mais surtout il hante les cafés et voit les gens de lettres.

Deux cafés se partageaient alors l'honneur de réunir l'élite du monde littéraire : le café Procope, en face de la Comédie, et le café Gradot, au quai de l'École. A ce dernier, allaient Saurin, La Motte, Maupertuis; mais Duclos fréquentait plutôt le café Procope, dont les habitués étaient Boindin, l'abbé Terrasson, Fréret, Piron. Boindin surtout, original qui faisait l'athée, y tenait le dé : Duclos crut s'illustrer en lui rompant en visière et en brisant des lances avec lui. Un jour que Boindin, très-raisonnable dans le tête-à-tête, mais paradoxal en public, en était venu, dans je ne sais quelle discussion, à soutenir comme vraisemblable la pluralité des dieux, Duclos tout d'un coup se mit à rire, et comme Boindin, lancé en pleine éloquence, lui en demandait la raison, Duclos pour toute réponse lui dit que c'était qu'en soutenant cette pluralité des dieux, il lui avait rappelé l'avare qui est plus prodigue qu'un autre quand une fois il se met en frais : *il n'est chère que de vilain.* Et chacun de rire. Voilà l'image de la saillie et du trait chez Duclos : un mot familier, commun s'il se peut, appliqué avec nerf et imprévu, un ressort brusque qui vous part au visage.

Il eut de tout temps de ces mots et des plus heureux, comme lorsque plus tard un candidat à l'Académie lui donnant à entendre qu'il était malade, infirme, et qu'il n'occuperait le fauteuil que peu de temps, Duclos repartit : « L'Académie n'est pas faite pour donner l'extrême-onction. » Mais d'autres fois il manquait son effet et n'arrivait qu'à la crudité, lorsqu'il disait, par exemple, des drames larmoyants, alors à la mode : « Je n'aime pas ces pièces qui font tant pleurer : *ça tord la peau.* » On n'a ici que la rudesse de la secousse et le choc sans l'aiguillon.

Parlant de ces cafés de sa jeunesse, Duclos, au moment où il écrit, nous dit qu'il y a plus de trente-cinq ans qu'il n'y est entré. Il faut l'en croire ; pourtant il en garda toujours le ton ; il y avait contracté son pli, l'habitude de crier, de ferrailler comme dans une autre salle d'escrime ; d'imposer son opinion d'une *voix de gourdin,* comme dit Grimm. Au café Procope, Duclos l'emporta bientôt sur Boindin : « Je partageais avec lui, dit-il, l'attention de l'auditoire, qui m'affectionnait de préférence, parce que Boindin avait la contradiction dure, et que je l'avais gaie. » Mais dans le monde, et à

12.

la longue, la contradiction de Duclos parut dure à son tour et sèche, bien qu'elle réussît. Parlant, je crois, de quelque souper chez le président Hénault, qui faisait les honneurs de chez lui en mangeant beaucoup, le prince de Ligne nous dit : « Marmontel l'a secondé à merveille ; Duclos pas mal, avec sa sécheresse et son sel ordinaire ; sel de mer à la vérité, sel amer, mais qui vaut mieux que le sel attique dont on parle toujours et où je ne trouve jamais le mot pour rire. »

Les portraits des gens de lettres qui terminent le fragment trop court des Mémoires de Duclos, et où l'on voit passer Fréret, Terrasson, Dumarsais, La Motte, forment un des meilleurs et des plus agréables chapitres de notre histoire littéraire. Chaque trait y est net, exact, mesuré, pris sur nature : ce sont des dessins excellents de justesse et de ressemblance. On regrette que Duclos n'ait pas continué et poussé plus loin ce récit. Dans les Mémoires indirects qu'il a donnés sous forme de romans, il n'est que sec et ne féconde rien : il n'a pas d'imagination, il n'avait que des souvenirs.

Mais déjà Duclos était lancé dans le monde proprement dit et dans le grand monde : « Il se procura un accès, nous dit Sénac de Meilhan, auprès du maréchal de Brancas, commandant en Bretagne. Le comte de Forcalquier était son fils ; il était homme d'esprit, et sa maison était le rendez-vous de tout ce qu'il y avait de distingué dans la littérature et des personnes les plus aimables. Duclos ne tarda pas à faire sensation dans cette société... » Le comte de Forcalquier nous est connu par un Portrait qu'a fait de lui madame du Deffand ; elle l'y montre comme trop dominé par le désir de briller : « Sa conversation n'est que traits, épigrammes et bons mots. Loin de chercher à la rendre facile et à la portée de tout le monde, il en fait une sorte d'escrime où il prend trop d'avantage ; on le quitte mécontent de soi et de lui, et ceux dont il a blessé la vanité s'en vengent en lui donnant la réputation de méchanceté, et en lui refusant les qualités solides du cœur et de l'esprit... » M. de Forcalquier n'était fat qu'à moitié, il lui manquait un grain de présomption : « Il ne consulte son goût et ses lumières sur rien ; il adopte les lumières et les sentiments de ceux qu'il croit le plus à la mode et les plus confirmés dans le bel air. » Duclos fut sans doute un de ceux qui le dominèrent pour un temps et qui lui imposèrent dans les choses de l'esprit ; on en sait bien peu sur ce salon de l'hôtel de Brancas. Au reste, à cette date, Duclos ne songeait qu'à vivre, à se livrer à l'ardeur et à la fougue de ses sens, à cette vivacité courante de son esprit qui se dépensait chaque jour, qui faisait feu à bout portant ; et l'idée de composer des livres ne lui vint qu'ensuite et par degrés : encore ne s'y appliquat-il jamais dans le silence du cabinet, avec cette passion concentrée et dominante qui est le signe et la condition de toute œuvre littéraire mémorable.

M. de Forcalquier a tracé de Duclos en 1742, c'est-à-dire quand celui-ci était déjà un homme de lettres en pied et un académicien des Inscriptions, un Portrait qui conserve encore et laisse voir quelques airs de jeunesse : « L'esprit étendu, l'imagination bouillante, le caractère *doux et simple* (Ceci est pour le moins douteux), les mœurs d'un philosophe, les manières d'un étourdi. Ses principes, ses idées, ses mouvements, ses expressions sont brusques et fermes. » Il y a plus d'un endroit bien vu et bien rendu, et qu'une étude générale de Duclos ne fait que confirmer ; par exemple : « Il n'a que de l'amour-propre et point d'orgueil. Il cherche l'estime et non les récompenses. » Duclos, en effet, n'a point ce désir de gloire qui, en admettant dans le cœur un peu de vent peut-être et une légère fumée, le remue, l'exalte et élève quelquefois tout l'homme au-dessus de lui-même. M. de Forcalquier remarque très-bien chez Duclos ce qui le distinguera de plus d'un bel-esprit et d'un philosophe du temps, c'est qu'en tenant à être compté pour ce qu'il vaut, et en mordant par habitude à droite et à gauche sans trop épargner personne, « il pardonne au roi de ne pas le faire ministre, aux seigneurs d'être plus grands que lui, aux gens de son état d'être plus riches. Il regarde la liberté dont il jouit comme le premier des biens. » Chamfort, pour le caustique de l'esprit, aura beaucoup de Duclos en causant; mais Duclos, pour l'envie, n'a rien de Chamfort dans le cœur. Le défaut de Duclos, dans ce monde élégant qui en souffrait quelquefois, est très-finement noté par M. de Forcalquier : « Ce qui lui manque de politesse, dit-il, fait voir combien elle est nécessaire avec les plus grandes qualités : car son expression est si rapide et quelquefois si dépourvue de grâce qu'il perd, avec les gens médiocres qui l'écoutent, ce qu'il gagne avec les gens d'esprit qui l'entendent. »

A ce Portrait où perce discrètement la critique et qu'il jugeait trop flatteur, Duclos en a opposé un de lui par lui-même qui est d'un sentiment bien véridique, au moins en tout ce qui touche à l'esprit, et où il y a des aveux : « Je me crois de l'esprit, et j'en ai la réputation; il me semble que mes ouvrages le prouvent. Ceux qui me connaissent personnellement prétendent que je suis supérieur à mes ouvrages. L'opinion qu'on a de moi à cet égard vient de ce que, *dans la conversation, j'ai un tour et un style à moi*, qui n'ayant rien de peiné, d'affecté ni de recherché, est à la fois singulier et naturel. Il faut que cela soit, car je ne le sais que sur ce qu'on m'en a dit; je ne m'en suis jamais aperçu moi-même. » Sur son manque de travail et d'effort intérieur, Duclos en dit plus qu'on n'eût pu en exiger de lui, et peu s'en faut qu'il ne se brusque lui aussi à sa manière; il se dit des vérités comme il en disait aux autres. Les esprits qui ont une fois cette habitude de crudité franche trouvent moins d'inconvénient à se rudoyer ainsi, que de plaisir à s'exercer et à donner sur n'importe quel sujet et dans quel sens : « Je ne suis pas grossier, disait-il, mais trop peu poli pour le monde que je vois. Je n'ai jamais travaillé sur moi-même, et je ne crois pas que j'y eusse réussi. J'ai été très-libertin par force de tempérament, et je n'ai commencé à m'occuper sérieusement des lettres que rassasié de libertinage, à peu près comme ces femmes qui donnent à Dieu ce que le diable ne veut plus. Il est pourtant vrai qu'ayant fort bien étudié dans ma première jeunesse, j'avais un assez bon fonds de littérature que j'entretenais toujours par goût, sans imaginer que je dusse un jour en faire ma profession. »

Deux grands hommes du siècle, Montesquieu et Buffon, ce dernier surtout, furent aussi très-libertins dans leur jeunesse et depuis; mais l'un et l'autre avaient ce que Duclos ne soupçonnait pas, un idéal : il y avait une partie élevée d'eux-mêmes qui dominait les orages des sens et qui ne s'y laissa jamais submerger. C'est dans la sérénité de cet Olympe intellectuel que Montesquieu, que Buffon, se recueillant durant de longues heures, contemplaient le but suprême, y dirigeaient leurs plans majestueux, et édifiaient avec lenteur leur monument. Ils avaient chacun leur Muse sévère. Duclos, qui n'avait que de bons traits, de bonnes anecdotes, de fermes et fines remarques de grammaire, de littérature ou de société, s'y tenait sans viser plus haut. Il s'abandonnait chaque jour au même mouvement, pour lui facile, au même entrain sans cesse répété; il ne se renouvelait pas, il ne grandissait pas : « Il n'est pas rare, disait-il, qu'on prenne dès la première entrevue l'opinion qu'on a de mon esprit. » Et en effet, c'est que, dans sa verve improvisatrice mondaine, il donnait d'abord sa mesure; il jetait à tous venants ce qu'il avait de mieux, ce qu'il avait de plus original et de plus vif. Il mettait tout en viager. A la longue les défauts prirent le dessus; cet homme qui dîna en ville jusqu'à la fin, et qui pérorait du matin au soir, avait enroué sa voix et donné comme un effort à son esprit; il lui fallait à tout prix du montant naturel ou factice : « Duclos aimait le vin, dit Sénac de Meilhan, et rarement sortait de table sans être échauffé : alors sa conversation n'en était que plus brillante, mais aussi il se permettait les propos les plus imprudents contre les ministres et les gens en place. Je l'entendis un jour dire après dîner, en parlant du lieutenant de police : « Je tirerai ce drôle-là de la fange pour le pendre dans l'histoire. » — C'étaient là des vanteries d'après-dîner, comme lorsqu'il disait encore de je ne sais quel plat personnage : « On lui crache au visage, on le lui essuie avec le pied, et il remercie. » Et tant d'autres mots piquants, excessifs et applaudis, par où s'en allait sa verve (1).

Venons à son mérite et à ses ouvrages, et remarquons d'abord que Duclos, grâce à ses relations du grand monde, fut reçu à l'Académie des Inscriptions et Belles-Lettres en 1739, avant d'avoir rien produit de sérieux et seulement sur ses promesses. Duclos, érudit et historien, nous occupera la prochaine fois; tenons-nous aujourd'hui au romancier et au moraliste. Ses débuts en

---

(1) Duclos disait de je ne sais quel artiste de son temps : « Il est bête comme un génie. » C'est bien là un mot d'homme d'esprit. Le poëte Le Brun, comme s'il y avait vu après coup une personnalité, y a répondu par l'épigramme suivante :

    Bel-esprit fin, mais non sans tyrannie,
    Pour se venger de n'être que cela,
    Duclos disait : *Bête comme un génie.*
    Duclos n'eut point cette bêtise-là.

qualité de romancier se firent dans une coterie dont étaient M. de Maurepas, le comte de Caylus, Pont-de-Veyle, Voisenon. On l'accusa même de n'avoir été que le prête-nom des ouvrages qui se seraient faits en collaboration dans ce petit cercle de gens de qualité et de plaisir. Voisenon, dans sa note sur Duclos (*Anecdotes littéraires*), a suffisamment démenti par son silence cette assertion qui, d'ailleurs, soutient peu l'examen. Que Duclos ait profité des mœurs qu'il observait de près, des histoires qui se racontaient autour de lui, qu'il ait été en ce sens le secrétaire du monde et du cercle particulier où il vivait, cela est possible et même certain; mais on n'en peut rien conclure contre sa paternité réelle : il eût été à souhaiter seulement que, secrétaire aussi léger et aussi délicat que l'avait été Hamilton en son temps, il eût rencontré comme lui, pour lui fournir matière, des chevaliers de Grammont.

L'*Histoire de la Baronne de Luz*, qui parut en 1740, et les *Confessions du Comte de...*, publiées l'année suivante, eurent beaucoup de succès ; ces ouvrages ont perdu tout agrément aujourd'hui. L'*Histoire de Madame de Luz*, petit roman du temps de Henri IV, sous prétexte de peindre une femme noble et touchante, victime de machinations ou de malheurs, n'offre que des situations odieuses et dont l'image offense sans que rien de pathétique attendrisse ou console. Les romans de Duclos sont pleins de ces indélicatesses de sensibilité. Quant aux *Confessions du Comte de...*, ce sont les Mémoires d'un roué, d'un jeune colonel du commencement du dix-huitième siècle; et qui présente une première ébauche de ces autres héros fictifs ou réels; les Valmont et les Lauzun : on y parcourt une liste de bonnes fortunes, à travers lesquelles l'auteur a la prétention de peindre une collection de caractères de femmes, la femme de qualité, l'Anglaise, l'Espagnole, la coquette, la dévote, la caillette, la marchande, la financière; mais les esquisses sont si rapides et si peu gracieuses, les teintes si monotones, qu'on fait bientôt comme le héros qui les confond et qui les oublie. Duclos a prononcé sur lui-même un mot qui explique le manque absolu de charme par où pèchent ses romans : « Je les aimais toutes, dit-il en parlant des femmes, et je n'en méprisais aucune. » Lorsqu'on pense ainsi des femmes, eût-on le génie poétique d'un Byron dans *Don Juan*, il est difficile qu'on nous intéresse particulièrement à aucune : qu'est-ce donc lorsqu'on est, comme Duclos, la prose même? Dans le portrait de la dernière conquête qu'il prête à son héros, il a essayé d'atteindre à une sorte d'idéal en peignant madame de Selve, qui est selon lui l'honnête femme; mais là encore il a su joindre à quelques intentions meilleures bien de l'indélicatesse. En voulant parler de passion ou de sentiment, il est évident qu'il parle une langue qui n'est pas la sienne. Après avoir lu *les Confessions du Comte de...*, et les autres romans de Duclos qui sont bien les contemporains de ceux de Crébillon fils et du *Temple de Gnide* de Montesquieu, on comprend mieux le mérite de Jean-Jacques Rousseau et l'originalité relative de *la Nouvelle Héloïse*. Celle-ci a bien des défauts sans doute; elle a aussi ses grossièretés, ses restes de détails matériels, ses affectations de sentiment; on y voit l'échafaudage; mais l'élévation y est, mais on entre décidément dans un ordre supérieur et habituel de pensées attachantes et de nobles désirs : laissez-en la première partie, ne prenez que la seconde : un souffle d'immortalité y a passé.

Rien de tel chez Duclos. On ne s'explique aujourd'hui le succès, même fugitif, de ses romans qu'en se souvenant qu'il y avait fait entrer beaucoup de portraits réels et qu'on les y cherchait, au risque peut-être de mettre au bas de chacun plus d'un nom à la fois. Aujourd'hui encore, il nous semble saisir au passage, dans le portrait de madame de Tonins et de sa société de beaux-esprits, un tableau composé du monde de madame de Tencin et de madame de Lambert, ou plutôt de leurs imitatrices. Duclos, dans ses écrits, a beaucoup de ces petits tableaux plus exacts encore que satiriques, qui peignent un travers de la société de son temps et quelques-unes de ces sottises qui furent contagieuses un jour. C'est ainsi que, dans un chapitre de ses *Considérations*, il a très bien décrit ce travers du persiflage et de la *méchanceté* qui fut quelque temps une mode, une fureur, une espèce de *grippe* qui régnait sur tout Paris, et qui, du cercle brillant des Forcalquier, des Stainville et des duchesse de Chaulnes, gagnait les sociétés même subalternes : il n'était cercle bourgeois se piquant de bon ton, qui n'eût son petit héros de scélératesse, son Cléon : c'est, en effet, le moment où Gresset eut l'idée de faire sa comédie du *Méchant* (1747). A défaut des grands mouvements de l'âme humaine, Duclos excelle à relever et à constater ces manies passagères de l'esprit de société, comme un bon médecin praticien qui note une variété épidémique, une maladie de saison.

Le petit conte d'*Acajou et Zirphile*, imprimé à *Minutie* (1744), n'était qu'une gageure spirituellement soutenue. Boucher avait fait une dizaine de dessins assez fantastiques pour le comte de Tessin, ministre de Suède en France. Ce fut dans le cabinet de ce dernier que le comte de Caylus, Voisenon et Duclos virent ces estampes; et chacun d'eux s'évertua à broder dessus une histoire qui s'y rapportât, comme on fait une pièce de vers sur des bouts-rimés. Duclos eut les honneurs de la gageure: M. de Caylus qui avait fait un *Acajou*, Voisenon qui en avait fait deux, les lui remirent : il en tira trois ou quatre plaisanteries et publia sa bagatelle. Ce qu'il y a de mieux et de plus piquant est l'*Épître au Public* qui sert de préface, Épître impertinente où le public parisien est traité à peu près comme le vieillard *Démos* dans la comédie athénienne :

> « Un auteur instruit de ses devoirs doit vous rendre compte de son travail ; je vais donc y satisfaire. Excité par l'exemple, encouragé par les succès dont je suis depuis longtemps témoin et jaloux, mon dessein a été de faire une sottise. Je n'étais embarrassé que sur le choix... (Et après l'exposé de son idée d'imaginer une histoire sur les estampes :) Je ne sais, mon cher Public, si vous approuvez mon dessein ; cependant il m'a paru assez ridicule pour mériter votre suffrage ; car, à vous parler en ami, vous ne réunissez tous les âges que pour en avoir tous les travers : vous êtes enfant pour courir après la bagatelle ; jeune, les passions vous gouvernent ; dans un âge plus mûr, vous vous croyez plus sage parce que votre folie devient triste ; et vous n'êtes vieux que pour radoter... »

Duclos n'avait pas tout à fait l'ironie de Platon : la sienne est rude et presque brutale. Desfontaines et Fréron répondirent assez sensément au nom du Public. Quant au conte même, je ne sais si l'on en pouvait faire un bon sur un pareil thème : quoi qu'il en soit, il y manque ce je ne sais quoi qui fait le charme du genre, soit la bonhomie d'un Perrault, soit la légèreté d'un Hamilton, soit, à plus forte raison, la poésie d'un Arioste. C'est bizarre, métaphysique, contourné ; nulle part on n'y sent le souffle des Fées, le regard et le jeu de la déesse.

Il faut, pour être juste envers Duclos, en venir à son livre des *Considérations sur les Mœurs de ce Siècle* (1751). C'est un bon livre, qui ressemble à sa conversation refroidie ; les noms propres et les exemples qui pourraient égayer ou illustrer la matière font défaut : on a du moins un recueil d'observations fines, de maximes vraies et de définitions exactes. Il n'y faut voir que cela, sans s'inquiéter du plan ni de l'ordre qui demeure arbitraire et assez obscur. Le premier mot, qui est emphatique, promet plus qu'il ne tient : « *J'ai vécu*, je voudrais être utile à ceux qui ont à vivre. » L'auteur, après quelques généralités assez vagues, s'attache, dans son examen des mœurs, à celles de notre nation, et particulièrement à celles de la société de Paris : « C'est dans Paris qu'il faut considérer le Français parce qu'il y est plus Français qu'ailleurs. » Il va parler de ce qu'il sait le mieux et de ce qui lui donnera le moins de peine. Il connaît bien sa nation : « Le grand défaut du Français est d'être toujours jeune, et presque jamais homme; par là il est souvent aimable et rarement sûr : il n'a presque point d'âge mûr... Il y a peu d'hommes parmi nous qui puissent s'appuyer de l'expérience. » Avec ces défauts qu'il signale, il est loin de déprécier la nation; il lui voudrait insinuer le patriotisme; il se demande, avec le sentiment qu'ils ont de leur propre valeur, ce qui manque aux Français de son temps pour être patriotes. Le Français, selon lui, a un mérite distinctif : « Il est le seul peuple dont les mœurs peuvent se dépraver sans que le cœur se corrompe et que le courage s'altère. » Il voudrait voir l'éducation publique se réformer et s'appliquer mieux désormais aux usages et aux emplois multipliés de la société moderne; il prévoit à temps ce qui serait à faire, et, connaissant le train du monde, il craint toutefois qu'on ne le fasse pas à temps : « Je ne sais, dit-il, si j'ai trop bonne opinion de mon siècle, mais il me semble qu'il y a une certaine fermentation de raison universelle qui tend à se développer, qu'on laissera peut-être se dissiper, et dont on pourrait assurer et hâter les progrès par une éducation bien entendue. » Duclos veut une réforme en effet, et non point une révolution. Ici, il se sépare de Jean-Jacques et de ceux qui viendront après : il se sépare aussi de ses confrères les Encyclopédistes, et s'il a l'air de leur donner la main quand il cause, il leur tourne presque le dos quand il écrit. Cet homme vif et décidé, qui se retient si peu

dans un salon et qui a l'air de vouloir tout abattre en dînant, se replie plutôt du côté de Fontenelle quand il s'agit d'attaquer de front un préjugé : « On déclame beaucoup depuis un temps contre les préjugés, dit-il; peut-être en a-t-on trop détruit : le préjugé est la loi du commun des hommes. La discussion en cette matière exige des principes sûrs et des lumières rares. La plupart étant incapables d'un tel examen doivent consulter le sentiment intérieur : les plus éclairés pourraient encore en morale le préférer souvent à leurs lumières, et prendre leur goût ou leur répugnance pour la règle la plus sûre de leur conduite. On se trompe rarement par cette méthode. » Tout ceci était à l'adresse de ceux dont il devait plutôt, dans l'habitude de la vie, paraître le complice et l'allié ; et, grâce à ces passages significatifs, il a pu dédier la seconde édition de son livre à Louis XV.
— « Le roi sait que c'est un honnête homme, » disait de Duclos madame de Pompadour. — « Oh! pour Duclos, il a son parler franc, » disait à son tour Louis XV.

Faut-il voir dans ces réserves de Duclos une précaution et une tactique? Faut-il y reconnaître une pleine et entière sincérité? Duclos était, comme on l'a dit, droit et adroit; l'adresse que recouvrait sa brusquerie est incontestable. Si nous avions le temps de le suivre dans l'entresol du docteur Quesnay chez madame de Pompadour, et de l'y entendre parlant des Bourbons et de leur race, et les louant de verve et comme par mégarde, nous trouverions en lui le type, en quelque sorte, du *bourru flatteur*. Mais il me semble que tout se concilie chez Duclos, et que les inconséquences elles-mêmes s'expliquent moyennant l'humeur et la race. Il était Breton; il devait à cette origine bien caractérisée des points fixes de résistance dont il ne se départait pas. Il avait, comme certains hommes de notre connaissance, de ces aspérités qui simulent quelquefois, mais qui maintiennent aussi le caractère. La société, quoiqu'il y eût passé sa vie, ne l'avait pas usé. L'ami de La Chalotais allait chaque année reprendre pied sur sa terre celtique, et il ne s'en tenait que plus ferme ensuite dans les salons. En causant et dans l'échauffement du discours, il se laissait emporter à ses saillies insolentes et à des outrages non-seulement aux personnes, mais à tous les principes; de sang-froid, et en écrivant, son bon sens lui revenait et lui dictait des restrictions qu'il avait le courage de maintenir plume en main et de professer. Si j'osais faire cette comparaison, je dirais qu'il y avait dans Duclos, tant pour les inconséquences honorables que pour la verdeur et le coup de dent, quelque chose de Gui Patin : un Gui Patin moins honnête, éclairé et corrompu par la vie de la société, tenant bon toutefois sur certains points et ne se laissant pas entamer.

Plusieurs chapitres des *Considérations,* tels que celui *sur le Ridicule, la Singularité et l'Affectation,* ne sont que des articles développés de définition et de synonymie morale, dignes d'être loués par Beauzée. Les chapitres sur *les Gens de fortune* et sur *les Gens de lettres* sont de vraies descriptions de mœurs et excellents de tout point. En parlant des gens de lettres, il est à la fois orgueilleux et modeste ; il a le sentiment de la puissance croissante de son ordre : « Cependant de tous les empires, celui des gens d'esprit, dit-il, sans être visible, est le plus étendu. Le puissant commande, les gens d'esprit gouvernent, parce qu'à la longue ils forment l'opinion publique, qui tôt ou tard subjugue ou renverse toute espèce de despotisme. » Cette vérité est devenue, depuis, un lieu commun et commençait à l'être déjà. Mais en même temps il sait les inconvénients du bel-esprit, et de cette disposition contagieuse qui se croit propre à tout et qui ne l'est qu'à une seule chose. Il n'hésite pas à en définir les limites : « On ne voit guère d'hommes passionnés pour le bel-esprit, dit-il, s'acquitter bien d'une profession différente... Il n'y a point de profession qui n'exige un homme tout entier... Un homme d'imagination regarderait comme une injustice d'être récusé sur quelque matière que ce pût être. Les hommes de ce caractère se croient capables de tout... Les plus grandes affaires, celles du gouvernement, ne demandent que de bons esprits : le bel-esprit y nuirait, et les grands esprits y sont rarement nécessaires. Ils ont des inconvénients pour la conduite, et ne sont propres qu'aux révolutions; ils sont nés pour édifier ou pour détruire. » Toutes ces remarques faites au milieu du siècle, dans la pleine vogue des gens de lettres et avant toute expérience, témoignent de bien du sens. Les bons chapitres de Duclos n'ont que l'inconvénient d'être d'une observation morale trop suivie, trop continue, sans rien qui y jette du jour et de la lumière; ils sont semés de jolis mots qui gagneraient à être détachés, et qui sont faits pour circuler comme des proverbes de gens d'esprit :

« L'orgueil est le premier des tyrans ou des consolateurs. »

« L'esprit est le premier des moyens : il sert à tout et ne supplée presque à rien. »

Il avait déjà dit ailleurs : « Tout est compatible avec l'esprit, et rien ne le donne. »

« L'esprit n'est jamais faux que parce qu'il n'est pas assez étendu, au moins sur le sujet dont il s'agit. »

Malgré ces éloges mérités, le livre de Duclos manque d'agrément, et eut peu de succès à son heure; l'effet général en est terne, et il y règne un air d'ennui. Il y a, à côté du neuf, des remarques communes, et le tout est trop entassé : aucune invention n'y jette la variété comme cela s'était vu dans les *Lettres persanes*. Si on le compare à Montesquieu et à La Bruyère, Duclos n'est qu'un second estimable, comme Nicole et Charron pouvaient l'être en leur temps. Vivant, il était de ces seconds qui payent de mine, d'autorité, et aussi d'argent comptant, et qui marchent en considération presque avec les premiers. Ses pensées morales ne sont guère que de la bonne monnaie courante bien frappée; mais, quand il parlait, il la faisait si bien sonner qu'elle doublait de valeur. J'ai cherché, parmi les portraits dessinés qu'on a de lui, celui qui nous rend le mieux l'idée de sa personne : c'est un portrait dessiné par Cochin et gravé par Delvaux. Duclos a cinquante-neuf ans : le profil est net, tranché, spirituel, le front beau, l'œil vif, ouvert et assez riant; la ligne du nez et du menton est prononcée et bien formée sans rien d'excessif; la lèvre entr'ouverte et parlante vient de lancer le trait, elle n'a rien de trop mince; et l'ensemble de la physionomie non plus n'a rien de dur. Le cou fort et solide soutient une tête un peu roide, et l'attitude s'annonce comme résolue. En tout, c'est Duclos vu dans un beau jour, dans la netteté de son bon sens et avant dîner; c'est bien l'homme qui avait le droit de dire de lui-même, en faisant assez bon marché de ses ouvrages : « Mon talent à moi, c'est l'esprit. »

Lundi, 12 décembre 1853.

DUCLOS HISTORIEN

Duclos a fait quelques ouvrages qui prouvent ou supposent de l'érudition : comme membre de l'Académie des Inscriptions et Belles-Lettres, il y lut plusieurs Mémoires sur des points d'antiquité ou de moyen âge; mais la première production importante, par laquelle il rompit avec les romans et se déclara un écrivain tout à fait sérieux et solide, fut son *Histoire de Louis XI*, publiée en 1745 avec la nouvelle année. C'étaient là pour le public des étrennes tout autres que le conte d'*Acajou* publié l'année d'auparavant : elles ne prirent pas moins bien. Une préface vive, sensée, résolue, attirait d'abord l'attention. Duclos répondait à une première objection qui se présentait naturellement, à savoir, que la véritable Histoire de Louis XI était déjà faite par Philippe de Commynes. Commynes ne passa en effet de la Cour de Bourgogne à celle de France qu'en 1472, et n'assista point aux premières années du règne. Duclos allait plus loin : « Oserai-je avancer, disait-il, une proposition qui, pour avoir l'air d'un paradoxe, n'en est peut-être pas moins vraie: Ce ne sont pas toujours les auteurs contemporains qui sont le plus en état d'écrire l'histoire. Ils ne peuvent donner que des Mémoires dont la postérité fait usage. » Duclos remarquait avec raison que : « l'homme de la Cour le plus instruit ne peut jamais l'être aussi parfaitement qu'un historien à qui l'on remettrait les actes, les lettres, les traités, les comptes, et généralement tout ce qui sert de fondement à l'histoire. » Or cette collection existe concernant Louis XI. L'abbé Le Grand, oratorien dans sa jeunesse, homme des plus laborieux, mort en 1733, avait passé trente ans de sa vie à former un Recueil de toutes les pièces qui se rapportent à ce règne, et il avait composé sur ces matériaux des annales plutôt encore qu'une histoire. Duclos reconnaissait d'une manière ouverte les obligations qu'il avait au Recueil de l'abbé Le Grand, déposé dès lors dans la Bibliothèque du roi : « Son travail m'a été extrêmement utile et m'en a épargné beaucoup ; c'est une reconnaissance que je lui dois, et que je ne saurais trop publier. Cependant je n'ai point suivi son plan ; j'ai encore moins adopté ses vues. » Il se flattait d'avoir apporté dans son travail plus de critique et de justesse. Il avait en même temps cherché à débarrasser le corps de l'histoire de tout ce qui retarde inutilement sa marche : « L'historien doit chercher à s'instruire des moindres détails, parce qu'ils peuvent servir à l'éclairer, et qu'il doit examiner tout ce qui a rapport à son sujet ; mais il doit les épargner au lecteur. Ce sont des instruments nécessaires à celui qui construit l'édifice, inutiles à celui qui l'habite. L'historien doit tout lire, et ne doit écrire que ce qui mérite d'être lu. »

L'ouvrage était dédié au comte de Maurepas, que l'auteur avait connu familièrement dans la société. Un compliment adressé à ce ministre et d'un heureux tour avait singulièrement réussi : « Tous les dépôts, disait Duclos, m'ont été ouverts par les ordres de M. le comte de Maurepas, à qui le roi a confié le département des lettres, des sciences et des arts, comme s'il eût consulté ceux qui les cultivent. » Ces jolis mots ont toujours faveur en France, et, mis en tête même d'un livre grave, ils contribuent à sa fortune.

Celle qu'obtint d'abord le *Louis XI* de Duclos fut grande : « Le livre a été lu de tout le monde avec avidité, surtout des dames, dont il a mérité l'approbation; » c'est ce qu'écrivait l'abbé Desfontaines, assez favorable d'ailleurs à l'ouvrage (1) : ce critique nous fait remarquer que des dames illustres et aimables s'intéressaient même au débit matériel et en plaçaient des exemplaires. En homme de collège qui s'égaye, il fit à ce sujet une petite épigramme latine dans le genre de Martial, qui commence par ces vers :

> Inclyta dum narrat Ludovici Closius acta,
> Fœmina dulciloqui pendet ab ore viri, etc., etc;

et dont voici le sens : « Tandis que Duclos raconte les grandes actions de Louis XI, les femmes sont sous le charme, suspendues à son *doux* langage (Ce mot *doux* est sans doute ici un peu ironique, car Desfontaines vient de reprocher à Duclos le style haché et les brèves sentences). L'argent qui pleut de toutes parts fait l'éloge de l'auteur, et, si l'on en croit son libraire Prault, l'ouvrage est décidément immortel. Pourquoi donc, ô Ponticus, ces coups de crayon dont tu le notes et le censures par endroits? Peut-il n'être pas excellent, quand il est ainsi protégé par la beauté? que dis-je, protégé! Vénus elle-même est en campagne pour lui briguer des suffrages, et le livre partout célébré est en vente jusque chez les Grâces. Bonsoir désormais le triste Apollon! et bonsoir les ingrates Muses! que Vénus seule désormais protége mes écrits! » En un mot, la comtesse de Rochefort, tout ce beau monde des Forcalquier, peut-être madame de Pompadour elle-même, qui était

---

(1) *Jugements sur quelques Ouvrages nouveaux*, tome VI, page 71.

alors dans le premier éclat de son début, entreprirent le succès du livre de Duclos et le lui firent. On poussait en même temps l'auteur à toutes voiles à l'Académie française, où il ne fut reçu pourtant que deux ans après (janvier 1747).

Voltaire, déjà historien, qui s'occupait de son *Siècle de Louis XIV*, et qui avait donné son *Histoire de Charles XII*, s'empressa d'applaudir à Duclos, et il lui laissa, en passant chez lui, ce petit billet des plus scintillants et qui semble écrit sous le coup de l'enthousiasme :

« J'en ai déjà lu cent cinquante pages, mais il faut sortir pour souper. Je m'arrête à ces mots : « Le brave Huniade Corvin, surnommé *la terreur des Turcs*, avait été le défenseur de la Hongrie, dont Ladislas n'avait été que le roi. »

« Courage ! il n'appartient qu'aux philosophes d'écrire l'histoire. En vous remerciant bien tendrement, monsieur, d'un présent qui m'est bien cher, et qui me le serait quand même vous ne me le seriez pas. — Je passe à votre porte pour vous dire combien je vous aime, combien je vous estime, et à quel point je vous suis obligé ; et je vous l'écris dans la crainte de ne pas vous trouver. *Bonsoir, Salluste.* »

Ce billet est le plus vif de tous ceux qu'on lit dans la correspondance de Voltaire avec Duclos ; car ils ne furent jamais dans des termes intimes ni bien tendres.

Le chancelier d'Aguesseau plus calme, qui connaissait le travail de l'abbé Le Grand et qui s'était autrefois confié en ce docte et laborieux personnage pour le projet d'une nouvelle collection des Historiens de France, disait après avoir lu le livre de Duclos : « C'est un ouvrage écrit aujourd'hui avec l'érudition d'hier. » Le fait est qu'en lisant de suite ce récit de Duclos, on n'est point intéressé, on n'entre point avant dans le sujet, on n'y vit point, et il semble dès lors que l'auteur n'y a pas non plus habité suffisamment ni vécu. Cette espèce d'incertitude et d'embarras, cette question qu'on s'adresse à soi-même pendant la lecture, vient à cesser et elle s'explique lorsqu'on a recouru, comme je l'ai dû faire, et comme M. Petitot l'avait déjà fait précédemment, au volumineux travail de l'abbé Le Grand. Duclos, malgré l'aveu de sa préface, n'a pas assez dit tout ce qu'il devait à ce savant devancier. Le fonds de l'abbé Le Grand concernant Louis XI, et qui fut vendu au roi par madame de Rousseville, sœur et héritière de l'abbé, cette vaste Collection, entrée à la Bibliothèque du roi en avril 1741, se compose, reliée comme elle l'est aujourd'hui, de 31 volumes in-folio, dont 3 volumes d'histoire ou annales divisées en 26 livres, 4 volumes de pièces, lettres, actes, etc., en original, et 23 ou 24 volumes de copies de pièces. C'est là-dessus que Duclos a travaillé en toute sécurité et stabilité, sans aucun souci de recherches. Il s'est conduit comme un grand seigneur à qui le vilain rabattait le gibier dans les chasses : il n'a eu qu'à viser à coup sûr ce qui passait devant lui. Il était assez reçu autrefois que l'histoire devait être écrite en beau langage par quelque académicien, et qu'il fallait quelque abbé ou bénédictin de métier pour faire les recherches : on ménageait le bel-esprit brillant et qu'on savait volontiers impatient de sa nature; il ne venait qu'à la fin tout frais et tout reposé. L'Histoire de saint Louis, écrite académiquement par M. de La Chaise, avait été préparée et digérée en corps par le scrupuleux Tillemont. Duclos se dit qu'il pouvait se permettre d'en user de même avec l'abbé Le Grand, en appliquant le genre philosophique à l'histoire. Mais dans quelle mesure s'est-il servi de son auteur et préparateur? quelle sorte d'addition et d'innovation a-t-il apportée au premier travail? quelles parties lui sont propres, et quel est son *coin d'originalité*, soit pour la pensée, soit pour la forme? C'est ce qu'il est curieux d'examiner.

Duclos, dans ses premières pages, donne un tableau général succinct de l'état de la France sous le règne de Charles VII. Il y a deux ou trois pages de lui, mais dès la cinquième il emprunte à l'abbé Le Grand non-seulement ses jugements, mais ses expressions. Il s'agit du caractère de Charles VII, que l'abbé Le Grand oppose dès l'abord à celui de Louis XI et que Duclos donne sans poser le contraste : j'indique sur deux colonnes, comme l'a fait M. Petitot, la citation parallèle ; ce n'est, comme on le pense bien, qu'un très-faible échantillon ; c'est aux curieux à pousser plus loin et dans le même sens une comparaison plus ample, qui ne fera que confirmer le premier aperçu :

« Charles, dit Duclos, était doux, facile, généreux, sincère, bon père, bon maître, digne d'être aimé et capable d'amitié. Il avait toutes les qualités d'un particulier estimable ; peut-être était-il trop faible pour un roi. Uniquement livré aux plaisirs, il était moins sensible à l'éclat du trône, qu'importuné des devoirs qu'il impose... Le connétable Arthus de Bretagne, comte de Richemont, Giac, Le Camus de Beaulieu, La Trémouille, le comte du Maine, gouvernèrent successivement l'esprit du roi. »	« Charles, dit l'abbé Le Grand, était doux, facile, adonné à ses plaisirs et tellement livré à ses favoris et à ses maîtresses qu'il ne pouvait avoir d'autres passions ni d'autres sentiments que ceux qu'ils lui inspiraient. Giac, Le Camus de Beaulieu, La Trémoille, le comte du Maine, le possédèrent entièrement l'un après l'autre. »

Dans l'intervalle des phrases de Duclos que j'ai rapprochées, celui-ci a eu soin d'introduire un brillant éloge d'Agnès Sorel et un mot sur Jeanne d'Arc, qu'il appelle d'ailleurs une *généreuse fille* ; mais Agnès Sorel a tous les honneurs : « Ce fut la maîtresse pour qui Charles eut la plus forte passion et qui fut la plus digne de son attachement : sa beauté singulière la fit nommer la belle Agnès... *Rare exemple pour celles qui jouissent de la même faveur*, elle aima Charles uniquement pour lui-même, et n'eut jamais d'autre objet dans sa conduite que la gloire de son amant et le bonheur de l'État. » Ce trait allait directement à l'adresse de madame de Pompadour, qui était à la veille de son établissement à Versailles, et auprès de laquelle Duclos allait avoir accès par son intime ami l'abbé de Bernis. C'était un à-propos de boudoir jeté d'un air de conseil et de précepte. De telles choses ne se trouvent point, est-il besoin de le dire? dans le texte de l'abbé Le Grand.

Les réflexions sur l'état misérable de la France, sur le pillage, l'indiscipline et les désordres de tout genre qui désolaient les provinces sous le règne de Charles VII, sont résumées chez Duclos aux mêmes endroits du récit et presque dans les mêmes termes que l'a fait l'abbé Le Grand : seulement Duclos ramasse les traits avec plus de concision et d'un ton d'autorité que le digne annaliste ne se permet pas. Le genre d'observations qui est propre à Duclos est sensé, rapide, mais d'une nature très-sobre : « J'ai cru devoir donner, dit-il, une idée de l'état de la France et de la Cour de Charles VII, pour faire mieux entendre ce qui regarde son successeur : on verra que Louis XI, né et élevé au milieu de ces désordres, en sentit les funestes effets. Indépendamment de son caractère propre, les réflexions qu'il fit sur les premiers objets dont il fut frappé contribuèrent beaucoup à la conduite que nous lui verrons tenir. » L'abbé Le Grand ne fait pas cette remarque, d'ailleurs très-naturelle et judicieuse. Louis XI, encore Dauphin, dans ses traverses et ses brouilles avec son père, envoie-t-il une lettre circulaire à tout le clergé du royaume pour demander des prières, Duclos ajoute : « Il faisait ordinairement des vœux lorsqu'il se croyait sans ressource du côté des hommes. » Louis XI, Dauphin, se réfugie-t-il en Bourgogne, en se confiant pour l'y conduire au prince d'Orange et au maréchal de Bourgogne, c'est-à-dire à ses deux plus grands ennemis, Duclos dit : « Le Dauphin préféra des ennemis généreux à des amis suspects. » Pendant son séjour à la Cour de Bourgogne, le Dauphin montre-t-il le plus violent dépit de ce que son père a nommé d'autres officiers en Dauphiné, Duclos dira : « Il était aussi jaloux de son autorité que s'il ne fût jamais sorti de son devoir. » Si minutieuses que puissent sembler ces remarques, j'ose assurer que, pour les divers livres que j'ai examinés, la part d'originalité de Duclos, dans sa rédaction de l'Histoire de Louis XI, se réduit à peu près à de tels ornements et assaisonnements de narration. Joignez-y quelques maximes jetées d'un air de leçon. Tout le reste est emprunté.

Et nulle part il n'offre ce grand côté de talent, il n'a cet éclat de vue et de nouveauté qui absout, qui couvre et honore tous les emprunts.

Louis XI vient au monde; il naît à Bourges dans le palais archiépiscopal le samedi 3 juillet 1423. Il y a là des détails positifs pour lesquels tous les historiens qui se succèdent sont forcés de se copier. Mais, dès que Louis XI est né, on tire son horoscope, et l'abbé Le Grand nous raconte ce qu'on lui prédit : « On prédit qu'il vivrait soixante et dix ans, et qu'il passerait les mers, ce qui s'est trouvé faux. On devina mieux pour le reste : on dit qu'il aimerait la chasse passionnément; que les princes, ses parents et ses voisins, auraient beaucoup d'envie et de jalousie contre lui, qu'ils lui susciteraient de fâcheuses affaires, qu'ils lui feraient la guerre ; qu'il serait plus heureux dans sa vieillesse que dans sa jeunesse, etc. » En indiquant ce qui s'est vérifié, l'abbé Le Grand donne, dès les premières lignes, un aperçu et comme un tracé général de la vie et du règne qu'il va raconter. Duclos, qui est philosophe et qui méprise l'astrologie, dit en deux mots : « L'on prédit, suivant l'usage, beaucoup de choses vagues, et flatteuses pour le prince régnant. » Je n'ai pas grand regret à la suppression du détail de l'horoscope; mais, comme Duclos appliquera presque partout cette méthode de suppression et retranchera les détails qui peignent le temps, il en résulte à la longue maigreur et sécheresse; tandis que l'abbé Le Grand, qui ne songe qu'à raconter fidèlement et non à peindre, se trouve présenter un récit qui a plus de corps et de substance, et qui est nourri de ces choses particulières que l'esprit aime à saisir.

On marie le Dauphin à Marguerite d'Écosse, qui fait son entrée à Tours le 24 juin 1436. L'abbé Le Grand donne tous les détails qu'il a trouvés sur la cérémonie du mariage, sur le dîner qui suivit et sur ceux qui y assistèrent. Duclos supprime tout cela. Le Dauphin bien jeune, et à l'âge de quatorze ans, commence ce rôle de répression des Grands et de réparation du royaume qu'il poursuivra plus tard comme roi; il parcourt tout le Languedoc, accompagné des principaux de la province : « Il fit son entrée à Toulouse, dit l'abbé Le Grand, vêtu d'une casaque d'écarlate, ayant des manches très-larges au milieu et fort serrées sur le poignet, avec une ceinture ou écharpe, etc. » Cette petite vignette de Louis XI à quatorze ans, et préludant à son rôle de roi, a disparu chez Duclos.

Enflé des éloges que lui méritent ses succès précoces, obéissant à son naturel ingrat, et souffrant sans doute aussi de l'indolente incapacité de son père, qui ne sait point profiter de son aide, le Dauphin se laisse entraîner par les Grands et se révolte contre le roi. Celui-ci se résout enfin à sévir, et, arrivant en Poitou, il apprend que les religieux de l'abbaye de Saint-Maixent ont résisté vaillamment aux rebelles, bien que le château fût déjà tombé en leur pouvoir. Le roi, dans sa reconnaissance, s'empresse de récompenser les religieux en

accordant à l'abbaye les plus grands priviléges : l'abbé
Le Grand les énumère : par exemple, « l'exemption de
tout impôt pour les domestiques et fermiers de l'abbaye,
le droit de pêche dans la rivière de Sèvres, la permission à l'abbaye de porter pour armes de gueules à une
fleur de lys d'or, surmontée d'une couronne de même
au chef de France. » Rien de tout cela n'est sans doute
bien essentiel à rapporter, mais ces particularités animent le chemin ; elles dessinent et fixent les événements
dans l'esprit, et surtout la suppression constante et
systématique qu'on en fait en toute rencontre a tous
les inconvénients de la sécheresse. — Pourquoi cela ne
plaît-il pas ? pourquoi cela ne peint-il pas ? se demande-
t-on involontairement en lisant Duclos. On a maintenant la réponse.

Louis XI, établi par son père dans le gouvernement
du Dauphiné, y remédie aux abus et s'y essaye à sa
future administration de roi. L'abbé Le Grand est abondant sur cette époque première et antérieure de Louis XI.
Le Dauphin, dans les premiers temps, n'en continue
pas moins de servir fidèlement son père et de l'assister
de son épée dans les siéges de Creil et de Pontoise contre les Anglais. La France était réduite au plus misérable état : « Comme les finances étaient épuisées, dit
l'abbé Le Grand, ni le père ni le fils n'avaient pas beaucoup d'argent. Le Dauphin emprunta de l'abbaye de
Saint-Antoine de Vienne une croix d'or pesant deux
marcs, ornée d'un rubis, de douze pierres balais, de
vingt-huit grosses perles, et de plus un hanap d'argent
doré, aux armes du duc de Bourbon ; il y avait huit
pierres balais, cinq saphirs, douze petits diamants,
quarante-huit grosses perles : tout cela fut engagé pour
douze cents écus. Cette somme, quoique modique, fut
d'un très-grand secours dans les besoins où l'on était ;
et le premier soin du Dauphin, lorsqu'il fut parvenu à

la couronne, fut de retirer cette croix et ce hanap, et de les rendre aux religieux de Saint-Antoine. »

Duclos s'empare de ce fait, mais, à force de l'abréger, il en ôte le sens et la force : « L'épuisement des finances, dit-il, fit que le Dauphin, pour suivre le roi, emprunta de l'abbaye de Saint-Antoine de Vienne une croix d'or de deux marcs, ornée de *quelques* pierreries, qu'il mit en gage pour douze cents écus. La ville de Tartas, etc. » Et il poursuit son récit sur d'autres points. Qui ne voit (sans compter le hanap qu'il oublie) qu'il y a presque un faux sens dans ce mot négligemment jeté : *quelques* pierreries? c'est *beaucoup* qu'il fallait dire, et si l'on ne voulait pas, comme l'abbé Le Grand, les énumérer dans leur richesse, il fallait du moins y insister davantage, pour prouver l'extrême détresse et pénurie, pour donner une juste idée de la disproportion qu'il y avait entre les magnifiques objets mis en gage et l'argent prêté dessus.

Ce genre de remarques serait perpétuel. Louis XI, réfugié auprès du duc de Bourgogne, vit et habite à Genep, que le duc lui a donné pour résidence, et qui était le plus beau pays de chasse qui fût dans la Flandre et le Brabant; il y partage son temps entre la chasse, la promenade et la lecture. Duclos le dit après l'abbé Le Grand. Pourquoi omet-il ce trait qu'avait ajouté le docte abbé, et qui caractérise un goût de Louis XI : « Il fit venir ses livres de Dauphiné? »

Le portrait de la première Dauphine, de Marguerite d'Écosse, celle qui donna le baiser de sapience à Alain Chartier endormi, et qui mourut à la fleur de l'âge, victime de la calomnie et abreuvée de dégoûts, en disant pour dernière parole : « *Fi de la vie! qu'on ne m'en parle plus!* (1) » ce portrait est très-agréable chez

---

(1) Ce mot dans sa concision est un peu arrangé à la moderne; il n'est pas tout à fait exact ni du temps. Les dernières paroles de

Duclos, mais il est pris tout entier de l'abbé Le Grand, qui ne fait que l'étendre un peu plus, et y mêler de ses longueurs et de sa bonhomie d'expression. Si l'on mettait les deux portraits sur deux colonnes en regard, on aurait idée du sans-gêne avec lequel Duclos en a usé dans ses emprunts à peu près textuels. Il trouve pourtant moyen d'omettre encore des traits : « Elle aimait passionnément les lettres, » dit-il tout court. — « Elle aimait les lettres, dit l'abbé Le Grand, et elle avait une si grande passion pour la poésie, qu'elle passait les nuits à faire des vers. »

La conclusion de l'Histoire de Duclos est piquante et elle a couru comme un de ces mots heureux qu'il lançait en causant. L'abbé Le Grand, dans les pages qui terminent, lui a servi de guide comme partout. Après avoir raconté la mort de Louis XI, le judicieux abbé disait : « Telle fut la fin de ce prince. S'il eut de grands défauts, il eut aussi de très-grandes vertus, et la France a eu peu de rois qui eussent eu plus de talents et de qualités nécessaires pour bien gouverner. » Et après une comparaison suivie de Louis XI avec Louis XIII, puis avec Louis XII, il termine de la sorte : « Si présentement quelqu'un, dépouillé de toute prévention et pesant tout au poids du sanctuaire, voulait faire le parallèle de ces deux rois, il trouverait qu'après avoir épargné Louis XII sur tout ce qu'il a fait jusqu'à ce qu'il soit monté sur le trône, on n'en pourrait faire que ce qui s'appelle un bonhomme, et que Louis XI, malgré tous les défauts qu'on peut lui reprocher, a été un grand roi. »

Duclos ici s'est piqué d'honneur et, rentrant dans ce genre de tour énergique et bref qui est à lui, il a dit : « Il s'en faut beaucoup que Louis XI soit sans reproche,

la Dauphine furent : « *Fi de la vie de ce monde*, ne m'en parlez plus! »

peu de princes en ont mérité d'aussi graves; mais on peut dire qu'il fût également célèbre par ses vices et par ses vertus, et que, *tout mis en balance, c'était un roi.* » On a là le plus frappant exemple du genre de supériorité que Duclos a sur l'abbé Le Grand comme écrivain. Pour tout le reste, il lui est inférieur non-seulement en mérite historique, mais l'oserai-je dire? sinon pour l'agrément (laissons ce mot qui ne s'applique ni à l'un ni à l'autre), du moins pour l'intérêt, pour cet intérêt lent et suivi qui naît du fond des choses et qui, de l'auteur consciencieux, se communique au lecteur réfléchi. Comparé à son devancier, Duclos ne saurait être défini qu'un *abréviateur avec trait.* Voltaire lui écrivait par compliment: « *Bonsoir, Salluste.* » Il aurait dû se contenter de lui écrire : « *Bonsoir, Justin.* »

Mais dans ses *Mémoires secrets*, dans cette histoire de son temps, qu'il a retracée en qualité d'historiographe, et qui n'a été publiée que longtemps après sa mort (1790), c'est là que Duclos, dit-on, s'est montré lui-même : « On y trouve, dit Grimm, ce qu'il sut pour ainsi dire toute sa vie, ce qu'il sut mieux que personne; très-répandu dans la société, M. Duclos a connu personnellement la plupart des personnages qu'il a entrepris de peindre à la postérité. » Il n'avait pas soupé avec Louis XI, a remarqué Sénac de Meilhan, expliquant par là la froideur de la précédente Histoire; il avait, au contraire, soupé avec bon nombre de ceux dont il fait mention dans ses Mémoires de la Régence et du règne de Louis XV. Cela est vrai ; les *Mémoires secrets* de Duclos ont de l'intérêt, de l'agrément, de la vivacité; il y a du sien souvent ; il y marque sa griffe par certaines anecdotes qu'il savait d'original. Mais chose singulière et qu'on n'a pas assez relevée, il n'a fait dans l'ensemble, et pour les trois quarts de l'ouvrage, qu'appliquer exactement le même procédé dont il avait usé dans l'*Histoire de*

Louis XI, et qu'il avait trouvé apparemment commode : il n'a fait que suivre pas à pas et abréger Saint-Simon.

Comme dans son *Histoire de Louis XI*, il y a mis une excellente préface. Il avoue tout d'abord les obligations qu'il a à Saint-Simon : « Aussitôt que le roi m'eut nommé historiographe, mon premier soin fut de rassembler les pièces qui m'étaient nécessaires. J'ai eu la liberté d'entrer dans les différents dépôts du ministère, et j'en ai fait usage longtemps avant d'écrire... Les Mémoires du duc de Saint-Simon m'ont été utiles pour le *matériel des faits* dont il était instruit ; mais sa manie ducale, son emportement contre les princes légitimés, etc. » Il passe aussitôt à la critique. On verra tout à l'heure jusqu'à quel point l'assertion est exacte, et si c'est pour le *matériel des faits* seulement ou pour leur expression aussi, que Duclos s'appuie sur son devancier. Dans sa Préface, Duclos regrette de n'avoir pu jeter plus de lumière sur la partie financière de son sujet : « La politique, dit-il, la guerre, la finance, exigeraient chacune une histoire particulière et un écrivain qui eût fait son objet capital de l'étude de sa matière. L'article de la finance serait peut-être le point d'histoire qu'il serait le plus important d'éclaircir pour en découvrir les vrais principes. » Il reconnaît n'avoir point eu les éléments ni les informations nécessaires pour écrire une telle histoire : celle qu'on doit chercher dans son livre n'est donc que « l'histoire des hommes et des mœurs. »

Il commence par un tableau circonstancié des dernières années de Louis XIV : ici, malgré les imitations et les emprunts que nous allons signaler, on sent dans le récit de Duclos une vive impression personnelle, qui y donne le mouvement. Enfant, né en 1704, il avait vu cette fin de Louis XIV, comme ceux qui sont nés au commencement de ce siècle, à la date correspondante, ont pu voir les dernières années de l'Empire. Duclos avait encore présentes certaines scènes de 1711, de 1712, et en avait gardé les poignantes émotions, comme nous avons eu celles de 1812 et de 1814; les victoires de Marlborough, les menaces et les outrageuses espérances du prince Eugène, l'épuisement de la France dans cette lutte extrême (1), la carte du démembrement projeté, il rend cela avec nerf et dans un sentiment patriotique : c'est lorsqu'il en vient aux portraits des personnages qu'il s'en remet purement à Saint-Simon. A-t-il à parler, par exemple, de Monseigneur, fils unique de Louis XIV, et de sa maîtresse, mademoiselle Choin, que ce prince avait peut-être épousée en secret, Duclos copie, abrége et ne fait qu'adoucir Saint-Simon. Là où celui-ci nous dit nettement de mademoiselle Choin : « Ce n'a jamais été qu'une grosse camarde brune, » Duclos se contente de dire : «Elle n'était pas jolie; » mais d'ailleurs on pourrait faire comme pour ce qui est de l'abbé Le Grand et imprimer les portraits sur deux colonnes, on verrait les emprunts continuels et d'autant plus à noter qu'ils ne sont pas avoués : par exemple, toujours sur mademoiselle Choin:

DUCLOS.	SAINT-SIMON.
« Au surplus, elle paraissait à Meudon tout ce que madame de Maintenon était à Versailles, gardant son fauteuil devant le duc et la duchesse de Bourgogne et le duc de Berry, qui venaient souvent la voir, les nommant familièrement *le duc, la duchesse*, sans addition du *monsieur*, ni de *madame*, en parlant d'eux et devant eux. Le duc de Bourgogne était le seul pour qui elle employât le mot de *monsieur*, parce	« Mais de la voir aux *parvulo* de Meudon, dans un fauteuil devant Monseigneur, en présence de tout ce qui y était admis, madame la duchesse de Bourgogne et madame la duchesse de Berry, qui y fut tôt introduite, chacune sur un tabouret, dire devant Monseigneur et tout cet intérieur : *la duchesse de Bourgogne, la duchesse de Berry et le duc de Berry*, en parlant d'eux; répondre souvent sèchement aux deux filles de

(1) « La levée des milices dépeuplait les campagnes des sujets les plus nécessaires. J'ai vu dans mon enfance, dit Duclos, ces recrues forcées conduites à la chaîne comme des malfaiteurs. »

que son maintien sérieux n'inspirait pas la familiarité ; au lieu que la duchesse de Bourgogne faisait à mademoiselle Choin les mêmes petites caresses qu'à madame de Maintenon. La favorite de Meudon avait donc tout l'air et le ton d'une belle-mère. » la maison, les reprendre, trouver à redire à leur ajustement, et quelquefois à leur air et à leur conduite, et le leur dire, on a peine à tout cela à ne pas reconnaître la belle-mère et la parité avec madame de Maintenon, etc. »

Ce que je fais là pour le portrait de mademoiselle Choin, on peut le faire presque indifféremment pour le portrait de n'importe quel personnage du temps, le duc et la duchesse de Bourgogne, le maréchal de Villars, Louis XIV mourant, madame des Ursins, le Père Tellier, etc. ; entre la copie de Duclos et l'original de Saint-Simon, le rapport est le même. Ici il ne fait pas comme avec l'abbé Le Grand, il ne prête pas du trait, il en ôte plutôt. Il avait donné du ton à l'un, il éteint un peu l'autre : c'est du Saint-Simon refait avec un crayon bien taillé, mais avec un crayon de mine de plomb. Je ne sais si on publiera jamais le travail de l'abbé Le Grand sur Louis XI comme on vient de publier celui de Tillemont sur saint Louis ; dans tous les cas le livre de Duclos, déjà mis de côté, n'en sera qu'assez obscurément écrasé et enterré : mais Saint-Simon, avec lequel Duclos s'est trop comporté comme s'il ne devait jamais être publié, a des revanches éclatantes et soudaines. Duclos, qui ne le cite guère que pour le critiquer, aurait dû dire : « Je l'abrége, je le tronque, je le copie à chaque page, et, si je vous intéresse en y mêlant çà et là quelques traits de moi, honneur avant tout à lui ! »

Il y a une scène assez piquante dans les derniers temps de Louis XIV. Pour arriver à la conclusion de la paix générale, il est convenu que les deux couronnes de France et d'Espagne ne seront jamais réunies sur une seule tête. Le duc de Berry, très en vue un moment (après la mort du duc de Bourgogne), et le duc d'Orléans se rendent au Parlement pour la formalité des renonciations. Le premier président de Mesmes ouvre la séance par un compliment au duc de Berry, qui oublie la réponse qu'il devait faire et qui reste court après avoir répété plusieurs fois : « Monsieur... Monsieur... » De là, à son retour à Versailles, une amère douleur du jeune prince qui s'en prend au duc de Beauvilliers, son gouverneur, et au roi, et qui accuse l'éducation qu'on lui a donnée : « Ils n'ont songé, s'écrie-t-il, qu'à m'*abêtir* et à étouffer tout ce que je pouvais être. J'étais cadet, je tenais tête à mon frère, ils ont eu peur des suites, ils m'ont anéanti; on ne m'a rien appris qu'à jouer et à chasser, et ils ont réussi à faire de moi un sot et une bête, incapable de tout. » Duclos raconte et emprunte tout ce détail; il fait dire au prince en sanglotant : « J'étais cadet, j'avais autant de dispositions que mes aînés; on a eu peur de moi; on ne m'a appris qu'à chasser; on n'a cherché qu'à m'*abrutir*... » Ici j'arrête Duclos : il fallait mieux copier et laisser le mot *abêtir*, qui n'a pas tout à fait le sens d'*abrutir*. On *abrutit* quelqu'un en le livrant au vin, aux femmes, à quelque excès grossier : pour l'*abêtir*, il suffit de lui retrancher toute étincelle d'éducation libérale et de l'appliquer à des pratiques insipides, insignifiantes.

Il y a une autre scène où Duclos prend avec Saint-Simon des libertés de forme et se permet des variantes de ton qui ne sont pas d'un narrateur assez scrupuleux. Il s'agit d'une assez singulière histoire. Louis XIV, tout à la fin de sa vie, s'était pris de goût et d'amitié pour une demoiselle de Chausseraye (ou de La Chausseraye), qui avait de l'esprit qu'elle cachait sous un air d'ingénuité. Elle divertissait le roi par ses façons de gentillesse et de simplicité amicale, et le désennuyait quelquefois, ce qui était la grande affaire. Cette demoiselle de Chausseraye, qui était de l'intimité de la duchesse de Ventadour, y entendit parler, sans en avoir l'air, d'un grave projet, d'une sorte de conjuration ecclésiastique qu'on était parvenu à faire accepter au roi : c'était d'enlever l'archevêque de Paris Noailles pendant qu'il irait à sa maison de Conflans, et de l'expédier tout de suite à Rome pour l'y faire déposer de son siége. Mademoiselle de Chausseraye, qui avait du bon et quelques principes de générosité, et qui d'ailleurs était amie du cardinal de Noailles, résolut de faire échouer, s'il se pouvait, cette machination du Père Tellier, et, causant avec le roi, elle y parvint de la manière qu'expose Saint-Simon :

« Elle trouva le roi triste et rêveur; elle affecta de lui trouver mauvais visage et d'être inquiète de sa santé. Le roi, sans lui parler de l'enlèvement proposé du cardinal de Noailles, lui dit qu'il était vrai qu'il se trouvait extrêmement tracassé de cette affaire de la Constitution; qu'on lui proposait des choses auxquelles il avait peine à se résoudre; qu'il avait disputé tout le matin là-dessus; que tantôt les uns et tantôt les autres se relayaient sur les mêmes choses, et qu'il n'avait point de repos. L'adroite Chausseraye saisit le moment et répondit au roi « qu'il était bien bon de se laisser tourmenter de
« la sorte à faire chose contre son gré, son sens, sa volonté; que ces
« bons messieurs ne se souciaient que de leur affaire et point du
« tout de sa santé, aux dépens de laquelle ils voulaient l'amener à
« tout ce qu'ils désiraient; qu'en sa place, content de ce qu'il avait
« fait, elle ne songerait qu'à vivre et à vivre en repos, les laisserait
« battre tant que bon leur semblerait, sans s'en mêler davantage ni
« en prendre un moment de souci, bien loin de s'agiter comme il
« faisait, d'en perdre son repos et d'altérer sa santé, comme il n'y
« paraissait que trop à son visage; que, pour elle, elle n'entendait
« rien ni ne voulait entendre à toutes ces questions d'école; qu'elle
« ne se souciait pas plus d'un des deux partis que de l'autre; qu'elle
« n'était touchée que de sa vie, de sa tranquillité, de sa santé... »
Elle en dit tant, et avec un air si simple, si indifférent sur les partis et si touchant sur l'intérêt qu'elle prenait au roi, qu'il lui répondit qu'elle avait raison; qu'il suivrait son conseil en tout ce qu'il pourrait là-dessus, parce qu'il sentait que ces gens-là le feraient mourir... »

Or, que fait Duclos? Ne trouvant pas, apparemment, assez de vivacité à ce récit de Saint-Simon et à ce discours indirect, il le met en scène, en dialogue; il suppose les paroles mêmes des deux personnages et leur prête à tous deux de sa familiarité. Louis XIV, si poli avec les femmes, va tutoyer mademoiselle de Chausseraye, et celle-ci va parler à la Duclos, c'est-à-dire manquer à sa tactique d'indifférence, et, en s'adressant au roi, avoir une pointe de jurement comme dans un café. Voici ce récit, refait par Duclos d'après Saint-Simon :

« Sire, lui dit-elle, je ne vous trouve pas aussi bon visage qu'hier, vous avez l'air triste : je crois qu'on vous donne du chagrin. » — « *Tu as raison*, répondit le roi, j'ai quelque chose *qui me tracasse*; on veut m'engager dans une démarche qui me répugne, et cela me fâche... » — « Je respecte vos secrets, Sire, poursuivit-elle; mais je parierais que c'est pour cette Bulle où je n'entends rien; je ne suis qu'une bonne chrétienne qui ne m'embarrasse pas de leurs disputes. Si ce n'est que cela, vous êtes trop bon : laissez-les s'arranger comme ils voudront. Ils ne pensent qu'à eux et ne s'inquiètent ni de votre repos ni de votre santé : voilà ce qui m'intéresse, moi, et ce qui doit intéresser tout le royaume. » — « *Tu fais bien, mon enfant*, reprit le roi *en secouant la tête*; *j'ai envie de faire comme toi.* » — « Faites donc, Sire, dit-elle; *au diable* toutes ces querelles de prêtres! reprenez votre santé, et tout ira bien. »

C'est ainsi que, pour être plus piquant et plus vif, Duclos travestit en son propre langage le ton d'une conversation d'intérieur entre une jeune personne et Louis XIV.

Duclos, dans la suite de son récit, ne quitte Saint-Simon, ou plutôt n'est abandonné de lui qu'à la date de 1723, à la mort du duc d'Orléans et à l'époque du ministère de M. le Duc. On s'en aperçoit, car, à partir de ce moment, son Histoire se prolonge peu; elle ne fait que languir : il y a une longue digression sur la Russie qui en interrompt le fil. M. Villenave a eu entre les mains des extraits des Mémoires manuscrits de Blondel qui avait été ministre à Francfort près de l'Électeur de Bavière (l'empereur Charles VII), et ensuite chargé d'affaires à Vienne ; il y a trouvé, dit-il, des parties textuellement reproduites dans les Mémoires de Duclos. Ce qu'on vient de voir permet de conjecturer que, Saint-Simon lui manquant, Duclos a profité, dans la même mesure, des autres secours manuscrits qu'il aura trouvés pour la suite de sa narration.

Mais il est un chapitre intéressant et neuf de son ouvrage qui sans doute (je l'espère du moins) lui appartient plus en propre et auquel il faut rendre toute justice, c'est celui qui a pour titre *Histoire des causes de la guerre de* 1756. Ami intime de Bernis et tenu par lui au courant de tout le jeu, Duclos a écrit ce qu'il y a de plus exact sur cette partie délicate de l'histoire politique du xviiie siècle. Il y a mêlé plus qu'ailleurs de son accent et de son talent incisif. Parlant des insultes de nos côtes, de la descente des Anglais en Bretagne et du combat de Saint-Cast, où ils furent vaillamment rejetés à la mer (septembre 1758), Duclos, après avoir cité quelques actions glorieuses de cette journée toute bretonne et toute française, ajoute avec une vigueur d'ironie patriotique : « On vit dans cette occasion ce que peut la persuasion la plus légère d'avoir une patrie. »

Dans cet examen rapide de Duclos historien, mon intention n'a pas été de diminuer l'idée qu'on doit avoir de son esprit, mais seulement de bien montrer à quoi s'est réduit son travail. Je crois qu'une comparaison plus suivie et plus approfondie que celle que j'ai pu faire conduirait jusqu'au bout dans le même sens, et ne ferait que confirmer le résultat que j'ai indiqué. Duclos historien n'a qu'un procédé, il n'est qu'un *abréviateur*; il l'est avec trait, je l'ai dit, quand il a affaire à l'abbé Le Grand; il l'est avec un certain goût et avec un adoucissement relatif quand il a affaire à Saint-Simon; dans l'un et dans l'autre cas pourtant, il n'a pas toutes les qualités de son office secondaire, et il ne porte au suprême degré ni les soins délicats du narrateur, ni même les scrupules du peintre qui dessine d'après un autre, et de l'écrivain qui observe les tons : il va au plus gros, au plus pressé, à ce qui lui paraît suffire; c'est un homme sensé, expéditif et concis, et qui se contente raisonnablement; il a de la vigueur naturelle et de la fermeté sans profondeur; nulle part il ne marche seul dans un sujet, et jamais il ne livre avec toutes les forces de sa méditation et de son talent une de ces grandes batailles qui honorent ceux qui les engagent, et qui illustrent ceux qui les gagnent. « Il ne s'est pas beaucoup exposé, disait un contemporain qui l'a bien jugé; son genre n'est pas le plus difficile, et il n'en avait qu'un. » Il n'est pas de ceux dont on puisse dire à aucun jour : *Il s'est surpassé.*

Qui que nous soyons et dans quelque genre que la vocation ou la destinée nous ait poussés, tâchons d'être de ceux-là; tâchons, un jour ou l'autre, d'arriver à la perfection de ce qu'il nous est donné de faire, à la réunion de toutes nos forces, à la plus haute puissance de nous-mêmes : et, comme cette heure et cet accident de grâce et de lumière n'est pas en notre pouvoir, tenons-nous prêts et montrons-nous-en dignes en y visant constamment. La simple étude approfondie et creusée dans ses plus laborieux sillons produit à la longue des fruits dont la postérité elle-même est reconnaissante : n'est-ce pas une gloire aussi que ce surcroît d'estime unanimement décerné aux Du Cange, aux Mabillon, aux Tillemont? Et quant à ceux auxquels il est accordé de revêtir leur pensée d'une expression d'éclat et d'imprimer à leur œuvre un cachet d'imagination et de grandeur, ne croyez pas, en général, qu'ils y soient arrivés du premier coup et sans une longue et opiniâtre conquête au dedans. Montesquieu, pendant la conception et l'effort de l'*Esprit des Lois*, ne semblait encore qu'un homme de beaucoup d'esprit à la plupart de ses plus sérieux contemporains. Duclos n'est jamais resté que ce qu'il avait paru d'abord, et il a plutôt diminué en continuant. Entre ces érudits modestes qui s'ensevelissent dans les fondations d'un vieux règne et dans les monuments d'un siècle où ils deviennent ensuite d'indispensables guides (comme l'abbé Le Grand), entre ces peintres éclatants et fougueux qui mettent toute leur époque en pleine lumière et qui la retournent plus vivante à tous les regards (comme Saint-Simon), Duclos n'a suivi qu'une voie moyenne, conforme sans doute à la nature de son esprit, mais qu'il n'a rien fait pour élargir, pour décorer chemin faisant, pour marquer fortement à son empreinte et diriger vers quelque but immortel ou simplement durable : l'abbé Le Grand le surpasse dans un sens, comme dans l'autre Saint-Simon le couvre et l'efface, et comme le domine Montesquieu.

Je ne croyais pas aujourd'hui que cette considération de Duclos historien dût me mener si loin : il me resterait à son sujet, en le suivant dans son rôle de meneur ou de censeur à demi républicain à l'Académie, dans ses relations avec Voltaire et avec le parti encyclopédique, à compléter un des principaux chapitres de l'histoire littéraire du dix-huitième siècle ; mais, si je dois l'écrire, je demande à l'ajourner, n'oubliant pas que nous sommes dans l'Avent et ayant à parler de Bourdaloue.

Jeudi, 22 décembre 1859.

DUCLOS

(FIN) (1)

Je ne veux pourtant pas rester trop incomplet et sans conclusion sur un homme qui fut considérable dans la société de son époque, et qui unit bien des contraires ; qui se fit agréer de Rousseau, et eut de lui une dédicace ; qui se fit craindre et respecter de Voltaire ; qui fut bien à Versailles avec la maîtresse favorite, eut de l'importance administrative et parlementaire dans sa Bretagne, et figura à la tête de l'Académie. Duclos avait un caractère, ou du moins une nature primitive très-caractérisée, une manière d'être à lui, qu'il imposa partout où il fut.

Les relations qu'il eut avec Voltaire les peignent l'un et l'autre. On a vu Voltaire très-vif en compliments à la première lecture du *Louis XI* de Duclos : mais, au fond, il eût été très-peu flatté d'être comparé à lui comme historien. Lorsqu'il publia le *Siècle de Louis XIV*, le président Hénault, auquel il avait demandé des critiques, crut pouvoir lui en adresser quelques-unes ; il lui reprochait sur quelques points le trop d'esprit. Ce

(1) Je remets ici à son rang ce troisième article sur *Duclos*, qui a paru dans *le Moniteur* quelques jours après le premier des articles sur *Bourdaloue.*

n'était pas le compte de Voltaire, qui prétendait, et avec raison, peindre, animer ses tableaux, tenir le lecteur en haleine et les yeux attachés sur les principaux personnages : « Je jetterais mon ouvrage au feu, si je croyais qu'il fût regardé comme l'ouvrage d'un homme d'esprit... J'ai voulu émouvoir, même dans l'histoire. Donnez de l'esprit à Duclos tant que vous voudrez, mais gardez-vous bien de m'en soupçonner. » C'était à Voltaire, lorsque celui-ci se démit de sa charge, que Duclos avait succédé comme historiographe en titre (1750) : Voltaire s'estimait assez peu remplacé. Comme Duclos, après avoir donné ses *Considérations sur les Mœurs* où il avait oublié de parler des femmes et où il avait à peine prononcé leur nom (1), voulut réparer cette omission singulière en publiant l'année suivante (1751), sous le titre de *Mémoires pour servir à l'Histoire des Mœurs du dix-huitième Siècle*, une espèce de répétition de ses *Confessions du Comte de...*, Voltaire qui trouvait ce genre de romans détestable, et qui voyait dans ceux de Duclos une preuve de plus de la décadence du goût, écrivait : « Ils sont d'un homme qui est en place (dans la place d'historiographe), et qui par là est supérieur à sa matière. Il laisse faire la grosse besogne aux pauvres diables qui ne sont plus en charge, et qui n'ont d'autre ressource que celle de bien faire. » Ce qui n'empêche pas que Voltaire n'estime le livre des *Considérations* comme étant la production d'*un honnête homme*; il en écrit à Palissot en ces termes, et n'oublie pas de s'en prévaloir ensuite auprès de Duclos.

Directement, Voltaire le ménage toujours et compte avec lui. On l'avait accusé de n'avoir pas donné sa voix

---

(1) On a dit, et j'avais moi-même répété, que le mot de *femme* ne se trouve pas une seule fois dans l'ouvrage. M. Auger a fait remarquer qu'il y est parlé des femmes au chapitre de la *Réputation* : il n'en est pas moins vrai que l'omission générale subsiste.

à Duclos pour l'Académie française; cela avait mis entre eux du froid; il prend soin de se justifier. Il aurait bien voulu l'enrôler dans le bataillon sacré de la philosophie. Duclos succéda à l'académicien Mirabaud comme Secrétaire perpétuel, et il en fit les fonctions dès 1754. S'il était demeuré en parfaite union avec d'Alembert, ils auraient pu gouverner la compagnie; mais ils se brouillèrent, et, même après le rapprochement, il en resta quelque chose. Duclos, au milieu de toutes les manœuvres du parti encyclopédique, a sa marche à lui; il s'est tenu et ne s'est point livré. « Je vous demande en grâce, mon cher et grand philosophe, écrivait Voltaire à d'Alembert (13 février 1758), de me dire pourquoi Duclos en a mal usé avec vous. Est-ce là le temps où les ennemis de la superstition devraient se brouiller?... Quoi! on ose, dans un sermon devant le roi, traiter de dangereux et d'impie un livre approuvé, muni d'un privilège du roi (l'*Encyclopédie*)!... et tous ceux qui ont mis la main à cet ouvrage ne mettent pas la main à l'épée pour le défendre! ils ne composent pas un bataillon carré! ils ne demandent pas justice! » Et à Duclos lui-même Voltaire, quelque temps après, écrivait : « Il est triste que les gens de lettres soient désunis; c'est diviser des rayons de lumière pour qu'ils aient moins de force. » Mais Duclos n'était pas homme à obéir à un mot d'ordre : voilà son honneur et son coin de probité comme écrivain et homme public. Dans la correspondance qu'il entretient avec lui, Voltaire le tâte souvent, et essaye de l'engager; en 1760, après la comédie des *Philosophes* de Palissot, après le Discours de réception de Le Franc de Pompignan, et dans ce moment le plus vif de la mêlée philosophique, Voltaire voudrait que Duclos s'entendît avec les amis et surtout qu'il agît en Cour pour faire arriver Diderot à l'Académie; c'eût été un coup de parti en effet, et une éclatante revanche : « Vous êtes à portée, je crois, d'en parler à madame de Pompadour; et, quand une fois elle aura fait agréer au roi l'admission de M. Dider' j'ose croire que personne ne sera assez hardi pour s'y opposer. » L'idée du Dictionnaire de l'Académie auquel Diderot, auteur de toute la partie des arts et métiers dans le Dictionnaire encyclopédique, pourrait coopérer très-utilement, s'offre à l'esprit de Voltaire comme prétexte et moyen efficace : « Ne pourriez-vous représenter ou faire représenter combien un tel homme vous devient nécessaire pour la perfection d'un ouvrage nécessaire ? Ne pourriez-vous pas, après avoir établi sourdement cette batterie, vous assembler sept ou huit élus, et faire une députation au roi pour lui demander M. Diderot comme le plus capable de concourir à votre entreprise?... Les dévots diront que Diderot a fait un ouvrage de métaphysique qu'ils n'entendent point (*les Pensées philosophiques*, ou toute autre brochure de Diderot); il n'a qu'à répondre qu'il ne l'a pas fait et qu'il est bon catholique. Il est si aisé d'être catholique ! » Je ne sais ce que Duclos répondit, ni en quel sens il agit précisément : l'essentiel et ce qui le caractérise, c'est que sa ligne générale de conduite fut plus prudente et plus indépendante que Voltaire n'aurait voulu. Voltaire avait beau lui écrire, toujours en cette même année 1760 : « Vous êtes ferme et actif, vous aimez le bien public; vous êtes mon homme, et je vous aime de tout mon cœur. L'Académie n'a jamais eu un Secrétaire tel que vous; » il avait beau ajouter : « Parlez, agissez, écrivez hardiment; le temps est venu... » Duclos ne répondit à ces exhortations qu'à demi et ne marcha que son pas. On a nombre de lettres toutes littéraires concernant les Commentaires de Corneille, et que Voltaire adressait à l'Académie sous le couvert de Duclos. Il en revenait encore de temps en temps à ses regrets et à son projet de ligue philosophique universelle : « Si les véritables *gens de lettres étaient unis, ils donneraient des lois à tous les êtres qui veulent penser.* » Mais il sentait bien qu'il n'avait pas de prise et qu'il ne l'entraînerait pas. Mallet du Pan a rendu à Duclos cette justice qu'il gourmanda plus d'une fois l'effervescence philosophique : « Ils en diront et en feront tant, dit-il un jour impatienté, qu'ils finiront par m'envoyer à confesse. » Ce mot est de ceux qui courent et qui restent. Aussi, à la mort de Duclos, et pour toute expression de regret, Voltaire, dans une lettre à La Harpe, faisant allusion à cette mort et à celle de M. Bignon, qui étaient arrivées presque en même temps, disait : « Notre Académie défile, j'attends mon heure. » Duclos n'était pas de la bande ni du bataillon; il n'obtint pas du chef d'autre oraison funèbre.

Ce n'est pas qu'à l'Académie il n'eût rendu des services, et plus même qu'on ne supposerait d'après cette ligne de conduite que j'ai indiquée; mais chez Duclos il faut s'attendre à une ligne toujours très-brisée et pleine de saccades. Lorsque d'Alembert fut reçu à l'Académie française en 1754, son élection fut très-combattue et traversée de beaucoup d'obstacles, « et même il passe pour constant, rapporte La Harpe, qu'il y avait un nombre de boules noires plus que suffisant pour l'exclure, si Duclos, qui ne perdait pas la tête et qui était en tout hardi et décidé, n'eût pris sur lui de les brouiller dans le scrutin, en disant très-haut qu'il y avait autant de boules blanches qu'il en fallait. » La Harpe affirme qu'il tenait ce fait de la bouche des deux intéressés, de d'Alembert et de Duclos même : « *Tout était noir,* » lui auraient-ils plus d'une fois répété l'un et l'autre. Une telle tricherie dont on se vante comme d'un coup de bonne guerre montrerait, si on l'ignorait, ce que l'esprit de parti peut faire de la probité. A l'Académie, dans les séances ordinaires, Duclos faisait un peu comme partout, il tempêtait au besoin et ne se refusait pas ses jurons d'habitude. L'abbé Du Resnel lui disait doucement : « Monsieur, on ne doit prononcer à l'Académie que des mots qui se trouvent dans le Dictionnaire. » L'abbé de Voisenon, qui reconnaît que Duclos était peut-être celui de toute l'Académie qui entendait le mieux la métaphysique de la grammaire, l'y trouvait « d'un caractère trop peu liant et trop républicain. » Ou, ce qui revient à peu près au même, Duclos y avait le ton trop despotique. On a conservé le souvenir de quelques scènes violentes qu'il eut avec son confrère l'abbé d'Olivet, qu'il appelait un bon grammairien et un méchant homme, et à qui il n'épargnait pas l'injure en face : « C'est, disait-il, un si grand coquin que, malgré les duretés dont je l'accable, il ne me hait pas plus qu'un autre. » L'abbé d'Olivet n'était pas si impassible que Duclos voulait bien le croire : on a beaucoup dit que sa mort et l'attaque d'apoplexie à laquelle il succomba (octobre 1768) eurent pour cause une dernière altercation violente qu'il avait eue à l'Académie avec Duclos et d'Alembert. Duclos s'était mis sur le pied, en quelque lieu qu'il fût, soit à l'Académie, soit chez les ministres et les ambassadeurs, de ne jamais se refuser le plaisir d'une exécution publique quand il avait en face quelque personne qu'il détestait et qu'il déclarait peu estimable. Il fit un jour une pareille scène chez la comtesse de Kaunitz, femme du ministre d'Autriche à Naples, à propos de l'abbé de Caveyrac, l'apologiste de la Saint-Barthélemy : « Comment, madame, s'écria-t-il en pleine assemblée en l'entendant nommer, est-ce qu'un tel maraud est venu chez Votre Excellence? » Et il n'accepta le dîner du lendemain qu'à la condition formelle que l'abbé de Caveyrac n'en serait pas. Une autre fois, à Paris, il sortait d'une maison où il était invité, au moment de se mettre à table, en voyant arriver M. de Calonne, l'ennemi de La Chalotais. Duclos, dans le monde, se déclarait tout haut incompatible avec les fourbes et les méchants. C'est là un rôle d'honnête homme austère et impitoyable qu'il est bien ambitieux de prétendre tenir, qui suppose dans celui qui l'exerce de bien stoïques vertus, et auquel suffisent à peine l'intégrité exemplaire et l'autorité proverbiale d'un Caton ou d'un Montausier. Duclos, en l'usurpant, semble avoir obéi encore plus à son tempérament qu'à ses principes. Dans les luttes personnelles qu'il engageait, il s'était accoutumé à n'avoir jamais, comme on dit, *le dernier*; on le savait entier et emporté, on le craignait et on faisait place devant lui.

Comme Secrétaire perpétuel et historien de l'Académie, il n'a écrit qu'un court chapitre, assez piquant d'ailleurs, dans lequel il insiste beaucoup sur l'égalité académique, égalité qu'il contribua plus que personne à maintenir lors de l'élection du comte de Clermont (prince du sang) dans la Compagnie : « La liberté que le roi nous laisse, dit-il, et l'égalité académique sont nos vrais priviléges, plus favorables qu'on ne le croit à la gloire des Lettres, surtout en France où les récompenses idéales ont tant d'influence sur les esprits. La gloire, cette fumée, est la base la plus solide de tout établissement français. » Dans son Testament, Duclos a pris soin de mettre cet article épigrammatique : « Je donne à l'Académie mon buste du roi en bronze, et je la prie de me donner pour successeur un *homme de lettres*. » Personne, du reste, n'a joui plus agréablement que lui dans ses voyages, et en toute occasion, de l'avantage social qu'il y avait alors à être le confrère des gouverneurs de provinces, des archevêques et des ambassadeurs. Le degré de considération avec lequel il fut traité à l'étranger lorsqu'il y alla, fait partie de l'honneur des Lettres à cette époque.

Comme académicien, il a payé son tribut particulier à l'étude de la langue par les remarques judicieuses qu'il a ajoutées à la *Grammaire générale* dite *de Port-Royal*, et qui furent publiées pour la première fois dans l'édition de 1754. Duclos s'y singularise par une orthographe particulière qu'il prétend soustraire aux irrégularités de l'usage et rendre toute conforme aux sons. Il appartient, ainsi que la plupart des grammairiens philosophes de son temps, à cette école qui considérait avant tout une langue en elle-même et d'une manière absolue, comme étant et devant être l'expression logique et raisonnable d'une idée et d'un jugement; il la dépouillait volontiers de ses autres qualités sensibles; il ne l'envisageait pas assez comme une végétation lente, une production historique composée, résultant de mille accidents fortuits et du génie persistant d'une race, et qui a eu souvent, à travers les âges, plus d'une récolte et d'une riche saison; il ne remontait point à la souche antique, et ne se représentait point les divers rameaux nés d'une racine plus ou moins commune. La philologie comparée n'était pas née alors, ou était dans l'enfance. Duclos, comme tous les grammairiens de son école depuis Arnauld jusqu'à Volney et à M. de Tracy, vise trop à émonder l'arbre qu'il a sous les yeux et à le tailler régulièrement, avec méthode. Dans son genre et dans le cercle qu'il s'est tracé, il a de bonnes et utiles remarques de détail, et il justifie pleinement, quand il écrit, l'axiome de son temps qu'il professe avec Condillac : « En s'appliquant à parler avec précision, on s'habitue à penser avec justesse. »

Ses conversations étaient d'une tout autre nature et échappaient à cette loi; bien qu'il y parlât fort net, je ne sais s'il en pensait toujours plus justement. On a assez au long quelques-unes de ces conversations de Duclos. Madame Du Hausset nous en a conservé une dans ses Mémoires; et madame d'Épinay, dans les siens, en a reproduit trois ou quatre. Je n'entrerai pas ici dans la discussion du genre de torts intimes que madame d'Épinay a reprochés à Duclos, et qui sont trop voisins de l'alcôve : en réduisant ces torts à ce qui en rejaillit sur le caractère général de l'homme, il paraît certain que Duclos dans son habitude journalière, sorti de chez lui dès le matin et passant sa vie dans le monde, aimait à s'installer chez les gens, et qu'une fois implanté dans une maison, il y prenait racine, y dominait bientôt, s'y comportait comme chez lui, donnant du coude à qui le gênait, et y portait enfin, avec les saillies et les éclats de son esprit, tous les inconvénients de son impétuosité et de son humeur. Y joignait-il de la duplicité, comme madame d'Épinay l'en accuse? Sa brusquerie était-elle de commande, et couvrait-elle un jeu? Madame Guizot (Pauline de Meulan) a touché ce point comme il convient, avec discrétion et sagacité (1) : il est à la rigueur possible, pense-t-elle, que dans cette grande comédie que jouèrent habituellement les uns envers les autres, et quelquefois envers eux-mêmes, la plupart des personnages du dix-huitième siècle, Duclos ait pris pour son rôle celui d'un bourru redouté, emporté au dehors, habile et assez modéré en dedans. Ce ne serait, du reste, que dans quelques occasions où il était en lutte, qu'il aurait eu ce calcul et cette ruse : la plupart du temps, il est évident qu'il s'abandonnait. Ce qui résulte plus sûrement des témoignages et des conversations conservées par madame d'Épinay, c'est que Duclos a sa place fâcheuse et marquée dans l'orgie d'es-

---

(1) Dans un article des *Archives philosophiques, politiques et littéraires*, tome III, page 53 (1818).

prît du dix-huitième siècle. Les discussions effrénées qui se tiennent dans les dîners de mademoiselle Quinault et où il est question, entre la poire et le fromage, de toutes les choses divines et humaines, nous montrent Duclos le plus remarquablement cynique entre les cyniques, dans tout l'entrain et toute la jubilation de l'impudeur; traduit en public et comme sténographié dans ce déshabillé, il reste sous le coup du mot final que lui adresse mademoiselle Quinault et que je laisse où je l'ai lu : car il faut être monté au ton des convives pour citer de ces choses.

Un mot de meilleur ton, et trop joli pour ne pas être rappelé, est celui de la comtesse de Rochefort à Duclos, un jour que, causant avec elle et madame de Mirepoix, il avait posé en principe qu'une honnête femme peut tout entendre, et que ce sont seulement les malhonnêtes qui font les bégueules. Là-dessus, il se mit à entamer une série d'histoires plus fortes et plus incroyables les unes que les autres, si bien que la comtesse de Rochefort l'arrêta en souriant : « Prenez garde, Duclos ! vous nous croyez aussi par trop honnêtes femmes. »

Il était plus sérieux et valait mieux que cela en mainte circonstance. Il avait voyagé. Il alla en Angleterre, en Hollande. Il savait de l'Angleterre et de son gouvernement beaucoup plus de choses qu'on ne supposerait, et que Bolingbroke lui avait apprises durant plusieurs séjours que Duclos avait faits à sa campagne près d'Orléans. Je vois que Duclos était à Londres dans le printemps de 1763; il alla faire une visite chez Horace Walpole à Strawberry-Hill, un jour où il y avait brillante compagnie, et entre autres la comtesse de Boufflers : « Ce dernier, dit Horace Walpole en parlant de Duclos, est auteur de la *Vie de Louis XI*, se met comme un ministre dissident, ce qui est, je suppose, la livrée d'un *bel esprit*, et est beaucoup plus impétueux qu'agréable. » Le voyage de Duclos en Italie (novembre 1766 — juin 1767) a laissé plus de traces et de meilleurs souvenirs. Duclos en avait écrit pour lui une Relation, qui n'a paru qu'en 1791. Ce qui le détermina à ce voyage, ce fut l'irritation extrême où l'avait mis l'affaire de La Chalotais, et, comme il dit, « le *brigandage* des auteurs et des instruments de cette persécution. » Duclos ne pouvait plus se contenir; ses propos éclataient contre les personnages en place : on lui conseilla de s'absenter quelque temps, et il se le conseilla à lui-même. Un voyage en Italie était alors une entreprise fatigante; Duclos avait soixante ans passés, mais une *santé d'athlète*, a-t-il soin de nous dire, en ajoutant qu'il la mit dans ce voyage à toutes sortes d'épreuves : Duclos avait l'orgueil de sa bonne santé et de son tempérament robuste, comme Voltaire avait la coquetterie d'être et de se faire malingre. La Relation de Duclos est d'un genre particulier et a mérité l'estime des voyageurs : n'y cherchez pas ce qui est dans De Brosses, le sentiment des arts, la grâce et la fertilité du goût, tout ce qui est des muses; mais sur les hommes, sur les mœurs, sur les gouvernements, Duclos a de bonnes observations et s'y montre à chaque pas sensé, modéré, éclairé. Partout où il va, il est accueilli à merveille; il retrouve de ses connaissances du grand monde de Paris et, jusque dans les Italiens de distinction, des compatriotes. A Gênes tout d'abord il rencontre le marquis de Lomellini, qui venait d'être doge :

« Nous nous revîmes, dit-il, avec cette joie que ressentent deux compatriotes qui se retrouvent en pays étranger : il n'y avait pourtant alors que moi qui le fusse. C'est que Paris devient la patrie universelle de tous ceux, de quelque pays qu'ils soient, qui y vivent en bonne compagnie. Le souvenir qu'on en garde ailleurs nuit souvent au plaisir qu'on aurait de vivre chez soi, si l'on n'en était pas sorti. La campagne seule, quand on est assez heureux pour en prendre le goût, dédommage de notre grande capitale. *Paris ou le village*, pourrait être le vœu de bien des gens raisonnables. »

Duclos étudie Rome assez à fond, non pas tant dans ses antiquités que dans sa société et son gouvernement; il en décrit le plan en politique et en économiste. Dans une audience qu'il a du pape (Clément XIII), audience qu'il n'est pas empressé de rechercher, mais à laquelle il croirait peu séant de se soustraire puisque tous les Français connus se faisaient présenter, à la fin de l'entretien qui dure une demi-heure, il reçoit en cadeau de Sa Sainteté un chapelet et l'en remercie en lui baisant un peu brusquement la main, familiarité qui fait sourire les assistants, car c'est un privilége qui est réservé aux seuls cardinaux. Sans se dissimuler aucun des abus de l'administration, il est arrivé à sentir les avantages et les douceurs de la vie romaine : « Le séjour que j'y ai fait, dit-il, et les habitudes que j'y ai eues m'ont confirmé ce que le président de Montesquieu m'en avait dit, que Rome est une des villes où il se serait retiré le plus volontiers. » A Naples où il reste près de deux mois et où toutes les facilités lui sont données, Duclos visite les antiquités, alors toutes neuves, de Pompéi et d'Herculanum, et s'y applique également à bien connaître les rouages et les principes de l'administration. Il fera de même dans tous les lieux qu'il traversera au retour; les petits États tels que celui de Parme ne sont pas ceux qui l'intéressent le moins, s'il les trouve bien administrés. A Milan il visite Beccaria, célèbre par son livre philanthropique *des Délits et des Peines :* mais Duclos ne donne pas à l'aveugle dans ces nouveautés qui, poussées trop loin, tendent à désarmer la société et à énerver la justice. Sachons-le : Duclos a été maire de Dinan pendant plusieurs années; il a trouvé moyen de concilier cette vie bretonne avec son existence parisienne; il a été membre des États de sa province; c'est un homme de lettres qui a de la pratique administrative, et qui a connu un coin de vie parlementaire et politique. Voici quelques-unes des idées et des réserves de Duclos au sujet du livre de Beccaria, et dont il s'ouvre de vive voix à l'auteur même :

« Après lui avoir fait compliment sur le caractère d'humanité qui l'avait inspiré, je ne lui dissimulai point que je n'étais pas de son sentiment sur la conclusion qui tend à proscrire la peine de mort pour quelque crime que ce puisse être. Je lui dis qu'il n'avait été frappé que de l'horreur des supplices sans porter sa vue, en rétrogradant, sur l'énormité de certains crimes qu'on ne peut punir que de mort, et quelquefois d'une mort terrible, suivant les cas. Je convins de la sévérité, à certains égards, de nos lois criminelles, telles que la question préparatoire; mais j'ajoutai, et je pense que, sans proscrire aucun genre de mort, il n'y aurait, pour la réforme de notre Code criminel, qu'à fixer une gradation de peines comme une gradation de délits. Il y aurait, sans doute, des délits qui ne seraient pas punis de mort, ainsi qu'ils le sont actuellement; mais il y a des crimes qui ne peuvent l'être d'une mort trop effrayante. La rigueur du châtiment est, dans certaines circonstances, un acte d'humanité pour la société en corps. J'entrai dans quelques explications, et je finis par donner à l'auteur les éloges que mérite son projet, qui peut être l'occasion d'une réforme dans le Code criminel. Je crois cependant qu'on l'a trop exalté; mais l'excès est l'esprit du siècle, et peut-être l'a-t-il toujours été du Français.

« On est revenu depuis quelque temps de beaucoup de préjugés, mais on s'accoutume trop à regarder comme tels tout ce qui est admis. Dès qu'un auteur produit une idée nouvelle, elle est aussitôt reçue comme vraie; la nouveauté seule en est le passe-port. Je voudrais pourtant un peu d'examen et de discussion avant le jugement. »

Sur plus d'un point, je trouve ainsi Duclos se tenant à une réforme modérée et se garantissant à l'avance des partis extrêmes. Il n'est pas favorable aux religieux des Ordres mendiants, mais il n'est pas contre toute espèce de Communautés religieuses, et il les croit compatibles avec l'ordre politique moyen qu'il conçoit : « Les religieux rentés, en France, sortent communément d'une honnête bourgeoisie, dit-il, paraissent peu dans le monde et sont, malgré beaucoup de plates déclamations, plus utiles à l'État qu'on ne le pense. Ce serait la matière d'un bon mémoire économique : je suis étonné qu'aucun d'eux ne se soit avisé de le faire; je m'en occuperai peut-être un jour. » C'est ainsi que, dans son *Essai sur la Voirie et les Ponts et Chaussées*, il n'est pas absolument contre la corvée, contre le travail de réparation des chemins par les communautés : il croit seulement qu'il serait bon de régulariser ce service imposé au peuple des campagnes, établissant en principe que l'État a le droit de l'exiger comme tous les genres de services pour la grande cause de l'utilité publique. En rapprochant ces diverses vues où le bon sens qui vise aux réformes tient compte des faits, on sent qu'il y avait dans Duclos l'étoffe d'un administrateur et jusqu'à un certain point d'un homme politique. Il ne lui a manqué peut-être que de venir un peu plus tard pour trouver tout son emploi; et cet excès même de parole et de chaleur physique, qui détonnait dans la société et dans les salons, eût trouvé son milieu assez naturel et tout son espace dans la vie des Assemblées. Il avait certes assez de poumons pour les remplir, assez de connaissances pour les éclairer, assez de bons mots et peut-être de lazzis pour les égayer. Il eût pu être, à côté de plus d'un qui lui ressemble et dont je suis tenté (oubliant l'anachronisme) de mettre le nom tout près du sien (1), un des champions écoutés de la classe moyenne.

Une circonstance assez touchante se mêle à son voyage d'Italie. Duclos était à Naples quand il apprit la mort de sa mère, âgée de cent deux ans. Ses amis de Paris, connaissant sa tendresse pour elle et ne voulant pas attrister son voyage, se concertèrent avec sa famille pour la lui cacher et pour que cette mort ne fût point

---

(1) Je puis maintenant nommer M. Dupin.

annoncée par la Gazette de France : mais Duclos l'apprit d'autre part et par la Gazette d'Avignon. Il eut une première douleur soudaine; puis rassuré par les lettres de ses amis, qui ne lui parlaient pas de ce malheur, il crut à quelque méprise et espéra. Le résultat de cette précaution manquée fut de lui *faire boire deux fois le calice.* Duclos était resté bon et tendre fils; le chagrin qu'il éprouva en perdant « la seule personne, dit-il, dont on puisse être sûr d'être aimé, » le rendit malade. Il se sentit un redoublement de colère et d'indignation contre les hommes en place tracassiers ou timides, qui l'avaient empêché de faire sa visite accoutumée en Bretagne cette année. En revenant en France, la douleur dans l'âme, il écrivait à l'un de ses amis : « Croiriez-vous, ce qui est fort en pensant à une personne centenaire, que l'espoir de la revoir, après l'erreur où j'ai été, ne s'efface que successivement de mon esprit? »

Duclos, fort et robuste comme il était, mourut avant le temps, le 26 mars 1772, à l'âge de soixante-huit ans. Il avait de la fortune; il jouissait, tant en pensions qu'en rentes, de 30,000 livres de revenu, dit Petitot. Il laissa une riche succession, et l'on trouva 50,000 fr. en or dans son secrétaire. A côté de parties désintéressées, il avait des coins d'avarice, comme on l'a remarqué pour Mézeray : « Il n'a jamais vécu chez lui, dit Sénac de Meilhan, et, comme son bien était en argent comptant, la crainte d'être volé lui faisait prendre des précautions pour qu'on ne sût pas qu'il avait chez lui de grosses sommes : c'est par cette raison que, peu de temps avant de mourir, il emprunta vingt-cinq louis à l'un de ses amis. Il dînait tous les jours en ville, et cherchait toujours à se faire ramener. » En rassemblant ces divers faits un peu disparates, j'ai senti plus d'une fois combien le caractère d'un homme est compliqué, et avec quel soin on doit éviter, si l'on veut être vrai, de le simplifier par système. Il est un degré d'intimité au delà duquel il n'est pas permis à l'homme de prétendre dans l'étude de son semblable : c'est un secret que s'est réservé le grand Anatomiste des cœurs. Ma conclusion sur Duclos sera courte, et elle ne se rapporte qu'à son mérite et à son rôle public extérieur. J'ai assez fait ressortir ce qui lui manquait pour atteindre au grand et à l'excellent; il serait encore à souhaiter, malgré tout, qu'il y cût beaucoup de gens d'esprit aussi sensés, de caractères hardis aussi prudents et aussi positifs dans l'application, de facilités rapides aussi fermes et précises, aussi aptes à quantité d'emplois justes et sûrs. Indépendamment de ce qu'il avait de singulier et d'original dans l'humeur et dans le ton, un tel homme, dans la littérature d'une époque, est ce qu'on peut appeler une spirituelle et essentielle activité, une *utilité* de premier ordre.

Lundi, 19 décembre 1852.

BOURDALOUE

Bourdaloue a, entre autres choses, cela d'admirable qu'il n'a point et ne peut avoir de biographie. Qu'a-t-il fait durant sa vie? Il a prêché la parole sainte, il a été l'homme du verbe évangélique ; il a été une grande et puissante voix. Peu de jours avant de mourir, il prêchait encore à une solennité de vêture d'une religieuse ; ce fut là qu'il prit le mal qui l'emporta. Durant trente-quatre ans, en vue de la Cour et de la ville, il avait fait la même chose : il avait prêché. Après sa mort, une lettre du supérieur de la maison professe, le Père Martineau ; un Éloge mis en tête de ses Sermons par le religieux qui en fut l'éditeur, le Père Bretonneau ; une lettre de M. de Lamoignon, son ami de tous les temps ; un autre hommage plus développé mais du même genre, par une personne de condition, madame de Pringy, c'est tout ce qu'on a sur Bourdaloue ; et, je le dirai, quand on l'a lu lui-même et considéré quelque temps dans l'esprit qui convient, on ne cherche point sur son compte d'autres particularités, on n'en désire pas : on entre avec lui dans le sens de cette conduite égale, uniforme, qui est le caractère de la prudence chrétienne et le plus beau support de cette saine éloquence ; et l'on répète avec une des personnes qui l'ont le mieux connu : « Ce qui m'a le plus touché dans sa conduite, c'est l'uniformité de ses œuvres. »

On ne sait rien ou à peu près rien non plus de la vie de La Bruyère ; mais, à l'égard de ce dernier, le sentiment qu'on apporte est, ce me semble, tout différent. On voudrait savoir, deviner ; c'est un curieux qui en éveille d'autres ; moraliste fin, piquant, satirique, on le cherche lui-même derrière ses descriptions ; exquis et délicat dans ses maximes, on voudrait saisir l'occasion où elles sont nées, et connaître la part de son cœur qui est entrée dans son expérience. C'est un peintre hardi à la fois et discret, qui a voilé une partie de ses personnages et qui s'est dérobé lui-même ; il laisse entrevoir autant de choses qu'il en montre ; on le suivrait volontiers dans sa demi-ombre et dans ses mystères ; on cherche toujours une clef avec lui. Il pique, il aiguillonne, il irrite, c'est une partie de son art ; il ne satisfait pas. Rien de tel pour Bourdaloue : sa personne et tout ce qui touche l'homme, l'individu auteur ou orateur, a disparu dans la plénitude et l'excellence ordinaire de sa parole, ou plutôt il y est passé et s'y est produit tout entier. Il a dit tout ce qu'il savait, il a dit les remèdes ; il a eu de bonne heure cette science prudente qui est le don de quelques-uns, et que la pratique du Christianisme est incomparable pour aiguiser et développer ; il l'a continuellement distribuée et versée à tous par l'organe d'un puissant et infatigable talent. « On versera dans votre sein une bonne mesure qui sera pressée, entassée, comblée. » Cette parole de l'Évangéliste, qu'il cite dès son premier sermon, lui est applicable. Le propre de Bourdaloue, c'est qu'il rassasie. Hors de là, dans le monde, quand il y allait par rencontre ; à Bâville, quand il y passait quelques jours ; à la maison professe des Jésuites rue Saint-Antoine où il vivait, c'était un homme « d'un esprit charmant et d'une facilité fort aimable, » d'une rare bonté et d'un parfait agrément dans le commerce ; très-gai, et se plaisant avant tout à une amitié sans contrainte. « Son cœur était à découvert et, pour ainsi dire, transparent, » a écrit de lui le docte Huet qui, dans les dernières années, le voyait tous les jours, et qui eut la douleur de lui survivre.

Louis Bourdaloue naquit à Bourges le 28 (et non le 20) du mois d'août 1632, d'une bonne famille d'avocats, d'échevins, de lieutenants au bailliage, de conseillers au présidial, en un mot, de cette bourgeoisie déjà anoblie, et qui n'avait qu'à faire un pas pour pénétrer plus ou moins dans la noblesse. La sœur de Bourdaloue, mariée à un Chamillart, fut tante de M. de Chamillart, ministre d'État. On a remarqué que le père de Bourdaloue, homme d'une exacte probité, avait lui-même « une grâce singulière à parler en public. » Le mérite de Bourdaloue s'annonça dès l'enfance : « Il était naturel, plein de feu et de bonté, dit madame de Pringy ; il suça la vertu avec le lait, et ne sortit de l'enfance que pour entrer dans les routes laborieuses du Christianisme. » Il n'eut dans sa vie qu'une seule aventure et qui fut décisive, ce fut, si j'ose dire, l'aventure de piété qui devint le point de départ de sa carrière. Dévoré du désir de se consacrer à Dieu et contrarié sans doute par les desseins de sa famille qui le voulait engager dans l'état paternel, il se déroba par la fuite, vint à Paris sans l'aveu de ses parents, et se jeta dans le noviciat des Jésuites. Son père ne fut pas plus tôt instruit du lieu de sa retraite, qu'il accourut en poste à Paris et ramena son fils à Bourges. Mais, bientôt vaincu par la constance du jeune homme et assuré de la solidité de sa vocation, il le laissa libre d'entrer dans une Société, où lui-même autrefois il avait pensé à s'engager dans sa jeunesse. Une fois entré chez les Jésuites, Bourdaloue, qui n'avait que seize ans (10 novembre 1648), suivit ses études, enseigna et professa soit les lettres, soit la théologie, et fut appliqué, durant dix-huit ans, à divers emplois scolastiques où il se munissait et s'aguerrissait, sans le savoir, pour sa destination future. Dix-huit années d'études, d'exercice continuel, de préparation laborieuse, voilà ce qu'il y a au fond de cette éloquence si forte et si pleine, et ce qui plus tard, l'expérience du monde s'y joignant, l'a composée et nourrie. Les diverses aptitudes de Bourdaloue laissaient sa principale vocation encore indécise. On sait qu'on lui confia dans un temps à élever le jeune M. de Louvois, tout à l'heure ministre. Quelques sermons que Bourdaloue eut l'occasion de prêcher pendant qu'il professait la théologie morale, avaient cependant déclaré ce qu'il était avant toute chose, et le succès qu'ils eurent détermina le choix que ses supérieurs firent de lui pour l'appliquer uniquement à la prédication. Il avait trente-quatre ans.

Jusque-là, n'admirez-vous pas cette vie constante, unie, enfermée, toute à l'acquisition des connaissances sacrées, toute à l'éducation et à la formation intérieure du talent naturel? On n'entrevoit, dans cette jeunesse de Bourdaloue, aucun de ces écarts, aucun de ces orages qu'a laissé apercevoir la jeunesse de Massillon; aucune variation ne s'y fait soupçonner ni sentir : et bientôt son talent d'orateur sacré nous le dira encore mieux dans la droiture continue de sa simplicité éloquente. Il ne faut pas croire pourtant que Bourdaloue fût d'un naturel froid : tous ceux qui l'ont connu parlent, il est vrai, de sa douceur, mais c'est d'une douceur « qui devait lui coûter, du tempérament dont il était. » Ce tempérament plein de feu s'était, par un heureux accord et dès sa pente première, porté tout entier du côté de la règle et des devoirs : son zèle pur les animait en s'en acquittant, et lui en rendait l'exercice facile et léger. Heureuse jeunesse qui se poursuivit avec toute sa force et toute son intégrité dans l'âge mûr! Persévérance et uniformité ardente, qui le tint toujours à l'abri de tout échec et de tout soupçon; qui se sent et transpire dans tout ce qu'il profère et enseigne, et qui lui assurait, dans l'ordre moral et chrétien, une autorité que nul en son siècle n'a surpassée, pas même Bossuet!

Après avoir prêché avec éclat dans diverses villes de province, et y avoir achevé son apprentissage de la parole publique, Bourdaloue revint à Paris en 1669, et y parut dans l'église de la maison professe des Jésuites, où la foule venait l'entendre : il y débuta en orateur consommé. L'année suivante (1670), il fut appelé à prêcher l'Avent en présence de Louis XIV, puis le Carême en 1672, et depuis lors il reparut dix fois à la Cour avec le même succès (1). Il ne faut pas croire et répéter, d'après quelques auteurs, que l'éloquence de la chaire dans le Sermon, était à naître quand Bourdaloue parut. Bossuet avait prêché la plus grande partie des siens; mais en laissant même de côté Bossuet, qui fait exception en tout, il y avait eu une excellente école de sermonnaires qui avaient déjà en partie réformé la chaire et en avaient banni le mauvais goût, les excès d'érudition ou d'imagination surannés et déplacés : M. Singlin, à Port-Royal de Paris; Desmares, à Saint-Roch, avaient donné l'idée d'une instruction morale, ferme, sensée et pure, et d'une éloquence judicieuse. Mais ces exemples, trop tôt interrompus, n'avaient pas eu force de loi, et il fallut en effet le règne de Bourdaloue, durant plus de trente ans, pour inaugurer et établir dans le Sermon la

---

(1) Le *Mercure galant*, de juin 1679 (page 274), annonce que le Père Bourdaloue vient d'être nommé *Prédicateur ordinaire du roi*. Cette nouvelle se rapporte à ce que je lis dans le *Journal* manuscrit de M. de Pontchâteau, à la date du 17 avril 1679 : « Le Père Bourdaloue a quatre cents écus de pension que le roi lui donne comme à son prédicateur. »

véritable et juste éloquence, digne en tout de l'époque de Louis XIV.

Madame de Sévigné nous a tenu au courant des succès et de la vogue de Bourdaloue, dès le début de sa carrière. Le dirai-je? je n'aime pas également tous les endroits, si souvent cités, de madame de Sévigné à son sujet; elle abuse quelquefois, en parlant de lui, de ces folâtreries de style et de cette belle humeur d'expression qui font contraste avec les choses graves. Ainsi, quand elle dit à propos du premier Avent que Bourdaloue prêcha à la Cour (décembre 1670) : « Au reste, le Père Bourdaloue prêche divinement bien aux Tuileries. Nous nous trompions dans la pensée qu'il ne jouerait bien que dans son tripot; il passe infiniment tout ce que nous avons ouï. » Son *tripot*, c'est-à-dire la maison professe. Et encore, pour le Carême de 1671 : « J'avais grande envie de me jeter dans *le Bourdaloue*, mais l'impossibilité m'en a ôté le goût : les laquais y étaient dès le mercredi, et la presse était à mourir. » *Le Bourdaloue!* elle en parle comme d'un acteur; et en maint endroit elle se joue ainsi, selon son habitude et contrairement à l'idée, à la réflexion sévère que devait, ce semble, laisser et imprimer à tous une éloquence que, d'ailleurs, elle sent et décrit si bien.

Aujourd'hui, le genre de talent de Bourdaloue nous semble bien loin de prêter à de telles vivacités de couleurs, et, pour mieux essayer d'y pénétrer, je dirai d'abord l'effet assez général que cette éloquence produit à la lecture, et par quel effort, par quelle application du cœur et de l'esprit il est besoin de passer pour revenir et s'élever à la juste idée qu'il convient d'avoir de sa grandeur, de sa sobre beauté et de sa moralité profonde. Les gens du métier, les habiles ou les vertueux, qui l'ont étudiée et pratiquée à fond, ont gardé ou retrouvé, en l'appréciant, l'admiration qu'elle inspirait autrefois :

le commun des lecteurs, je le crois, a besoin de refaire un peu son éducation à cet égard. Et d'abord, n'oublions jamais que Bourdaloue était, avant tout, un orateur, non un écrivain. C'était un orateur, et il en avait tous les dons pour le genre d'enseignement sacré auquel il s'était voué : il avait l'action, le feu, la rapidité, et, en déroulant ce fleuve de la parole qui chez lui, à la lecture, nous paraît volontiers égal et surtout puissant par sa vigueur suivie et sa continuité, il y avait des endroits où il tonnait. On a dit qu'il baissait volontiers les yeux en parlant, et qu'il s'interdisait cette éloquence du regard que Massillon s'accordait quelquefois : cela est possible; mais, dans tous les cas, cette forme de débit n'était qu'une convenance de plus, une manière de pousser plus avant, et comme tout droit devant lui, dans sa démonstration inflexible et sévère. Aujourd'hui, ces heureuses et vives qualités de l'orateur, parmi lesquelles il faut compter l'une des premières, « une voix pleine, résonnante, douce et harmonieuse, » ont disparu, et l'écrivain seul nous reste, écrivain juste, clair, exact, probe comme sa pensée, mais qui n'a rien de surprenant. Daguesseau a très-bien loué en Bourdaloue « la beauté des plans généraux, l'ordre et la distribution qui règnent dans chaque partie du discours, la clarté et, si l'on peut parler ainsi, la *popularité de l'expression* (1), simple sans bassesse et noble sans affectation. » Cette qualité moyenne de l'expression, si bien appropriée au genre, est presque aujourd'hui un inconvénient à la lecture : elle contribue à en amortir l'effet. Je faisais ces jours-ci une expérience : je lisais, et avec

---

(1) *La popularité de l'expression*, c'est assez l'éloge aussi que Cicéron dans son *Orateur* (chap. XI) fait donner par quelqu'un à Ennius : « Ennio delector quod non discedit a *communi more verbo-« rum*. » L'éloge est plus vrai encore pour un orateur que pour un poëte.

le plus de fruit que je pouvais, l'admirable sermon de Bourdaloue *sur la Pensée de la mort*, mais je le lisais haut et devant de jeunes amis. Je ne crois pas qu'il y ait rien de plus parfait dans le genre pur du Sermon que ce discours qui fut fait pour le mercredi des Cendres (1672), et qui a pour texte le *Memento :* « Souvenez-vous, homme, que vous êtes poussière, et que vous retournerez en poussière. » Tous les mérites de Bourdaloue y sont réunis. Il excelle d'ordinaire dans le choix de ses textes et dans le parti qu'il en tire pour la division morale de son sujet : mais mainte fois il est subtil ou il semble l'être dans l'interprétation qu'il donne, dans l'antithèse qu'il fait des divers mots de ce texte; on dirait qu'il les oppose à plaisir et qu'il en joue (comme saint Augustin), et ce n'est qu'au développement qu'on s'aperçoit de la solidité du sens en même temps que de la finesse de l'analyse. Ici l'usage qu'il fait du texte est simple, et l'avertissement sort de lui-même. S'emparant de cette poussière du jour des Cendres, il va démontrer que la pensée présente et actuelle de la mort, qu'elle tend à donner à chacun, est le meilleur remède, l'application la plus efficace et dans les crises de passion qui nous entraînent, et dans les conseils ou résolutions qu'on veut prendre, et dans le cours ordinaire des devoirs à accomplir et des exercices de la vie:

« Vos passions vous emportent, et souvent il vous semble que vous n'êtes pas maître de votre ambition et de votre cupidité : *Memento.* Souvenez-vous, et pensez ce que c'est que l'ambition et la cupidité d'un homme qui doit mourir. — Vous délibérez sur une matière importante, et vous ne savez à quoi vous résoudre : *Memento.* Souvenez-vous, et pensez quelle résolution il convient de prendre à un homme qui doit mourir. — Les exercices de la religion vous fatiguent et vous lassent, et vous vous acquittez négligemment de vos devoirs : *Memento.* Souvenez-vous, et pensez comment il importe de les observer à un homme qui doit mourir. Tel est l'usage que nous devons faire de la pensée de la mort, et c'est aussi tout le sujet de votre attention... »

Dire le parti que Bourdaloue a tiré de ces trois points de vue et surtout des deux premiers, c'est ce que toute analyse est insuffisante à rendre et ce qu'il faut chercher dans le sermon même. Là comme toujours, il enseigne ouvertement et sans détour : « Écoutez-moi, et ne perdez rien d'une instruction si édifiante. » Car le propre de Bourdaloue (tant il est sûr de sa modestie et tant il s'oublie lui-même) est de se confondre totalement avec son ministère de prédicateur et d'apôtre; il ne laisse rien aux délicatesses du siècle : « Écoutez-moi. — Suivez-moi. — Appliquez-vous. — Comprenez ceci. — Écoutez-en la preuve. — Appliquez-vous toujours. » Ce sont les formes ordinaires de ce démonstrateur chrétien qui, de ces trois choses proposées à l'orateur ancien, *instruire*, *plaire*, *émouvoir*, ne songe qu'à la première, méprise la seconde, et est bien sûr d'arriver à la troisième par la force même de l'enseignement et la nature pénétrante de la vérité. S'il a, comme on l'a dit, quelque chose de Démosthène, c'est en cela.

En lisant ce sermon *sur la Pensée de la mort* et à mesure que j'avançais, je sentais s'évanouir ces vagues idées d'un dieu non chrétien, d'un dieu *des bonnes gens*, qui se sont aujourd'hui glissées insensiblement presque dans toutes les âmes. Je sentais s'évanouir également ces idées naturelles ou plutôt de naturaliste et de médecin, qui ne s'y sont pas moins glissées; ce qui faisait dire à Pline l'Ancien que de toutes les morts *la mort subite* était la plus enviable « et le comble du bonheur de la vie; » ce qui a fait dire également à Buffon « que la plupart des hommes meurent sans le savoir; que la mort n'est pas une chose aussi terrible que nous nous l'imaginons; que nous la jugeons mal de loin; que c'est un spectre qui nous épouvante à une certaine distance, et qui disparaît lorsqu'on vient à en approcher de près... » Je sentais, au contraire, reparaître présente et vivante cette idée formidable de la mort au sens chrétien, idée souverainement efficace si on la sait appliquer à toutes les misères et les vanités, à toutes les incertitudes de la vie : ce fondement solide et permanent de la morale chrétienne m'apparaissait à nu et se découvrait dans toute son étendue par l'austère exposition de Bourdaloue, et j'éprouvais que, dans le tissu serré et la continuité de son développement, il n'y a pas un instant de pause où l'on puisse respirer, tant un anneau succède à l'autre et tant ce n'est qu'une seule et même chaîne : « Il m'a souvent ôté la respiration, disait Mme de Sévigné, par l'extrême attention avec laquelle on est pendu à la force et à la justesse de ses discours, et je ne respirais que quand il lui plaisait de finir... » A peine s'il vous laissait le temps de s'écrier, comme cela arriva un jour au maréchal de Grammont en pleine église : « Morbleu ! il a raison ! » — J'éprouvais encore que, sous la rigueur du raisonnement chez Bourdaloue, il se sent un feu, une ferveur et une passion comme chez Rousseau (pardon du choc de ces deux noms), sauf que celui-ci déclame souvent en raisonnant et qu'avec l'autre on est dans la probité pure. Je reconnaissais toute la différence qu'il y a entre le développement de Bourdaloue et celui de Massillon, ce dernier ayant plutôt un développement de luxe et d'abondance qui baigne et qui repose, et l'autre un développement de raisonnement et de nécessité qui enchaîne. Peu de morceaux, peu de couplets chez Bourdaloue qui se puissent détacher ; il en a pourtant, et, dans son premier point *sur la Pensée de la mort*, quel beau passage que celui où, par contraste avec l'effet de cette pensée présente, il montre que, si l'homme était sûr de ne point mourir et de jouir dès ici-bas d'une destinée immortelle, il n'y aurait plus de remède ni de raison à opposer au libre débordement de sa passion !

« On aurait beau nous faire là-dessus de longs discours ; on aurait beau nous redire tout ce qu'en ont dit les philosophes ; on aurait beau y procéder par voie de raisonnement et de démonstration, nous prendrions tout cela pour des subtilités encore plus vaines que la vanité même dont il s'agirait de nous persuader. La foi avec tous ses motifs n'y ferait plus rien : dégagés que nous serions de ce souvenir de la mort, qui, comme un maître sévère, nous retient dans l'ordre, nous nous ferions un point de sagesse de vivre au gré de nos désirs, nous compterions pour réel et pour vrai tout ce que le monde a de faux et de brillant ; et notre raison, prenant parti contre nous-même, commencerait à s'accorder et à être d'intelligence avec la passion.

« Mais quand on nous dit qu'il faut mourir, et quand nous nous le disons à nous-mêmes, ah ! Chrétiens, notre amour-propre, tout ingénieux qu'il est, n'a plus de quoi se défendre... Il ne faut que cette cendre qu'on nous met sur la tête, et qui nous retrace l'idée de la mort, pour rabattre toutes les enflures de notre cœur... »

Je suivais donc ce développement plein, pressant et sans trêve, et qui vous tient en suspens jusqu'au terme, m'arrêtant à peine à ce qui m'y paraissait plus saillant (le saillant, proprement dit, y est rare), et ne pouvant cependant méconnaître ce qu'il y avait par moments d'approprié à cet auditoire de Notre-Dame, à la fois populaire et majestueux. Car dans ce rappel mainte fois répété : *Memento, homo...*, l'orateur tout à coup se retourne plus particulièrement vers quelques-uns de ceux qui l'écoutent, l'ambitieux, l'avare et l'homme de fortune, le grand seigneur, la femme mondaine, et il leur dit, à chacun, après une description particulière de leur mal et en leur étalant une poussière de mort, semblable à la leur, à ce qu'elle sera un jour : *Venez et voyez !* — « Je n'ai qu'à l'adresser, cet arrêt, à tout ce qu'il y a dans cet auditoire d'âmes passionnées, pour les obliger à n'avoir plus ces désirs vastes et sans mesure qui les tourmentent toujours et qu'on ne remplit jamais... » Supposez en cet auditoire un Louvois, un Colbert, comme ils y étaient sans doute, et ressentez l'effet.

Je lisais tout cela à haute voix ; et avec ce ressouvenir

des premières années où l'on eût la foi vive et entière, avec ces sentiments sérieux et rassis que l'âge nous rend ou nous donne, et aussi avec ce goût d'une littérature apaisée, qui est désormais la mienne en vieillissant, je trouvais ce discours aussi excellent de forme que de fond, beau et bon de tout point. Mes jeunes amis, qui m'écoutaient et ne me contredisaient pas, résistaient cependant; et pourquoi ? — Le dirai-je ? il n'y avait pas, à leur gré (et c'est, je le sais, l'opinion du grand nombre), assez de *traits* chez Bourdaloue. Dans quatre lignes de saint Bernard ou de Bossuet, il y en a bien autrement, me disait l'un d'eux, et l'on m'en citait ; et ce seul désavantage amortissait le grand effet moral du saint orateur dans leur pensée. Ils auraient répété volontiers ce que disait madame de Montespan : « que le Père Bourdaloue prêchait assez bien pour la dégoûter de ceux qui prêchaient, mais non pas assez bien pour remplir l'idée qu'elle avait d'un prédicateur. » Ce quelque chose qu'ils concevaient au delà les empêchait de s'abandonner et de se rendre à l'impression saine et forte de Bourdaloue.

Je sais tout ce qu'on peut dire et ce qu'on a dit des Sermons de Bossuet : n'exagérons rien pourtant. Bossuet, sublime dans l'Oraison funèbre, n'a pas atteint la même excellence dans toutes les parties du Sermon; il y est inégal, inachevé. Bourdaloue, en ce genre et du vivant de Bossuet, tout à côté de lui, était réputé le maître. Respectons ces jugements de contemporains aussi éclairés, et sans doute le jugement de Bossuet même. Non, cela est trop sensible, Bourdaloue n'a pas comme Bossuet les foudres à son commandement et la main pleine d'éclairs, pas plus qu'il n'a comme Massillon l'urne de parfums qui s'épanche. Bourdaloue, c'est l'orateur qu'il faut être quand on veut prêcher trente-quatre ans de suite et être utile : il ne s'agit pas de tout dissiper d'abord, de s'illustrer par des exploits, d'avoir des saillies qui étonnent, qui ravissent et auxquelles on applaudit, mais de durer, d'édifier avec sûreté, de recommencer sans cesse, d'être avec son talent comme avec une armée qui n'a pas seulement à gagner une ou deux batailles, mais à s'établir au cœur du pays ennemi et à y vivre. C'est la merveille à laquelle a su atteindre celui que ses contemporains appelaient le grand Bourdaloue, et que nous nous obstinons à ne plus appeler que l'estimable et judicieux Bourdaloue.

Nous sommes devenus difficiles : le style purement judicieux nous rebute et nous ennuie, et Bourdaloue, en parlant, ne raffinait pas : il a l'expression claire, ferme, puisée dans la pleine acception de la langue; il ne l'a jamais neuve (une ou deux fois il demande pardon d'employer les mots *outrer, humaniser*). Il y a des sermons (celui sur *la Madeleine*) où son expression même ne nous paraît pas toujours suffisamment polie et distinguée. C'est Nicole éloquent, a-t-on dit. Il s'occupait des choses et non des mots; il n'avait pas la splendeur naturelle de l'élocution, et il ne la cherchait pas : il s'en tenait à ce style d'honnête homme qui ne veut que donner à la vérité un corps sans lui imposer de couronne. Inférieur à Bossuet qui a cet éclat par lui-même et qui le rencontre dans l'inspiration directe de la pensée, il est supérieur toutefois à ceux qui le poursuivent et qui l'affectent, qui ne sont contents, en parlant des choses de Dieu et des vertus du Christianisme, que lorsqu'ils les ont figurées en des termes forcés, singuliers, imprévus, que personne n'avait trouvés jusque-là. Quand on demande à Bourdaloue ces traits, ces lumières du discours qui lui manquent, et qu'on lui oppose sans cesse Bossuet, je crains qu'on ne fasse une confusion, et que Bossuet ne soit là que pour cacher Chateaubriand, et pour signifier, sous un nom magnifique et plus sûr, ce genre de goût que l'auteur du *Génie du Christianisme* nous a inculqué, je veux dire le culte de l'image et de la métaphore. Même lorsqu'on en est sobre pour soi, on la cherche et on la désire chez les autres. Dans une trame de style unie et simple, quelque chose désormais nous manque. Au reste, tous les reproches à cet égard qu'on peut faire à Bourdaloue, ou plutôt les regrets qu'on peut former à son sujet, se réduisent à ceci : il a été un grand orateur, et il n'est qu'un bon écrivain.

Plusieurs critiques ont supérieurement parlé de Bourdaloue ; M. Vinet (tout protestant qu'il était) dans quelques articles du *Semeur* (1), et le cardinal Maury dans son *Essai sur l'Éloquence de la Chaire*. Ce dernier, dans sa conclusion, a dit avec un bon sens élevé qui l'honore : « Enfin je ne puis lire les ouvrages de ce grand homme sans me dire à moi-même (en y désirant quelquefois, j'oserai l'avouer avec respect, plus d'élan à sa sensibilité, plus d'ardeur à son génie, plus de ce feu sacré qui embrasait l'âme de Bossuet, surtout plus d'éclat et de souplesse à son imagination) : Voilà donc, si l'on ajoute ce beau idéal, jusqu'où le génie de la chaire peut s'élever quand il est fécondé et soutenu par un travail immense ! » Il lui a appliqué très-ingénieusement, pour la savante disposition des plans et la distribution des diverses parties, le mot de Quintilien qui compare cette sorte d'orateur tacticien à un général habile qui sait ranger ses troupes dans le meilleur ordre. Bourdaloue a donc, comme on dit, l'*imperatoria virtus*, cette qualité souveraine de général qui fait que tout marche en ordre et à son rang ; que rien ne s'ébranle sans le mot du chef. C'est en effet l'impression

---

(1) Dans quatre articles des 2 et 23 août, du 20 septembre et du 22 novembre 1843.

que donne la savante disposition de son discours, cette forme de dialectique morale et de démonstration ferme qui s'avance d'abord sur deux ou trois lignes de front, et qui aime encore à se subdiviser dans le détail par groupes de trois ou quatre arguments. Bourdaloue excelle à livrer de ces batailles rangées à la conscience de ses auditeurs. Un jour qu'il devait prêcher à Saint-Sulpice, comme la foule qui encombrait l'église faisait du bruit, tout d'un coup en le voyant paraître en chaire, le prince de Condé s'écria : « *Silence! voici l'ennemi.* »

Je ne fais aujourd'hui que courir à travers Bourdaloue en indiquant les points supérieurs par où il rachète et relève cette uniformité qui fut sa vertu, mais qui, à distance, a besoin d'être un peu expliquée pour sa gloire. Cet homme simple, modeste autant qu'éloquent, entre les mains duquel les plus grands personnages remettaient leur conscience et qu'on voulait pour confesseur habituel après qu'il vous avait converti, Bourdaloue eut l'influence la plus directe sur les dernières années du grand Condé, et à sa mort, six semaines après Bossuet, il eut à prononcer son Oraison funèbre. Non-seulement il ne fut point écrasé par la comparaison, mais cette Oraison funèbre originale et neuve se soutient à la lecture en regard du chef-d'œuvre du grand évêque. Bourdaloue même y a peut-être l'avantage par un côté : il y reste plus réel et plus vrai, plus d'accord en tout avec la chaire chrétienne. Bourdaloue n'a prononcé dans sa vie que deux Oraisons funèbres; il estimait que la chaire est peu faite pour ces Éloges profanes; les deux fois qu'il dérogea à ses habitudes, ce fut par devoir et par nécessité, et toujours en faveur de la maison de Condé. Un ancien secrétaire des commandements de M. le Prince père du grand Condé, Perrault, président de la Chambre des comptes, voulut en mourant, par reconnaissance pour son ancien maître, instituer une fondation en son honneur, et c'est en conséquence de cette fondation que Bourdaloue dut prononcer devant le grand Condé l'Oraison funèbre de son père mort depuis longtemps. Il ne considéra son sujet qu'à un point de vue chrétien, et ne loua dans l'ancien fauteur de tant de troubles civils que le converti du Calvinisme et celui qui avait replacé sa maison et sa race dans le giron de l'Église. Ce fut le 10 décembre 1683, dans la maison professe des Jésuites, que Bourdaloue prononça cette première Oraison funèbre : il y parlait de l'Hérésie, contre laquelle on n'avait pas pris encore les dernières mesures violentes, avec modération et avec une charité réelle :

« A Dieu ne plaise que j'aie la pensée de faire ici aucun reproche à ceux que l'erreur ni le schisme ne m'empêchent point de regarder comme mes frères, et pour le salut desquels je voudrais, au sens de saint Paul, être moi-même anathème! Dieu, témoin de mes intentions, sait combien je suis éloigné de ce qui les pourrait aigrir ; et malheur à moi, si un autre esprit que celui de la douceur et de la charité pour leurs personnes se mêlait jamais dans ce qui est de mon ministère ! »

Il exhortait chacun à aider le monarque dans ses dispositions saintes, mais à l'aider surtout et à concourir pacifiquement avec lui, « ajoutant à son zèle, disait-il, nos bons exemples, l'édification de nos mœurs, la ferveur de nos prières, les secours mêmes de nos aumônes, dont l'efficace et la vertu fera sur l'Hérésie bien plus d'impression que nos raisonnements et nos paroles. » En terminant cette Oraison funèbre, genre de discours pour lui tout nouveau, et dans lequel il ne demandait qu'à *être supporté* de son auditoire, il faisait une prière directe au Ciel pour le prince de Condé présent :

« C'est pour ce fils et pour ce héros que nous faisons continuellement des vœux ; et ces vœux, ô mon Dieu, sont trop justes, trop saints, trop ardents, pour n'être pas enfin exaucés de vous ! c'est pour lui que nous vous offrons des sacrifices : il a rempli la terre de son nom, et nous vous demandons que son nom, si comblé de gloire sur la terre, soit encore écrit dans le Ciel. Vous nous l'accorderez, Seigneur, et ce ne peut être en vain que vous nous inspirez pour lui tant de désirs et tant de zèle. Répandez donc sur sa personne la plénitude de vos lumières et de vos grâces... »

Le vœu de Bourdaloue fut rempli : peu de temps après ce discours, le prince de Condé se convertit sincèrement, il s'approcha des autels; cet esprit si brillant, si curieux, si altier, que les impies s'étaient flattés de posséder, leur échappa et se rangea humblement à la voie commune. Bourdaloue fut témoin et instrument de ce retour; il assista et prépara le héros dans les deux dernières années; il l'entendit, à l'heure de la mort, proférer ces nobles paroles, répétées par Vauvenargues : « Oui, nous verrons Dieu comme il est, *Sicuti est, facie ad faciem.* » Il l'entendit exprimer cette seule crainte touchante : « Je crains que mon esprit ne s'affaiblisse, et que par là je ne sois privé de la consolation que j'aurais eue de mourir occupé de lui et m'unissant à lui. » Et lorsque Condé eut légué son cœur à la maison professe de la Société, il dut, par reconnaissance, par devoir, prononcer une seconde fois une Oraison funèbre (1).

(1) Il y a une question (car l'esprit d'examen s'étend à tout) : en quel état était réellement l'esprit du prince de Condé sur la fin de sa vie? Dans la préface qu'il a mise en tête de l'*Oraison funèbre du prince de Condé* par Bossuet, l'abbé Bourlet de Vauxcelles a dit : « Voltaire donne à entendre que, deux ans avant la mort du grand Condé, son esprit s'était totalement affaibli. Les traditions des vieillards que j'ai vus dans mon enfance m'ont fait connaître que ce discours n'était pas sans quelque fondement. On retrouve encore cependant le héros dans les dernières paroles que l'orateur en rapporte; et cet orateur est un témoin très-grave, c'est Bossuet. Ainsi il ne faut pas croire que l'affaiblissement de cet esprit, autrefois si ferme, allât jusqu'à l'imbécilité. On a des exemples de mourants chez qui la pensée se ranime vers les derniers moments, comme un flambeau avant de s'éteindre. Mais il faut observer que Bossuet, qui avait si fort insisté sur le bonheur qu'a eu le chancelier Le Tellier de conserver toute sa tête jusqu'au dernier instant, et qui rapporte les *fortes paroles* de

Cet Éloge funèbre du grand Condé, dont madame de Sévigné a esquissé une vive analyse dans une lettre à Bussy et dont elle se disait *transportée*, est d'un caractère à part et garde encore l'empreinte morale de la manière de Bourdaloue ; il laisse la vie glorieuse et mondaine du prince, ou plutôt, dans cette vie, il ne s'attache qu'à son cœur, à ce qui s'y conserve d'intègre, de droit, de fidèle, jusque dans ses infidélités envers son roi et envers son Dieu, et il va dégageant de plus en plus cette partie pure, héroïque et chrétienne, jusqu'à ce qu'il la considère en plein dans la maturité finale et un peu tardive de ses dernières années. Lorsqu'il arrive à l'heure de cette conversion, il a un retour sur lui-même, comme il s'en permet peu d'ordinaire ; mais ici le mouvement est indiqué et comme irrésistible :

« Le dirai-je, Chrétiens? Dieu m'avait donné comme un pressentiment de ce miracle, et dans le lieu même où je vous parle aujourd'hui, dans une cérémonie toute semblable à celle pour laquelle vous êtes ici assemblés, le Prince lui-même m'écoutant, j'en avais non-seulement formé le vœu, mais comme anticipé l'effet par une prière, qui parut alors tenir quelque chose de la prédiction. Soit inspiration ou transport de zèle, élevé au-dessus de moi, je m'étais promis, Seigneur, ou plutôt je m'étais assuré de vous, que vous ne laisse-

ce vieillard courageux, insiste moins sur la présence d'esprit du grand Condé : seulement il en rappelle quelques paroles, et cite une lettre au roi où le prince reparaît encore, et où se montre le chrétien. » Bourdaloue est lui-même un témoin qui compte. Mais il faut faire la part du décorum : on est toujours porté à atténuer cet affaiblissement final des personnages célèbres, quand on ne peut le nier tout à fait. De nos jours, l'abbé Deguerry a été convaincu d'avoir ainsi exagéré la présence d'esprit de Chateaubriand approchant de sa fin ; il s'est vu obligé d'en convenir dans une lettre à moi-même adressée, lettre d'ailleurs violente, pleine d'emportement et de jactance, plus digne d'un prêtre que d'un chrétien. Quant au grand Condé, il reste à peu près prouvé qu'*il y était* très-peu dans les derniers temps de sa vie. Je ne sais qui a dit : « Condé, Marlborough et le prince Eugène sont morts en enfance. »

riez pas ce grand homme, avec un cœur aussi droit que celui que je lui connaissais, dans la voie de la perdition et de la corruption du monde. Lui-même, dont la présence m'animait, en fut ému. Et qui sait, ô mon Dieu, si, vous servant dès lors de mon faible organe, vous ne commençâtes pas dans ce moment-là à l'éclairer et à le toucher de vos divines lumières? Quoi qu'il en soit, ni mes vœux ni mes souhaits n'ont été vains! il vous a plu, Seigneur, de les exaucer, et j'ai eu la consolation de voir ma parole accomplie. Ce Prince, qui m'avait écouté, a depuis écouté votre voix secrète, et, parce qu'il avait un cœur droit, il a suivi l'attrait de votre Grâce... »

On voit bien que ceux qui dénient l'onction à Bourdaloue n'ont pas entendu de sa bouche ces passages, et ils les ont lus négligemment. Il en a un assez pareil dans le sermon qui ouvre son premier Avent, pour le jour de la Toussaint, lorsque voulant inspirer le désir et donner un avant-goût du bonheur réservé aux Justes et auquel ils atteignent dès cette vie, il s'écrie : « Avoir Dieu pour partage et pour récompense, voilà le sort avantageux de ceux qui cherchent Dieu de bonne foi et avec une intention pure. Le dirai-je, et me permettrez-vous de m'en rendre à moi-même le témoignage? tout pécheur et tout indigne que je suis, voilà ce que Dieu, par sa Grâce, m'a fait plus d'une fois sentir. Combien de fois, Seigneur, m'est-il arrivé de goûter avec suavité l'abondance de ces consolations célestes dont vous êtes la source, et qui sont déjà sur la terre un Paradis anticipé! Combien de fois, rempli de vous, ai-je méprisé tout le reste! etc. » C'est ainsi qu'à certains endroits, chez Bourdaloue, le réseau de la dialectique se détend, s'interrompt tout à coup, et laisse apercevoir le cœur de celui qui parle; c'est ainsi que son ciel un peu triste et surbaissé s'entr'ouvre, et laisse passer le rayon.

Lundi, 26 décembre 1853.

BOURDALOUE

(FIN)

Lu aujourd'hui, Bourdaloue nous paraît avant tout fructueux : c'est le caractère principal qu'il eut aussi de son temps. Il est pourtant un côté qu'il importe de bien mettre en vue et de reconnaître : Bourdaloue, vivant et parlant, eut beaucoup plus de variété et d'à-propos que l'on ne suppose, et, s'il ne semble appliqué qu'à semer le bon grain dans les âmes, il est à remarquer qu'il savait pénétrer dans ces âmes et ces esprits de ses auditeurs, et les entr'ouvrir, par des tranchants assez vifs et assez inattendus. Je ne veux point parler ici de cette science de dialectique et de ces ingénieuses subtilités de division, dans lesquelles on retrouve le théologien profond, l'ancien professeur de théologie morale : j'ai dans l'idée ces hardiesses et ces présences d'esprit de l'orateur, qui, même en développant ses thèmes généraux, s'adresse aux opinions, aux susceptibilités régnantes, et qui, pour déployer ses voiles et voguer presque contre le vent, consulte en bon pilote les courants et les flots.

Lorsque Bourdaloue parut dans la chaire (1670), un grand événement excitait au plus haut degré l'intérêt dans l'Église de France : les querelles envenimées entre ceux qu'on appelait Jansénistes et le pouvoir temporel et spirituel, l'espèce de proscription qui avait mis quelques-uns des principaux chefs du parti à la Bastille, et qui avait dispersé les autres en tous sens, venaient tout d'un coup de s'apaiser; Rome elle-même avait donné le signal de cette indulgence; il y avait la *Paix de l'Église*, qui ne devait être qu'une trêve. L'opinion publique, celle du monde à la Cour et à la ville, dans la classe parlementaire, dans l'Université et dans la haute bourgeoisie, était très-partagée, mais en général favorable à ceux qui avaient été frappés, et qui reparaissaient au jour. Des femmes, des princesses considérables par leur crédit, leur esprit ou leur vertu, madame de Longueville, la princesse de Conti, avaient pris hautement en main la cause des opposants et des vaincus, qui semblaient moins rentrés en grâce que réintégrés dans leurs droits. M. Arnauld était présenté au roi et au Dauphin. Son neveu, M. de Pomponne, le fils d'un des exilés et des patriarches de Port-Royal, allait devenir ministre de Louis XIV. Les *Pensées* de Pascal, recueillies et mises en ordre par ses amis, étaient pour la première fois livrées au public, et ravivaient ce souvenir des *Provinciales*, qui était la blessure toujours saignante de la Société de Jésus. C'est au milieu de ces circonstances que je ne puis ici qu'esquisser légèrement, mais bien faites pour inspirer une curiosité dont nous n'avons plus idée, que le jésuite Bourdaloue, montant avec éclat dans les chaires de la capitale et dans celle des Tuileries, venait inopinément relever, soutenir l'honneur de son Ordre, et planter à son tour le drapeau d'une prédication pressante, éloquente, austère. Ajoutez comme fond du tableau la Cour de Louis XIV, telle qu'elle se dessinait à cette heure aux yeux d'un chrétien, madame de La Vallière pâlissante, mais non encore éclipsée, à côté de madame de Montespan déjà radieuse; Molière, au comble de sa faveur et de son art, et se permettant toutes les hardiesses, pourvu qu'il amusât. Bourdaloue parut, et, sous sa forme grave, il eut un à-propos, une adresse, une justesse d'application qui fit que toutes ces passions en scène se reconnurent, que toutes ces sensibilités tressaillirent, et que la doctrine théologique rivale eut désormais un adversaire digne d'elle, un émule et parfois un juge.

Je n'exagère pas : Il suffit de recueillir et de savoir écouter les témoignages des contemporains. Madame de Sévigné, le jour de Noël 1671, écrivait : « Je m'en vais *en Bourdaloue;* on dit qu'il s'est mis à dépeindre les gens, et que l'autre jour il fit trois *points* de la retraite de Tréville; il n'y manquait que le nom, mais il n'en était pas besoin : avec tout cela on dit qu'il passe toutes les merveilles passées, et que personne n'a prêché jusqu'ici. » Madame de Termes disait plus tard des Portraits de Bourdaloue : « Pour ses Portraits, il est inimitable, et les prédicateurs qui l'ont voulu copier sur cela n'ont fait que des marmousets. » — « Tout est mode en
« France, a dit l'abbé d'Olivet : les *Caractères* de La
« Bruyère n'eurent pas plus tôt paru que chacun se
« mêla d'en faire; et je me souviens que, dans ma jeu-
« nesse, c'était la fureur des prédicateurs, mauvaises
« copies du Père Bourdaloue. Ce grand orateur, le pre-
« mier qui ait réduit parmi nous l'éloquence à n'être
« que ce qu'elle doit être, je veux dire à être l'organe
« de la raison et l'école de la vertu, n'avait pas seule-
« ment banni de la chaire les *concetti,* productions d'un
« esprit faux, mais encore les matières vagues et de
« pure spéculation, amusements d'un esprit oisif. Pour
« aller droit à la réformation des mœurs, il commen-
« çait toujours par établir sur des principes bien liés
« et bien déduits une proposition morale, et après, de
« peur que l'auditeur ne se fît point l'application de

« ces principes, il la faisait lui-même par un détail
« merveilleux où la vie des hommes était peinte au
« naturel. Or ce détail étant ce qu'il y avait de plus
« neuf, et ce qui, par conséquent, frappa d'abord le
« plus dans le Père Bourdaloue, ce fut aussi ce que les
« jeunes prédicateurs tâchèrent le plus d'imiter. » Despréaux lui-même ne se reconnaissait que le copiste, l'écolier et presque le *singe* de Bourdaloue lorsque, dans sa Satire des *Femmes*, il esquissait portraits sur portraits. Mais cet art de Bourdaloue ne sera tout à fait sensible aux lecteurs d'aujourd'hui que quand j'aurai démontré, par un exemple déterminé et bien choisi, de quelle manière il s'y prenait pour mêler à la gravité morale de son enseignement une de ces intentions précises, et quelque allusion non équivoque à un incident ou à un personnage contemporain. Je m'attacherai pour cela à l'exemple même indiqué par madame de Sévigné, à la retraite de M. de Tréville. Or qu'était-ce au juste que M. de Tréville, et d'où vient l'intérêt que mettait à ce qui le concernait toute la Cour, et qu'y mettait Bourdaloue lui-même ?

Un des gentilshommes les plus instruits et des plus beaux esprits de ce temps-là, M. de Tréville, issu d'une noble famille du Languedoc, élevé avec Louis XIV, cornette de la première compagnie des mousquetaires, était de la société intime de Madame Henriette ; il fut si frappé de sa mort soudaine qu'il quitta le monde le lendemain et prit le parti de la dévotion. Il y entretenait déjà des liaisons depuis quelques années : c'était un érudit en toute matière, et particulièrement en matière ecclésiastique. Il avait de vastes connaissances, une érudition étendue et curieuse ; il lisait les Pères grecs en grec et les préférait aux Pères de l'Église latine. Il avait été fort consulté par Messieurs de Port-Royal lorsqu'ils avaient traduit le Nouveau Testament dit *de Mons*, et son autorité l'avait emporté plus d'une fois sur celle même de M. de Saci. Le propre et le faible de cet esprit éminent était d'être rare, fin, recherché, dédaigneux, et de ne vouloir que la distinction et l'élite. Les problèmes difficiles seuls le piquaient. Figurez-vous un *doctrinaire* de ce temps-là, le plus ingénieux et le plus délicat, la fleur du genre, mais tombé ou monté d'une mondanité exquise dans une dévotion non moins exquise et tout exclusive. Un jour, par exemple, chez madame de Coulanges, il se décida à lire à quelques élus, à trois ou quatre personnes en tout, un ouvrage qu'il avait composé : « C'est un précis des Pères, écrit madame de Coulanges, qu'on dit être la plus belle chose qui ait jamais été. Cet ouvrage ne verra jamais le jour, et ne sera lu que cette fois seulement de tout ce qui sera chez moi; je suis la seule indigne de l'entendre; c'est un secret que je vous confie au moins. » Elle écrit cela à madame de Sévigné. Cette méthode de cénacle était certes la plus opposée à celle de l'homme qui semait le pur froment à pleines mains, et de qui l'on a dit : « Tout est pratique dans les idées du judicieux Bourdaloue. » M. de Tréville était un oracle dans le cercle intime où on l'admirait; ses amis lui trouvaient plus d'esprit qu'à Pascal même. Nul n'expliquait mieux que lui et d'une manière plus *lumineuse* (au moins pendant le temps où on l'entendait) ce que c'était que la Grâce, que le Quiétisme, et toutes ces subtilités et ces hérésies des oisifs et des doctes : il brillait à développer tous ces labyrinthes de l'esprit. La Bruyère a très-finement touché ce coin singulier, et ce travers d'être en tout l'opposé du commun des mortels, dans le portrait qu'il a donné de Tréville sous le nom d'*Arsène* (chapitre *Des Ouvrages de l'Esprit*) :

« Arsène, du plus haut de son esprit, contemple les hommes, et, dans l'éloignement d'où il les voit, il est comme effrayé de leur petitesse : loué, exalté et porté jusqu'aux cieux par de certaines gens qui se sont promis de s'admirer réciproquement, il croit, avec quelque mérite qu'il a, posséder tout celui qu'on peut avoir, et qu'il n'aura jamais : occupé et rempli de ses sublimes idées, il se donne à peine le loisir de prononcer quelques oracles : élevé par son caractère au dessus des jugements humains, il abandonne aux âmes communes le mérite d'une vie suivie et uniforme, et il n'est responsable de ses inconstances qu'à ce cercle d'amis qui les idolâtrent; eux seuls savent juger, savent penser, savent écrire, doivent écrire... »

A l'heure dont nous parlons, Tréville n'avait point encore eu d'inconstance proprement dite, mais une simple conversion; seulement il l'avait faite avec plus d'éclat et de singularité peut-être qu'il n'eût fallu et qu'il ne put le soutenir : il avait couru se loger avec ses amis du faubourg Saint-Jacques, il avait rompu avec tous ses autres amis; il allait refuser de faire la campagne suivante sous les ordres de Louis XIV : « Je trouve que Tréville a eu raison de ne pas faire la campagne, écrivait un peu ironiquement Bussy : après le pas qu'il a fait du côté de la dévotion, il ne faut plus s'armer que pour les Croisades. » Et il ajoutait malignement : « Je l'attends à la persévérance. » Tel était l'homme dont la retraite occupait fort alors le beau monde, lorsque Bourdaloue monta en chaire un dimanche de décembre 1671 et se mit à prêcher *sur la Sévérité évangélique :* il posait en principe qu'il faut être sévère, mais que la sévérité véritablement chrétienne doit consister, 1° dans un plein désintéressement, un désintéressement même spirituel et pur de toute ambition, de toute affectation même désintéressée; — 2° qu'elle doit consister dans une sincère humilité, et 3° dans une charité patiente et compatissante. Le premier point s'appliquait à plus d'une personne parmi celles qui faisaient alors les sévères et qui se déclaraient le plus haut contre la morale relâchée. Il y avait, parmi les partisans et les amis de la cause dite janséniste et au nombre de ses patrons les plus déclarés, plus d'un prélat et d'un abbé qui savaient très-bien concilier un reste de facilité et de relâchement dans la discipline (un cumul de bénéfices, par exemple), avec le zèle pour le parti ostensiblement austère qu'ils épousaient. Bourdaloue touchait là en passant à une inconséquence très-évidente et très-sensible, et les auditeurs n'avaient qu'à faire l'application autour d'eux.

Mais c'est au second point que les auditeurs ne pouvaient s'empêcher de songer plus particulièrement à M. de Tréville. « C'est dans les plus beaux fruits, dit saint Augustin, que les vers se forment, et c'est aux plus excellentes vertus que l'orgueil a coutume de s'attacher. » Bourdaloue partait de là pour montrer que, si la sévérité évangélique est le fruit le plus exquis et le plus divin que le Christianisme ait produit, dans le monde, « c'est aussi, il le faut confesser, le plus exposé à cette corruption de l'amour-propre, à cette tentation délicate de la propre estime, qui fait qu'après s'être préservé de tout le reste, on a tant de peine à se préserver de soi-même. » A travers cette sévérité apparente et en partie réelle, il s'attachait à reconnaître ceux qu'il appelait *des esprits superbes,* ceux « qui se regardaient et se faisaient un secret plaisir d'être regardés comme les *justes,* comme les *parfaits,* comme les *irréprehensibles;*... qui de là prétendaient avoir droit de mépriser tout le genre humain, ne trouvant que chez eux la sainteté et la perfection, et n'en pouvant goûter d'autre;... qui, dans cette vue, ne rougissaient point, non-seulement de l'insolente distinction, mais de l'extravagante singularité dont ils se flattaient, jusqu'à rendre des actions de grâces à Dieu de ce qu'ils n'étaient pas comme le reste des hommes : *Gratias tibi ago, quia non sum sicut cæteri hominum.* » En un mot, en ne faisant que traduire et paraphraser à peine les paroles de saint Luc sur les Pharisiens, Bourdaloue esquissait, dix-sept ans avant La Bruyère, un vivant portrait d'*Arsène* et de tous ceux, à la moderne, qui lui ressemblent; de ceux qui veulent en tout la fine fleur, et qui ne quittent celle du monde que pour aller cueillir, par un surcroît de recherche et un épicuréisme tout spirituel, ce qui se peut nommer aussi la fine fleur de l'austérité.

Admirable portrait plus général et plus fécond que celui du moraliste! Car La Bruyère, en parlant de Tréville d'une manière si serrée et si incisive, semble avoir quelque chose de particulier à venger sur lui : on dirait qu'il a appris que ce juge dégoûté des ouvrages de l'esprit a ouvert un jour une des premières éditions des *Caractères* et a jeté le livre après en avoir lu quelques pages, en disant : « N'est-ce que cela? » Il y a, à cet endroit, je ne sais quoi de l'auteur piqué chez La Bruyère. Bourdaloue, qui songe sans doute, en décrivant cette forme subtile d'une dévotion orgueilleuse, à diminuer une des victoires et des conquêtes du parti contraire, se tient pourtant selon le point de vue convenable dans une peinture plus large, tout à fait permise et non moins ressemblante. Il fait très-bien remarquer que, par une triste fatalité, l'orgueil, « cette partie
« la plus subtile de l'amour de nous-même si profondé-
« ment enracinée dans nos âmes, s'insinue, non-seule-
« ment dans les choses où nous aurions lieu en quel-
« que manière de nous rechercher, mais jusque dans
« la haine de nous-même, jusque dans le renoncement à
« nous-même, jusque dans les saintes rigueurs que Dieu
« nous inspire d'exercer sur nous-même :

« On veut pratiquer le Christianisme dans sa sévérité, mais on en veut avoir l'honneur. On se retire du monde, mais on est bien aise que le monde le sache; et, s'il ne le devait pas savoir, je doute qu'on eût le courage et la force de s'en retirer... On ne se soucie plus de sa beauté (Ici il s'agit des femmes pénitentes, dont quelques-unes l'étaient avec éclat et avec bruit), mais on est entêté de son esprit et de son propre jugement... S'il y a quelque chose de *nouveau*, c'est à quoi l'on donne et où l'on trouve sa dévotion... Un laïque s'érigera en censeur des prêtres, un séculier en réformateur des religieux, une femme en directrice,... tout cela parce que, sous couleur de piété, on ne s'aperçoit pas qu'on veut dominer... Il semble qu'être sévère dans ses maximes soit un degré pour s'agrandir. »

Toute cette maladie nouvelle et qui n'est que plus subtile et plus intérieure en ce qu'elle se croit une guérison, est développée par Bourdaloue dans une description admirable, et il offre en quelque sorte un miroir dans lequel ceux qu'il a en vue ne peuvent s'empêcher d'être reconnus et devaient eux-mêmes se reconnaître. Il rappelle excellemment « à ces sages dévots, à ces dévots superbes qui se sont évanouis dans leurs pensées, » que la vraie austérité du Christianisme consiste à être abaissé, à être oublié (*Ama nesciri*) :

« Car voilà, s'écrie-t-il, ce qui est insupportable à la nature : *On ne pensera plus à moi, on ne parlera plus de moi*; je n'aurai plus que Dieu pour témoin de ma conduite, et les hommes ne sauront plus, ni qui je suis, ni ce que je fais. Et parce que l'humilité même se trouve exposée en certains genres de vie dont toute la perfection, quoique sainte d'ailleurs, a un air de distinction et de singularité, la vraie austérité du Christianisme, surtout pour les âmes vaines, est souvent de se tenir dans la voie commune, et d'y faire, sans être remarqué, tout le bien qu'on ferait dans une autre route avec plus d'éclat. »

Le troisième point ne s'appliquait plus que de loin à Tréville : cependant, comme celui-ci était connu pour avoir l'esprit caustique, ironique et d'un fin railleur, il s'y trouvait encore des choses que l'auditoire, une fois dans cette direction d'un portrait commencé, ne pouvait manquer de détourner à son intention; par exemple, lorsque le prédicateur conseillait à tout converti qui se pique d'une réforme sévère, d'être patient et charitable, au risque de paraître moins agréable et moins spirituel dans les entretiens. — On a maintenant le commentaire du passage de madame de Sévigné, et l'on voit comment Tréville fut dépeint et prêché par Bourdaloue *en trois points.*

Une autre fois, sur le sujet de la *Médisance,* c'est à Pascal que Bourdaloue pense évidemment et fait penser. On a dit, et j'ai moi-même écrit quelque part, que les Jésuites ne firent de réponse directe et en règle aux *Provinciales* qu'après quarante ans d'intervalle et par la plume du Père Daniel. En parlant ainsi, on omet et l'on oublie cette longue et continuelle réfutation qu'en fit Bourdaloue dans sa prédication publique; il n'y manque bien souvent que les noms propres; mais, les contemporains étant très au fait de ces questions et les agitant en sens divers avec beaucoup de vivacité, les noms se mettaient d'eux-mêmes. C'était avec tous ces aiguillons, aujourd'hui émoussés pour nous, et, si l'on n'y prend garde, tout à fait inaperçus, que Bourdaloue armait son éloquence et faisait entrer sa morale. Dans son sermon *sur la Médisance,* il dépeint ce vice avec une rare justesse et en dévoile l'odieux. Il va sans dire que je ne prétends point en ce moment revenir sur le fond des *Provinciales,* rechercher de qui sont venus les premiers torts, et me constituer arbitre entre Pascal et Bourdaloue : je ne m'applique qu'à démontrer la méthode et l'art de ce dernier. Il suit donc dans toutes ses subtilités et ses retours ce vice de médisance qui, « non content de vouloir plaire et de s'ériger en censeur agréable, veut même passer pour honnête, pour charitable, pour bien intentionné :

« Car voilà, dit-il, un des abus de notre siècle. On a trouvé le moyen de consacrer la médisance, de la changer en vertu, et même dans une des plus saintes vertus, qui est le zèle de la gloire de Dieu... Il faut humilier ces gens-là, dit-on, et il est du bien de l'Église de flétrir leur réputation et de diminuer leur crédit. Cela s'établit comme un principe : là-dessus, on se fait une conscience, et il n'y a rien que l'on ne se croie permis par un si beau motif. On invente, *on exagère, on empoisonne les choses, on ne les rapporte qu'à demi ; on* fait valoir ses préjugés comme des vérités incontestables ; on débite cent faussetés ; *on confond le général avec le particulier ; ce qu'un a mal dit, on le fait dire à tous, et ce que plusieurs ont bien dit, on ne le fait dire à personne* : et tout cela, encore une fois, pour la gloire de Dieu. Car cette direction d'intention rectifie tout cela. Elle ne suffirait pas pour rectifier un équivoque, mais elle est plus que suffisante pour rectifier la calomnie, quand on est persuadé qu'il y va du service de Dieu. »

En traçant si curieusement ce qu'il nomme un détail de mœurs, si Bourdaloue n'avait pas en vue Pascal dans les *Provinciales*, et s'il ne le traduit pas trait pour trait à sa manière devant ses auditeurs, dont plusieurs durent être à la fois choqués et transportés, et ne purent s'empêcher d'admirer tout en protestant, il n'y a pas un seul portrait chez Saint-Simon ni chez La Bruyère.

Il serait facile encore de montrer que nous autres critiques et journalistes (il y en avait déjà), nous sommes atteints et notés en passant par Bourdaloue ; les satiriques de profession, tous censeurs qui érigent de leur autorité privée « un tribunal où l'on décide souverainement du mérite des hommes, » sont repris par lui. Boileau y reçoit sa leçon, sa réprimande très-sensible au passage ; et je serais bien étonné si ensuite, dans quelque conversation à Bâville ou à Auteuil, il n'avait pas eu une prise avec Bourdaloue sur ce sujet. Mais Bourdaloue et Despréaux étaient tous deux sincères ; pleins de feu, ils pouvaient quelquefois se contredire, froncer le sourcil et croiser le fer en causant : ils s'estimaient, ils étaient liés au fond par cet amour du vrai, par cette ardeur de bon jugement et cette raison passionnée qui vit dans leurs écrits à l'un et à l'autre. Après la mort du grand orateur, Despréaux, recevant son portrait des mains de la présidente de Lamoignon, pouvait dire par une association généreuse :

> Enfin, après Arnauld, ce fut l'illustre en France
> Que j'admirai le plus et qui m'aima le mieux.

Je pourrais multiplier les exemples qui démontreraient en détail chez Bourdaloue, je ne dirai pas cette partie anecdotique (le mot est trop petit), mais bien cette large veine et cette continuelle opportunité oratoire. Ainsi, dans le sermon *sur l'Hypocrisie*, on a le *Tartufe* de Molière blâmé et dénoncé au point de vue de la chaire ; dans le sermon de *l'Impureté*, l'un des plus riches et des plus complets pour la science morale, sermon qui choqua et souleva une partie de la Cour, je ne répondrais pas qu'à un certain endroit il ne fût question des *Contes* de La Fontaine (1) ; il y est certainement question des scandales que produisit l'affaire dite des poisons, où tant de personnes considérables furent impliquées (1680). Dans le sermon *sur la Prière*, c'est le mysticisme de Fénelon qui est signalé avec ses périls, et il ne tient qu'à nous de reconnaître l'auteur des *Maximes des Saints* confondu avec ceux qui, sous prétexte d'être des âmes angéliques et choisies, s'estiment assez habiles pour réduire en art et en mé-

(1) Voici ce passage où je conjecturais qu'il pouvait bien être fait allusion aux *Contes* de La Fontaine : « Paraît-il un livre diabolique qui révèle ces mystères d'iniquité, c'est celui que l'on recherche. » Mais, en y réfléchissant, il me paraît bien plus probable qu'il s'agissait de quelque autre ouvrage plus raffiné, peut-être de l'*Aloïsia*, dont la publication coïncide assez bien avec la date probable de ce sermon, et que semblait également avoir en vue le chanoine Maucroix, l'ami de La Fontaine, quand il écrivait en février 1682 à un autre chanoine de Reims : « Oh ! mon petit cher, quel livre court secrètement par Paris ! *L'École des filles*, bagatelle ! *Arétin*, livre honnête !... Il est écrit en latin, etc., etc. » Je livre ce point de détail à l'examen des bibliographes.

thode ces mystères d'oraison, pour en donner des préceptes, pour en composer des traités, pour en discourir éternellement avec les âmes. Une bonne Édition de Bourdaloue, telle que je la conçois aujourd'hui (celle du Père Bretonneau ayant été excellente pour son moment), devrait rassembler le plus exactement possible toutes les particularités, les éclaircissements et les inductions qui se rattacheraient à chaque sermon, en fixer la date et les circonstances lorsqu'il y aurait moyen : ces quelques notes au bas des pages, sans nuire à la gravité, animeraient la lecture. On y verrait que dans le sermon *sur la Sévérité de la Pénitence*, prêché le quatrième dimanche de l'Avent en 1670, Bourdaloue, après avoir montré dans le premier point que la sévérité est nécessaire, et dans le second qu'elle doit pourtant se tempérer toujours de consolation et de douceur, n'avait paru d'abord accorder quelque chose aux docteurs jansénistes que pour le leur retirer ensuite plus expressément. La princesse de Conti, présente au sermon et ayant cru reconnaître ses amis « dans ces hommes zélés, mais d'un zèle qui n'est pas selon la science, dans ces esprits toujours portés aux extrémités, qui, pour ne pas rendre la pénitence trop facile, la réduisent à l'impossible et n'en parlent jamais que dans des termes capables d'effrayer, » témoigna par quelque geste qu'elle était blessée de l'allusion : ce que Bourdaloue ayant remarqué, il alla après le sermon voir la princesse, qui s'en expliqua avec lui et qui lui dit très nettement que la seconde partie l'avait fort scandalisée. C'étaient toutes ces circonstances bien connues qui, jointes au courant principal de cette éloquence et à la puissance du fond, excitaient un intérêt dont nous n'avons plus l'idée aujourd'hui.

Tous les sermons de Bourdaloue *sur la Prédestination, sur la Grâce, sur la Fréquente Communion*, etc., n'étaient pas seulement des enseignements de doctrine, c'étaient des à-propos frappants et vifs dans la disposition des esprits d'alors. Je n'ai pas à entrer dans l'exposé du dogme et de la morale de Bourdaloue : qu'il me suffise de dire que son mérite et sa vertu comme son grand art est de professer un juste milieu en théologie. Membre d'une Société qu'on accusait d'être accommodante et relâchée, il s'attache à prendre chez les adversaires ce qu'ils ont de juste, de moral, de profondément chrétien et de raisonnablement sévère; il en ôte ce qu'ils y mettent d'excessif, et il ne leur laisse en propre que cette dureté. Admettez que tous les Jésuites aient ressemblé à Bourdaloue pour la doctrine, ce qu'on a appelé Jansénisme devenait inutile et n'avait plus de raison d'être. C'est en ce sens qu'on peut établir que la prédication de Bourdaloue ne fut, durant trente ans, qu'une longue et puissante réfutation des *Provinciales*, une éloquente et journalière revanche sur Pascal. Toutefois, comme le nom manque; comme, au milieu de l'abondance, de la solidité et même de l'agrément relatif des preuves, il y manque de plus l'éclair et le coup de foudre cher aux Français, ce côté militant de l'éloquence de Bourdaloue lui a peu survécu et ne s'est point dessiné de loin, tandis que Pascal, visière baissée, mais brillant du glaive, dans ses immortels pamphlets, est resté avec les honneurs de la victoire.

Parmi les adversaires qu'il combat, il en est toutefois contre lesquels Bourdaloue a trop manifestement raison, et d'une manière qui paraît encore tout à fait piquante : ce sont ces Jansénistes de mode et de langage, non de conviction, ces incrédules et libertins du monde (comme il y en avait déjà bon nombre alors) qui faisaient les rigoristes en parole, prenaient parti en matière de dogme, et ne plaçaient si haut la perfection du Christianisme et la rigidité de la pénitence que pour mieux s'en passer : « *Ou tout ou rien*, dit-on ; mais bien entendu qu'on s'en tiendra toujours au rien, et qu'on n'aura garde de se charger jamais du tout. » Le travers, l'inconséquence de ces épicuriens mondains, jansénistes par raffinement et en théorie, a trouvé dans Bourdaloue un railleur sévère.

Je dis sévère : car il ne faut pas croire que Bourdaloue, en exposant à son auditoire ces portraits fidèles, y mêlât de ces nuances, de ces inflexions marquées de débit et d'accent qui en eussent fait des peintures trop agréables et de trop fines satires : il restait lui-même, c'est-à-dire grave, uni en parlant, sérieusement digne ; il n'avait pas de ces tons familiers, insinuants, touchants, que lui demandait Fénelon ; il maintenait le caractère d'enseignement et de précepte, même dans ses censures ; enfin, il lui suffisait d'être frappant, utile et instructif, il n'était pas enchanteur.

Les personnes qui rient de tout, et auprès desquelles un bon mot a toujours raison, se sont autorisées quelquefois d'une parole de madame Cornuel sur Bourdaloue ; elle disait : « Le Père Bourdaloue surfait dans la chaire, mais dans le confessionnal il donne à bon marché. » Ce n'est là qu'un joli mot de société. Jamais Bourdaloue en chaire n'a présenté la sévérité sans y adjoindre comme correctif la douceur : « Non, mon Dieu ! s'écriait-il, tandis que vous me confierez le ministère de votre sainte parole, je prêcherai ces deux vérités sans les séparer jamais : la première, que vous êtes un Dieu terrible dans vos jugements, et la seconde, que vous êtes le père des miséricordes et le Dieu de toute consolation. » Et il n'y avait pas lieu de le mettre en contradiction avec lui-même, s'il semblait quelquefois indulgent pour ses pénitents en leur donnant accès à la communion, lui qui disait en chaire : « Ouvrez-leur la porte de la salle, ou du moins ne la leur fermez pas. Ne retranchez pas aux enfants le pain qui les doit sustenter, et sans lequel ils périront. Ne le mettez pas à un si haut prix qu'il n'aient pas de quoi l'acheter. »

Bourdaloue, étudié dans le détail, offrirait le plus bel exemple de la parole chrétienne édifiante et convaincante, appliquée à tous les usages et distribuée comme le pain de chaque jour, depuis les sermons prêchés à la Cour ou sous les voûtes de Notre-Dame jusqu'aux simples exhortations pour les assemblées de charité. Il se multipliait, et on usait de lui sans relâche. Il ne porte rien de l'auteur ni de l'écrivain dans aucun de ses emplois : il ne songe à d'autre effet qu'à celui du bien. Mais il avait une trop haute idée de la parole chrétienne pour ne pas la préparer toujours à l'avance, sachant combien les termes en doivent être mesurés : il n'improvisait pas, il aimait mieux redire ses sermons, en y adaptant des portions nouvelles pour les circonstances particulières. C'est ce qu'il fit dans plusieurs des sermons qu'il alla, par ordre du roi, prêcher à Montpellier en 1685-1686, pour y instruire et édifier les nouveaux convertis. Personne n'était plus propre que Bourdaloue à rallier ces âmes effrayées, prises par violence, et à leur offrir un christianisme à la fois sévère et consolant (1). Le théologien et futur évêque anglican Burnet, qui était venu en France peu de temps auparavant (1683), et qui y avait vu les hommes les plus distingués en doctrine et en piété (sans oublier M. de Tréville qui venait de reparaître dans le monde), n'avait pas manqué de chercher Bourdaloue : « Je fus mené par un évêque, dit-il, aux Jésuites de la rue Saint-Antoine; j'y vis le Père

---

(1) Bourdaloue devait prêcher l'Avent de 1685 à la Cour; lorsqu'il dut partir pour Montpellier, le roi lui dit : « Les courtisans entendront peut-être des sermons médiocres, mais les Languedociens apprendront une bonne doctrine et une belle morale. » (*Journal* de Dangeau, 16 octobre 1685.)

Bourdaloue, estimé le plus grand prédicateur de son temps et l'ornement de son Ordre. C'était un homme d'un caractère doux et de si peu d'emportement contre les Protestants, qu'il croyait que les gens de bien parmi eux pouvaient être sauvés : je n'ai jamais rencontré ce degré de charité chrétienne chez aucun autre théologien catholique. » Je ne sais si, au point de vue théologique, le témoignage de Burnet demanderait quelque explication : il résulte au moins bien certainement de cette impression morale que lui avait laissée Bourdaloue, que celui-ci avait tout ce qu'il faut pour concilier. Les Anglais n'ont pas cessé d'estimer Bourdaloue ; dans ce pays où l'art oratoire est sérieusement étudié et où tout est dirigé dans le sens pratique, on fait à son genre d'éloquence une place très-haute, et on lui décerne, à lui en particulier, et par rapport à d'autres noms de grands orateurs, une supériorité dont nos idées françaises seraient elles-mêmes étonnées (1).

A la fin des Œuvres de Bourdaloue, on a réuni sous le titre de *Pensées* quelques-uns des morceaux de doctrine ou de morale qu'il écrivait à l'avance, selon l'habitude des orateurs anciens, pour les placer ensuite au besoin dans ses discours. Il y a dans ces pages une sorte d'Essai sur l'amitié humaine considérée dans les amitiés *prétendues solides*, et dans les amitiés sensibles et *prétendues innocentes*, qui nous présente un Bourdaloue plus familier et tel qu'il pouvait être dans la direction particulière des âmes : on trouve dans ce qu'il dit de la dernière espèce d'amitié entre les personnes de différent

---

(1) On m'indique dans la *Revue d'Édimbourg* (décembre 1826) un article *sur l'Éloquence de la Chaire*, qui paraît être de lord Brougham : Bourdaloue y est mis fort au-dessus de Bossuet par une suite de raisons qui, toutes bien déduites qu'elles sont, prouvent seulement le genre de goût et de préférence de la nation et du juge : en France, c'est le sentiment immédiat qui nous décide, et dans le cas présent il n'hésite pas.

sexe bien de l'observation et même de la délicatesse ;
j'y renvoie ceux de mes lecteurs qu'un Essai de Nicole
n'ennuie pas. Je recommande surtout la belle pensée qui
commence par ces mots : « Je veux un ami véritable
et, autant qu'il se peut, un ami sincère, etc. » Bourdaloue, dans ces endroits, se rapproche de La Bruyère ; il
a du tour et quelque imprévu.

Bourdaloue n'était nullement ambitieux, et cette simplicité, cette droiture de conduite qu'il ne séparait, à
aucun moment, de la religion, il la pratiquait pour son
compte. Il refusa dans un temps la direction de la conscience de madame de Maintenon, direction qui, certes,
n'était point à mépriser, mais qui l'eût enlevé à d'autres
devoirs. Il a parlé quelque part de cette forme et de
cette espèce de directeur à la mode et très-goûté de son
temps, « qui semble n'avoir reçu mission de Dieu que
« pour une seule âme, à laquelle il donne toute son
« attention ; qui, plusieurs fois chaque semaine, passe
« régulièrement avec elle des heures entières, ou au
« tribunal de la pénitence ou hors du tribunal, dans
« des conversations dont on ne peut imaginer le sujet,
« ni concevoir l'utilité ; qui expédie toute autre dans
« l'espace de quelques moments, et l'a bientôt congé-
« diée, mais ne saurait presque finir dès qu'il s'agit de
« celle-ci : » directeur délicieux et renchéri, exclusif et
mystérieux, dont Fénelon est le type idéal le plus charmant (le Fénelon de madame Guyon et avant l'exil de
Cambrai). Lui, Bourdaloue, il était le contraire, et,
malgré sa fonction publique et sa surcharge continuelle,
il se donnait tout à tous. Qu'il s'agît du maréchal de
Luxembourg mourant qui le réclamât, ou d'un pauvre
homme, il était prêt également. Quelquefois, à Bâville,
on s'apercevait qu'il était sorti du salon et avait quitté
la compagnie sans rien dire : il était allé confesser
quelque paysan malade des environs.

Dans les dernières années de sa vie, et à deux reprises, il écrivit à ses supérieurs pour être déchargé par eux de ce ministère de la parole publique dont il commençait à sentir le poids, et pour obtenir de prendre enfin une retraite dont la nature en lui éprouvait le besoin :

> « Il y a cinquante-deux ans que je vis dans la Compagnie, non pour moi, mais pour les autres ; du moins plus pour les autres que pour moi. Mille affaires me détournent et m'empêchent de travailler autant que je le voudrais à ma perfection, qui néanmoins est la seule chose nécessaire. Je souhaite de me retirer et de mener désormais une vie plus tranquille ; je dis plus tranquille, afin qu'elle soit plus régulière, plus sainte. Je sens que mon corps s'affaiblit et tend vers sa fin. J'ai achevé ma course, et plût à Dieu que je pusse ajouter : J'ai été fidèle !... ».

Ces instances, dont on ne sut le détail qu'après lui, demeurèrent sans effet : ses supérieurs le jugeaient trop utile et trop à sa place pour s'en priver. Bourdaloue mourut donc en charge et dans l'exercice de son ministère, le 13 mai 1704, à l'âge de près de soixante-douze ans. Il avait eu le temps de voir les éclatants débuts de Massillon, et il les avait salués de cette parole prononcée pour la première fois par saint Jean-Baptiste, parole de précurseur où le vieil athlète vaincu disparaît dans le chrétien, et où la tristesse inévitable de celui qui finit se retourne en vœux et en bénédictions vers celui qui commence : « *Illum oportet crescere, me autem minui...* A lui désormais de grandir et de croître, à moi de m'effacer et de décliner ! »

Des deux portraits originaux qu'on a de Bourdaloue, il en est un qui, plus répandu et reproduit en tête des Œuvres, pourrait, ce me semble, à première vue, induire en erreur ; de ce que, dans ce portrait fait après la mort, Bourdaloue est représenté les yeux exactement fermés et les mains jointes, « dans la posture d'un homme qui médite, » on en a trop conclu que c'était là son attitude et sa tenue habituelle ou constante en prêchant. C'est s'en faire une idée trop contrite et trop recueillie : pour se représenter avec vérité Bourdaloue vivant et éloquent, et pour corriger une impression trop monotone, il faut y joindre le portrait peint par mademoiselle Chéron et gravé par Rochefort : Bourdaloue y a les yeux ouverts, vifs, le nez assez aquilin, la figure maigre et un peu longue, la bouche fine, la physionomie animée, spirituelle et pénétrante; enfin il n'a pas les yeux fermés, la lèvre close et la physionomie morte (ou au repos) du portrait peint par Jouvenet et gravé par Simonneau. J'ai tâché, dans ce que j'ai dit aujourd'hui à son sujet, de prouver que ce grave et puissant prédicateur, dont il ne faut pas faire un talent triste et une parole terne, avait, en effet, la finesse, la pénétration, l'à-propos et la science de l'occasion, autant que les plus fortes armes de la démonstration oratoire, et qu'à travers ce qu'il semblait ignorer et ce qu'il aimait mieux ne pas voir pour marcher comme à l'aveugle et plus hardiment, il avait l'œil très-ouvert et très-clairvoyant sur les hommes et les choses qui l'entouraient. — Il resterait à citer et à discuter un portrait de Bourdaloue tracé par Fénelon dans ses *Dialogues sur l'Eloquence,* portrait où la diversité et presque l'antipathie des natures se fait sentir, et où Fénelon exprime déjà sur ce talent trop réglé et trop uni à son gré quelques-uns des dégoûts modernes : mais il s'y juge peut-être lui-même encore plus que Bourdaloue, et c'est en parlant de Fénelon qu'il y aurait à y revenir un jour.

Lundi, 2 janvier 1854.

M. DE STENDHAL

Ses OEuvres complètes (1).

Cette fois, ce n'est qu'un chapitre de l'histoire littéraire de la Restauration. On s'est fort occupé depuis quelque temps du spirituel auteur, M. Beyle, qui s'était déguisé sous le pseudonyme un peu teutonique de *Stendhal* (2). Lorsqu'il mourut à Paris, le 23 mars 1842, il y eut silence autour de lui ; regretté de quelques-uns, il parut vite oublié de la plupart. Dix ans à peine écoulés, voilà toute une génération nouvelle qui se met à s'éprendre de ses œuvres, à le rechercher, à l'étudier en tous sens presque comme un ancien, presque comme un classique ; c'est autour de lui et de son nom comme une Renaissance. Il en eût été fort étonné. Ceux qui ont connu personnellement M. Beyle, et qui ont le plus goûté son esprit, sont heureux d'avoir à reparler de cet écrivain distingué, et, s'ils le font quelquefois avec moins d'enthousiasme que les critiques tels que M. de Balzac, qui ne l'ont vu qu'à la fin et qui l'ont inventé, ils ne sont pas disposés pour cela à lui rendre moins de

---

(1) Chez Michel Lévy, éditeur, rue Vivienne.
(2) Steindal est une ville de la Saxe prussienne, lieu natal de Winckelmann. Il est probable que Beyle y aura songé en prenant le nom sous lequel il devint un guide de l'art en Italie.

justice et à moins reconnaître sa part notable d'originalité et d'influence, son genre d'utilité littéraire.

Il y a dans M. Beyle deux personnes distinctes, le *critique* et le *romancier;* le romancier n'est venu que plus tard et à la suite du critique : celui-ci a commencé dès 1814. C'est du critique seul que je m'occuperai aujourd'hui, et il le mérite bien par le caractère singulier, neuf, piquant, paradoxal, bien souvent sensé, qu'il nous offre encore, et qui frappa si vivement non pas le public, mais les gens du métier et les esprits attentifs de son temps.

Henri Beyle est, comme Paul-Louis Courier, du très-petit nombre de ceux qui, au sortir de l'Empire en 1814, et dès le premier jour, se trouvèrent prêts pour le régime nouveau qui s'essayait, et il a eu cela de plus que Courier et d'autres encore, qu'il n'était pas un mécontent ni un boudeur : il servait l'Empire avec zèle; il était un fonctionnaire et commençait à être un administrateur lorsqu'il tomba de la chute commune; et il se retrouva à l'instant un homme d'esprit, plein d'idées et d'aperçus sur les arts, sur les lettres, sur le théâtre, et empressé de les inoculer aux autres. Beyle, c'est le Français (l'un des premiers) qui est sorti de chez soi, littérairement parlant, et qui a comparé. En suivant la Grande Armée et en parcourant l'Europe comme l'un des membres de l'état-major civil de M. Daru dont il était parent, il regardait à mille choses, à un opéra de Cimarosa ou de Mozart, à un tableau, à une statue, à toute production neuve et belle, au génie divers des nations; et tout bas il réagissait contre la sienne, contre cette nation française dont il était bien fort en croyant la juger, contre le goût français qu'il prétendait raviver et régénérer, du moins en causant : c'était là être bien Français encore. Chose singulière! tandis que M. Daru, occupé des grandes affaires et portant le dur poids de l'administration des provinces conquises ou de l'approvisionnement des armées, trouvait encore le temps d'entretenir avec ses amis littérateurs de Paris, les Picard et les Andrieux, une correspondance charmante d'attention, pleine d'aménité et de conseils, il y avait là tout à côté le plus lettré des commissaires des guerres, le moins classique des auditeurs du Conseil d'État, Beyle, qui faisait provision d'observations et de malices, qui amassait toute cette jolie érudition piquante, imprévue, sans méthode, mais assez forte et abondante, avec laquelle il devait attaquer bientôt et battre en brèche le système littéraire régnant. C'est ainsi, je le répète, qu'il se trouva en mesure dès 1814, à une date où bien peu de gens l'étaient. En musique, en peinture, en littérature, il perça aussitôt d'une veine nouvelle ; il fut surtout un excitateur d'idées.

Dans ce rôle actif qu'il eut avec distinction pendant une douzaine d'années, je me le figure toujours sous une image. Après les grandes guerres européennes de conquête et d'invasion, vinrent les guerres de plume et les luttes de parole pour les systèmes. Or, dans cet ordre nouveau, imaginez un hussard, un hulan, un chevau-léger d'avant-garde qui va souvent insulter l'ennemi jusque dans son retranchement, mais qui aussi, dans ses fuites et refuites, pique d'honneur et aiguillonne la colonne amie qui cheminait parfois trop lentement et lourdement, et la force d'accélérer le pas. Ç'a été la manœuvre et le rôle de Beyle : un hussard romantique, enveloppé, sous son nom de *Stendhal*, de je ne sais quel manteau scandinave, narguant d'ailleurs le solennel et le sentimental, brillant, aventureux, taquin, assez solide à la riposte, excellent à l'escarmouche.

Il était né à Grenoble le 23 janvier 1783, fils d'un avocat, petit-fils d'un médecin, appartenant à la haute bourgeoisie du pays. Il puisa dans sa famille des sentiments de fierté assez habituels en cette belle et généreuse province. Il reçut dans la maison de son grand-père une bonne éducation et une instruction très-inégale. Il avait perdu sa mère à sept ans, et son père vivait assez isolé de ses enfants. Il apprit de ses maîtres du latin, et le reste au hasard, comme on peut se le figurer en ces années de troubles civils. Les poëtes italiens étaient lus dans la famille, et il aimait même à croire que cette famille de son grand-père était originaire d'Italie. A dix ans, il fit en cachette une comédie en prose, ou du moins un premier acte. Lui aussi, il eut sa période de Florian. Une terrasse de la maison de son grand-père d'où l'on avait une vue magnifique sur la montagne de Sassenage, et qui était le lieu de réunion les soirs d'été, fut, dit-il, le théâtre de ses principaux plaisirs durant dix ans (de 1789 à 1799). Il commença à se former et à s'émanciper en suivant les cours de l'*École centrale*, institution fondée en 1795 par une loi de la Convention, et, en grande partie, d'après le plan de M. Destutt-Tracy. Je nomme M. de Tracy parce qu'il fut un des parrains intellectuels de Beyle, que celui-ci lui garda toujours de la reconnaissance et lui voua, jusqu'à la fin, de l'admiration; parce que l'école philosophique de Cabanis et de Tracy fut la sienne, qu'il affichait au moment où l'on s'y attendait le moins. Ce romantique si avancé a cela de particulier, d'être en contradiction et en hostilité avec la renaissance littéraire chrétienne de Chateaubriand et avec l'effort spiritualiste de madame de Staël; il procède du pur et direct dix-huitième siècle. Un des travers de Beyle fut même d'y mettre de l'affectation. Au moment où il causait le mieux peinture, musique; où Haydn le conduisait à Milton; où il venait de réciter avec sentiment de beaux vers de Dante ou de Pétrarque, tout d'un coup il se ravisait et mettait à son chapeau une petite cocarde d'impiété. Il poussait cette singularité jusqu'à la petitesse. Son esprit et son cœur valaient mieux que cela.

Sa vie a été très-bien racontée par un de ses parents et amis, M. Colomb. Au sortir de l'École centrale où, sur la fin, il avait étudié avec ardeur les mathématiques, Beyle vint pour la première fois à Paris; il avait dix-sept ans; il y arriva le 10 novembre 1799, juste le lendemain du 18 Brumaire : date mémorable et bien faite pour donner le cachet à une jeune âme ! L'année suivante, ayant accompagné MM. Daru en Italie, il suivit le quartier général et assista en amateur à la bataille de Marengo. Excité par ces merveilles, il s'ennuya de la vie de bureau, entra comme maréchal des logis dans un régiment de dragons, et y devint sous-lieutenant : il donna sa démission deux ans après, lors de la paix d'Amiens. Dans l'intervalle, et pendant le séjour qu'il fit en Lombardie, à Milan, à Brescia, à Bergame, à cet âge de moins de vingt ans, au milieu de ces émotions de la gloire et de la jeunesse, de ces enchantements du climat, du plaisir et de la beauté, il acheva son éducation véritable, et il prit la forme intérieure qu'il ne fera plus que développer et mûrir depuis : il eut son idéal de beaux-arts, de nature, il eut sa patrie d'élection. Si son roman de *la Chartreuse de Parme* a paru le meilleur de ceux qu'il a composés, et s'il saisit tout d'abord le lecteur, c'est que, dès les premières pages, il a rendu avec vivacité et avec âme les souvenirs de cette heure brillante. C'est Montaigne, je crois, qui a dit : « Les hommes se font pires qu'ils ne peuvent. » Beyle, ce sceptique, ce frondeur redouté, était sensible : « Ma sensibilité est devenue trop vive, écrivait-il deux ans avant sa mort; ce qui ne fait qu'effleurer les autres me blesse jusqu'au sang. Tel j'étais en 1799, tel je suis encore en 1840 : mais j'ai appris à cacher tout cela sous de l'ironie imperceptible au vulgaire. » Cette ironie n'était pas si imperceptible qu'il le croyait ; elle était très-marquée et constituait un travers qui barrait bien de bonnes qualités, et qui brisait même le talent. C'est là la clef de Beyle. Parlant de l'impression que cause sur place la vue du Forum contemplé du haut des ruines du Colisée, et se laissant aller un moment à son enthousiasme romain, il craint d'en avoir trop dit et de s'être compromis auprès des lecteurs parisiens : « Je ne parle pas, dit-il, du vulgaire né pour admirer le pathos de *Corinne;* les gens un peu délicats ont ce malheur bien grand au dix-neuvième siècle : quand ils aperçoivent de l'exagération, leur âme n'est plus disposée qu'à inventer de l'ironie. » Ainsi, de ce qu'il y a de la déclamation voisine de l'éloquence, Beyle se jettera dans le contraire; il ira à mépriser Bossuet et ce qu'il appelle ses *phrases.* De ce qu'il y a des esprits moutonniers qui, en admirant Racine, confondent les parties plus faibles avec les grandes beautés, il sera bien près de ne pas sentir *Athalie.* De ce qu'il y a des hypocrites de croyances dans les religions, il ne se croira jamais assez incrédule ; de ce qu'il y a des hypocrites de convenances dans la société, il ira jusqu'à risquer à l'occasion l'indécent et le cynique. En tout, la *peur d'être dupe* le tient en échec et le domine : voilà le défaut. *Son orgueil serait au désespoir de laisser deviner ses sentiments.* Mais au moment où ce défaut sommeille, en ces instants reposés où il redevient Italien, Milanais, ou Parisien du bon temps; quand il se trouve dans un cercle de gens qui l'entendent, et de la bienveillance de qui il est sûr (car ce moqueur à la prompte attaque avait, notez-le, un secret besoin de bienveillance), l'esprit de Beyle, tranquillisé du côté de son faible, se joue en saillies vives, en aperçus hardis, heureux et gais, et en parlant des arts, de leur charme pour l'imagination, et de leur divine influence pour la félicité des délicats, il laisse même entrevoir je ne sais quoi de doux et de tendre dans ses sentiments, ou du moins l'éclair d'une mélancolie rapide : « Un salon de huit ou dix personnes aimables, a-t-il dit, où la conversation est gaie, anecdotique et où l'on prend du punch léger à minuit et demi (1), est l'endroit du monde où je me trouve le mieux. Là, dans mon centre, j'aime infiniment mieux entendre parler un autre que de parler moi-même; volontiers je tombe dans le *silence du bonheur*, et, si je parle, ce n'est que pour *payer mon billet d'entrée*. »

En cette année de Marengo et quinze jours auparavant, il assista à Ivrée à une représentation du *Matrimonio segreto*, de Cimarosa : ce fut un des grands plaisirs et une des dates de sa vie : « Combien de lieues ne ferais-je pas à pied, écrivait-il quarante ans plus tard, et à combien de jours de prison ne me soumettrais-je pas pour entendre *Don Juan* ou le *Matrimonio segreto!* Et je ne sais pour quelle autre chose je ferais cet effort. »

Je ne le suivrai pas dans ses courses à travers l'Europe sous l'Empire. Sa Correspondance qu'on doit bientôt publier nous le montrera en plus d'une occurrence mémorable, et notamment à Moscou, en 1812. Ayant perdu sa place avec l'appui de M. Daru en 1814, il commença sa vie d'homme d'esprit et de cosmopolite, ou plutôt d'homme du Midi qui revient à Paris de temps en temps : « A la chute de Napoléon, dit Beyle en tête de sa *Vie de Rossini*, l'écrivain des pages suivantes, qui trouvait de la duperie à passer sa jeunesse dans les haines politiques, se mit à courir le monde. » Malgré le soin qu'il prit quelquefois pour le dissimuler, ses quatorze ans de vie sous le Consulat et sous l'Empire avaient

---

(1) Il met minuit *et demi*, parce qu'il croit avoir observé qu'à minuit sonnant, les ennuyeux ou les gens d'habitude vident régulièrement le salon; il ne reste plus qu'un choix de gens aimables et de ceux qui se plaisent tout de bon.

donné à Beyle une empreinte ; il resta marqué au coin de cette grande époque, et c'est en quoi il se distingue de la génération des novateurs avec lesquels il allait se mêler en les devançant pour la plupart. Il dut faire quelques sacrifices au ton du jour et entrer plus ou moins en composition avec le libéralisme, bientôt général et dominant : il sut pourtant se soustraire et résister à l'espèce d'oppression morale que cette opinion d'alors, en tant que celle d'un parti, exerçait sur les esprits les plus distingués ; il sut être indépendant, penser en tout et marcher de lui-même. « Les Français ont donné leur démission en 1814, » disait-il souvent avec le regret et le découragement d'un homme qui avait vu un plus beau soleil et des jours plus glorieux. Mais le propre du Français n'est-il pas de ne jamais donner de démisssion absolue et de recommencer toujours ?

Je prends Beyle en 1814, et dans le premier volume qu'il ait publié : *Lettres écrites de Vienne en Autriche sur le célèbre compositeur Joseph Haydn, suivies d'une Vie de Mozart, etc., par Louis-Alexandre-César Bombet.* Il n'avait pas encore songé à son masque de *Stendhal.* C'est une singularité et un travers encore de Beyle, provenant de la source déjà indiquée (la peur du ridicule), de se travestir ainsi plus ou moins en écrivant. Il se pique de n'être qu'un amateur. Dans ce volume, la *Vie de Mozart* est donnée comme écrite par M. Schlichtegroll et simplement traduite de l'allemand : ce qui n'est vrai que jusqu'à un certain point ; et quant aux *Lettres sur Haydn*, qui sont en partie traduites et imitées de l'italien de Carpani, l'auteur ne le dit pas, bien qu'il semble indiquer dans une note qu'il a travaillé sur des Lettres originales. Il y a de quoi se perdre dans ce dédale de remaniements, d'emprunts et de petites ruses. Que de précautions et de mystifications, bon Dieu, pour une chose si simple ! que de *dominos*, dès son début, il met sur son habit d'auteur (1) !

(1) Je dois à la science et à l'obligeance de M. Anders, de la Bibliothèque impériale, la note suivante qui ne laisse rien à désirer pour l'éclaircissement de l'énigme bibliographique que présente le premier ouvrage de Beyle :

« L'ouvrage de Beyle sur Haydn, publié d'abord sous le pseudonyme de Bombet (1814), puis sous celui de Stendhal (1817), n'est pas une simple traduction des *Haydine* de Carpani. Beyle a arrangé ce livre de manière à se l'approprier, et il a cherché à déguiser son plagiat par des changements, des additions et des transpositions qui rendent difficile la recherche des passages que l'on voudrait comparer.

« Dans Carpani, les lettres sont au nombre de seize; dans Bombet, il y en a vingt-deux, parce que plusieurs ont été coupées en deux et entièrement remaniées.

« Il est à remarquer que pour quelques-unes de ces lettres, Beyle a conservé la date des lettres originales, tandis que pour d'autres il l'a changée.

« Ce qui est plus curieux, c'est une note qui se trouve à la page 275, où il est dit : « L'auteur a fait ce qu'il a pu pour ôter les répétitions « qui étaient sans nombre dans les *Lettres originales.* »

« Il paraît que Beyle a voulu se ménager une excuse contre le reproche de plagiat; mais alors pourquoi n'a-t-il pas donné cette indication en tête du livre, dans quelques mots servant de préface ?

« La Vie de Mozart est réellement tirée d'un ouvrage de Schlichtegroll, auteur très-connu en Allemagne, et qu'on a eu le tort, en France, de prendre pour un nom supposé. Outre des ouvrages relatifs à la numismatique et à l'archéologie, Schlichtegroll a publié pendant dix ans une *Nécrologie contenant les détails biographiques des hommes remarquables morts dans le courant de l'année.* C'est dans le tome II de la deuxième année (Gotha, 1793) que se trouve l'article sur Mozart (p. 82-112). La traduction de Beyle est très-libre; ici encore il a supprimé et ajouté beaucoup de choses. Il a, en outre, divisé cette biographie en chapitres, ce qui n'a pas lieu dans l'original. Les quatre premiers seulement contiennent des détails pris dans Schlichtegroll; les trois derniers sont remplis d'anecdotes tirées d'un ouvrage allemand que Beyle n'indique pas, mais qui a été traduit en français sous le titre suivant : « *Anecdotes sur W.-G. Mozart*, traduites de « l'allemand, par Ch.-Fr. Cramer. Paris, 1801; in-8° de 68 pages. »

« Tout ce qui se trouve dans Beyle, à partir de la page 329 jusqu'à la page 354, est pris dans cette brochure. » (Note de M. Anders.)

Le livre, d'ailleurs, est très-agréable et l'un des meilleurs de Beyle, en ce qu'il est un des moins décousus. L'art, le génie de Haydn, le caractère de cette musique riche, savante, magnifique, pittoresque, élevée, y sont présentés d'une manière sensible et intelligible à tous. Beyle y apprend le premier à la France le nom de certains chefs-d'œuvre que notre nation mettra du temps à goûter; il exprime à merveille, à propos des Cimarosa et des Mozart, la nature d'âme et la disposition qui sont le plus favorables au développement musical. En parlant de Vienne, de Venise, il y montre la politique interdite, une douce volupté s'emparant des cœurs, et la musique, le plus délicat des plaisirs sensuels, venant remplir et charmer les loisirs que nulle inquiétude ne corrompt et que les passions seules animent. Il a les plus fines remarques sur le contraste du génie des peuples, sur la gaieté italienne opposée à la gaieté française : « La gaieté italienne, c'est de la gaieté annonçant le bonheur ; parmi nous elle serait bien près du mauvais ton ; ce serait montrer *soi-heureux*, et en quelque sorte occuper les autres de soi. La gaieté française doit montrer aux écoutants qu'on n'est gai que pour leur plaire... La gaieté française exige beaucoup d'esprit ; c'est celle de Le Sage et de *Gil Blas* : la gaieté d'Italie est fondée sur la sensibilité, de manière que, quand rien ne l'égaye, l'Italien n'est point gai. » Il commence cette petite guerre qu'il fera au caractère de notre nation, chez qui il veut voir toujours la vanité comme ressort principal et comme trait dominant : « La nature, dit-il, a fait le Français vain et vif plutôt que gai. » Et il ajoute : « La France produit les meilleurs grenadiers du monde pour prendre des redoutes à la baïonnette, et les gens les plus amusants. L'Italie n'a point de Collé et n'a rien qui approche de la délicieuse gaieté de *la Vérité dans le Vin*. » J'arrête ici Beyle et je me permets de remarquer que je ne comprends pas très-bien la suite et la liaison de ses idées. Que la vanité (puisqu'il veut l'appeler ainsi), élevée jusqu'au sentiment de l'honneur, produise des héros, je l'accorderai encore ; mais que cette vanité produise la gaieté vive, franche, amusante et délicieuse d'un Collé ou d'un Désaugiers, c'est ce que je conçois difficilement, et tous les Condillac du monde ne m'expliqueront pas cette transformation d'un sentiment si personnel en une chose si imprévue, si involontaire. Beyle abusera ainsi souvent d'une observation vraie en la poussant trop loin et en voulant la retrouver partout. Il est d'ailleurs très-fin et sagace quand il observe que l'*ennui* chez les Français, au lieu de chercher à se consoler et à s'enchanter par les beaux-arts, aime mieux se distraire et se dissiper par la *conversation :* mais je le retrouve systématique lorsqu'il en donne pour raison que, dans la conversation, « la vanité, qui est leur passion dominante, trouve à chaque instant l'occasion de briller, soit par le fond de ce qu'on dit, soit par la manière de le dire. La conversation, ajoute-t-il, est pour eux un jeu, une mine d'événements. Cette conversation française, telle qu'un étranger peut l'entendre tous les jours au café de Foy et dans les lieux publics, me paraît le commerce armé de deux vanités. »

Il faut laisser aux peuples divers leur génie, tout en cherchant à le féconder et à l'étendre. Le Français est sociable, et il l'est surtout par la parole ; la forme qu'il préfère est celle encore qu'il donne à la pensée en causant, en raisonnant, en jugeant et en raillant : le chant, la peinture, la poésie, dans l'ordre de ses goûts, ne viennent qu'après, et les arts ont besoin en général, pour lui plaire et pour réussir tout à fait chez lui, de rencontrer cette disposition première de son esprit et de s'identifier au moins en passant avec elle. A Vienne, à Milan, à Naples, on sent autrement : mais Beyle, à force de nous expliquer cette différence et d'en rechercher les raisons, d'en vouloir saisir le principe unique à la façon de Condillac et d'Helvétius, que fait-il autre chose lui-même, sinon, tout en frondant le goût français, de raisonner sur les beaux-arts à la française?

Au fond, quand il s'abandonne à ses goûts et à ses instincts dans les arts, Beyle me paraît ressembler fort au président de Brosses : il aime le tendre, le léger, le gracieux, le facile dans le divin, le Cimarosa, le Rossini, ce par quoi Mozart est à ses yeux le La Fontaine de la musique. Il adore l'aimable Corrége comme l'Arioste. Son admiration pour Pétrarque est sincère, celle qu'il a pour Dante me paraît un peu apprise : dans ces parties élevées et un peu âpres, c'est l'intelligence qui avertit en lui le sentiment.

Le fond de son goût et de sa sensibilité est tel qu'on le peut attendre d'un épicurien délicat : « Quelle folie, écrit-il à un ami de Paris en 1814, à la fin de ses *Lettres sur Mozart*, quelle folie de s'indigner, de blâmer, de se rendre haïssant, de s'occuper de ces grands intérêts de politique qui ne nous intéressent point ! Que le roi de la Chine fasse pendre tous les philosophes; que la Norwége se donne une Constitution, ou sage, ou ridicule, qu'est-ce que cela nous fait? Quelle duperie ridicule de prendre les soucis de la grandeur, et seulement ses soucis ! Ce temps que vous perdez en vaines discussions compte dans votre vie; la vieillesse arrive, vos beaux jours s'écoulent : *Amiamo, or quando*, etc. » Et il répète le refrain voluptueux des jardins d'Armide. Un jour à Rome, assis sur les degrés de l'église de San Pietro in Montorio, contemplant un magnifique coucher de soleil, il vint à songer qu'il allait avoir cinquante ans dans trois mois, et il s'en affligea comme d'un soudain malheur. Il pensait tout à fait comme ce poëte grec, « que bien insensé est l'homme qui pleure la perte de la

vie, et qui ne pleure point la perte de la jeunesse (1). »
Il n'avait pas cette doctrine austère et plus difficile qui
élève et perfectionne l'âme en vieillissant, celle que
connurent les Dante, les Milton, les Haydn, les Beethoven, les Poussin, les Michel-Ange, et qui, à n'y voir
qu'une méthode sublime, serait encore un bienfait.

Beyle passa à Milan et en Italie la plus grande partie
des premières années de la Restauration ; il y connut
Byron, Pellico, un peu Manzoni ; il commença à y guerroyer pour la cause du romantisme tel qu'il le concevait.
En 1817, il publiait l'*Histoire de la Peinture en Italie*,
dédiée à Napoléon. Il existe de cette Dédicace deux versions, l'une où se trouve le nom de l'exilé de Sainte-
Hélène, l'autre, plus énigmatique et plus obscure, sans
le nom ; dans les deux, Napoléon y est traité en monarque toujours présent, et Beyle, en rattachant *au plus
grand des souverains existants* (comme il le désigne) la
chaîne de ses idées, prouvait que dans l'ordre littéraire
et des arts, c'était une marche en avant, non une réaction contre l'Empire, qu'il prétendait tenter. Dans ces
volumes agréables et d'une lecture variée, Beyle parlait
de la peinture et de mille autres choses, de l'histoire,
du gouvernement, des mœurs. On reconnaît en lui tout
le contraire de ce provincial dont il s'est moqué, et dont
la plus grande crainte dans un salon est de se trouver
seul de son avis. Beyle est volontiers le contre-pied de
cet homme-là : il est contrariant à plaisir. Il aime en
tout à être d'un avis imprévu ; il ne supporte le convenu
en rien. Il n'a pas plus de foi qu'il ne faut au gouvernement représentatif ; il ne fait pas chorus avec les
philosophes contre les Jésuites, et, s'il avait été, dit-il,
à la place du pape, il ne les aurait pas supprimés. Il a

(1) Il était assez d'avis qu'on devrait cacher la mort comme on
cacherait une dernière fonction messéante de la vie.

des professions de machiavélisme qui sentent l'abbé Galiani, un des hommes (avec le Montesquieu des *Lettres persanes*) de qui il relève dans le passé. Il faudrait d'ailleurs l'arrêter à chaque pas si l'on voulait des explications. A force de rompre avec le traditionnel, il brouille et entre-choque bien des choses. Il n'entre pas dans la raison et dans le vrai de certains préjugés qui ne sont point pour cela des erreurs. Il y a du taquin de beaucoup d'esprit chez lui, et qui a de grandes pointes de bon sens, mais des pointes et des percées seulement. Il regrette surtout l'âge d'or de l'Italie, celui des Laurent-le-Magnifique et des Léon X, les jeunes et beaux cardinaux de dix-sept ans, et le catholicisme d'avant Luther, si splendide, si à l'aise chez soi, si favorable à l'épanouissement des beaux-arts ; il a le culte du beau et l'adoration de cette contrée où, à la vue de tout ce qui en est digne, on prononce avec un accent qui ne s'entend point ailleurs : « *O Dio! com'è bello!* » A tout moment il a des retours plus ou moins offensifs de notre côté, du côté de la France. Il en veut à mort aux La Harpe, à tous les professeurs de littérature et de goût, qui précisément corrompent le goût, dit-il, et qui, en fait de plaisirs dramatiques, vont jusque dans l'âme du spectateur *fausser la sensation*. Il nous accuse d'être sujets à l'engouement, et à un engouement prolongé, ce qui tient, selon lui, au manque de caractère et à ce qu'on a trop de vanité pour *oser être soi-même*. Il nous reproche d'aimer dans les arts à recevoir les opinions toutes faites, les recettes commodes, et à les garder longtemps, même après que l'utilité d'un jour en est passée (1). La Harpe fut utile en 1800, quand presque tout

(1) Je ne voudrais pas faire de rapprochement forcé ; mais il m'est impossible de ne pas remarquer que Beyle, dans un ordre d'idées plus léger, ne fait autre chose qu'adresser aux Français de ces reproches que le comte Joseph de Maistre leur adressait également. Tous

le monde, après la Révolution, eut son éducation à refaire : est-ce une raison pour éterniser les jugements rapides qu'on a reçus de lui? Il va jusqu'à accuser quelque part ce très-judicieux et très-innocent La Harpe qui, dit-il, a appris la littérature à cent mille Français dont il a fait de mauvais juges, d'avoir *étouffé* en revanche *deux ou trois hommes de génie*, surtout dans la province. Depuis que le règne de La Harpe a cessé et que toutes les entraves ont disparu, comme on n'a rien vu sortir, on ne croit plus à ces *deux ou trois hommes de génie* étouffés.

On commence à comprendre quel a été le rôle excitant de Beyle dans les discussions littéraires de ce temps-là. Ce rôle a perdu beaucoup de son prix aujourd'hui. En littérature comme en politique, on est généralement redevenu prudent et sage ; c'est qu'on a eu beaucoup de mécomptes. On opposait sans cesse Racine et Shakespeare ; les Shakespeare modernes ne sont pas venus, et Racine, Corneille, reproduits tout d'un coup, un jour, par une grande actrice, ont reparu aux yeux des générations déjà oublieuses avec je ne sais quoi de nouveau et de rajeuni. Cela dit, il faut, pour être juste, reconnaître que le théâtre moderne, pris dans son ensemble, n'a pas été sans mérite et sans valeur littéraire ; les théories ont failli ; un génie dramatique seul, qui eût bien usé de toutes ses forces, aurait pu leur donner raison, tout en s'en passant. Ce génie, qu'il n'appartenait point à la critique de créer, a manqué à l'appel ; des talents se sont présentés en second ordre et ont marché assez au hasard. A l'heure qu'il est, de guerre lasse, une sorte de Concordat a été signé entre les systèmes contraires, et les querelles théoriques semblent

les deux, ils ont cela de commun de dire aux Parisiens bien des duretés, ou même des impertinences, et de songer beaucoup à l'opinion de Paris.

épuisées : l'avenir reste ouvert, et il l'est avec une étendue et une ampleur d'horizon qu'il n'avait certes pas en 1820, au moment où les critiques comme Beyle guerroyaient pour faire place nette et pour conquérir au talent toutes ses franchises.

Justice est donc d'accepter Beyle à son moment et de lui tenir compte des services qu'il a pu rendre. Ce qu'il a fait en musique pour la cause de Mozart, de Cimarosa, de Rossini, contre les Paër, les Berton et les maîtres jurés de la critique musicale d'alors, il l'a fait en littérature contre les Dussault, les Duvicquet, les Auger, les critiques de l'ancien *Journal des Débats*, de l'ancien *Constitutionnel*, et les oracles de l'ancienne Académie. Sa plus vive campagne est celle qu'il mena en deux brochures ayant pour titre : *Racine et Shakespeare* (1823-1825). Quand je dis *campagne* et quand je prends les termes de guerre, je ne fais que suivre exactement sa pensée : car dans son séjour à Milan, dès 1818, je vois qu'il avait prélude à ce projet d'attaque en traçant une carte du théâtre des opérations, où était représentée la position respective des deux armées, dites classique et romantique. L'armée romantique, qui avait à sa tête la *Revue d'Édimbourg* et qui se composait de tous les auteurs anglais, de tous les auteurs espagnols, de tous les auteurs allemands, et des romantiques italiens (quatre corps d'armée), sans compter madame de Staël pour auxiliaire, était campée sur la rive gauche d'un fleuve qu'il s'agissait de passer (le fleuve de l'*Admiration publique*), et dont l'armée classique occupait la rive droite; mais je ne veux pas entrer dans un détail très-ingénieux, qui ne s'expliquerait bien que pièce en main, et qui de loin rappelle trop la *carte de Tendre*. Beyle, depuis son retour en France, était sur la rive droite du fleuve et, à cette date, en pays à peu près ennemi : il s'en tira par de hardies escarmouches. Dans ses brochures, il combat les deux unités de *lieu* et de *temps*, qui étaient encore rigoureusement recommandées ; il s'attache à montrer que pour des spectateurs qui viennent après la Révolution, après les guerres de l'Empire ; qui n'ont pas lu Quintilien, et qui ont fait la campagne de Moscou, il faut des cadres différents, et plus larges que ceux qui convenaient à la noble société de 1670. Selon la définition qu'il en donne, un auteur romantique n'est autre qu'un auteur qui est essentiellement actuel et vivant, qui se conforme à ce que la société exige à son heure ; le même auteur ne devient classique qu'à la seconde ou à la troisième génération, quand il y a déjà des parties mortes en lui. Ainsi, d'après cette vue, Sophocle, Euripide, Corneille et Racine, *tous les grands écrivains, en leur temps*, auraient été aussi romantiques que Shakespeare l'était à l'heure où il parut : ce n'est que depuis qu'on a prétendu régler sur leur patron les productions dramatiques nouvelles, qu'ils seraient devenus classiques, ou plutôt « ce sont les gens qui les copient au lieu d'ouvrir les yeux et d'imiter la nature, qui sont classiques en réalité. » Tout cela était dit vivement et gaiement. La *tirade*, le vers alexandrin, la partie descriptive, épique, ou de périphrase élégante, qui entrait dans les tragédies du jour, faisaient matière à sa raillerie. Il en voulait particulièrement au vers alexandrin, qu'il prétendait n'être souvent qu'un *cache-sottise ;* il voulait « un genre clair, vif, simple, allant droit au but. » Il ne trouvait que la prose qui pût s'y prêter. C'était donc des tragédies ou drames en prose qu'il appelait de tous ses vœux. Il est à remarquer qu'en fait de style, à force de le vouloir limpide et naturel, Beyle semblait en exclure la poésie, la couleur, ces images et ces expressions de génie qui revêtent la passion et qui relèvent le langage des personnes dramatiques, même dans Shakespeare, — et je dirai mieux, surtout dans Shakespeare-

En ne voulant que des mots courts, il tarissait le développement, le jet, toutes qualités qui sont très-naturelles aussi à la passion dans les moments où elle s'exhale et se répand au dehors. Nous avons eu, depuis, ce qui était alors l'idéal pour Beyle, ces drames ou tragédies en prose « qui durent plusieurs mois, et dont les événements se passent en des lieux divers; » et pourtant ni Corneille ni Racine n'ont encore été surpassés. C'est qu'à tel jeu la recette de la critique ne suffit pas, et il n'est que le génie qui trouve son art. « Que le Ciel nous envoie bientôt un homme à talent pour faire une telle tragédie ! » s'écriait Beyle. Nous continuons de faire le même vœu, avec cette différence que, lui, il semblait accuser du retard tantôt le Gouvernement d'alors avec sa censure, et tantôt le public français avec ses susceptibilités : « C'est cependant à ceux-ci, disait-il des Français de 1825, qu'il faut plaire, à ces êtres si fins, si légers, si susceptibles, toujours aux aguets, toujours en proie à une émotion fugitive, toujours incapables d'un sentiment profond. Ils ne croient à rien qu'à la mode.... » Hélas ! nous sommes bien revenus de ces prises à partie du public par les auteurs. Ce public, tel que nous le connaissons aujourd'hui, ne serait pas si difficile sur son plaisir : qu'on lui offre seulement quelque chose d'un peu vrai, d'un peu touchant, d'honnête, de naturel et de profond, soit en vers, soit en prose, et vous verrez comme il applaudira.

Il y a deux parts très-distinctes dans toute cette polémique de Beyle si leste et si cavalièrement menée. Quand il ne fait que se prendre corps à corps aux adversaires du moment, à ceux qui parlent de Shakespeare sans le connaître, de Sophocle et d'Euripide sans les avoir étudiés, d'Homère pour l'avoir lu en français, et dont toute l'indignation classique aboutit surtout à défendre leurs propres œuvres et les pièces qu'ils font jouer, il a raison, dix fois raison. Il rit très-agréablement de M. Auger qui a prononcé à une séance publique de l'Académie les mots de *schisme* et de *secte*. « Tous les Français qui s'avisent de penser comme les romantiques sont donc des *sectaires* (ce mot est *odieux*, dit le Dictionnaire de l'Académie). Je suis un *sectaire*, » s'écrie Beyle; et il développe ce thème très-gaiement, en finissant par opposer à la liste de l'Académie d'alors une *contre-liste* de noms qui la plupart sont arrivés depuis à l'Institut, qui n'en étaient pas encore et que poussait la faveur du public. Voilà le point triomphant et par où il mettait les rieurs de son côté. Mais dès que Beyle expose ses plans de tragédies en prose ou de comédies, dès qu'il s'aventure dans l'idée d'une création nouvelle, il montre la difficulté et trahit l'embarras. Sur la comédie surtout, il est en défaut; il nomme trop peu Molière, si vivant toujours et si présent; Molière, ce classique qui a si peu vieilli, et qui fait autant de plaisir en 1850 qu'en 1670. Il n'explique pas ce démenti que donne l'auteur des *Femmes savantes* et du *Misanthrope* à cette théorie d'une *mort partielle* chez tous les classiques. Il a senti depuis cette lacune, et, dans un Supplément à ses brochures qui n'a pas été encore imprimé, il cherche à répondre à l'objection. L'objection subsiste, et, sous une forme plus générale, il mérite qu'on la maintienne contre lui. Beyle ne croit pas assez dans les Lettres à ce qui ne vieillit pas, à l'éternelle jeunesse du génie, à cette immortalité des œuvres qui n'est pas un nom, et qui ressemble à celle que Minerve, chez Homère, après le retour dans Ithaque, a répandue tout d'un coup sur son héros.

Quoi qu'il en soit, l'honneur d'avoir détruit quelques-unes des préventions et des routines qui s'opposaient en 1820 à toute innovation, même modérée, revient en partie à Beyle et aux critiques qui, comme lui, ont travaillé à notre éducation littéraire. Il y travaillait à sa manière, non en nous disant des douceurs et des flatteries comme la plupart de nos maîtres d'alors, mais en nous harcelant et en nous piquant d'épigrammes. Il eût craint, en combattant les La Harpe, de leur ressembler, et il se faisait léger, vif, persifleur, un pur amateur au passage, un gentilhomme incognito qui écrit et noircit du papier pour son plaisir. Comme critique, il n'a pas fait de livre proprement dit; tous ses écrits en ce genre ne sont guère qu'un seul et même ouvrage qu'on peut lire presque indifféremment à n'importe quel chapitre, et où il disperse tout ce qui lui vient d'idées neuves et d'aperçus. Le goût du vrai et du naturel qu'il met en avant a souvent, de sa part, l'air d'une gageure; c'est moins encore un goût tout simple qu'une revanche, un gant jeté aux défauts d'alentour dont il est choqué. Dans le bain russe, au sortir d'une tiède vapeur, on se jette dans la neige, et de la neige on se replonge dans l'étuve. Le brusque passage du genre académique au genre naturel, tel que le pratique Beyle, me semble assez de cette espèce-là. Il prend son disciple (car il en a eu) et il le soumet à cette violente épreuve : plus d'un tempérament s'y est aguerri.

Je n'ai point parlé de son livre *de l'Amour*, publié d'abord en 1822, ni de bien d'autres écrits de lui qui datent de ces années. Dans une petite brochure, publiée en 1825 (*D'un nouveau Complot contre les Industriels*), il s'éleva l'un des premiers contre l'industrialisme et son triomphe exagéré, contre l'espèce de palme que l'école utilitaire se décernait à elle-même. Je n'entre pas dans le point particulier du débat, et je n'examine point s'il entendait parfaitement l'idée de l'école saint-simonienne du *Producteur* qu'il avait en vue alors; je note seulement qu'il revendiquait la part éternelle des sentiments dévoués, des belles choses réputées inutiles, de ce que les Italiens appellent *la virtù*.

Aujourd'hui il m'a suffi de donner quelque idée de la nature des services littéraires que Beyle nous a rendus. Aux sédentaires comme moi (et il y en avait beaucoup alors), il a fait connaître bien des noms, bien des particularités étrangères; il a donné des désirs de voir et de savoir, et a piqué la curiosité par ses demi-mots. Il a jeté des citations familières de ces poëtes divins de l'Italie qu'on est honteux de ne point savoir par cœur; il avait cette jolie érudition que voulait le prince de Ligne, et qui sait les bons endroits. Longtemps je n'ai dû qu'à lui (et quand je dis *je*, c'est par modestie, je parle au nom de bien du monde) le sentiment italien vif et non solennel, sans sortir de ma chambre. Il a réveillé et stimulé tant qu'il a pu le vieux fonds français; il a agacé et taquiné la paresse nationale des élèves de Fontanes, si Fontanes a eu des élèves. Tel, s'il était sincère, conviendrait qu'il lui a dû des aiguillons; on profitait de ses épigrammes plus qu'on ne lui en savait gré. Il nous a tous sollicités, enfin, de sortir du cercle académique et trop étroitement français, et de nous mettre plus ou moins au fait du dehors; il a été un critique, non pour le public, mais pour les artistes, mais pour les critiques eux-mêmes : Cosaque encore une fois, Cosaque qui pique en courant avec sa lance, mais Cosaque ami et auxiliaire, dans son rôle de critique, voilà Beyle.

Lundi, 9 janvier 1854.

M. DE STENDHAL

Ses Œuvres complètes (1).

(fin)

Après le critique, dans Beyle, il faudrait parler du romancier; mais il y a quelque chose à dire du rôle qui est peut-être le sien avant tout, et de la vocation où il a le plus excellé : Beyle est un guide pénétrant, agréable et sûr, en Italie. Des divers ouvrages qu'il a publiés et qui sont à emporter en voyage, on peut surtout conseiller ses *Promenades dans Rome;* c'est exactement la conversation d'un *cicerone,* homme d'esprit et de vrai goût, qui vous indique en toute occasion le beau, assez pour que vous le sentiez ensuite de vous-même si vous en êtes digne; qui mêle à ce qu'il voit ses souvenirs, ses anecdotes, fait au besoin une digression, mais courte, instruit et n'ennuie jamais. En face de cette nature « où le climat est le plus grand des artistes, » ses *Promenades* ont le mérite de donner la note vive, rapide, élevée; lisez-les en voiturin ou sur le pont d'un bateau à vapeur, ou le soir après avoir vu ce que l'auteur a indiqué, vous y trouvez l'impression vraie, idéale, italienne

---

(1) Chez Michel Lévy, éditeur, rue Vivienne.

ou grecque : il a des éclairs de sensibilité naturelle et d'attendrissement sincère, qu'il secoue vite, mais qu'il communique. Les défauts de Beyle n'en sont plus quand on le prend de la sorte à l'état de voyageur et qu'on use de lui pour compagnon. En 1829, il avait déjà visité Rome six fois. Nommé, après Juillet 1830, consul à Trieste d'abord, puis, sur le refus de l'*exequatur* par l'Autriche, consul à Civita-Vecchia, il était devenu dans les dernières années un habitant de Rome. En retournant en Italie après cette Révolution de Juillet, il ne l'avait plus retrouvée tout à fait la même : « L'Italie, écrivait-il de Civita-Vecchia en décembre 1834, n'est plus comme je l'ai adorée en 1815; elle est amoureuse d'une chose qu'elle n'a pas. Les beaux-arts, pour lesquels seuls elle est faite, ne sont plus qu'un pis-aller : elle est profondément humiliée, dans son amour-propre excessif, de ne pas avoir une robe lilas comme ses sœurs aînées la France, l'Espagne, le Portugal. Mais, si elle l'avait, elle ne pourrait la porter. Avant tout, il faudrait vingt ans de la verge de fer d'un Frédéric II pour pendre les assassins et emprisonner les voleurs. » Il continua d'aimer l'Italie qui était selon son cœur, l'Italie des arts et sans la politique. Il avait coutume de dire que la politique intervenant tout à coup dans une conversation agréable et désintéressée, ou dans une œuvre littéraire, « lui faisait l'effet d'un coup de pistolet dans un concert. » Tous ceux qui sont allés à Rome dans les années où il était consul à Civita-Vecchia ont pu connaître Beyle, et la plupart ont eu à profiter de ses indications et de ses lumières; ce narquois et ce railleur armé d'ironie était le plus obligeant des hommes. Il avait beau dire du mal des Français; quand il y avait longtemps qu'il n'en avait vu un, et que le nouveau débarqué à Civita-Vecchia s'adressait à lui (s'il le trouvait homme d'esprit), combien il était heureux de se dédommager de son abstinence forcée par des conversations sans fin! Il l'accompagnait à Rome et devenait volontiers un cicerone en personne. Dans un voyage que fit en Italie le savant M. Victor Le Clerc et dont était le spirituel Ampère, Beyle, qui était de la partie pour la campagne romaine, égayait les autres, à chaque pas, de ses saillies, et excellait surtout à mettre ses doctes compagnons en rapport avec l'esprit des gens du pays : « Le Ciel, disait-il, m'a donné le talent de me faire bien venir des paysans. » Sa prompte et gaillarde accortise, sa taille déjà ronde et à la Silène, je ne sais quel air *satyresque* qui relevait son propos, tout cela réussissait à merveille auprès des vendangeurs, des moissonneurs, des jeunes filles qui allaient puiser l'eau aux fontaines de Tivoli comme du temps d'Horace. Et ce même homme qui aurait joué au naturel dans un mime antique, était celui qui sentait si bien le grand et le sublime sous la coupole de Saint-Pierre. Je dis surtout les qualités de l'homme distingué dont je parle; personne ne niera, en effet, qu'il n'eût celles-là (1).

Ce n'est pas seulement en Italie que Beyle a été un guide, il a donné en 1838 deux volumes d'un voyage en France sous le titre de *Mémoires d'un Touriste :* un commis marchand comme il y en a peu est censé avoir pris ces notes dont la suite forme un journal assez varié et amusant. Beyle n'y est plus cependant sur son terrain ; on l'y sent un peu novice sur cette terre gauloise; quand il se met à parler antiquités ou art gothique, on s'aperçoit qu'il vient, l'année précédente, de faire un tour de France avec M. Mérimée, dont il a profité cette fois et de qui, sur ce point, il tient sa leçon. Pourtant, pour qui sait lire, il y a de jolies choses comme partout avec

(1) Quelqu'un a dit de Beyle : « C'est le meilleur des touristes, l'homme qui fait le moins *l'Itinéraire à Jérusalem*. »

lui, et des aperçus d'homme d'esprit qui font penser. Par exemple, sur la route de Langres à Dijon, il rencontre une petite colline couverte de bois qui, vu le paysage d'alentour, est d'un grand effet et enchante le regard : « Quel effet, se dit Beyle, ne ferait pas ici le mont Ventoux ou la moindre des montagnes méprisées dans les environs de la fontaine de Vaucluse! » Et il continue à rêver, à supposer : « Par malheur, se dit-il, il n'y a pas de hautes montagnes auprès de Paris : si le Ciel eût donné à ce pays un lac et une montagne passables, la littérature française serait bien autrement pittoresque. Dans les beaux temps de cette littérature, c'est à peine si La Bruyère, qui a parlé de toutes choses, ose dire un mot en passant de l'impression profonde qu'une vue comme celle de Pau ou de Cras en Dauphiné laisse dans certaines âmes. » Une fois sur le chapitre du *pittoresque*, songeant surtout aux jardins anglais, Beyle le fait venir d'Angleterre comme les bonnes diligences et les bateaux à vapeur : le pittoresque littéraire, il l'oublie, nous est surtout venu de Suisse et de Rousseau ; mais ce qui est joli et fin littérairement, c'est la remarque qui suit : « La première trace d'attention aux choses de la nature que j'aie trouvée dans les livres qu'on lit, c'est cette rangée de saules sous laquelle se réfugie le duc de Nemours, réduit au désespoir par la belle défense de la princesse de Clèves. » Même en rectifiant et en contredisant ces manières de dire trop exclusives, on arrive à des idées qu'on n'aurait pas eues autrement et en suivant le grand chemin battu des écrivains ordinaires. Sur Diderot, à propos de Langres sa patrie; sur Riouffe, en passant à Dijon où il fut préfet; sur les bords ravissants de la Saône en approchant de Lyon; sur l'endroit où Rousseau y passa la nuit à la belle étoile en entendant le rossignol; sur cet autre endroit où probablement, selon lui, madame Roland, avant la Révolution, avait son petit domaine, madame Roland que Beyle ne nomme pas et qu'il désigne simplement « la femme que je respecte le plus au monde; » sur Montesquieu « dont le style est une fête pour l'esprit; » sur une foule de sujets familiers ou curieux, il y a de ces riens qui ont du prix pour ceux qui préfèrent un mot vif et senti à une phrase ou même à une page à l'avance prévue. A la fin du tome II, le Dauphiné est traité par l'auteur avec une complaisance particulière : Beyle n'est pas ingrat pour sa belle province; il en rappelle toutes les gloires, surtout l'illustre Lesdiguières, le représentant et le type du caractère dauphinois, brave, fin, et *jamais dupe*. Beyle tient fort à ce dernier trait qui est, à lui, sa prétention : « Lesdiguières, ce fin renard, dit-il, comme l'appelait le duc de Savoie, habitait ordinairement Vizille, et y bâtit un château... Au-dessus de la porte principale, on voit sa statue équestre en bronze; c'est un bas-relief. De loin, les portraits de Lesdiguières ressemblent à ceux de Louis XIII; mais, en approchant, la figure belle et vide du faible fils de Henri IV fait place à la physionomie astucieuse et souriante du grand général dauphinois, qui fut d'ailleurs un des plus beaux hommes de son temps. » Les souvenirs de 1815 et du retour de l'île d'Elbe y sont racontés avec détail et avec le feu d'un contemporain et presque d'un témoin : le passé chevaleresque y est senti avec noblesse. Sur les bords de l'Isère, apercevant les ruines du château Bayard : « Ici naquit Pierre Du Terrail, cet homme si simple, dit Beyle, qui, comme le marquis de Posa de Schiller, semble appartenir par l'élévation et la sérénité de l'âme à un siècle plus avancé que celui où il vécut. » Mais pourquoi, à la page suivante, en visitant le château de Tencin, Beyle, venant à nommer le cardinal Dubois, tente-t-il en deux mots une réhabilitation qui crie : « La

France l'admirerait, dit-il de ce cardinal, s'il fût né grand seigneur ? » Dubois en regard de Bayard ! ces disparates et ces désaccords d'idées se feront bien plus sentir encore quand Beyle voudra créer pour son compte des personnages.

Romancier, Beyle a eu un certain succès. Je viens de relire la plupart de ses romans. Le premier en date fut *Armance ou quelques Scènes d'un Salon de Paris*, publié en 1827. *Armance* ne réussit pas et fut peu comprise. La duchesse de Duras avait récemment composé d'agréables romans ou nouvelles qui avaient été très-goûtés dans le grand monde; elle avait de plus fait lecture, dans son salon, d'un petit récit non publié qui avait pour titre *Olivier*. Cette lecture, plus ou moins fidèlement rapportée, excita les imaginations au dehors, et il y eut une sorte de concours malicieux sur le sujet qu'on supposait être celui d'*Olivier*. Beyle, après Latouche, eut le tort de s'exercer sur ce thème impossible à raconter et peu agréable à comprendre. Son Octave, jeune homme riche, blasé, ennuyé, d'un esprit supérieur, nous dit-on, mais capricieux, inapplicable et ne sachant que faire souffrir ceux dont il s'est fait aimer, ne réussit qu'à être odieux et impatientant pour le lecteur. Les salons que l'auteur avait en vue n'y sont pas peints avec vérité, par la raison très-simple que Beyle ne les connaissait pas. Il y avait encore sous la Restauration une ligne de démarcation dans le grand monde; n'allait pas dans le faubourg Saint-Germain qui voulait; ceux que leur naissance n'y installait point tout d'abord n'y étaient pas introduits, comme depuis, sur la seule étiquette de leur esprit. M. de Balzac et d'autres, à leur heure, n'ont eu qu'à désirer pour y être admis : avant 1830 c'était matière à négociations, et, à moins d'être d'un certain coin politique, on n'y parvenait pas. Beyle, qui vivait dans des salons charmants, littéraires et autres (1), a donc parlé de ceux du faubourg Saint-Germain comme on parle d'un pays inconnu où l'on se figure des monstres; les personnes particulières qu'il a eues en vue (dans le portrait de madame de Bonnivet, par exemple) ne sont nullement ressemblantes; et ce roman, énigmatique par le fond et sans vérité dans le détail, n'annonçait nulle invention et nul génie.

Le Rouge et le Noir, intitulé ainsi on ne sait trop pourquoi, et par un emblème qu'il faut deviner, devait paraître en 1830, et ne fut publié que l'année suivante; c'est du moins un roman qui a de l'action. Le premier volume a de l'intérêt, malgré la manière et les invraisemblances. L'auteur veut peindre les classes et les partis d'avant 1830. Il nous offre d'abord la vue d'une jolie petite ville de Franche-Comté avec son maire royaliste, homme important, riche, médiocrement sot, qui a une jolie femme simple et deux beaux enfants; il s'agit pour lui d'avoir un précepteur à domicile, afin de faire pièce à un rival de l'endroit dont les enfants n'en ont pas. Le petit précepteur qu'on choisit, Julien, fils d'un menuisier, enfant de dix-neuf ans, qui sait le latin et qui étudie pour être prêtre, se présente un matin à la grille du jardin de M. de Rênal (c'est le nom du maire), avec une chemise bien blanche, et portant sous le bras une veste fort propre de ratine violette. Il est reçu par madame de Rênal, un peu étonnée d'abord que ce soit là le précepteur que son mari ait choisi pour ses enfants. Il arrive que ce petit Julien, être sensible, passionné, nerveux, ambitieux, ayant tous les vices d'esprit d'un Jean-Jacques enfant, nourrissant l'envie du

---

(1) Chez madame Pasta, chez mademoiselle Schiasetti, des Italiens, celle qui fut la grande passion de Victor Jacquemont, chez madame Ancelot, chez M. Cuvier, etc.

pauvre contre le riche et du protégé contre le puissant, s'insinue, se fait aimer de la mère, ne s'attache en rien aux enfants, et ne vise bientôt qu'à une seule chose, faire acte de force et de vengeance par vanité et par orgueil en tourmentant cette pauvre femme qu'il séduit et qu'il n'aime pas, et en déshonorant ce mari qu'il a en haine comme son supérieur. Il y a là une idée. Beyle, au fond, est un esprit aristocratique : un jour, à la vue des élections, il s'était demandé si cette habitude électorale n'allait pas nous obliger à faire la cour aux dernières classes comme en Amérique : « En ce cas, s'écrie-t-il, je deviens bien vite aristocrate. Je ne veux faire la cour à personne, mais moins encore au peuple qu'au ministre. » Beyle est donc très-frappé de cette disposition à *faire son chemin*, qui lui semble désormais l'unique passion sèche de la jeunesse instruite et pauvre, passion qui domine et détourne à son profit les entraînements mêmes de l'âge : il la personnifie avec assez de vérité au début dans Julien. Il avait pour ce commencement de roman un exemple précis, m'assure-t-on, dans quelqu'un de sa connaissance, et, tant qu'il s'y est tenu d'assez près, il a pu paraître vrai. La prompte introduction de ce jeune homme timide et honteux dans ce monde pour lequel il n'avait pas été élevé, mais qu'il convoitait de loin ; ce tour de vanité qui fausse en lui tous les sentiments, et qui lui fait voir, jusque dans la tendresse touchante d'une faible femme, bien moins cette tendresse même qu'une occasion offerte pour la prise de possession des élégances et des jouissances d'une caste supérieure ; cette tyrannie méprisante à laquelle il arrive si vite envers celle qu'il devrait servir et honorer; l'illusion prolongée de cette fragile et intéressante victime, madame de Rênal : tout cela est bien rendu ou du moins le serait, si l'auteur avait un peu moins d'inquiétude et d'épigramme dans la manière de raconter. Le défaut de Beyle comme romancier est de n'être venu à ce genre de composition que par la critique, et d'après certaines idées antérieures et préconçues; il n'a point reçu de la nature ce talent large et fécond d'un récit dans lequel entrent à l'aise et se meuvent ensuite, selon le cours des choses, les personnages tels qu'on les a créés; il forme ses personnages avec deux ou trois idées qu'il croit justes et surtout piquantes, et qu'il est occupé à tout moment à rappeler. Ce ne sont pas des êtres vivants, mais des automates ingénieusement construits; on y voit, presque à chaque mouvement, les ressorts que le mécanicien introduit et touche par le dehors. Dans le cas présent, dans *le Rouge et le Noir*, Julien, avec les deux ou trois idées fixes que lui a données l'auteur, ne paraît plus bientôt qu'un petit monstre odieux, impossible, un scélérat qui ressemble à un Robespierre jeté dans la vie civile et dans l'intrigue domestique : il finit en effet par l'échafaud. Le tableau des partis et des cabales du temps, que l'auteur a voulu peindre, manque aussi de cette suite et de cette modération dans le développement qui peuvent seules donner idée d'un vrai tableau de mœurs. Le dirai-je? avoir trop vu l'Italie, avoir trop compris le quinzième siècle romain ou florentin, avoir trop lu Machiavel, son *Prince* et sa Vie de l'habile tyran Castruccio, a nui à Beyle pour comprendre la France et pour qu'il pût lui présenter de ces tableaux dans les justes conditions qu'elle aime et qu'elle applaudit. Parfaitement honnête homme et homme d'honneur dans son procédé et ses actions, il n'avait pas, en écrivant, la même mesure morale que nous; il voyait de l'hypocrisie là où il n'y a qu'un sentiment de convenance légitime et une observation de la nature raisonnable et honnête, telle que nous la voulons retrouver même à travers les passions.

Dans les nouvelles ou romans qui ont des sujets italiens, il a mieux réussi. Pendant son séjour dans l'État romain, tout en faisant des fouilles et en déterrant des vases noirs « qui ont 2700 ans, à ce qu'ils disent (je doute là, comme ailleurs, ajoutait-il), » il avait mis ses économies à acheter le droit de faire des copies dans des archives de famille gardées avec une jalousie extrême, et d'autant plus grande que les possesseurs ne savaient pas lire : « J'ai donc, disait-il, huit volumes in-folio (mais la page écrite d'un seul côté) parfaitement vrais, écrits par les contemporains en demi-jargon. Quand je serai de nouveau pauvre diable, vivant au quatrième étage, je traduirai cela *fidèlement* ; la fidélité, suivant moi, en fait tout le mérite. » Il se demandait s'il pourrait intituler ce recueil : « *Historiettes romaines, fidèlement traduites des récits écrits par les contemporains, de 1400 à 1650.* » Son scrupule (car il en avait comme puriste) était de savoir si l'on pouvait dire *historiette* d'un récit tragique. *L'Abbesse de Castro*, publiée d'abord dans la *Revue des Deux Mondes* (février et mars 1839), appartenait probablement à cette série d'historiettes sombres et sanglantes. L'auteur ou le traducteur se plaît à trouver dans l'amour d'Hélène pour Jules Branciforte un de ces *amours passionnés* qui n'existent plus, selon lui, en 1838, et qu'on trouverait fort ridicules si on les rencontrait ; amours « qui se nourrissent de grands sacrifices, ne peuvent subsister qu'environnés de mystère, et se trouvent toujours voisins des plus affreux malheurs. » Beyle cherche ainsi dans le roman une pièce à l'appui de son ancienne et constante théorie, qui lui avait fait dire : « L'amour est une fleur délicieuse, mais il faut avoir le courage d'aller la cueillir sur les bords d'un précipice affreux. » Ce genre brigand et ce genre romain est bien saisi dans *l'Abbesse de Castro* ; cependant on sent que, littérairement, cela devient un genre comme un autre, et qu'il n'en faut pas abuser. Dans une autre nouvelle de lui, *San Francesco a Ripa*, imprimée depuis sa mort (*Revue des Deux Mondes*, 1er juillet 1847), je trouve encore une historiette de passion romaine, dont la scène est, cette fois, au commencement du dix-huitième siècle; la jalousie d'une jeune princesse du pays s'y venge de la légèreté d'un Français infidèle et galant : le récit y est vif, cru et brusqué. Il y a profusion, à la fin, de balles et de coups de tromblon qui tuent l'infidèle ainsi que son valet de chambre : « ils étaient percés de plus de vingt balles chacun, » tant on avait peur de manquer le maître. Dans le genre plus classique de Didon et d'Ariane, dans les romans du ton et de la couleur de *la Princesse de Clèves*, on prodigue moins les balles et les coups mortels, on a les plaintes du monologue, les pensées délicates, les nuances de sentiment ; quand on a poussé à bout l'un des genres, on passe volontiers à l'autre pour se remettre en goût; mais, abus pour abus, un certain excès poétique de tendresse et d'effusion dans le langage est encore celui dont on se lasse le moins.

La Chartreuse de Parme (1839) est de tous les romans de Beyle celui qui a donné à quelques personnes la plus grande idée de son talent dans ce genre. Le début est plein de grâce et d'un vrai charme. On y voit Milan depuis 1796, époque de la première campagne d'Italie, jusqu'en 1813, la fin des beaux jours de la Cour du prince Eugène. C'est une idée heureuse que celle de ce jeune Fabrice, enthousiaste de la gloire, qui, à la nouvelle du débarquement de Napoléon en 1815, se sauve de chez son père avec l'agrément de sa mère et de sa tante pour aller combattre en France sous les aigles reparues. Son odyssée bizarre a pourtant beaucoup de naturel; il existe en anglais un livre qui a donné à Beyle son idée : ce sont les *Mémoires d'un soldat du 71e régiment*.

qui a assisté à la bataille de Vittoria sans y rien comprendre, à peu près comme Fabrice assiste à celle de Waterloo en se demandant après si c'est bien à une bataille qu'il s'est trouvé et s'il peut dire qu'il se soit réellement battu. Beyle a combiné avec les souvenirs de sa lecture d'autres souvenirs personnels de sa jeunesse, quand il partait à cheval de Genève pour assister à la bataille de Marengo. J'aime beaucoup ce commencement; je n'en dirai pas autant de ce qui suit. Le roman est moins un roman que des Mémoires sur la vie de Fabrice et de sa tante, madame de Pietranera, devenue duchesse de Sanseverina. La morale italienne, dont Beyle abuse un peu, est décidément trop loin de la nôtre. Fabrice, d'après ses débuts et son éclair d'enthousiasme en 1815, pouvait devenir un de ces Italiens distingués, de ces libéraux aristocrates, nobles amis d'une régénération peut-être impossible, mais tenant par leurs vœux, par leurs études et par la générosité de leurs désirs, à ce qui nous élève en idée et à ce que nous comprenons (Santa-Rosa, Cesare Balbo, Capponi). Mais Beyle, en posant ainsi son héros, aurait eu trop peur de retomber dans le lieu commun d'en deçà des Alpes. Il a fait de Fabrice un Italien de pur sang, tel qu'il le conçoit, destiné sans vocation à devenir archevêque, bientôt coadjuteur, médiocrement et mollement spirituel, libertin, faible (lâche, on peut dire), courant chaque matin à la chasse du bonheur ou du plaisir, amoureux d'une Marietta, comédienne de campagne, s'affichant avec elle sans honte, sans égards pour lui-même et pour son état, sans délicatesse pour sa famille et pour cette tante qui l'aime trop. Je sais bien que Beyle a posé en principe qu'un Italien pur ne ressemble en rien à un Français et n'a pas de vanité, qu'il ne feint pas l'amour quand il ne le ressent pas, qu'il ne cherche ni à plaire, ni à étonner, ni à paraître, et qu'il se contente d'être lui-même en liberté; mais ce que Fabrice est et paraît dans presque tout le roman, malgré son visage et sa jolie tournure, est fort laid, fort plat, fort vulgaire; il ne se conduit nulle part comme un homme, mais comme un animal livré à ses appétits, ou un enfant libertin qui suit ses caprices. Aucune morale, aucun principe d'honneur : il est seulement déterminé à ne pas simuler de l'amour quand il n'en a pas; de même qu'à la fin, quand cet amour lui est venu pour Clélia, la fille du triste général Fabio Conti, il y sacrifiera tout, même la délicatesse et la reconnaissance envers sa tante. Beyle, dans ses écrits antérieurs, a donné une définition de l'*amour passionné* qu'il attribue presque en propre à l'Italien et aux natures du Midi : Fabrice est un personnage à l'appui de sa théorie; il le fait sortir chaque matin à la recherche de cet amour, et ce n'est que tout à la fin qu'il le lui fait éprouver; celui-ci alors y sacrifie tout, comme du reste il faisait précédemment au plaisir. Les jolies descriptions de paysage, les vues si bien présentées du lac de Côme et de ses environs, ne sauraient par leur cadre et leur reflet ennoblir un personnage si peu digne d'intérêt, si peu formé pour l'honneur, et si prêt à tout faire, même à assassiner, pour son utilité du moment et sa passion. Il y a un moment où Fabrice tue quelqu'un, en effet; il est vrai que, cette fois, c'est à son corps défendant. Il se bat d'une manière assez ignoble sur la grande route avec un certain Giletti, comédien et protecteur de la Marietta dont Fabrice est l'ami de choix. S'il fallait discuter la vraisemblance de l'action dans le roman, on pourrait se demander comment il se fait que cet accident de grande route ait une si singulière influence sur la destinée future de Fabrice; on demanderait pourquoi celui-ci, ami (ou qui peut se croire tel) du prince de Parme et de son premier ministre, coadjuteur et très en crédit dans ce petit État, prend la fuite comme un malfaiteur, parce qu'il lui est arrivé de tuer devant témoins, en se défendant, un comédien de bas étage qui l'a menacé et attaqué le premier. La conduite de Fabrice, sa fuite extravagante, et les conséquences que l'auteur en a tirées, seraient inexplicables si l'on cherchait, je le répète, la vraisemblance et la suite dans ce roman, qui n'est guère d'un bout à l'autre (j'en excepte le commencement) qu'une spirituelle mascarade italienne. Les scènes de passion, dont quelques-unes sont assez belles, entre la duchesse tante de Fabrice et la jeune Clélia, ne rachètent qu'à demi ces impossibilités qui sautent aux yeux et qui heurtent le bon sens. La part de vérité de détail, qui peut y être mêlée, ne me fera jamais prendre ce monde-là pour autre chose que pour un monde de fantaisie, fabriqué tout autant qu'observé par un homme de beaucoup d'esprit qui fait, à sa manière, du marivaudage italien. L'affectation et la grimace du genre se marquent de plus en plus en avançant. Au sortir de cette lecture, j'ai besoin de relire quelque roman tout simple et tout uni, d'une bonne et large nature humaine, où les tantes ne soient pas éprises de leurs neveux, où les coadjuteurs ne soient pas aussi libertins et aussi hypocrites que Retz pouvait l'être dans sa jeunesse, et beaucoup moins spirituels; où l'empoisonnement, la tromperie, les lettres anonymes, toutes les noirceurs, ne soient pas les moyens ordinaires et acceptés comme indifférents; où, sous prétexte d'être simple et de fuir l'effet, on ne me jette pas dans des complications incroyables et dans mille dédales plus effrayants et plus tortueux que ceux de l'antique Crète.

Depuis que Beyle taquine la France et les sentiments que nous portons dans notre littérature et dans notre société, il m'a pris plus d'une fois envie de la défendre. Une de ses grandes théories, et d'après laquelle il a écrit ensuite ses romans, c'est qu'en France l'amour est à peu près inconnu ; l'amour digne de ce nom, comme il l'entend, l'*amour-passion* et maladie, qui, de sa nature, est quelque chose de tout à fait à part, comme l'est la cristallisation dans le règne minéral (la comparaison est de lui) : mais quand je vois ce que devient sous la plume de Beyle et dans ses récits cet amour-passion chez les êtres qu'il semble nous proposer pour exemple, chez Fabrice quand il est atteint finalement, chez l'abbesse de Castro, chez la princesse Campobasso, chez Mina de Wangel (autre nouvelle de lui), j'en reviens à aimer et à honorer l'amour à la française, mélange d'attrait physique sans doute, mais aussi de goût et d'inclination morale, de galanterie délicate, d'estime, d'enthousiasme, de raison même et d'esprit, un amour où il reste un peu de sens commun, où la société n'est pas oubliée entièrement, où le devoir n'est pas sacrifié à l'aveugle et ignoré. Pauline, dans Corneille, me représente bien l'idéal de cet amour, où il entre des sentiments divers, et où l'élévation et l'honneur se font entendre. On en trouverait, en descendant, d'autres exemples compatibles avec l'agrément et une certaine décence dans la vie, amour ou liaison, ou attachement respectueux et tendre, peu importe le nom (1). L'amour-passion, tel que me l'ont peint dans Médée, dans Phèdre ou dans Didon, des chantres immortels, est touchant à voir grâce à eux, et j'en admire le tableau : mais cet amour-passion, devenu systématique chez Beyle, m'impatiente ; cette espèce de maladie animale, dont Fabrice est l'idéal à la fin de sa carrière, est fort laide et n'a rien d'attrayant dans sa conclusion hébétée. Quand on a lu cela, on revient

(1) J'aime à me représenter cet amour français ou cette amitié tendre, dans ses diversités de nuances, par les noms de madame de La Fayette, de madame de Caylus, de madame d'Houdetot, de madame d'Épinay, de madame de Beaumont, de madame de Custine ; jamais la grâce n'y est absente.

tout naturellement, ce me semble, en fait de compositions romanesques, au genre français, ou du moins à un genre qui soit large et plein dans sa veine ; on demande une part de raison, d'émotion saine, et une simplicité véritable telle que l'offrent l'histoire des *Fiancés* de Manzoni, tout bon roman de Walter Scott, ou une adorable et vraiment simple nouvelle de Xavier de Maistre. Le reste n'est que l'ouvrage d'un homme d'esprit qui se fatigue à combiner et à lier des paradoxes d'analyse piquants et imprévus, auxquels il donne des noms d'hommes ; mais les personnages n'ont point pris véritablement naissance dans son imagination ou dans son cœur, et ils ne vivent pas.

On voit combien je suis loin, à l'égard de *la Chartreuse* de Beyle, de partager l'enthousiasme de M. de Balzac. Celui-ci a tout simplement parlé de Beyle romancier comme il aurait aimé à ce qu'on parlât de lui-même : mais lui du moins, il avait la faculté de concevoir d'un jet et de faire vivre certains êtres qu'il lançait ensuite dans son monde réel ou fantastique et qu'on n'oubliait plus. Il a fort loué dans *la Chartreuse* le personnage du comte de Mosca, le ministre homme d'esprit d'un petit État despotique, et dans lequel il avait cru voir un portrait ressemblant du prince de Metternich : Beyle n'y avait jamais pensé. On ne peut d'ailleurs se ressembler moins que Beyle et M. de Balzac. Ce dernier était aussi confiant que l'autre l'était peu ; Beyle était toujours en garde contre le sot, et craignait tout ce qui eût laissé percer la vanité. Il songeait sans cesse au ridicule et à n'y pas prêter, et M. de Balzac n'en avait pas même le sentiment. Lorsque M. de Balzac fit sur Beyle, à propos de *la Chartreuse*, l'article inséré dans les *Lettres parisiennes*, Beyle, à la fin de sa réponse datée de Civita-Vecchia (octobre 1840), et après des remercîments confus pour cette bombe outrageuse d'éloges à laquelle il s'attendait si peu, lui disait : « Cet article étonnant, tel que jamais écrivain ne le reçut d'un autre, je l'ai lu, j'ose maintenant vous l'avouer, *en éclatant de rire*. Toutes les fois que j'arrivais à une louange un peu forte, et j'en rencontrais à chaque pas, je voyais la mine que feraient mes amis en le lisant (1). »

Tous deux ne différaient pas moins par la manière dont ils concevaient la forme et le style, ou la façon de s'exprimer. Sur ce point, M. de Balzac croyait n'en avoir jamais fait assez. Dans ses *Mémoires d'un Touriste*, Beyle, passant dans je ne sais quelle ville de Bourgogne, a dit : « J'ai trouvé dans ma chambre un volume de M. de Bal-
« zac, c'est *l'Abbé Biroteau* de Tours. Que j'admire cet
« auteur! qu'il a bien su énumérer les malheurs et pe-
« titesses de la province! Je voudrais un style plus sim-
« ple; mais, dans ce cas, les provinciaux l'achèteraient-
« ils? Je suppose qu'il fait ses romans en deux temps;
« d'abord raisonnablement, puis il les habille en beau
« style néologique, avec les *patiments* de l'âme, *il neige*
« *dans mon cœur*, et autres belles choses. » De son côté, M. de Balzac trouvait qu'il manquait quelque chose au

(1) L'anecdote qu'on va lire est authentique, et je la tiens d'original : « On sait que Balzac admirait Beyle à la folie pour sa *Chartreuse de Parme* et qu'il l'a loué à mort dans sa *Revue Parisienne*. Beyle, vers ce temps, revenait de Rome, de Civita-Vecchia, à Paris, et dans le premier moment, craignant le ridicule, il fut tout confus d'un pareil éloge si exorbitant : il ne savait où se cacher. Cependant il vit Balzac et ne lui sut pas mauvais gré d'avoir été ainsi bombardé grand homme. Vers ce temps, Beyle vendait à la *Revue des Deux Mondes* une série de nouvelles italiennes qu'il se proposait de faire et dont il n'y eut qu'une ou deux d'achevées. Il reçut pour cela la somme de 3,000 fr. Or, à sa mort, on trouva dans ses papiers la preuve que ces 3,000 fr. avaient été donnés ou prêtés par lui à Balzac qui fut ainsi payé de son éloge : un service d'argent contre un service d'amour-propre. M. Colomb, ami intime de Beyle, et qui eut à mettre en ordre ses papiers, a lui-même certifié le fait. » — Et moi je n'ajouterai qu'un mot qui est celui du poëte de *la Métromanie :*

Ce mélange de gloire et de gain m'importune!

style de Beyle, et nous le trouvons aussi. Celui-ci dictait ou griffonnait comme il causait ; quand il voulait corriger ou retoucher, il refaisait autrement, et recommençait à tout hasard pour la seconde ou troisième fois, sans mieux faire nécessairement que la première. Ce qu'il n'avait pas saisi du premier mot, il ne l'atteignait pas, il ne le réparait pas. Son style, en appuyant, n'éclaircit pas sa pensée ; il se faisait des idées singulières des écrivains proprement dits : « Quand je me mets à écrire, disait-il, je ne songe plus à mon *beau idéal* littéraire ; je suis assiégé par des idées que j'ai besoin de noter. Je suppose que M. Villemain est assiégé par des formes de phrases ; et, ce qu'on appelle un poète, M. Delille ou Racine, par des formes de vers. Corneille était agité par des formes de réplique. » Enfin il se donne bien de la peine pour s'expliquer une chose très-simple ; il n'était pas de ceux à qui l'image arrive dans la pensée, ou chez qui l'émotion lyrique, éloquente, éclate et jaillit par places dans un développement naturel et harmonieux. L'étude première n'avait rien fait chez lui pour suppléer à ce défaut ; il n'avait pas eu de maître, ni ce professeur de rhétorique qu'il est toujours bon d'avoir eu, dût-on s'insurger plus tard contre lui. Il sentait bien, malgré la théorie qu'il s'était faite, que quelque chose lui manquait. En paraissant mépriser le style, il en était très-préoccupé.

En critiquant ainsi avec quelque franchise les romans de Beyle, je suis loin de le blâmer de les avoir écrits. S'il se peut faire encore des chefs-d'œuvre, ce n'est qu'en osant derechef tenter la carrière, au risque de s'exposer à rester en chemin par bien des œuvres incomplètes. Beyle eut ce genre de courage. En 1825, il y avait une école ultra-critique et toute raisonneuse qui posait ceci en principe : « Notre siècle *comprendra* les chefs-d'œuvre, mais n'en *fera* pas. Il y a des époques d'artistes, il en est d'autres qui ne produisent que des gens d'esprit, d'infiniment d'esprit si vous voulez. » Beyle répondait à cette théorie désespérante dans une lettre insérée au *Globe* le 31 mars 1825 :

« Pour être artiste après les La Harpe, il faut un courage de fer. Il faut encore moins songer aux critiques qu'un jeune officier de dragons, chargeant avec sa compagnie, ne songe à l'hôpital et aux blessures. C'est le manque absolu de ce *courage* qui cloue dans la médiocrité tous nos pauvres poëtes. Il faut écrire pour se faire plaisir à soi-même, écrire comme je vous écris cette lettre ; l'idée m'en est venue, et j'ai pris un morceau de papier. C'est faute de *courage* que nous n'avons plus d'artistes. Nierez-vous que Canova et Rossini ne soient de grands artistes ? Peu d'hommes ont plus méprisé les critiques. Vers 1785, il n'y avait peut-être pas un amateur à Rome qui ne trouvât ridicules les ouvrages de Canova, etc. »

Toutes les fois que Beyle a eu une idée, il a donc pris un morceau de papier, et il a écrit, sans s'inquiéter du qu'en dira-t-on, et sans jamais mendier d'éloges : un vrai galant homme en cela. Ses romans sont ce qu'ils peuvent, mais ils ne sont pas vulgaires ; ils sont comme sa critique, surtout à l'usage de ceux qui en font ; ils donnent des idées et ouvrent bien des voies. Entre toutes ces pistes qui s'entre-croisent, peut-être l'homme de talent dans le genre trouvera la sienne.

Plusieurs écrivains dans ces derniers temps, et après M. de Balzac, se sont occupés de Beyle, de sa vie, de son caractère et de ses œuvres : M. Arnould Frémy, M. Paulin Limayrac, M. Charles Monselet, ont parlé de lui tour à tour ; il y a à s'instruire sur son compte à leurs discussions et à leurs spirituelles analyses ; mais s'ils me permettent de le dire, pour juger au net de cet esprit assez compliqué et ne se rien exagérer dans aucun sens, j'en reviendrai toujours de préférence, indépendamment de mes propres impressions et souvenirs, à ce que m'en diront ceux qui l'ont connu en ses bonnes années et à ses origines, à ce qu'en dira M. Mérimée, M. Ampère, à

ce que m'en dirait Jacquemont s'il vivait, ceux en un
mot qui l'ont beaucoup vu et goûté sous sa forme première. — Au physique, et sans être petit, il eut de bonne
heure la taille forte et ramassée, le cou court et sanguin;
son visage plein s'encadrait de favoris et de cheveux
bruns frisés, artificiels vers la fin; le front était beau,
le nez retroussé et quelque peu à la kalmouck; la lèvre
inférieure avançait légèrement et s'annonçait pour moqueuse. L'œil assez petit, mais très-vif, sous une voûte
sourcilière prononcée, était fort joli dans le sourire.
Jeune, il avait eu un certain renom dans les bals de
la cour par la beauté de sa jambe, ce qu'on remarquait
alors. Il avait la main petite et fine, dont il était fier. Il
devint lourd et apoplectique dans ses dernières années,
mais il était fort soigneux de dissimuler, même à ses
amis, les indices de décadence. Il mourut subitement à
Paris, où il était en congé, le 23 mars 1842, âgé de cinquante-neuf ans. En continuant littérairement avec
originalité et avec une sorte d'invention la postérité
française des Chamfort, des Rulhière, de ces hommes
d'esprit qu'il rappelle par plus d'un trait ou d'une malice, Beyle avait au fond une droiture et une sûreté dans
les rapports intimes qu'il ne faut jamais oublier de reconnaître quand on lui a dit d'ailleurs ses vérités.

Lundi, 16 janvier 1854

MARIVAUX

Marivaux a donné la dénomination à un genre, et son nom est devenu synonyme d'une certaine manière : cela seul prouverait à quel point il y a insisté et réussi. *Marivaudage* est dès longtemps un mot du Vocabulaire. Louable ou non, il n'est pas mal de se rendre compte de cette manière et de ce genre de talent qui, avec ses défauts, a son prix, et dont quelques productions plaisent encore. Les contemporains de Marivaux ont dit de lui à peu près tout ce qu'on en peut dire : si l'on prend la peine de recueillir ce qu'ont écrit à son sujet Voltaire, Grimm, Collé, Marmontel, La Harpe, et surtout d'Alembert dans une excellente Notice, on a de quoi se former un jugement précis et d'une entière exactitude : et pourtant il vaut mieux, même au risque de quelque hasard, oublier un moment ces témoignages voisins et concordants, et se donner soi-même l'impression directe d'une lecture à travers Marivaux. Sans prétendre trouver rien de bien neuf à dire sur le détail de ses Œuvres, on arrivera peut-être de loin à mieux le voir dans le coin du siècle, dans le groupe particulier auquel il appartient, et dont il est le plus gentil esprit et non pas le moins sérieux.

Né à Paris sur la paroisse de Saint-Gervais, le 4 février 1688, d'un père financier et dans l'aisance, d'une famille originaire de Normandie qui avait tenu au Parlement de la province, Pierre Carlet de Chamblain de Marivaux reçut une bonne éducation, ce qui ne veut pas dire qu'il fit de fortes études ; il n'apprit nullement le grec et sut le latin assez légèrement, ce semble ; son éducation, plutôt mondaine que classique, et particulièrement son tour d'esprit neuf, observateur, et qui prenait la société comme le meilleur des livres, le disposaient naturellement à être du parti dont avait été feu Perrault, et dont, après lui, Fontenelle et La Motte devenaient les chefs, le parti des Modernes contre les Anciens. Marivaux en fut avec zèle, avec hardiesse et une impertinence piquante. Vers l'âge de vingt-six ans, son esprit se forma dans ce petit camp philosophique et y trouva son école. Il y puisa et il y porta beaucoup d'idées, en les revêtant d'un tour propre qui était à lui.

Marivaux n'a pas seulement un talent fin et une rare fertilité d'idées qu'il rend avec imprévu, il a la théorie de son talent et il sait le pourquoi de sa nouveauté ; car, de tous les hommes, Marivaux est celui qui cherche le plus à se rendre compte. Arrêtons-nous un moment à l'écouter sur ce point, et recueillons ses doctrines littéraires qu'il sut mettre en parfait accord avec la nature et la saveur de ses productions. Si Marivaux admire médiocrement les Anciens, il admire fort en revanche son contemporain La Motte, homme d'infiniment d'esprit, mais qui était, en quelque sorte, privé de plusieurs sens. L'un des premiers ouvrages de Marivaux fut *l'Iliade travestie* (1716), qu'il fit moins encore pour déprécier le *divin* Homère que pour venger La Motte des grosses paroles de madame Dacier. L'absence complète d'imagination chez La Motte semble une qualité et un mérite de plus à Marivaux : « La composition de M. de La

Motte tient de l'esprit pur, dit-il ; c'est un travail du bon sens et de la droite raison ; ce sont des idées d'après une réflexion fine et délicate, réflexion qui fatigue plus son esprit que son imagination. » Il le félicite d'être parfaitement étranger à l'enthousiasme, de ne se laisser jamais emporter, comme quelques autres, à un train d'idées ordinaires et communes, montées sur un char magnifique ; il lui accorde une vivacité toute spirituelle, d'une espèce unique et si fine qu'il est donné à peu de gens de la goûter. En définissant le genre de talent de La Motte, il va nous définir une partie de son talent à lui-même, ou du moins de son idéal le plus sévère, tel qu'il le conçoit :

« L'expression de M. de La Motte, dit-il, ne laisse pas d'être vive ; mais cette vivacité n'est pas dans elle-même, elle est toute dans l'idée qu'elle exprime ; de là vient qu'elle frappe bien plus ceux qui pensent d'après l'esprit pur, que ceux qui, pour ainsi dire, sentent d'après l'imagination.

« Cette vivacité d'esprit dont je parle a cela de beau qu'elle éclaire ceux qu'elle touche, elle les pénètre d'évidence : on en aperçoit la sagesse et le vrai, d'une manière qui porte le caractère de ces deux choses, c'est-à-dire distincte ; elle ne fait point un plaisir imposteur et confus, comme celui que produit le feu de l'imagination ; *on sait rendre raison du plaisir que l'on y trouve.*

« Cette vivacité, telle que je la viens de décrire, n'est point d'un genre à accepter de ces termes bouillants et qui sentent l'enthousiasme.

« Il lui faut une expression qui fixe positivement ses idées ; et c'est de cette justesse si rare que naît cette façon de s'exprimer simple, mais sage et majestueuse, sensible à peu de gens autant qu'elle le doit être, et que, faute de la connaître, n'estiment point ces sortes de génies qui laissent débaucher leur imagination par celle d'un auteur dont le plus grand mérite serait de l'avoir vive. »

Ailleurs encore, s'attachant à définir ce talent qui le préoccupe si fort, il convient qu'on a fait pourtant à La Motte un reproche assez juste, c'est précisément « qu'il remuait moins qu'il n'éclairait, qu'il parlait plus à l'homme intelligent qu'à l'homme sensible, ce qui est un désavantage avec nous, qu'un auteur ne peut affectionner ni rendre attentifs qu'en donnant, pour ainsi dire, des chairs à ses pensées. » Marivaux ne manquera pas, pour son compte, de mettre ces *chairs* qu'il regrette, et d'insinuer dans ses analyses un peu de nu. Pourtant nous voilà bien avertis de l'idéal qu'il s'est choisi ; La Motte est pour lui le beau intellectuel, simple, majestueux, son Jupiter Olympien en littérature et son Homère : l'autre Homère, avec ses grands traits et ses vives images, n'est bon tout au plus qu'à *débaucher* les esprits. Marivaux met la *sagacité* de La Motte sur la même ligne en vérité que « l'inimitable élégance de Racine et le puissant génie de Corneille. » Il croit sincèrement que la première tragédie de La Motte a pu passer pour une dernière tragédie posthume de Racine. Lui qui a si bien démêlé les ruses, les tours et retours de l'amour-propre, ne s'apercevait-il donc pas qu'en plaçant si haut le mérite d'une sagacité fine, il dressait à l'avance un autel à la qualité que lui-même possédait à un si remarquable degré, et que par conséquent il prisait le plus ?

Tout se tient chez Marivaux : c'est un théoricien et un philosophe, beaucoup plus perçant qu'on ne croit sous sa mine coquette. Il a écrit des feuilles périodiques, des journaux imités d'Addison pour la forme, mais remplis d'idées neuves, déliées, et de vues ingénieuses : son *Spectateur français* (1722), son *Indigent philosophe* (1728), son *Cabinet du Philosophe*, contiennent, au milieu d'anecdotes morales, sa théorie sur toutes choses. A ses yeux il n'y a pas de grands hommes proprement dits :

« Il n'y a ni petit ni grand homme pour le philosophe : il y a seulement des hommes qui ont de grandes qualités mêlées de défauts ; d'autres qui ont de grands défauts mêlés de quelques qualités : il y a des hommes ordinaires, autrement dits médiocres, qui valent bien leur prix, et dont la médiocrité a ses avantages ; car on peut dire en passant que c'est presque toujours aux grands hommes en tout genre que l'on doit les grands maux et les grandes erreurs :

s'ils n'abusent pas eux-mêmes de ce qu'ils peuvent faire, du moins sont-ils cause que les autres abusent pour eux de ce qu'ils ont fait. »

Remarquez que c'est encore à l'occasion de La Motte que Marivaux établit cette théorie négative des grands hommes. Il sent qu'il est près de lui accorder ce titre, et à l'instant, par une sorte de respect humain philosophique, il s'arrête ; mais, en le lui retirant, il le retira aussi à tout ce qu'il y a eu de grand dans le monde.

Ici il y a une véritable erreur à mon sens, et que tout l'esprit de Marivaux ne saurait masquer. Que l'observateur ne se laisse point éblouir, même par le génie ; qu'il cherche, tout en l'admirant, à en mesurer la hauteur et ne ferme pas les yeux sur ses défauts, il ne se peut rien de plus légitime et de plus digne d'un esprit indépendant et juste : mais qu'on ne voie entre les génies proprement dits et la médiocrité qui les entoure que du plus ou du moins sans démarcation aucune, sans un degré décisif à franchir, je ne saurais appeler cela que myopie et petite vue qui étudie le genre humain comme une mousse et qui n'entend rien aux esprits d'aigle. Il y a un moment où l'invention, la création en tout genre, ce qu'on appelle génie, héroïsme, commence ; les hommes, dans leur instinct, ne s'y trompent pas ; ils s'inclinent, ils s'écrient d'admiration et saluent. Là où la veille il n'y avait rien, le lendemain il y a un monde : que ce monde soit celui de Shakspeare ou d'Homère, de Molière ou d'Aristophane, de Sophocle ou de Corneille, d'Archimède ou de Pascal ; que ce soit, dans l'ordre réel, l'enchaînement des hauts faits d'un héros ou ces autres bienfaits publics émanés d'un législateur et d'un sage, il n'importe : la médiocrité de la foule, en ajoutant petit à petit tout son effort durant des années, n'aurait pu y atteindre ; tous les ingénieux Marivaux en tout genre, tous les distingués et les habiles, tous les *grands médiocres* (comme Marivaux lui-même les appelle), entasseraient grain sur grain pendant des siècles pour s'élever et se guinder en se concertant jusqu'à cette sphère supérieure, ils n'en sauraient venir à bout : ce sont des facultés distinctes et diversement royales, don de la nature et du Ciel, qui destinent et vouent quelques mortels fortunés à ces rôles, tout aisés pour eux, d'enchanteurs de l'humanité, de conducteurs vaillants et de guides. C'est en ce sens qu'il y a vraiment des grands hommes, toujours rares, toujours possibles, reconnus et salués bientôt (malgré les contradictions) quand ils apparaissent. Marivaux, cet homme de tant de distinctions subtiles et de nuances à l'infini, n'a point reconnu ce grand fait d'évidence. Comme l'émotion, la verve, l'inspiration et tout ce qui y ressemble lui étaient choses complétement étrangères, il n'a pas su les voir en autrui ; il n'a rendu les armes de près ni de loin à cette puissance créatrice qui porte au premier rang un petit nombre d'hommes, et on pourrait le définir, au milieu de tous les éloges qu'il mérite pour l'originalité de ses vues, pour la variété et la gentillesse de ses œuvres, « celui qui n'a senti ni Homère ni Molière. »

Ne croyez point d'ailleurs que ce soit par pur esprit de chicane que Marivaux ait ainsi maille à partir avec les hommes supérieurs; il ne laisse pas de mêler à ce qui est une vue incomplète bien des considérations aussi neuves que justes. Je ne saurais dire combien, en lisant quelques écrits peu connus de Marivaux, j'ai appris à goûter certains côtés sérieux de son esprit. Dans un petit écrit intitulé *le Miroir* et où il s'agit, en effet, d'une sorte de glace ou de miroir magique dans lequel se voit représenté tout un abrégé de l'âme et de la pensée en général, toutes les façons d'être et de sentir des hommes, tout ce qu'ils sont et ce qu'ils ont été ou ce qu'ils peuvent être, en un mot un raccourci de la nature morale, il a exposé ce que nous appellerions sa *philosophie de l'histoire :* elle est d'un homme très-réfléchi, très-éclairé, et dégagé de toute espèce de prévention. Selon lui, la nature n'est pas en affaiblissement ni en décadence, quoi qu'en disent les partisans exagérés de l'antiquité :

« Non, Monsieur, la nature n'est pas sur son déclin : du moins ne ressemblons-nous guère à des vieillards; la force de nos passions, de nos folies, et la médiocrité de nos connaissances, malgré les progrès qu'elles ont faits, devraient nous faire soupçonner que cette nature est encore bien jeune en nous.

« Quoi qu'il en soit, nous ne savons pas l'âge qu'elle a; peut-être n'en a-t-elle point, et le miroir ne m'a rien appris là-dessus. »

Revenant à ces grands esprits de l'antiquité qu'on cite toujours et qu'on oppose à la prétendue stérilité des âges suivants, il estime qu'aucune époque n'en est déshéritée, que seulement la forme de ces esprits varie dans l'histoire et qu'ils se produisent avec plus ou moins de bonheur et de dégagement selon les temps et les conjonctures. Ainsi, selon lui, au moyen-âge et dans ces siècles réputés barbares, il y avait de grands esprits et qui se sont alors montrés comme tels. S'ils n'ont pas produit des ouvrages plus durables et qui soient de nature à nous plaire encore, « prenez-vous-en, dit-il, aux siècles barbares où ces grands esprits arrivèrent, et à la détestable éducation qu'ils y reçurent en fait d'ouvrages d'esprit. Ils auraient été les premiers esprits d'un autre siècle, comme ils furent les premiers esprits du leur; il ne fallait pas pour cela qu'ils fussent plus forts, il fallait seulement qu'ils fussent mieux placés. » Par ces mots *bien* ou *mal placés*, Marivaux ne veut pas toutefois faire entendre qu'un fonds commun d'esprit manquât dans ces siècles réputés barbares : loin de là, il estime que l'humanité, par cela seul qu'elle dure et se continue, a un fonds d'esprit de plus en plus accumulé et amassé : c'est là une suite lente peut-être, mais infaillible de la durée du monde, et indépendante même de l'invention soit de l'écriture, soit de l'imprimerie, quoique celles-ci y aident beaucoup : « L'humanité en général reçoit toujours plus d'idées qu'il ne lui en échappe, et ses malheurs même lui en donnent souvent plus qu'ils ne lui en enlèvent. » Les idées, d'un autre côté, qui se dissipent ou qui s'éteignent, ne sont pas, remarque-t-il, comme si elles n'avaient jamais été ; « elles ne disparaissent pas en pure perte ; l'impression en reste dans l'humanité, qui en vaut mieux seulement de les avoir eues, et qui leur doit une infinité d'autres idées qu'elle n'aurait pas eues sans elles. » Les conquêtes même, quand elles ne sont pas purement destructives, sont plutôt, suivant lui, un grand véhicule :

« La quantité d'idées qui étaient dans le monde avant que les Romains l'eussent soumis et, par conséquent, tout agité, était bien au-dessous de la quantité d'idées qui y entra par l'insolente prospérité des vainqueurs, et par le trouble et l'abaissement du monde vaincu.

« Chacun de ces états enfanta un nouvel esprit, et *fut une expérience de plus sur la terre.* »

L'esprit humain, à un moment donné, est le produit de tout ce qui reste de l'esprit des âges antérieurs accumulé comme une sorte de terre végétale, et qui devient ainsi le point de départ et l'excitant à demi artificiel d'une façon légèrement nouvelle de penser et de sentir. A chaque époque il y a donc de nouvelles façons de penser possibles et nécessaires, et toutes ne sont pas épuisées, pas plus que les airs que la nature trouve à varier à l'infini dans le composé des physionomies et des visages. Telles sont quelques-unes des idées vraiment originales et à la Fontenelle, que Marivaux énonce avec autant de netteté que de hardiesse : à quoi il faut ajouter cette remarque très-fine qu'il n'omettait pas, et qu'il aurait pu s'appliquer à lui-même et à ses amis, à savoir que le goût d'une époque n'est pas toujours en raison du nombre des idées qui y circulent ou qui y fermentent, et qu'il y a des temps où la critique et le goût peuvent s'altérer ou disparaître, « pendant que le fonds de l'esprit humain va toujours croissant parmi les hommes. »

Marivaux n'était point savant; il avait peu lu en général, et particulièrement les auteurs du moyen-âge : mais il a deviné. Aujourd'hui qu'on étudie à fond ces auteurs, les saint Bernard, les saint Thomas d'Aquin, les Abélard, et aussi les Vincent de Beauvais, les Roger Bacon, on arrive à reconnaître en quoi ces hommes, au milieu d'une civilisation qui avait tant rétrogradé en apparence, si on la compare à celle d'un Sénèque, d'un Pline l'Ancien ou d'un Cicéron, avaient pourtant des vues soit dans l'ordre moral, soit même dans l'ordre des sciences physiques, des conceptions et des essors déjà, qui étaient le résultat ou le signal d'un avancement et d'un progrès pour l'espèce. Il me semble que nous voilà loin du compte pour commencer, et que nous ne pouvions guère nous attendre à ces rencontres-là avec Marivaux : — un Marivaux précurseur de Saint-Simon, d'Auguste Comte et de M. Littré, qui donc aurait pu se l'imaginer ainsi?

Prenons-le pour ce qu'il est d'abord et avant tout, pour un moraliste de société, pour un romancier et un auteur de jolies comédies. Marivaux, se mettant à écrire, ne se pique pas en général de faire un livre qui ressemble à d'autres livres; il prétend n'observer que la nature, mais l'observer comme il l'entend, la distinguer autant qu'il lui est nécessaire, et la rendre dans toute la singularité de son propre coup d'œil. Il préfère à tout ce qui est plan et projet conçu dans le cabinet les idées fortuites nées à l'occasion, notées, prises sur le fait dans la vie du monde; mais ces idées que lui suggère l'observation de chaque jour, il faut voir comme il les traduit dans son langage, même quand il les prête aux autres ou qu'il les met dans la bouche de ses personnages. Sort-il du spectacle un jour de première représentation, il s'amuse à regarder passer le monde, les jolies femmes qui font les coquettes, les laides qui n'ont pas moins de prétention et qui trouvent moyen de faire concurrence aux jolies, les jeunes gens aussi, qui font les beaux ; il s'amuse à interpréter ce que signifient toutes ces mines qu'il voit à ces visages, ces grands airs et ces maintiens complaisants; il leur fait tenir de petits discours intérieurs bien précieux, bien vaniteux, qu'il déduit par le menu : « Ce petit discours que je fais tenir à nos jeunes gens, on le regardera, dit-il, comme une plaisanterie de ma part. Je ne dis pas qu'ils pensent très-distinctement ce que je leur fais penser ; mais tout cela est dans leur tête, et je ne fais que débrouiller le chaos de leurs idées : j'expose en détail ce qu'ils sentent en gros, et voilà, pour ainsi dire, la monnaie de la pièce. » Et quand nous avons entendu ainsi Marivaux s'exprimer avec esprit et calcul, dans un style perlé et distillé, faire des mines charmantes et caresser chaque syllabe en y mettant une intention, n'allez pas lui dire, avec la plupart des critiques d'alors, qu'il n'écrit pas assez simplement, qu'il *court après l'esprit*, et autres reproches qui, au milieu des éloges, viennent tout d'abord à la pensée. A ces remarques qu'il entend à demi-mot et qu'il devine à l'autre bout du salon, même quand on les fait à voix basse (car il est là-dessus d'une susceptibilité exquise), il a des raisons de toutes sortes à opposer, des quantités de réponses à faire, et il les a faites en son temps.

Il vous dira qu'en matière de critique, au lieu de se hâter et de se prononcer d'un ton d'oracle : *Cela ne vaut rien, cela est détestable*, un habile homme, après avoir lu un livre, doit se contenter de dire : *Il me plaît* ou *il ne me plaît pas ;* car plus on a d'esprit, et plus on voit de choses, et plus on distingue autour de soi de sentiments et de goûts particuliers qui diffèrent du nôtre : « Ah! que nous irions loin ! qu'il naîtrait de beaux ouvrages, s'écrie-t-il, si la plupart des gens d'esprit qui en sont les juges tâtonnaient un peu avant de dire : *Cela est mauvais* ou *Cela est bon !* » Mais, selon lui, on juge le plus souvent un auteur sur l'étiquette; on se prononce d'après une première idée de prévention. Est-il pour les Anciens? Est-il pour les Modernes? S'il est pour les Anciens, on lui passera même beaucoup d'esprit et quelque recherche, et on le déclarera simple. Est-il du parti des Modernes, il aura à peine commencé à parler que déjà on le tiendra pour suspect de manière et de trop de finesse. Aussi qu'il est rare qu'un auteur le soit véritablement, et qu'il se donne au public avec sa valeur propre et sa physionomie entière!

« Je crois, pour moi, dit Marivaux, qu'à l'exception de quelques génies supérieurs qui n'ont pu être maîtrisés, et que leur propre force a préservés de toute mauvaise dépendance, je crois qu'en tout siècle la plupart des auteurs nous ont moins laissé leur propre façon d'imaginer que la pure imitation de certain goût d'esprit que quelques critiques de leurs amis avaient décidé le meilleur. Ainsi nous avons très-rarement le portrait de l'esprit humain dans sa figure naturelle : on ne nous le peint que dans un état de contorsion ; il ne va point son pas, pour ainsi dire, il a toujours une marche d'emprunt... »

J'arrête la pensée au moment où lui-même il va en abuser, et tandis qu'il est juste encore et qu'il est clair.

Il se moque agréablement de ces critiques qui reprochent si vite à un auteur de *courir après l'esprit.* Ils ont naturellement tous les auteurs plats et communs pour auxiliaires. Ceux-ci, en effet, gens économes par nature, sont payés pour croire qu'on court après l'esprit quand on en a plus qu'eux : « Messieurs, lisez-moi, semblent-ils dire; vous verrez un homme qui pense simplement, raisonnablement, qui va son grand chemin, qui ne petille point : et voilà le bon esprit. » Selon Marivaux plaidant dans sa propre cause, « il y a un certain degré d'esprit et de lumières au delà duquel vous n'êtes plus senti ; c'est même un désavantage qu'une si grande finesse de vue, car ce que vous en avez de plus que les autres se répand toujours sur tout ce que vous faites, embarrasse leur intelligence; » on vous accuse d'être obscur par trop de subtilité; et il conclut avec découragement, et en ayant l'air de consentir, par égard pour les lecteurs vulgaires, à ne plus être sagace qu'à demi : « Peignez la nature à un certain point, mais abstenez-vous de la saisir dans ce qu'elle a de trop caché ; sinon vous paraîtrez aller plus loin qu'elle, ou la manquer. » Tels étaient les ingénieux sophismes que le désir de se justifier suggérait à Marivaux, et sur lesquels il revient en vingt endroits. Quand on se défie tant du sens commun, on est bien près de faire *secte* en littérature. Il a pourtant raison sur un point: c'est que les critiques s'en prenaient uniquement à son style, quand c'était en réalité sa pensée qui était en cause. « Chacun, disait-il, a sa façon de s'exprimer qui vient de sa façon de sentir. — Ne serait-il pas plaisant que la finesse des pensées de cet auteur fût la cause du vice imaginaire dont on accuse son style ? » Et en venant particulièrement à cette accusation de style *précieux*, il tâche de montrer qu'il y a des pensées fines qui ne sauraient se rendre que par une singularité d'expression qui prête à cette objection banale. Par exemple, quand La Rochefoucauld dit : « L'esprit est souvent *la dupe* du cœur, » ne serait-il pas accusé de style précieux s'il avait écrit de nos jours? se demande Marivaux. Et, en effet, pourquoi ce mot de *dupe?* s'écrierait un critique; pourquoi ne pas se contenter de dire: « L'esprit est souvent *trompé* par le cœur?» ou : « Le cœur en fait *accroire* à l'esprit ? » Ici, dans une petite dissertation très-juste et très-bien déduite,

Marivaux montre que pour la nuance de pensée de La Rochefoucauld, il n'y avait pourtant pas d'autre expression possible, et que les équivalents proposés n'y répondent pas :

« Cet esprit, simplement *trompé* par le cœur, ne me dit pas qu'il est souvent trompé comme un sot, ne me dit pas même qu'il se laisse tromper. On est souvent trompé sans mériter le nom de dupe. Quelquefois on nous en fait habilement *accroire*, sans qu'on puisse nous reprocher d'être faciles de croyance : et cet auteur a voulu nous dire que souvent le cœur tourne l'esprit comme il veut; qu'il le fait aisément incliner à ce qui lui plaît; qu'il lui ôte sa pénétration ou la dirige à son profit ; enfin qu'il le séduit et l'engage à être de son avis, bien plus par les charmes de ses raisons que par leur solidité...

« Voilà bien des choses que l'idée de dupe renferme toutes, et que le mot de cette idée renferme toutes aussi.

« Or, si l'idée de l'auteur est juste, que trouvez-vous à redire au signe dont il se sert pour exprimer cette idée ? »

C'est ainsi qu'en se couvrant du nom de La Rochefoucauld, Marivaux présente sa propre défense; il cite encore Montaigne, le grand exemple cher aux novateurs, comme un des écrivains dont les critiques de 1725 eussent chicané le style : « Car il ne parlait ni français, ni allemand, ni breton, ni suisse : il pensait, il s'exprimait au gré d'une âme singulière et fine. » Et La Bruyère, n'est-il pas tout plein de singularités ? Et Pascal, combien n'a-t-il pas d'expressions de génie ? « Qu'on me trouve un auteur célèbre qui ait approfondi l'âme, et qui, dans les peintures qu'il fait de nous et de nos passions, n'ait pas le style un peu singulier ? » Marivaux, très-judicieux tant qu'il se tient ainsi dans le point de vue général, ne veut pas qu'en se mettant à écrire, un jeune homme imite personne, pas plus les Modernes que les Anciens; car les Anciens « avaient, pour ainsi dire, tout un autre univers que nous : le commerce que les hommes avaient ensemble alors ne nous paraît aujourd'hui qu'un apprentissage de celui qu'ils ont eu depuis, et qu'ils peuvent avoir en bien et en mal. Ils avaient mêmes vices, mêmes passions, mêmes ridicules, même fonds d'orgueil ou d'élévation ; *mais tout cela était moins déployé ou l'était différemment.* » Et quant aux Modernes tout voisins de nous, et qui semblent mieux accommodés au goût et au ton de notre siècle, il ne faut pas qu'un jeune écrivain les imite davantage : car « cette façon a je ne sais quel caractère ingénieux et fin dont l'imitation littérale ne fera de lui qu'un singe, et l'obligera de courir vraiment après l'esprit. » Il désire donc simplement qu'on se nourrisse de tout ce que l'on sent de bon chez les Modernes ou chez les Anciens, et qu'ensuite *on abandonne son esprit à son geste naturel* : « Qu'on me passe ce terme, qui me paraît bien expliquer ce que je veux dire, ajoute-t-il aussitôt malicieusement ; car on a mis aujourd'hui les lecteurs sur un ton si plaisant, qu'il faut toujours s'excuser auprès d'eux d'oser exprimer vivement ce que l'on pense. »

Si Marivaux n'avait jamais employé d'autres expressions plus hasardées ou plus raffinées, on aurait pu l'accuser encore de recherche (qui n'en accuse-t-on pas d'abord parmi ceux qui ont un cachet?), mais la réputation ne lui en serait pas restée. Montesquieu, dans les *Lettres persanes,* est plein de ces expressions neuves et vives, qui parlent à l'imagination, et qui se font applaudir et accepter. Marivaux n'a qu'un tort ou qu'un malheur, c'est qu'en étant en effet lui-même, et en usant à bon droit de sa manière de sentir pour s'exprimer avec une singularité souvent piquante, il dépasse sans s'en douter la mesure, tombe sensiblement dans le raffiné, et devient maniéré, minaudier, façonnier, le plus naturellement du monde. Ce n'est point par le style qu'il pèche ; à la bonne heure ! c'est donc par sa nature même et par son tour d'esprit, par la conformation ingénieuse, mais minutieuse aussi et méticuleuse, de son talent. Et comment, par exemple, n'appellerait-on point précieux un observateur qui vous dit, en voyant dans une foule les figures laides faire assaut de coquetterie avec les figures plus jolies (la page est curieuse et dispense d'en lire beaucoup d'autres; mais, à côté du *bon Marivaux*, il faut bien qu'on sache où est le *mauvais*) :

« J'examinais donc tous ces *porteurs de visages*, hommes et femmes ; je tâchais de démêler ce que chacun pensait de son lot, comment il s'en trouvait : par exemple, s'il y en avait quelqu'un qui prît le sien en patience, faute de pouvoir faire mieux ; mais je n'en découvris pas un dont la contenance ne me dît : « Je m'y tiens. » J'en voyais cependant, surtout des femmes, qui n'auraient pas dû être contentes, et qui auraient pu se plaindre de leur partage, sans passer pour trop difficiles ; il me semblait même qu'à la rencontre de certains visages mieux traités, elles avaient peur d'être obligées d'estimer moins le leur ; l'âme souffrait : aussi *l'occasion était-elle chaude*. Jouir d'une mine qu'on a jugée la plus avantageuse, qu'on ne voudrait pas changer pour une autre, et voir devant ses yeux un maudit visage qui *vient chercher noise* à la bonne opinion que vous avez du vôtre, qui *vous présente hardiment le combat*, et qui vous jette dans la confusion de douter un moment de la victoire ; qui *voudrait enfin accuser d'abus* le plaisir qu'on a de croire sa physionomie sans reproche et sans pair : ces moments-là sont périlleux ; je lisais tout l'embarras du visage insulté : mais cet embarras ne faisait que passer. Celle à qui appartenait ce visage se tirait à merveille de ce mauvais pas, et cela sans doute par une admirable dextérité d'amour-propre, etc., etc. »

Voilà le mauvais goût qui est partout plus ou moins répandu chez Marivaux ; voilà le précieux, voilà le Mascarille, le Trissotin et le retour au jargon de la fin de l'hôtel Rambouillet ; voilà pourquoi Marivaux n'admirait point Molière, et pourquoi, en le classant comme ils l'ont fait, ses contemporains, ceux de Le Sage, de l'abbé Prévost, de Voltaire, de ces hommes d'esprit si naturels, ne se sont point, en définitive, mépris sur son compte. La place de Marivaux en son temps n'est qu'à côté et un peu au-dessus de celle de Crébillon fils. Il y a lieu de le relire, de lui rendre justice sur plus d'un détail, de sourire à ses finesses exquises et à ses grâces pleines de concert et de mignardise, mais non point de l'aller réhabiliter.

Marianne est le plus joli de ses romans et se lit encore avec quelque plaisir. L'ouvrage parut en onze parties, et, comme nous dirions, en onze livraisons (1731-1744); il y manque une conclusion; la douzième partie qu'on y a jointe n'est pas de Marivaux. Celui-ci, en fait de romans, s'amusait plus au chemin qu'il ne visait au but et à la conclusion. Marianne est une *ingénue* qui, arrivée sur le retour et dans l'âge d'une expérience consommée, raconte à une amie les aventures de sa jeunesse et détaille ses sentiments. Dès la première phrase, Marianne, qui prend la plume, se fait prier et craint de gâter son histoire en l'écrivant : « Car où voulez-vous que je prenne un style? Il est vrai que dans le monde on m'a trouvé de l'esprit; mais, ma chère, je crois que cet esprit-là n'est bon qu'à être dit, et qu'il ne vaudra rien à être lu. » Une partie de l'art de l'auteur dans ce roman consiste à imiter le style parlé, à en reproduire les négligences, les petits mots qui reviennent souvent, et, pour ainsi dire, les gestes. Le mot *cela* revient sans cesse, ainsi que ces façons de dire : cet homme-*là*, ces petits égards-*là*, cette nonchalance-*là*, ces traits de bonté-*là*. Ce sont de petits airs qui rappellent la causerie et qu'on se donne en écrivant; c'est une manière de se mettre exprès en négligé, parce qu'on sait que le déshabillé vous réussit. — Marianne est une pauvre et jolie jeune fille qui est sans doute de grande naissance, mais dont les parents et tout l'entourage ont péri dans un carrosse qui allait à Bordeaux et par une attaque de voleurs. La pauvre enfant seule a été sauvée sans qu'on pût découvrir trace de son origine; elle a été déposée dans le pays chez un curé dont la sœur l'a élevée. Cette sœur est venue à Paris pour recueillir un héritage et y a conduit Marianne, âgée de quinze ans; elle y tombe malade et meurt bientôt en apprenant la mort ou l'apoplexie du curé son frère, et voilà Marianne seule, sans ressources, sur le pavé de Paris, avec un comptant des plus minces et son joli visage. Pour tout secours, elle a été recommandée par la mourante à un bon religieux, lequel lui-même la recommande à un homme riche et qui passe pour respectable, M. de Climal. Celui-ci paraît prendre intérêt à la jeune fille et la met en pension chez une marchande lingère, madame Dutour. C'est ici que commence, à proprement parler, le roman : chaque événement va y être détaillé, analysé dans ses moindres circonstances, et la quintessence morale s'ensuivra : « Je ne sais point philosopher, dit Marianne, et je ne m'en soucie guère, car je crois que cela n'apprend rien qu'à discourir. » En attendant et en faisant l'ignorante et la simple, elle va discourir pertinemment sur toutes choses, se regarder de côté tout en agissant et en marchant, avoir des clins d'œil sur elle-même et comme un *a parte* continuel, dans lequel sa finesse et, si j'ose dire, sa pédanterie couleur de rose lorgnera et décrira avec complaisance son ingénuité. M. de Climal, qui s'est donné pour protecteur de Marianne, n'est qu'un hypocrite qui veut la séduire et qui y procède avec beaucoup d'artifice. Marivaux, en comparant son Tartufe à celui de Molière, avait un peu de dédain, assure-t-on, pour les façons trop peu adroites du rival d'Orgon : lui, il s'applique surtout à être vraisemblable, à avoir l'air vrai dans les moindres démarches. Il fait parler sa madame Dutour, assez bonne femme et très-vulgaire, comme il croit qu'elle a dû parler en réalité. Dans les conseils à demi honnêtes, à demi intéressés, qu'elle donne à Marianne ; dans une certaine scène où elle se querelle avec un cocher de fiacre, il y a une imitation minutieuse de la nature triviale : mais, le dirai-je ? cette copie même, chez Marivaux, a un certain vernis et un certain glacis qui trahit la coquetterie de l'imitateur ; ses grotesques et ses masques soi-disant grossiers sont peints, en quelque sorte, sur porcelaine, et le tout miroite à la lecture.

M. de Climal a acheté à Marianne un habit complet avec le linge le plus fin, et celle-ci l'essaye un jour de grande fête en allant à l'église, où elle s'arrange si bien dans son innocence qu'elle obtient toutes sortes de succès. Elle raconte tout le menu de ce manége avec une curiosité, une réflexion et un détail infini qui fait ressembler ce passage et bien d'autres à une petite scène d'une ingénue de quinze ans, telle que mademoiselle Mars pouvait la jouer à cet âge : « Où en étais-je ? se dit-elle à chaque instant... Mais m'écarterai-je toujours ?... Vous direz que je rêve de distinguer tout cela... » On suit tous les accents, on voit tous les petits gestes. Oh ! que Marivaux est le contraire de l'abbé Prévost qui s'oublie et qui court ! Oh ! que Marianne est le contraire de Manon Lescaut !

Dans cette petite personne si mignonne, si distinguée, si au-dessus de sa condition, si glorieuse tout bas et si raisonneuse, dans cette Marianne du roman il y a quelque chose de madame de Maintenon jeune et guettant en tout honneur la fortune ; mais c'est madame de Maintenon rapetissée et vue en miniature, avec plus de grimace qu'elle n'en eut jamais.

En sortant de l'église, Marianne, qui entend venir derrière elle un carrosse, se hâte, tombe et se foule le pied ; un jeune homme de qualité qui l'a fort remarquée à l'église, celui même à qui appartient le carrosse, se trouve là tout à point pour la secourir, pour la faire conduire chez lui à deux pas. On appelle le chirurgien qui visite le pied et à qui il faut bien le montrer : c'est là une autre scène de coquetterie, de ruse friponne, où l'analyse de Marivaux triomphe. Le soin infini que met

Marianne à ne pas donner son adresse au jeune homme, à Valville, non point par scrupule, mais par vanité, de peur qu'on ne sache qu'elle n'est que chez une marchande; puis la manière toute simple en apparence dont elle se décide enfin à la donner, c'est encore un de ces sujets où l'auteur s'exerce à plaisir et plus volontiers même que sur la passion. Nul ne sait aussi bien que Marivaux le monde de l'amour-propre; il en a fait le tour et l'a traversé dans tous les sens, et, remplissant la maxime de La Rochefoucauld, il y a peut-être découvert quelques *terres inconnues*. Ici, il est dans les sentiers qu'il préfère, aimant mieux en toutes choses le rusé que le grand, le coquet que le tendre, le *je ne sais quoi* que la vraie beauté.

M. de Climal, qui se trouve être l'oncle de Valville, entre par hasard chez celui-ci au moment où le jeune homme, causant avec vivacité, était presque aux pieds de Marianne. Quelques heures après, Marianne, retournée chez sa marchande lingère et obsédée par M. de Climal, a la douleur de voir entrer Valville, qui trouve à son tour son oncle presque dans la même posture auprès d'elle, c'est-à-dire à ses pieds. La revanche est complète : il la croit coupable et s'éloigne : elle, innocente et fière, se hâte de rompre avec le protecteur hypocrite, M. de Climal; et sa première pensée, après l'avoir congédié, est de lui renvoyer cette parure, cette robe et ce linge fin qu'il lui a donnés à si mauvaise intention. Elle se met donc à l'instant à s'en dépouiller; mais elle s'en dépouille lentement, et, à mesure qu'elle avance, il lui vient des raisons pour retarder : elle est décidée à aller trouver le bon religieux qui l'a recommandée par mégarde au fourbe, et qui est son seul protecteur; il faut qu'elle le voie à l'instant, et, pour cela, qu'elle garde sa robe, qu'elle reprenne même cette coiffe galante qui, se dit-elle, déposera à vue d'œil de l'intention perfide du corrupteur : enfin elle trouve bientôt un prétexte tout honnête et naturel pour reprendre au complet cet habit qu'elle venait de quitter et qu'il sera temps de rendre demain. Cette double scène de toilette quittée et reprise est une scène de comédie toute faite, avec le jeu devant le miroir; il n'y manque que l'actrice : car tout personnage de Marivaux semble toujours être en vue d'un acteur ou d'une actrice qui le doit compléter et qu'on dirait qu'il attend.

Marianne vers le soir, au retour de chez le bon religieux, voit à la porte d'un couvent l'église encore ouverte, et y entre pour prier et pour pleurer. Tandis qu'elle s'y oublie à gémir, elle y est remarquée par une dame qui a affaire dans le couvent. Quand je dis qu'elle s'y oublie, je me trompe; car il semble que Marianne, à la façon dont elle se décrit, se soit vue et considérée elle-même à distance *comme si elle était une autre.* C'est le propre encore de chaque personnage de Marivaux d'être ainsi doublé d'un second lui-même qui le regarde et qui l'analyse : « J'étais alors assise, dit-elle, la tête penchée, laissant aller mes bras qui retombaient sur moi, et si absorbée dans mes pensées, que j'en oubliais en quel lieu je me trouvais. Vous savez que j'étais bien mise, et quoiqu'elle (*la dame*) ne me vît pas au visage, il y a je ne sais quoi d'agile et de léger qui est répandu dans une jeune et jolie figure, et qui lui fit aisément deviner mon âge. » Bref, madame de Miran (c'est le nom de cette dame) s'intéresse à elle, et quand Marianne, l'instant d'après, a l'idée de s'adresser à la prieure, elle trouve déjà quelqu'un qui est tout disposé à la recommander et à l'appuyer. Le portrait de cette prieure chez Marivaux est curieusement soigné et peigné, comme il les sait faire : « Cette prieure était une petite personne courte, ronde et blanche, à double menton, et qui avait le teint frais et reposé. Il n'y a point de ces mines-là dans le monde ; c'est un embonpoint tout différent de celui des autres, un embonpoint qui s'est formé plus à l'aise et plus méthodiquement, c'est-à-dire où il entre plus d'art, plus de façon, plus d'amour de soi-même que dans le nôtre... » Ne croyez pas qu'il ait fini de ce portrait, il ne fait que le commencer. Marivaux a, sur les portraits, une théorie comme sur tout ; il est d'avis qu'on ne saurait jamais rendre en entier ce que sont les personnes : « Du moins, cela ne me serait pas possible, nous dit-il par la bouche de Marianne ; je connais bien mieux les gens avec qui je vis que je ne les définirais ; il y a des choses en eux que je ne saisis point assez pour les dire, et que je n'aperçois que pour moi et non pas pour les autres... N'êtes-vous pas de même? Il me semble que mon âme, en mille occasions, en sait plus qu'elle n'en peut dire, et qu'elle a un esprit à part, qui est bien supérieur à l'esprit que j'ai d'ordinaire. » C'est ainsi qu'il raffine et dévide tout à l'excès, ne s'arrêtant pas aux traits principaux et ne les détachant pas. Quand il a une vue, il la dédouble, il la divise à l'infini, il s'y perd et nous lasse nous-mêmes en s'y épuisant : « Un portrait détaillé, selon lui, c'est un ouvrage sans fin. » On voit à quel point il procède à l'inverse des Anciens, qui se tenaient dans la grande ligne, dans le portrait fait pour être vu à quelque distance, et combien il abonde dans le sens et l'excès moderne, dans l'usage du scalpel et du microscope. Le grand et perpétuel défaut de Marivaux est de s'appesantir à satiété sur la même pensée, qui a presque toujours commencé par être juste et fine, et qu'il trouve moyen de fausser en la raffinant. Il est un de ces écrivains auxquels il suffirait souvent de retrancher pour ajouter à ce qui leur manque. Mais je m'aperçois que j'ai à me garder moi-même d'aller l'imiter en le définissant. J'ai toujours pensé qu'il faut prendre dans l'écritoire de chaque auteur l'encre dont on veut le peindre; j'en serai sobre, pourtant avec Marivaux.

Lundi, 23 janvier 1850

MARIVAUX

(FIN)

« Pardon, si je fais des pointes ; je viens de lire deux pages de la *Vie de Marianne*, » écrivait Voltaire à M. de Mairan. Ce ne sont pas des pointes que fait Marianne ; elle prétend être simple, revenir à la simplicité à force d'art et d'adresse ; elle reste à coup sûr en chemin, mais son manége, quand il ne dure pas trop longtemps, ne déplaît pas : il laisse voir tant d'esprit! *Marianne* est faite pour être lue à petites doses. Il y a un certain dîner chez madame Dorsin où l'on conduit Marianne encore novice et bien étrangère au monde. Elle n'y est pas plus tôt qu'elle sent avec quelles gens on la fait dîner : « J'étais née, dit-elle, pour avoir du goût ; » et elle entre à l'instant dans ce cercle d'élite comme dans sa sphère. Est-ce le monde de madame de Tencin, est-ce celui de madame de Lambert que Marivaux a voulu peindre dans ce dîner de madame Dorsin? J'inclinerais pour le premier, pour le salon de madame de Tencin à son plus beau moment. Quoi qu'il en soit, en nous décrivant le tour d'esprit des convives, Marivaux va nous définir en perfection le genre qu'il préfère :

« Ce ne fut point, dit Marianne, à force de leur trouver de l'esprit que j'appris à les distinguer : pourtant il est certain qu'ils en avaient plus que d'autres et que je leur entendais dire d'excellentes choses ; mais ils les disaient avec si peu d'effort, ils y cherchaient si peu de façon, c'était d'un ton de conversation si aisé et si uni, qu'il ne tenait qu'à moi de croire qu'ils disaient les choses les plus communes. Ce n'était point eux qui y mettaient de la finesse, c'était de la finesse qui s'y rencontrait...

« On accuse quelquefois les gens d'esprit de vouloir briller; oh ! il n'était pas question de cela ici, et comme je l'ai déjà dit, si je n'avais pas eu un peu de goût naturel, un peu de sentiment, j'aurais pu m'y méprendre et je ne me serais aperçue de rien.

« Mais, à la fin, ce ton de conversation si excellent, si exquis, quoique simple, me frappa.

« Ils ne disaient rien que de juste et que de convenable, rien qui ne fût d'un commerce doux, facile et gai...

« Je sentis même une chose qui m'était fort commode, c'est que leur bon esprit suppléait aux tournures obscures et maladroites du mien ; ce que je ne disais qu'imparfaitement, ils achevaient de le penser et de l'exprimer pour moi sans qu'ils y prissent garde, et puis ils m'en donnaient tout l'honneur. »

Voilà le ton que Marivaux chérissait et qu'il aurait voulu voir régner autour de lui, une simplicité exquise, coquette, attentive, résultat d'un art consommé : moins ce qu'il a été que ce qu'il aurait voulu être.

Je n'ai pas à continuer l'analyse du roman de *Marianne :* c'est un de ces livres que le lecteur, pas plus que l'auteur, n'est pressé d'achever; il s'y sent un manque de passion qui désintéresse au fond et qui refroidit. Même lorsque le malheur revient surprendre Marianne au moment le plus inattendu, même lorsque celui qui a tout fait pour l'obtenir et qui a surmonté tous les obstacles, Valville, lui devient tout d'un coup infidèle, on n'est pas inquiet, on n'est pas déchiré comme on le devrait; c'est qu'elle, toute la première, elle ne l'est pas. Les expressions, sous sa plume, continuent d'être fines, fraîches, galantes ou raisonnées; jamais elles ne sont émues ni douloureuses. Au moment où le roman semble tourner au drame, on n'a encore que de l'analyse. Marianne, comme le plus avisé des disciples féminins de

La Rochefoucauld, nous expose le pourquoi de l'infidélité et son secret mobile, et aussi le remède : « On ne le croirait pas, dit-elle, mais les âmes tendres et délicates ont volontiers le défaut de se relâcher dans leur tendresse, quand elles ont obtenu toute la vôtre : l'envie de vous plaire leur fournit des grâces infinies, leur fait faire des efforts qui sont délicieux pour elles; mais, dès qu'elles ont plu, les voilà désœuvrées. » Remarquez ce joli mot *désœuvrées* de la part d'une amante blessée au cœur, et qui, même en se ressouvenant après des années, devrait sentir se rouvrir sa plaie vive. Marianne ne voit là-dedans qu'une expérience dont elle s'est trouvée l'occasion ; elle en badine après coup ; elle ne dut pas en être amèrement désolée dans l'instant même ; elle en a été, avant tout, piquée. Avec Marivaux nous avons le tracas du cœur plutôt que les orages des passions.

Valville a été amené à être infidèle en voyant une jeune Anglaise évanouie, qu'il s'est empressé de secourir, et qui est devenue l'amie de Marianne. Marianne, un moment délaissée, raisonne là-dessus ; elle se dit en se donnant l'explication du volage :

« Homme, Français et contemporain des amants de notre temps, voilà ce qu'il était ; il n'avait, pour être constant, que ces trois petites difficultés à vaincre... Son cœur n'est pas usé pour moi, ajoutait-elle, il n'est seulement qu'un peu rassasié du plaisir de m'aimer, pour en avoir trop pris d'abord. Mais le goût lui en reviendra : c'est pour se reposer qu'il s'écarte ; il reprend haleine, il court après une nouveauté ; et j'en redeviendrai une pour lui plus piquante que jamais : il me reverra, pour ainsi dire, sous une figure qu'il ne connaît pas encore... Ce ne sera plus la même Marianne. »

Évidemment elle s'amuse. Comme dans la comédie de Marivaux, *l'Heureux Stratagème*, Marianne est tentée par moments d'user de représailles, d'aimer ou de faire semblant de se faire aimer par d'autres : « D'autres que lui m'aimeront, il le verra, et ils lui apprendront à estimer mon cœur... Un volage est un homme qui croit vous laisser comme solitaire; se voit-il ensuite remplacé par d'autres, ce n'est plus là son compte, il ne l'entendait pas ainsi. » C'est assez montrer comment Marivaux, même quand il échappe au convenu du roman, au type de fidélité chevaleresque et pastorale, et quand il peint l'homme *d'après le nu* (éloge que lui donne Collé), nous le rend encore par un procédé artificiel et laisse trop voir son réseau de dissection au dehors. En se promenant dans les musées d'anatomie, on voit ainsi des pièces très-bien figurées et qui ont forme humaine; mais, à l'endroit où l'anatomiste a voulu se signaler, la peau est découverte et le réseau intérieur apparaît avec sa fine injection : c'est un peu l'effet que produit l'art habile de Marivaux. Ses personnages, au lieu de vivre, de marcher et de se développer par leurs actions mêmes, s'arrêtent, se regardent, et se font regarder en nous ouvrant des jours secrets sur la préparation anatomique de leur cœur.

Le Paysan parvenu, second roman de Marivaux (1735), a plus d'action, je ne dirai pas plus d'invention; mais il y a du mouvement. Les mœurs de la bourgeoisie, de la finance, y sont bien décrites; celles de la noblesse et du grand monde m'y paraissent moins heureusement saisies et sont comme brusquées. Ce paysan, ce fils de fermier, arrivé de son village, beau garçon de dix-neuf ans, entré comme domestique chez son seigneur, une espèce d'enrichi; puis rencontré sur le Pont-Neuf par la dévote mademoiselle Habert, beauté de plus de quarante-cinq ans, dont il devient le mari après quatre ou cinq jours, passe presque aussitôt à l'état d'homme comme il faut, à qui il ne reste qu'un peu de gaucherie et de rouille provinciale; et encore la secoue-t-il bien lestement. C'est aller vite en fait d'éducation. On coule assez volontiers sur l'invraisemblance. L'histoire d'ailleurs a du vrai; il y a de charmants portraits et des scènes excellentes. Le talent de Marivaux pour le roman s'y déploie, et l'on est tenté, par moments, de regretter qu'il n'ait pas été forcé, comme les romanciers de nos jours, à produire avec une promptitude et une abondance qui dégage la manière et qui fait courir la veine : il y aurait gagné peut-être certaines qualités dont son *Paysan parvenu* ne nous montre que les commencements. Ce paysan est né observateur et moraliste : il lit à livre ouvert les physionomies et les visages : « Ce talent, dit-il, de lire dans l'esprit des gens et de débrouiller leurs sentiments secrets est un don que j'ai toujours eu, et qui m'a quelquefois bien servi. » L'auteur, en faisant faire à son personnage un chemin si rapide à la faveur de sa jolie figure, a échappé à un écueil sur lequel tout autre romancier aurait donné; il lui a laissé de l'honnêteté et s'est arrêté à temps avant la licence. Son paysan *parvenu* n'est point un paysan *perverti*. Les agaceries de madame de Ferval, de madame de Fécour, sont poussées aussi loin que possible ; il n'y avait qu'un pas jusqu'au libertinage, l'auteur ne l'a point franchi. « Voyez, s'écrie le paysan, que de choses capables de débrouiller mon esprit et mon cœur! voyez quelle école de mollesse, de volupté, de corruption, et par conséquent de sentiment! car l'âme se raffine à mesure qu'elle se gâte. » Sur cette pente glissante, Marivaux pourtant a évité de pousser les choses jusqu'au terme où vont tout d'abord, dans leurs tableaux de mœurs, Duclos et Crébillon fils. Ce dernier avait critiqué longuement Marivaux et avait parodié son style sous le nom de *la Taupe* dans le triste roman de *Tanzaï*. Marivaux, âgé de vingt ans de plus que Crébillon fils, lui adresse indirectement une leçon dans la quatrième partie du *Paysan parvenu*. Il suppose que, dans un voyage à Versailles, son paysan se rencontre en voiture avec trois autres personnes, dont un vieil officier, chevalier de Saint-Louis, et un jeune homme qui se trouve être Crébillon (sans qu'il soit nommé). On parle du livre que celui-ci vient de faire paraître; il en demande son avis à l'officier, qui lui répond d'abord : « Je ne suis guère en état d'en juger; ce n'est pas un livre fait pour moi, je suis trop vieux, » donnant à entendre qu'en vieillissant, le goût, comme le palais, devient plus difficile. Cependant, après s'être fait un peu presser, cet homme respectable dit son avis avec autorité et bon sens. Crébillon, ainsi que quelques auteurs de son âge, comptait trop sur la licence de ses sujets et sur son libertinage de ton pour se faire lire; il croyait se donner le lecteur pour complice. Le vieil officier cherche à le détromper : il lui montre la différence qu'il y a entre un homme peu scrupuleux qui, dans la réalité, dans la conversation, se laisse animer et accepte les choses les plus fortes, et ce même homme, devenu tranquille, qui les apprécie en les lisant : « Il est vrai, dit-il, que ce lecteur est homme aussi : mais c'est alors un homme en repos qui a du goût, qui est délicat, qui s'attend qu'on fera rire son esprit, qui veut pourtant bien qu'on le débauche, mais honnêtement, avec des façons et avec de la décence. » C'est un éloge à donner à Marivaux que, venu à une époque si licencieuse, et lui qui a si bien connu le côté malin et coquin du cœur, il n'a, dans l'expression de ses tableaux, jamais dépassé les bornes. Voltaire, qui le raille volontiers sur le goût, aurait pu prendre exemple de lui pour la morale.

Marivaux était un honnête homme; il avait de la délicatesse, de la probité, et il la portait dans l'exercice de son talent. Dans sa feuille périodique *le Spectateur français,* parlant des *Lettres persanes* qui venaient de paraître, il les loue pour l'esprit, mais les critique sur un point. On ne s'attendrait pas à voir Marivaux faisant la réprimande à Montesquieu, et la faisant sur un chapitre sérieux dans lequel il a pour lui convenance et raison

21.

« Je juge, disait-il donc à propos des *Lettres persanes*, que l'auteur est un homme de beaucoup d'esprit; mais, entre les sujets hardis qu'il se choisit et sur lesquels il me paraît le plus briller, le sujet qui réussit le mieux à l'ingénieuse vivacité de ses idées, c'est celui de la *religion* et des choses qui ont rapport à elle. Je voudrais qu'un esprit aussi fin que le sien eût senti qu'il n'y a pas un si grand mérite à donner du *joli* et du *neuf* sur de pareilles matières, et qu' tout homme qui les traite avec quelque liberté peut s'y montrer spirituel à peu de frais; non que, parmi les choses sur lesquelles il se donne un peu carrière, il n'y en ait d'excellentes en tous sens, et que même celles où il se joue le plus ne puissent recevoir une interprétation utile; car enfin, dans tout cela, je ne vois qu'un homme d'esprit qui badine, mais qui ne songe pas assez qu'en se jouant il engage quelquefois un peu trop la gravité respectable de ces matières : il faut là-dessus ménager l'esprit de l'homme, qui tient faiblement à ses devoirs, et ne les croit presque plus nécessaires dès qu'on les lui présente d'une façon peu sérieuse. »

Certes, Montesquieu devenu l'auteur de *l'Esprit des Lois* aurait ratifié et signé cette critique adressée au jeune auteur des *Lettres persanes*.

Le Théâtre de Marivaux est resté sa gloire. Ses cadres ne sont pas étendus, mais ils sont neufs, et il a été vraiment poëte, il a créé quelque chose de ce côté. Il a surtout écrit avec prédilection pour la scène italienne. On se rappelle que la troupe italienne, bannie sous Louis XIV, fut rappelée pendant la Régence par le duc d'Orléans. Marivaux fut du nombre des jeunes auteurs qui cherchèrent sur ce théâtre nouveau une variété et une légèreté de formes que ne leur permettait pas la scène française. Le Théâtre italien d'alors, à quelques égards, c'était le *Gymnase* du temps. Marivaux y trouva des acteurs, et surtout une actrice unique, pour revêtir et faire valoir ses rôles. Tous ceux qui ont vu et connu madame Balletti, dite au théâtre et dans la société *Silvia*, ont parlé d'elle comme parlent de mademoiselle Mars ceux qui l'ont vue à quinze ans : « Action, voix, esprit, physionomie, maintien, et une grande connaissance du cœur humain. » Silvia possédait tout cela. On ajoute que, dans la vie, sa conduite fut toujours sans tache, et qu'elle ne voulut que des amis, jamais des amants. Sans trop insister sur ce point délicat et souvent obscur, il est à noter que pour bien jouer Marivaux, pour représenter tous ces rôles de femmes à la Marianne, si distingués, si délicats, si calculés, il n'est pas besoin d'une grande sensibilité de cœur, et que cette qualité serait peut-être nuisible. J'ai ouï dire que mademoiselle Mars elle-même avait peu de sensibilité proprement dite; mais elle était née pour jouer du Marivaux avec cette ingénuité habile, avec cet art du naturel, avec cet organe charmant, enchanteur, et cette voix sonore à travers laquelle se dessinaient les moindres intentions comme les perles dans une eau limpide. Les pièces de Marivaux semblent faites pour tenter ainsi et susciter, de temps à autre, des acteurs et des actrices qui cherchent la distinction, et qui sont destinés aux caractères fins et de bonne compagnie.

Les pièces de Marivaux qui sont restées au répertoire et qu'on joue encore quelquefois : *le Jeu de l'Amour et du Hasard*, son chef-d'œuvre; *le Legs, la Surprise de l'Amour, les Fausses Confidences, l'Épreuve* et d'autres encore, se ressemblent plus ou moins ou ne diffèrent que par des nuances déliées. On a très-bien remarqué que, dans ses comédies en général, il n'y a pas d'obstacle extérieur, pas d'intrigue positive ni d'aventure qui traverse la passion des amants; ce sont des chicanes de cœur qu'ils se font, c'est une guerre d'escarmouche morale. Les cœurs au fond étant à peu près d'accord dès le début, et les dangers ou les empêchements du dehors faisant défaut, Marivaux met la difficulté et le nœud dans le scrupule même, dans la curiosité, la timidité ou l'ignorance, ou dans l'amour-propre et le point d'honneur piqué des amants. Souvent, ce n'est qu'un simple malentendu qu'il file adroitement et qu'il prolonge. Ce nœud très-léger qu'il agite et qu'il tourmente, il ne faudrait que s'y prendre d'une certaine manière pour le dénouer à l'instant; il n'a garde de le faire, et c'est ce manége, ce *tatillonnage* bien mené et semé d'accidents gracieux, qui plaît à des esprits délicats. *Vous y viendrez! Vous n'y viendrez pas! Je gage que oui! Je gage que non!* c'est ce que toute l'action semble dire. J'ajouterai qu'il y a tout un public et un ordre d'esprits sur lesquels cet ingénieux harcèlement n'a jamais de prise; ce sont ceux qui goûtent avant tout quelques scènes de *l'Étourdi* de Molière, ou *les Folies amoureuses* de Regnard.

Marivaux, au théâtre, aime surtout à démêler et à poursuivre les effets et les conséquences de l'amour-propre dans l'amour. Tantôt (dans *les Serments indiscrets*), c'est l'amour-propre piqué qui s'engage à l'étourdie, et qui retarde et complique tout d'abord un aveu qui allait de lui-même échapper des lèvres; tantôt, ce même amour-propre piqué, et la pointe de jalousie qui s'y mêle (dans *l'Heureux Stratagème*), réveille un amour trop sûr qui s'endort, et le ramène, au moment où il allait se changer et dégénérer en estime; tantôt (comme dans *les Sincères*, comme dans *la Double Inconstance*), l'amour-propre piqué ou flatté détache au contraire l'amour, et est assez fort pour le porter ailleurs et le déplacer.

Cette petite comédie des *Sincères* est une des plus agréables à lire de Marivaux. Ce sont deux personnes, la marquise et Ergaste, qui font état avant tout de parler franc et d'être sincères. Très-aimée de Dorante, qu'elle trouve fade avec ses compliments, la marquise a recours à Ergaste pour se remettre en gaieté et en bonne humeur. Elle débute par une scène de raillerie et de satire du monde, où elle drape à ravir cinq ou six originaux qu'elle vient de quitter. Cette scène des portraits, en diminutif et sauf tout ce qu'on sait bien, en rappelle une célèbre du *Misanthrope*. Tout va à merveille tant que les deux sincères ne le sont qu'à l'égard d'autrui et non vis-à-vis l'un de l'autre : mais Ergaste se hasarde trop en croyant qu'il peut, sur les questions de la Marquise, lui avouer qu'il a aimé Araminte presque autant qu'elle, et convenir qu'Araminte, à la vérité, lui semble plus belle, bien que la marquise plaise davantage; il ne réussit lui-même qu'à déplaire. Et ici ce n'est point pour sa sincérité précisément que la marquise entend se choquer, notez-le bien : « Mais quand on a le goût faux, lui dit-elle, c'est une triste qualité que d'être sincère. » Ergaste, à son tour, à qui elle se met à dire des vérités, se fâche, et il se rejette vers Araminte, de même que la marquise revient à Dorante, qu'elle veut forcer aussi à lui dire ses défauts : Dorante, en ayant l'air d'obéir, choisit si bien les deux ou trois défauts qu'il lui reproche, que cela devient une flatterie nouvelle et des plus insinuantes. Et le tout finit par un double mariage, qui est l'inverse de celui qu'on avait prévu d'abord : tant il est vrai que dans la vie il faut un peu de flatterie, même pour s'aimer avec amour et se plaire avec quelque passion. « Ah! ah! ah! s'écrie à la fin la marquise en se mettant à rire, nous avons pris un plaisant détour pour arriver là! » Ce mot pourrait servir d'épigraphe à toutes les pièces de Marivaux.

Les valets et les soubrettes de Marivaux, ses *Frontin* et ses *Lisette* ont un caractère à part entre les personnages de cette classe au théâtre. Les Scapin, les Crispin, les Mascarille, sont assez ordinairement des gens de sac et de corde : chez Marivaux, les valets sont plus décents; ils se rapprochent davantage de leurs maîtres; ils en peuvent jouer au besoin le rôle sans trop d'invraisemblance; ils ont des airs de petits-maîtres et des manières de porter l'habit sans que l'inconvenance saute aux yeux. Marivaux, avant et depuis son *Paysan parvenu*, a toujours aimé ces transpositions de rôles, soit dans le roman, soit au théâtre. Dans une petite pièce intitulée *l'Ile des Esclaves,* il est allé jusqu'à la théorie philanthropique; il a supposé une révolution entre les classes, les maîtres devenus serviteurs et *vice versa.* Après quelques représailles d'insolence et de vexations, bientôt le bon naturel l'emporte; maîtres et valets se réconcilient et l'on s'embrasse. Ce sont les saturnales de l'âge d'or. Cette petite pièce de Marivaux est presque à l'avance une bergerie révolutionnaire de 1792. La nature humaine n'y est pas creusée assez avant; on y voit du moins le faible de l'auteur et son goût pour ce genre de serviteurs officieux, voisins des maîtres.

Je pourrais m'étendre sur plus d'une pièce de Marivaux, car la diversité n'y manque pas. *La Double Inconstance* est une de ses pièces qu'il préférait, et aussi l'une de celles où il a le mieux fait jouer tous les ressorts, à lui connus, de coquetterie, de rivalité piquée au jeu, de perfidie et de câlinerie féminine. Dans *la Mère confidente,* qui sort de ses données habituelles et qui est d'un ordre à part dans son théâtre, il a touché des cordes plus franches, plus sensibles et d'une nature meilleure.

Mais sauf quelques rares exceptions qu'offrirait ce talent fertile, l'amour, qui est le caractère dominant dans le Théâtre de Marivaux, est bien tel chez lui qu'il s'est plu à le représenter dans une de ses plus agréables feuilles; il ne le veut point constant, même lorsqu'il finira par être fidèle et par revenir là d'où il est parti :

« En fait d'amour, dit-il, ce sont des âmes d'enfants que les âmes inconstantes. Aussi n'y a-t-il rien de plus amusant, de plus aimable, de plus agréablement vif et étourdi que leur tendresse...

« A peindre l'Amour comme les cœurs constants le traitent, on en ferait un homme.

« A le peindre suivant l'idée qu'en donnent les cœurs volages, on en ferait un enfant; et voilà justement comme on l'a compris de tout temps.

« Et il faut convenir qu'il est mieux rendu et plus joli en enfant qu'il ne serait en homme.

« C'est une qualité dans un amant bien traité que d'être d'un caractère exactement constant; mais ce n'est pas une grâce, c'est même le contraire...

« En amour, querelle vaut encore mieux qu'éloge. »

C'est là le jeu qui circule dans les parties les plus agréables du Théâtre de Marivaux. Il a dédié une de ses jolies pièces, *la Seconde Surprise de l'Amour* (1728), à la duchesse du Maine, cette princesse spirituelle et capricieuse qui avait gardé de l'enfant; elle serait bien en effet la reine, telle qu'on pourrait l'imaginer, de ce monde en miniature. Elle était des premières à s'y plaire ouvertement et à y applaudir.

La vie de Marivaux ressemble assez à ce qu'on peut s'en figurer par ses ouvrages. Marmontel nous le montre, dans le cercle même de madame de Tencin, « laissant percer visiblement l'impatience de faire preuve de finesse et de sagacité. » Plein d'égards et aux petits soins pour l'amour-propre des autres, il était susceptible dans le sien à l'excès, et prenait la mouche promptement. Nommé à l'Académie française à la place de l'abbé de Houtteville, il fut reçu le 4 février 1743, le même jour que le duc de Nivernais, et par l'archevêque de Sens, M. Languet de Gergy. Ce prélat parla, ce me semble, assez bien de Marivaux; il le loua d'abord, non pas tant pour ses écrits que pour son caractère : « Ce n'est point tant à eux, dit-il, que vous devez notre choix, qu'à l'estime que nous avons faite de vos mœurs, de votre bon cœur, de la douceur de votre société, et, si j'ose le dire, de l'*amabilité* de votre caractère. » En venant aux ouvrages, il s'exprime plutôt comme par ouï-dire, afin de n'avoir point, lui homme d'Église, à se prononcer directement en ces matières légères de roman et de théâtre : « *Ceux qui ont lu vos ouvrages racontent* que vous avez peint sous diverses images, etc. (1) » Il mêlait aux éloges, aux beaux noms de La Bruyère et de Théophraste qu'il ne craignait pas d'appliquer à notre auteur, quelques réserves et quelques censures morales, en priant son nouveau confrère de les lui passer et de les mettre sur le compte du ministère saint dont il était chargé. Marivaux ne fut pas content. On dit même qu'il fut sur le point d'interrompre le prélat et de faire un appel public à l'assemblée. Quelques années après (1751), lisant dans une séance publique de l'Académie des *Réflexions sur les Hommes et sur les Romains*, il parut trop viser au sérieux et eut peu de succès auprès du public; c'est peut-être ce jour-là que, voyant qu'il n'était pas écouté à son gré, il termina brusquement sa lecture avec un mécontentement visible, dont nous sommes informés par d'Alembert. Tous les contemporains, Voisenon, Marmontel, Grimm, s'accordent à dire que vers la fin, et sentant que son moment de faveur était passé, Marivaux était incommode et épineux dans la société par trop de méfiance; il entendait finesse à tout; « on n'osait se parler bas devant lui sans qu'il crût que ce fût à son préjudice. » On est toujours puni par où l'on a péché : cette délicatesse de nuances qu'il portait dans toute son observation, il en payait la façon en détail dans sa propre sensibilité nerveuse et maladive. Il était atteint de ce mal particulier que nous avons vu à certains amours-

---

(1) Fontanes, en notre siècle, crut devoir renouveler quelque chose de la même réserve, lorsqu'il reçut M. Étienne à l'Institut, en 1811; lui, il n'était pas évêque ni archevêque, mais il était grand-maître de l'Université, et c'est par égard, — par un égard un peu exagéré, — pour la gravité de l'hermine dont il était revêtu, qu'il se crut obligé de dire au récipiendaire : « *Je n'ai point vu* la représentation de vos *Deux Gendres*, je ne puis donc juger de tout leur effet, mais j'ai eu le plaisir de les lire, etc. »

propres pointilleux de notre temps (1) et qu'on a appelé *le rhumatisme littéraire :* « Je n'ai vu de mes jours à cet égard, nous dit Collé, personne d'aussi chatouilleux que lui ; il fallait le louer et caresser continuellement comme une jolie femme. » Les portraits de Marivaux nous le représentent avec la physionomie fine, spirituelle, bienveillante, mais inquiète et travaillée. Cette physionomie-là avait dû avoir bien de la grâce, de l'éveil et de l'espièglerie dans la jeunesse.

Un nouveau siècle était né et avait grandi : Marivaux appartenait à l'époque de transition, à la génération ingénieuse et discrète de Fontenelle, de Mairan, de La Motte, et le monde désormais appartenait à Voltaire régnant, à Montesquieu, à Buffon, à Rousseau, à d'Alembert, à cette génération hardie et conquérante qui succédait de toutes parts et s'emparait de l'attention universelle : « Marivaux a eu parmi nous, disait Grimm en 1763, la destinée d'une jolie femme, et qui n'est que cela ; c'est-à-dire un printemps fort brillant, un automne et un hiver des plus durs et des plus tristes. Le souffle vigoureux de la philosophie a renversé, depuis une quinzaine d'années, toutes ces réputations étayées sur des roseaux. » Ce jugement de chêne à roseau est trop altier et trop sévère. Marivaux avait dans l'esprit, on l'a vu, un coin de sérieux qui eût mérité de trouver grâce auprès des vrais et modestes philosophes, et que d'Alembert du moins a senti. Mais ce qui était bien véritable aussi et frappant, c'est que tout ainsi que Montesquieu pouvait dire : « L'esprit que j'ai est un moule, on n'en tire jamais que les mêmes portraits, » l'esprit de Marivaux, à plus forte raison, devait paraître un patron d'où il avait tiré à la fin toutes les broderies et toutes les dentelles. Le public en avait assez pour

---

(1) Témoin Alfred de Vigny.

longtemps de ce mets délicat et de cette sucrerie dont on ne pouvait, sans s'affadir, goûter beaucoup à la fois. Marivaux était arrivé, on peut le dire, à l'entière et complète perfection de son talent; il l'avait varié en bien des genres; il avait fait de son fruit fin et musqué les cadeaux de dessert les plus excellents; mais tout ce qu'il avait à donner de bon, il l'avait produit et à plusieurs reprises; les variétés, les distinctions qu'il pouvait y faire encore, n'étaient plus sensibles que pour lui seul : aux yeux des autres, il se répétait. Il se découragea donc vers la fin; la paresse le gagna, et il eut le chagrin secret de se survivre.

D'autres embarras s'y mêlèrent. Marivaux avait les goûts recherchés que l'on conçoit de la part d'une organisation si fine et si coquette, parure, propreté curieuse, friandise; tout ce superflu lui était chose nécessaire. Ses amis, sous prétexte de l'enrichir du temps du Système, l'avaient ruiné. Marié dans sa jeunesse, il perdit sa femme de bonne heure, et en eut une fille unique qui se fit religieuse. Une vieille amie, mademoiselle Saint-Jean, se dévoua à le soigner et à tenir sa maison, en y mettant du sien sans qu'il parût s'en douter. Il avait son logement sur le Palais-Royal. Son laisser-aller, sa négligence d'homme comme il faut, sa facilité à donner, le réduisirent souvent à de tristes expédients; il touchait une pension d'Helvétius, une autre de madame de Pompadour. Cela ne lui suffisait pas : « Il vint un jour chez
« moi, dit Voisenon, me confier que ses affaires n'é-
« taient pas bonnes, et qu'il était décidé à s'ensevelir
« dans une retraite éloignée de Paris. Je représentai sa
« situation à madame la duchesse de Choiseul, en la
« priant de tâcher de lui faire avoir une pension; elle
« eut la bonté d'en parler à madame de Pompadour
« qui en fut étonnée : elle faisait toucher tous les ans
« mille écus à Marivaux, et, pour ménager sa délicatesse

« et l'obliger sans ostentation, elle les lui faisait toucher
« comme venant du roi. Marivaux, voyant que j'avais
« découvert le mystère, me battit froid, tomba dans la
« mélancolie, et mourut quelques mois après. » C'est
avec cette physionomie d'homme mortifié que cet aimable et piquant Marivaux, cet esprit lutin d'un monde
si riant, prend congé de nous. Il mourut le 12 février
1763, à l'âge de soixante-quinze ans.

Sa réputation, qui ne s'est jamais entièrement éclipsée au théâtre, a eu de vifs retours et des réveils qui ont
dû consoler son ombre. Le dix-neuvième siècle a été
particulièrement favorable à Marivaux; le gracieux interprète qu'il a retrouvé sur la scène, cette actrice inimitable qui a débuté par ses rôles malins et ingénus, leur
a rendu à nos yeux toute leur jeunesse. Sans doute le
mot de *marivaudage* s'est fixé dans la langue à titre de
défaut : qui dit *marivaudage* dit plus ou moins badinage
à froid, espièglerie compassée et prolongée, pétillement
redoublé et prétentieux, enfin une sorte de pédantisme
sémillant et joli; mais l'homme, considéré dans l'ensemble, vaut mieux que la définition à laquelle il a fourni
occasion et sujet. Marivaux, étudié surtout par les hommes du métier, par les critiques ou les auteurs dramatiques, a autant gagné que perdu avec le temps : il est
plein d'idées, de situations neuves qui ne demandent
qu'à être remises à la scène avec de légers changements
de costume. Il est si rare d'inventer, de découvrir quelque chose dans ce monde moral si exploré! et Marivaux
a ajouté à ce qu'on en savait déjà; il a fait quelques pas
de plus dans le gracieux labyrinthe de la vanité féminine; il nous a mis à la main un fil délié et furtif pour
nous y conduire. Nos spirituels ou poétiques auteurs de
petites comédies, de proverbes, de spectacles dans un
fauteuil, ont reconnu en Marivaux un aîné sinon un
maître, et lui ont rendu plus d'un hommage en le rap-

pelant ou en l'imitant. Sans beaucoup chercher, on lui trouverait aussi des analogues et des parents assez reconnaissables dans l'ordre de nos moralistes en renom. Quand on a aujourd'hui à parler de lui après cent ans, on rencontre encore des esprits justes et amis qui le possèdent en entier, et qui vous disent en le soignant, comme on ferait d'un contemporain : « Prenez garde de n'en pas trop mal parler! » C'est qu'il y a un fonds chez Marivaux; il a sa forme à lui, singulière en effet, et dont il abuse; mais comme cette forme porte sur un coin réel et vrai de la nature humaine, c'est assez pour qu'il vive et pour qu'il reste de lui mieux qu'un nom.

Lundi, 30 janvier 1854.

GEOFFROY DE VILLEHARDOUIN

Après Froissart et après Joinville, j'arrive, en remontant, jusqu'à Villehardouin qui est en date notre premier historien, et dont la Chronique est un monument de notre vieille langue. Malgré les découvertes et les exhumations qu'on n'a cessé de faire dans cette étude de notre Moyen-Age, malgré les publications nombreuses dont il a été l'objet depuis quelques années, on peut dire encore avec l'ancien bénédictin Don Brial et avec Daunou qu'à part quelques écrits de petite dimension, quelques textes de lois, quelques sermons, et sans parler des traductions de livres sacrés, la Relation de Villehardouin est le premier ouvrage original étendu qu'on ait en prose française. Imprimée pour la première fois au complet vers la fin du seizième siècle (1585), il a fallu, au dix-septième, toute l'érudition et tout l'appareil de Du Cange pour mettre cette Histoire de Villehardouin en pleine lumière (1657); encore n'était-elle censée, depuis, abordable que pour les savants et pour ceux que n'effrayent pas les in-folio. Aujourd'hui, grâce aux travaux successifs des estimables éditeurs et au progrès qu'on a fait dans la connaissance des formes de notre vieil idiome, Villehardouin est immédiatement accessible pour tout homme instruit. Il le sera encore plus lorsqu'au lieu de la traduction de Du Cange, trop longue et traînante, on en aura fait une plus courte et plus nette qui, mise en regard du texte, en sera l'exact équivalent et permettra de lire à la fois et presque indifféremment l'original et la transcription plus moderne. Le résultat continuel de l'effort de la critique appliquée à la littérature est d'étendre ainsi de plus en plus le domaine de l'homme instruit, et d'appeler chacun à profiter, et, jusqu'à un certain point, à juger par soi-même de ce qui avait été jusqu'alors la propriété des doctes et des hommes de cabinet. Tout le monde aujourd'hui, avec assez peu de frais et de difficultés, va à Jérusalem, tout le monde visite Constantinople : de même tout le monde, avec assez peu de peine et d'application, peut lire Villehardouin (1).

Il y a pourtant plus de six cents ans qu'il a écrit dans le français qu'on jargonnait alors, et qu'il parlait, pour son compte, avec gravité et avec éloquence. Dans sa langue, il est d'un siècle plus âgé que Joinville, qui nous paraît plus aimable ; mais Villehardouin était certainement plus fort. — Geoffroy de Villehardouin naquit en Champagne ; sans doute dans le château de son nom, à sept lieues de Troyes, entre Arcis et Bar-sur-Aube, d'une famille ancienne et distinguée à la Cour des seigneurs et comtes du pays. On conjecture qu'il naquit de 1150 à 1160, et qu'il mourut vers 1213, à l'âge d'à peu près soixante ans, et peut-être moins. On ignore les actions de sa jeunesse et de ses premières années ; on le voit déjà mûr, attaché au comte Thibauld III, qui parvint à la principauté en 1197, à l'âge de vingt-deux ans,

---

(1) Combien il serait à désirer que M. de Wailly fît pour Villehardouin ce qu'il a fait pour Joinville, une traduction moderne exacte, qui nous tirât des à-peu-près et qui nous épargnât les petits faux sens ! Car enfin la langue du Moyen-Age est une langue à part, et si on la comprend en gros tout d'abord, on n'a pas trop de toute la science philologique pour la rendre de près et par le menu.

et obtenant toute sa confiance. Il avait la charge de maréchal de Champagne. Pour le surplus de sa vie, c'est lui-même, dans le cours de son Histoire, qui va nous informer, ne parlant jamais de lui qu'à l'occasion, sans se mettre en avant, sans affecter de se citer ni de s'omettre. Cette Histoire se rapporte aux événements de la croisade prêchée dès 1198 par Foulques de Neuilly (1), et qui, détournée de son but direct, aboutit par aventure à la prise de Constantinople.

Il y avait plus de dix ans que Jérusalem, possédée et gouvernée depuis Godefroi de Bouillon (1099) par des princes chrétiens, avait été reconquise par Saladin (1187). La croisade qu'avaient entreprise aussitôt les trois monarques les plus puissants de la Chrétienté, l'empereur Frédéric Ier, Philippe-Auguste et Richard Cœur de Lion, avait échoué; ou du moins on n'avait fait que remettre un pied en Syrie. Les prédicateurs éloquents et populaires (et le curé Foulques était de ceux-là) allaient partout excitant les courages et remuant les cœurs. A un tournoi qui se tenait en Champagne, au château d'Escry, dans l'Avent de 1199, et où toute la noblesse du pays et quelques seigneurs des autres provinces étaient rassemblés, Foulques parut et prêcha : toute l'assistance fut émue ; les deux jeunes seigneurs les plus qualifiés parmi ceux qui étaient présents, Thibauld, comte de Champagne, âgé de vingt-deux ans, et Louis, comte de Blois, qui n'en avait pas plus de vingt-sept, donnèrent le signal et se croisèrent. Leur exemple fut imité d'une foule de seigneurs, d'évêques, tant en Champagne qu'en l'Ile-de-France, en Picardie, en Touraine, en Flandre et de tous côtés. A l'entrée du carême suivant (1200), Baudouin, comte de Flandre, et la comtesse sa femme, se croisèrent à Bruges : deux des plus hauts

(1) Neuilly, c'est-à-dire Nully-sur-Marne.

barons de France, Simon de Montfort et Renauld de Montmirail, prirent aussi la Croix, et le bruit s'en répandit avant dans les terres. Au défaut d'un roi pour la commander (Philippe-Auguste étant revenu de ce genre d'ambition sainte), l'entreprise s'annonçait donc comme des plus considérables; il ne s'agissait que de l'organiser. Après des assemblées tenues à Soissons et à Compiègne, et où les principaux Croisés n'avaient pu s'accorder ni sur la date du départ ni sur la route à suivre, il fut résolu que l'on s'en remettrait à six messagers ou députés, à qui l'on donnerait pleins pouvoirs par lettres afin de traiter des voies et moyens d'exécution, et de passer les marchés pour l'embarquement et le transport. De ces députés, deux furent nommés par Thibauld, comte de Champagne, deux par Baudouin, comte de Flandre, et deux par Louis, comte de Blois; c'est-à-dire que les commissaires choisis représentaient en nombre égal les trois seigneurs les plus qualifiés et les plus puissants d'entre les nouveaux Croisés. Villehardouin fut un des deux commissaires nommés par le comte de Champagne, lequel semblait désigné pour être le chef de la croisade s'il avait vécu. Parmi les commissaires ses collègues, il y avait, de la part du comte de Flandre, le chevalier Quênes de Béthune (un des ancêtres de Sully), homme éloquent, poëte et chansonnier en renom, et dont on a quelques productions récemment imprimées, où l'agrément se distingue encore.

Et qu'on me permette ici une réflexion générale qui s'applique à cette époque et à beaucoup d'autres : il y a, dans les divers états de la société et aux divers degrés de la civilisation, des facultés nécessaires et des talents qui, répandus par la nature sur certains hommes, diffèrent beaucoup moins qu'on ne suppose de ces mêmes talents, développés à des époques en apparence plus favorisées. Ainsi la poésie, ainsi l'éloquence, sont des dons naturels qui, du temps de Villehardouin et de Quênes de Béthune, n'étaient pas moins réels ni de près, peut-être, moins frappants qu'ils ne le seront à des âges de société plus en vue. Villehardouin, par exemple, pour nous en tenir à lui, possédait à un haut degré le don de la parole et l'art d'insinuer les conseils que d'ordinaire la prudence lui dictait : c'est un témoignage qu'ont rendu de lui ses contemporains, et c'est ce qui ressort et s'entrevoit aussi d'après l'Histoire qu'il a laissée. Pourtant, plume en main (si tant est que lui-même il tint la plume), ou en se disant qu'il allait dicter et composer, il était quelque peu gêné dans l'expression de ses pensées, et, bien qu'il en produisît le principal, il n'en donnait et n'en fixait qu'une partie : de vive voix, dans les occasions et en présence des gens, il était, on doit le croire, bien autrement large et abondant. C'est déjà beaucoup, à son époque, qu'il nous ait transmis une telle idée de lui et de sa manière de sentir en écrivant ou en dictant. Rappelons-nous toutefois, en lisant ces vieux auteurs peu accoutumés aux lettres et à ce mode d'expression par l'écriture, que nous n'avons que des signes incomplets de leur force même d'esprit et de leurs ressources en ce genre. La parole est une faculté qui, à toutes les époques, et dans un degré éminent, est donnée naturellement à quelques-uns : c'est entre la parole *parlée* et cette même parole *écrite* que la plus grande différence a lieu et qu'il se fait un naufrage de bien des pensées.

Suivons donc Villehardouin dans son récit sobre et peu souple, mais digne et fidèle. Les six députés ou commissaires, munis de pleins pouvoirs, après en avoir conféré entre eux, se décidèrent à se rendre à Venise, pensant qu'ils trouveraient là plus grande quantité de vaisseaux qu'ailleurs. Après avoir bien chevauché et en toute diligence, ils y arrivèrent la première semaine du

carême de 1204. Le duc ou doge de Venise était alors Henri Dandolo, ce sage et preux vieillard, cet homme de plus de quatre-vingt-dix ans, qui était entièrement ou presque entièrement aveugle, et qui, en compagnie des pèlerins, va devenir un conquérant. En ce temps-là, le gouvernement de Venise n'était plus ce qu'il avait été autrefois; le doge ne représentait plus cette espèce de monarque électif visant à l'hérédité, nommant les magistrats, décidant à peu près souverainement de la paix ou de la guerre, et qui, avec un peu d'art, faisait agréer à l'assemblée générale du peuple ses résolutions à l'avance arrêtées. Et ce gouvernement toutefois n'était pas encore cette aristocratie fortement constituée et jalouse, ce patriciat *fermé*, tenant son doge en tutelle et n'en usant que comme d'un mandataire honoré et surveillé. Le doge, à cette époque, et quand ces députés d'outre-monts arrivèrent, pouvait beaucoup; le Conseils qu'on lui avait déjà associés pouvaient beaucoup également et étaient devenus ses adjoints nécessaires : et enfin l'assemblée générale du peuple n'avait point encore été dépouillée de tout droit de sanction. C'est ce que les députés, dès leur arrivée, parurent très-bien savoir. Au doge qui les accueillait avec honneur et les interrogeait, ils montrèrent leurs lettres de créance, et le doge leur dit : « Seigneurs, j'ai bien vu vos lettres, et je sais très-
« certainement que vos seigneurs sont les plus hauts
« hommes qui soient aujourd'hui de ceux qui ne portent point couronne. Et ils nous mandent que nous
« ayons créance certaine en tout ce que vous nous direz
« de par eux et ferez, et qu'ils le tiendront fermement.
« Or, dites ce qu'il vous plaira. » Mais les députés répliquèrent qu'ils désiraient ne s'ouvrir au doge de l'objet de leur venue qu'en présence de son Conseil. Le quatrième jour donc, qui leur avait été assigné, ils se rendirent au magnifique palais du doge, où ils le trou-

vèrent réuni à son Conseil, et là ils lui exposèrent leur demande : « Sire duc, nous sommes à vous venus de « par les barons de France qui ont pris le signe de la « Croix pour venger la honte de Jésus-Christ et pour « conquérir Jérusalem si Notre-Seigneur y veut con- « sentir; et parce qu'ils savent certainement que nulle « nation n'a si grand pouvoir par mer comme vous « avez, vous prient-ils que vous vouliez vous occuper « comment ils pourront avoir des vaisseaux pour ac- « complir leur pèlerinage, en toutes les manières et « conditions que vous leur saurez indiquer et proposer, « pourvu qu'ils les puissent tenir (1). »

C'était là, comme le remarque M. Daru, le sujet d'un marché plutôt que d'un traité. Le doge remit la réponse à huitaine, et, à cette date, il ne la donna encore que sous la réserve qu'il faudrait faire agréer la décision à l'assemblée du peuple, s'estimant assuré d'ailleurs de l'adhésion de son grand Conseil, qu'il avait sondé à ce sujet. Les conditions furent telles qu'un peuple marchand et politique pouvait les faire. Pour transporter en Orient plus de trente mille hommes et plusieurs milliers de chevaux, pour approvisionner cette armée de vivres pendant neuf mois, la République demandait une somme évaluée à environ quatre millions et demi de notre monnaie actuelle : elle stipula, de plus, que cinquante galères vénitiennes seconderaient les opérations de l'armée, sous la condition d'un partage égal dans le butin et dans les conquêtes. Les commissaires, après vingt-quatre heures de réflexion, en passèrent par ces articles, qui ne leur parurent avoir rien d'excessif, et qu'on ne voit pas qu'ils aient songé à débattre. Il n'y avait plus qu'à obtenir la ratification du grand Conseil

---

(1) Je suis de préférence le texte publié pour la Société de l'histoire de France, par M. Paulin Paris (1838).

et la sanction du peuple : le doge eut sans peine la première et procéda habilement à procurer la seconde, en prenant à part quarante, puis cent, puis deux cents personnes. Quand les esprits lui parurent suffisamment préparés, il convoqua dans la chapelle de Saint-Marc tout ce qui put y tenir d'assistants; on célébra la messe du Saint-Esprit, et, la politique vénitienne ayant par devers elle toutes ses garanties, on donna dorénavant pleine carrière à l'enthousiasme et à l'émotion dramatique. C'est ce mélange de prudence, de calcul, et aussi de piété et d'attendrissement à la suite, qui caractérise ces scènes de Venise chez Villehardouin, et qui montre, sans qu'il le dise, la différence profonde qu'il y avait entre l'esprit de ce gouvernement politique et celui des Croisés impétueux.

Je traduis, ou plutôt je transcris avec le moins de rajeunissement possible, cette scène qui se passa dans la chapelle de Saint-Marc. Notez que ces gens assemblés là par les soins du doge, et à qui l'on fait entendre la messe du Saint-Esprit afin de demander bon conseil d'en haut, ne savent pas encore, au moins la plupart, ce qu'on va leur proposer : quelques-uns cependant, qu'on a sondés à l'avance, sont groupés çà et là dans la foule. Le doge s'entendait à ménager ses effets, et à mettre en jeu ce qui restait du fonds démocratique dans le gouvernement vénitien de cette date :

« Quand la messe fut dite, le duc manda les députés, et leur dit, pour l'amour de Dieu, qu'ils priassent le commun peuple d'octroyer ce qui était convenu. Les députés vinrent au monastère où ils furent beaucoup regardés de maintes gens qui jamais ne les avaient vus. Alors, Geoffroy de Villehardouin, le maréchal de Champagne, prit la parole par l'accord et par la volonté des autres, et commença à dire en telle manière : « Seigneurs, les barons de France les plus hauts
« et les plus puissants nous ont vers vous envoyés, et vous crient
« merci pour qu'il vous prenne pitié de la cité de Jérusalem, qui
« est en servage des mécréants, et pour que vous vouliez, en hon-
« neur de Dieu, les aider à venger la honte de Jésus-Christ; et par

« ce motif vous ont-ils choisis qu'ils savent bien que nulle nation,
« ni gent qui soit sur mer, n'ont si grand pouvoir comme vous avez,
« et en partant nous commandèrent que nous eussions à en tomber
« à vos pieds, et de ne point nous en relever que vous ne l'ayez ac-
« cordé. »

« Et alors les six députés s'agenouillèrent, pleurant beaucoup ; et le doge et tous les autres commencèrent à pleurer de la pitié qu'ils en eurent, et s'écrièrent tous d'une voix, et tendant les mains en haut : « *Nous l'octroyons! nous l'octroyons!* » Là y eut si grand bruit et si grande noise qu'il semblait vraiment que toute terre tremblât ; et quand ce bruit fut apaisé, Henri (Dandolo), le bon duc de Venise, monta au lutrin et, parlant au peuple, leur dit : « Seigneurs, voilà « un très-grand honneur que Dieu nous fait, quand les meilleurs et « les plus braves gens du monde ont négligé toute autre nation et « ont requis notre compagnie pour une si haute cause que la ven- « geance de Notre-Seigneur. »

Cette scène si parlante et si pathétique, précédée par un traité de commerce et de conquête en commun, si bien conçu et si sagement combiné, peint l'esprit d'un gouvernement et d'un peuple. Villehardouin, qui nous donne cette impression à travers son récit, ne la démêlait sans doute qu'imparfaitement lui-même : il n'y avait point de contradiction déclarée alors entre ces intérêts du monde et ceux de la religion ; les mêmes hommes qui pourvoyaient aux uns étaient sincèrement préoccupés des autres : toute la différence n'était que dans la proportion et dans la mesure ; mais la part faite au Ciel, même quand elle ne venait qu'en seconde ligne, restait encore grande.

On était en Carême (1201), il fut donc décidé que dans un an à partir de là, à la Saint-Jean, les Croisés se donneraient rendez-vous à Venise et qu'ils y trouveraient une flotte toute prête : on devait se diriger sur l'Égypte et sur le Caire, afin de mieux attaquer par là la puissance des Sarrasins ; c'était la route que saint Louis devait prendre plus tard. Les chartes et traités ayant été dressés et scellés, on les apporta en cérémonie devant le doge, en présence du grand et du petit Conseil ; le doge, en les délivrant aux députés, s'agenouilla en pleurant derechef, et jura sur les Saints Évangiles qu'il en observerait de bonne foi toutes les conditions; ce que jurèrent également les membres des Conseils, puis les députés contractants : « Sachez, dit Villehardouin, que là y eut mainte larme plorée de pitié. » Nous avons déjà fait cette remarque à propos de Joinville; ces pleurs naïfs et d'hommes naturels émus reviennent sans cesse chez ces historiens primitifs, comme chez Homère : « Il versa des larmes fraîches, » est-il dit bien souvent d'un héros grec ou troyen dans *l'Iliade* ou dans *l'Odyssée*. Virgile a imité cela pour Énée, mais déjà avec moins de vraisemblance et par manière d'archaïsme.

Comme contraste avec cette députation de Villehardouin et de ses compagnons à Venise, à près de trois siècles de distance, on peut opposer l'ambassade dont un autre grand historien, Commynes, fut chargé auprès de cette même république (1495). Commynes, dans le temps de l'expédition et de la conquête de Charles VIII en Italie, fut envoyé à Venise pour tâcher d'y conjurer le mauvais vouloir, d'y maintenir la neutralité et d'empêcher d'y nouer la ligue formidable qui allait mettre, au retour, le monarque français à deux doigts de sa perte. Quel accueil y reçut-il? Quel jeu y joua-t-il? Y eut-il là aussi *mainte larme plorée?* Oh! nous sommes bien loin avec Commynes de cette première époque de Villehardouin encore croyante et naïve, ou à demi naïve. Le siècle a marché, ou plutôt trois siècles se sont écoulés, et la politique véritable tient seule désormais le dé dans le maniement des affaires.

A l'époque où Commynes, le seigneur d'Argenton comme on l'appelle, connu pour sa prudence éprouvée et par la longue confiance de Louis XI, est envoyé à Venise, à ce poste d'honneur de la diplomatie, pour y lutter de finesse avec les rusés Vénitiens, avec ce gouvernement qu'il admire et dont il nous définit si bien le génie, de grands changements s'étaient accomplis depuis le temps de Henri Dandolo : toute trace de démocratie, comme aussi toute velléité de monarchie, y avait disparu; le doge, toujours honoré comme un roi, ne pouvait plus guère rien par lui-même; le patriciat et les Conseils étaient tout. Commynes trouve là pour doge un Barbarigo, homme sage et fin, moins grandiose que le Dandolo d'autrefois, mais une « douce et aimable personne. » On se traite de part et d'autre d'abord avec toutes les douceurs, toutes les affabilités du sourire, pour mieux se tromper : on se caresse et on ment. Tant que les Vénitiens croient que le roi de France n'avancera pas en Italie et qu'il ne réussira pas dans ses projets de conquête, ils protestent volontiers de leur amitié et de leurs services désintéressés pour lui; quand ils le voient s'avancer et vaincre au delà de leurs prévisions, ils s'effrayent, travaillent à nouer la ligue et dissimulent, non pas si bien toutefois que Commynes, le jour où ils lui apprennent la reddition du château de Naples aux Français, ne lise la consternation sur le visage des principaux dans la chambre du doge : « Et crois que quand les nouvelles vinrent à Rome de la bataille perdue à Cannes contre Annibal, les sénateurs qui étaient demeurés n'étaient pas plus ébahis ni plus épouvantés qu'ils étaient. » Patience! à quelques pas de là, Commynes, mandé par le doge de bon matin, voit en entrant tous ces mêmes visages non plus abattus, mais fiers et radieux; on lui signifie le traité conclu, hostile à la France, et le nom des puissances confédérées : c'est à lui, à son tour, tout avisé qu'il est, d'avoir le cœur serré et le visage défait, car il n'avait eu vent de rien de précis jusqu'à cette heure, le secret avait été rigoureusement observé; à force de voir traîner les choses en longueur, il avait fini par les croire échouées : en descendant les degrés du palais, il trahissait aux yeux de tous son étonnement manifeste et sa perte de contenance. La revanche des Vénitiens avait été complète, et l'ancien serviteur de Louis XI avait trouvé cette fois des maîtres jouteurs plus habiles que lui.

Ceux qui sont curieux d'apprécier et de mesurer le progrès de la langue, et surtout de la politique, durant trois siècles, peuvent faire au long cette comparaison des deux ambassades de Commynes et de Villehardouin. Qu'il y eût, dès le siècle de ce dernier, des politiques habiles et consommés, cela est hors de doute; et l'Église, particulièrement, en eut alors qui en remontrèrent au monde : que, de plus, l'État de Venise fût déjà et dès longtemps habile avec suite et très-avisé à ses intérêts, même à travers les acclamations et les pleurs de l'enthousiasme, nous en avons la preuve également; mais la disposition moyenne des esprits, l'atmosphère morale, à Venise et ailleurs, était autre aux premières années du treizième siècle qu'à la fin du quinzième. C'est là seulement ce que j'ai voulu indiquer.

La politique, on vient de le voir, n'était pas absente ici même, à cette date de la quatrième croisade, et elle achève de se dessiner dans les diverses circonstances et dans le cours de l'entreprise. Les députés étant retournés en France, il survint dès l'abord maint obstacle et de graves mésaventures. Le jeune Thibauld, comte de Champagne, le chef désigné, mourut de maladie : on proposa le commandement général au duc de Bourgogne, puis, sur son refus, au comte de Bar-le-Duc qui s'excusa également. C'est alors que, sur la proposition de Villehardouin, qui paraît avoir été l'homme de conseil et de ressource en ce moment critique, on s'adressa à Boniface, marquis de Montferrat, lequel accepta l'honneur et le fardeau. Au bout d'un an, vers le mois de juin 1202, ceux des Croisés qui furent fidèles au rendez-vous de Venise (car un grand nombre ne le furent pas, et chacun tirait de son côté), ceux-là qui tinrent la convention première, ne purent fournir aux Vénitiens toute la somme promise. Les principaux chefs, le comte Baudouin de Flandre, le comte Louis de Blois, le marquis de Montferrat, le comte Hugues de Saint-Pol, se saignèrent et empruntèrent tout ce qu'ils purent; ils envoyèrent toute leur vaisselle d'or et d'argent à l'hôtel du doge. Il manquait encore, malgré tout, une énorme somme : « Et de cela furent extrêmement joyeux, nous dit Villehardouin, ceux qui ne voulaient rien y mettre; car maintenant ils pensaient bien que l'armée devrait se rompre. »

Le fait est qu'à tout moment on aperçoit dans le récit de Villehardouin le regret d'une partie des Croisés de s'être engagés si légèrement dans une si rude entreprise et le désir de la faire échouer. Les prétextes, en apparence honorables, ne manquaient pas. Cette armée de pèlerins, formée en vue de conquérir la Palestine, va se trouver subsidiairement engagée à des expéditions d'un autre ordre et qui la détourneront de son but : il semble donc qu'il y a une raison morale, et peut-être un devoir chrétien, de se dérober à ces incidents successifs qui allongent le chemin et qui profanent l'épée. Cependant, au fond, et quand on suit l'enchaînement des faits chez Villehardouin, on voit assez clairement que la plupart de ceux qui affichent ces beaux motifs, et qui se rangeaient derrière les rigoristes scrupuleux, ne désiraient que rompre la promesse jurée et se dégager de leur vœu en faisant avorter toute grande action et conquête trop périlleuse. Il faut voir les hommes comme ils sont, même au treizième siècle. Quant à Villehardouin, toujours dévoué au bien commun et à l'union de l'armée qui lui semble le premier des devoirs, il représente à merveille ce composé de bon sens, d'honneur et de piété qui consiste à remplir religieusement les engagements de tout genre, même humains, une fois contractés; en chaque occurrence, il tâche, entre les divers partis proposés, de se tenir au meilleur; et, s'il y eut une sorte de moralité dans l'esprit et la suite de cette croisade si étrange par ses conséquences, c'est en lui et autour de lui qu'il faut la chercher.

Le doge, voyant que tout n'est pas payé, propose un expédient : « Le roi de Hongrie nous a pris, dit-il à son
« peuple, Zara en Esclavonie, qui est une des plus fortes
« cités du monde; et, quelque pouvoir que nous ayons,
« elle ne sera pas recouvrée si elle ne l'est par ces gens-
« ci. Prions-les de nous aider à la conquérir, et nous les
« tiendrons quittes des trente-quatre mille marcs d'ar-
« gent qu'ils nous doivent encore. » Ainsi fut dit et accepté. Les Vénitiens, peuple marchand, n'y perdirent pas; à défaut d'argent, ils se firent payer des Croisés en corvée et en nature. Ils prirent Zara comme fin de solde, en attendant qu'ils gagnassent d'ailleurs à cette croisade, l'empire des mers, une bonne partie de la Grèce, de la Morée, et les îles.

Voilà le côté politique et prudent; mais l'autre côté généreux et grandiose, je ne le dissimulerai pas, comme l'ont trop fait dans leurs divers récits des écrivains raisonnablement philosophes : la grandeur du courage et l'héroïsme, ce sont là aussi des parties réelles qui, même après des siècles, tombent sous l'œil de l'observation humaine.

Le vieux doge prend la croix; assistons à la scène fidèlement racontée :

« Alors il assembla tout le peuple de Venise, un jour de dimanche, qui était une très-grande fête de Saint-Marc; et y furent la plupart des barons du pays et de nos pèlerins. Avant que l'on commençât à chanter la grand'messe, le duc de Venise monta au lutrin pour parler au peuple et leur dit : « Seigneurs, il est certain que nous

« sommes unis, pour la plus haute chose qui soit, à ce qu'il y a de
» plus haut dans le monde parmi ce qui est en vie aujourd'hui dans
« la Chrétienté. Et je suis un vieil homme et faible de corps et in-
« firme, partant j'aurais dorénavant besoin de me reposer ; mais je
« ne vois, pour le moment, aucun homme parmi nous qui, plus que
« moi, sût vous conduire ni guerroyer. Si vous vouliez octroyer que
« mon fils demeurât dans le pays en ma place pour le garder et gou-
« verner, je prendrais maintenant la Croix et irais avec vous vivre
« ou mourir, selon ce que Dieu m'aura destiné. »

A ces nobles paroles du vieillard un grand cri s'éleva et l'acclamation publique répondit. L'émotion fut grande parmi le peuple et les pèlerins, d'autant que ce digne chef avait toute raison de demeurer chez soi s'il l'eût voulu : « Car il était vieil homme, et, bien qu'il eût de beaux yeux en la tête, il n'y voyait pas, ayant perdu la vue autrefois par le fait d'une blessure. Mais il était de très-grand cœur, s'écrie Villehardouin qui le compare involontairement aux faux frères de sa connaissance parmi les Croisés. Ah ! Dieu ! combien mal lui ressemblaient ceux qui étaient allés aux autres ports pour esquiver le péril ! »

Mais que fera ce bon doge aveugle et nonagénaire, ainsi croisé, en ces temps de rude guerre et où il s'agissait surtout pour les chefs de payer de leur personne? Il sera peut-être une gêne, un embarras pour l'expédition, un *père Anchise* à bord de sa galère. Ce qu'il fit ! je franchis pour le moment les intervalles ; écoutons l'héroïque récit. On est au siége de Constantinople : les Croisés attaquent par terre, et les Vénitiens avec leurs galères par mer. Le port de la ville est pris ; on se prépare à livrer l'assaut, à escalader les murailles. Les navires approchent, et lancent avec des machines, de dessus leur tillac, des bordées de pierres ; arbalètes et flèches pleuvent de tous côtés ; on essaye d'appliquer des échelles ; mais les galères ne savaient et n'osaient prendre terre. Le témoin narrateur continue :

« Or, pouvez ouïr étrange et fier exploit que fit le duc de Venise, qui vieil homme était et ne voyait point. Il était tout armé à la tête de sa galère et avait devant lui le gonfanon (*bannière*) de Saint-Marc. Il cria aux siens qu'ils le missent vitement à terre, ou sinon qu'*il ferait justice de leurs corps*. Et ils firent aussitôt à son commandement, car la galère où il était prit terre sur l'heure. Et ceux qui étaient dedans s'élancèrent et portèrent le gonfanon de Saint-Marc à terre. Quand les Vénitiens virent ce gonfanon ainsi que la galère de leur seigneur qui avait pris terre, chacun se tint pour honni s'il n'en faisait autant. Et tous se précipitèrent, ceux des moindres vaisseaux sautèrent au rivage, et ceux des grands vaisseaux se jetèrent dans les barques, et tous abordaient à l'envi, à qui mieux mieux... »

La ville impériale ne fut pas prise ce jour-là ; mais l'action du vieux doge subsiste dans toute sa grandeur. Ce vieillard, avec sa colère, avec sa rude menace aux siens de *faire justice de leurs corps* s'ils ne le mettent en plein péril, est beau et sublime de ton comme le Cid vieilli ; il est beau comme le jeune Condé à Rocroy jetant son bâton dans les rangs ennemis : lui, il fait mettre en avant le gonfanon de Saint-Marc et le compromet hardiment pour forcer les siens à la victoire. Admirons dans un tel exemple le génie héroïque du douzième siècle, et aussi l'historien homme d'armes, qui le fait si bien saillir.

D'autres historiens réputés plus sages, des critiques judicieux et fins, n'ont pas fait la juste part à cette veine puissante. Dans sa Notice habile et légèrement ironique sur Villehardouin et sur les événements où le noble témoin fut mêlé, Notice où il a réussi à combiner d'un air discret le rôle de disciple de Voltaire et celui de continuateur des Bénédictins, M. Daunou se plaît à remarquer, d'après M. Daru, que cette quatrième croisade n'eut guère pour résultat définitif que d'agrandir la suprématie maritime de Venise : « Le reste de l'Europe y perdit beaucoup de vaillants hommes et de monuments précieux, et n'y gagna que l'introduction de la culture du millet, dont le marquis de Montferrat envoya des graines en Italie. » S'il était vrai que la prise de Constantinople par les Croisés et le sac de cette ville eussent fait périr, comme il est trop probable, des monuments de l'ancienne littérature grecque qui avaient échappé précédemment, il faudrait, nous les lettrés et les disciples des doctes, le déplorer avec regret, avec amertume : mais vouloir que toute une époque soit heureuse de la manière dont nous l'entendons, et que les chevaliers du siècle de Villehardouin conçoivent l'emploi de leurs facultés et de leur temps comme les hommes de cabinet de nos jours, c'est demander beaucoup trop. Et n'avons-nous pas vu nous-mêmes des guerres et des croisades tout aussi vastes s'enflammer, et des hommes de cabinet à leur tour y trouver leur large emploi? Ainsi va le monde, et, nonobstant ses changements de forme, si souvent proclamés, il continuera encore longtemps sur ce pied-là. Si les uns y perdent, les autres y gagnent, et les grandes luttes naturelles ne sont pas finies. Et puis, outre cette culture du millet qu'on a rappelée spirituellement, il y a, ne l'oublions pas, à compter aussi cette autre semence invisible et légère qu'on appelle la gloire, qui n'est point aussi vaine qu'on le croirait, qui étouffe et chasse des cœurs les tièdes mollesses, les empêche à temps de se corrompre, et qui, impérissable par essence, s'entretient dans les âmes et les races généreuses à travers les siècles (1).

La suite de la Chronique de Villehardouin donnera jour et développement à ces pensées.

(1) Ne pas oublier que ces articles paraissaient au *Moniteur* dans le moment même de l'expédition d'Orient.

Lundi, 6 février 1854.

GEOFFROY DE VILLEHARDOUIN

(FIN)

Il ne faut point passer en ce monde sans faire quelque chose de sa vie sur la terre. Cette noble idée de gloire se confondait chez Villehardouin, et chez les plus généreux des Croisés, avec celle de gagner le bonheur dans l'autre vie par le juste et pieux emploi de leur force ici-bas. Ainsi, tout en visant à Jérusalem et à la délivrance de la Cité sainte, ils ne reculaient pas devant les entreprises qui, en les écartant de leur but, leur semblaient glorieuses et suffisamment légitimes. Une vaillante armée de pèlerins s'était rassemblée : elle ne pouvait se rompre, sous peine de honte, sans avoir rien fait de hardi et de grand. Cette pensée, si elle n'est pas exprimée aussi nettement, ressort pourtant, en bien des endroits, du récit de Villehardouin. Je n'ai à suivre ce récit qu'autant qu'il sert à peindre l'historien lui-même.

Les Croisés se sont engagés avec les Vénitiens pour faire le siége de Zara contre le roi de Hongrie. Ce siége ne se passe point sans opposition de la part de bon nombre des pèlerins zélés ou soi-disant tels, ni de la part de Rome, qui craint de voir se dissiper une expédition sainte. Mais une autre diversion bien autrement éclatante se préparait, toute favorable à Rome cette fois, et à l'Église latine. Un jeune prince grec, Alexis, fils d'Isaac l'Ange, d'un de ces empereurs dépossédés à qui leurs parents et frères usurpateurs faisaient crever les yeux, sollicite l'appui de l'armée ; il arrive lui-même dans le camp ; d'un visage animé et avec le feu de son âge, il implore les chefs. La politique de Venise fut pour beaucoup, à ce qu'il semble, dans la détermination qui fut prise alors. Les Vénitiens, jaloux des Pisans, voulaient reconquérir à Constantinople une influence qui depuis quelque temps n'était plus sans partage : Henri Dandolo fut toujours considéré par les Grecs comme le plus habile instigateur de cette conquête et l'auteur de tous leurs maux. Quoi qu'il en soit, l'occasion était belle et tentante pour les pèlerins : on marchait vers l'Orient, on se détournait à peine, et, une fois qu'on avait restauré un empereur ami sur le trône de Constantinople, une fois la Croix latine plantée à Sainte-Sophie, on s'assurait d'un appui et d'une alliance inestimable pour les futures expéditions de Syrie et de Palestine.

C'est à Corfou qu'après une crise violente dans l'armée et une faction qui faillit tout dissoudre, les principaux chefs et barons parvinrent à ramener les dissidents, à réconcilier les esprits, et l'on put faire voile enfin pour l'expédition désirée, la veille de la Pentecôte (1203).

Ici Villehardouin, dans son récit, laisse percer un éclair d'enthousiasme et une joie d'homme de cœur. Nous avons vu dans Joinville un sentiment pareil lors du départ de la flotte de saint Louis à Marseille, et lors du second départ, à l'île de Chypre : mais l'enthousiasme de Villehardouin a un caractère plus haut et plus sévère que l'épanouissement et l'enfance d'allégresse de l'aimable Joinville. Celui-ci, au moment de l'expédition, était jeune, dans la fleur de l'espérance et de la confiance première ; et lorsque plus tard, parvenu à l'âge le plus avancé, il retraçait ses souvenirs chéris, il était dans son beau châtel de Joinville, entouré des objets de ses affections et de tout ce qui pouvait lui rendre le sourire. Villehardouin, au moment du départ, est un homme mûr et qui a passé le milieu de la vie; la ride s'est faite à son front; il sait le poids des choses et les difficultés de tout genre; il est dans le conseil des chefs, et l'un des plus prudents à prévoir; il a peu d'illusions, comme nous dirions aujourd'hui. Plus tard, à moins de dix ans de là, lorsqu'en ses moments de répit, il écrira ou dictera sa Chronique dans quelque château de Romanie, il n'aura pas revu sa Champagne, il sera toujours sur cette terre de conquête qu'il faut défendre pied à pied et payer de son sang chaque jour; où l'on perd en chaque rencontre un compagnon, un ami, et où le vainqueur en armes n'a pas une nuit sans veille. Certes l'enthousiasme d'un tel homme, s'attachant à l'heure la plus brillante du souvenir, a tout son prix :

« Le temps fut beau et clair, dit-il en parlant de ce jour mémorable où l'on appareilla de Corfou, et le vent bon et clément; aussi laissèrent-ils leurs voiles aller au vent; et bien l'atteste le maréchal Geoffroy qui dicta cet ouvrage et qui n'y a dit mot, à son escient, qui ne soit de pure vérité, comme celui qui assista à tous les conseils; bien atteste-t-il que jamais si grande chose navale ne fut vue, et bien semblait que ce fût expédition à devoir conquérir des royaumes; car, aussi loin qu'on pouvait voir aux yeux, ne paraissaient que voiles de nefs et de vaisseaux, tellement que le cœur de chacun s'en réjouissait très-fortement. »

Sentiment du départ, naturel à l'homme, que chaque génération mêlée à une belle entreprise éprouve à son tour, et que chaque historien s'essaye à rendre ! sentiment qu'on a au départ de Corfou pour Byzance, comme à celui de Toulon ou de Malte pour l'Égypte, comme à celui de Toulon encore, en 1830, pour Alger ! sentiment du départ guerrier, cher à tous les hommes jeunes et vaillants, et à notre nation en particulier, Villehardouin est le premier qui a eu l'honneur de l'exprimer chez nous, il y a plus de six cents ans, dans sa prose simple, nue et grave. On dirait qu'elle s'éclaire à cet endroit, et qu'elle laisse passer le rayon.

Mais voilà qu'en route, vers la hauteur du cap Malée, la flotte magnifique rencontre tout à point deux vaisseaux chargés de chevaliers et de gens de pied, qui étaient de ceux qui avaient précédemment faussé compagnie, et qui au lieu de venir, comme c'était convenu, au rendez-vous de Venise, s'étaient petitement embarqués à Marseille, étaient allés en toute hâte en Syrie, n'y avaient fait que maigre besogne, et s'en revenaient dégagés de leur vœu à la rigueur, mais chétifs et confus. Oh! quand ils virent la riche et belle flotte, qui avait si peu perdu pour attendre, surgir à toutes voiles et passer bientôt tout près d'eux, « ils en eurent si grande honte, dit Villehardouin, qu'ils n'osèrent se montrer; » et le comte de Flandre ayant envoyé une barque pour les reconnaître, un des soldats non chevaliers, qui était parmi les transfuges, se laissa couler dedans, et cria de là à ceux qu'il abandonnait : « Je vous tiens quittes de tout ce que je laisse à bord, mais je m'en veux aller avec ceux-là qui m'ont tout l'air de devoir conquérir du pays. » Ce soldat, qui s'échappait d'avec les fugitifs pour s'en revenir avec les conquérants, fut reçu à merveille, on le peut croire; on l'accueillit comme l'enfant prodigue (1), et cet épisode anima la traversée.

Villehardouin décrit peu; le genre descriptif n'était point inventé alors parmi nous, et le vieux Croisé est le contraire de cette brillante et habile jeunesse née de Chateaubriand, qui en sait dire encore plus long qu'elle n'en pense sur tout sujet : lui, il en dit encore moins qu'il ne sent. A l'arrivée dans l'Hellespont et devant

(1) On lui appliqua le proverbe : « Il fait que sages, qui de male voie se détourne. »

le Bosphore, il a pourtant des accents et quelques traits qui peignent bien l'impression de grandeur et d'éblouissement qu'il reçoit. Les premiers vaisseaux arrivés attendent les autres au port d'Abydos, et de là tous remontent, par le canal dit alors de Saint-Georges, jusque dans cet admirable bassin et en cette mer intérieure qu'on appelait aussi quelquefois du même nom :

> « En ces huit jours d'attente arrivèrent tous les vaisseaux et les barons, et Dieu leur donna bon temps : alors ils quittèrent le port d'Abydos. Dès ce moment, vous auriez pu voir le canal Saint-Georges tout *flori* (émaillé) en remontant de nefs, de vaisseaux, de galères, de bâtiments de transport. C'était plaisir et merveille d'en regarder la beauté. En telle manière ils coururent en remontant le canal, si bien que, la veille de Saint-Jean-Baptiste en juin, ils vinrent à Saint-Étienne, une abbaye qui était à trois lieues de Constantinople. Et lors ils virent *tout à plein* Constantinople. Ceux qui jamais encore ne l'avaient vue ne pensaient point que si riche cité il pût y avoir en tout le monde. Quand ils virent ces hauts murs et ces riches tours dont elle était close, et ces riches palais et ces hautes églises dont il y avait tant que personne ne l'eût pu croire, s'il ne l'eût vu proprement à l'œil ; et quand ils virent le long et le large de la ville, qui de toutes les autres était souveraine, sachez qu'il n'y eut homme si hardi à qui la chair ne frémît par tout le corps ; et ce ne fut merveille s'ils s'en effrayèrent, car jamais si grande affaire ne fut entreprise d'aucunes gens depuis que le monde fut créé. »

Cette page, à laquelle on pourrait joindre encore quelques autres passages du même ton, est, littérairement, la plus mémorable de Villehardouin. On n'a jamais mieux exprimé l'étonnement en face d'un grand spectacle, ni mieux embrassé par une parole naïve la largeur d'un horizon. C'est d'une expression qui sent d'autant mieux son Homère que le vieux chroniqueur ne s'en doute pas. Ajoutons que le guerrier ne cesse pas d'être présent dans celui qui admire, et qu'il n'est pas longtemps à contempler sans penser à son but.

Je n'ai pas à suivre ici les péripéties de l'entreprise ni à faire le siège de Constantinople : qu'il me suffise de rappeler que les Croisés ne prirent point d'abord la ville pour leur compte ; ils exécutèrent fidèlement leur promesse, rétablirent sur le trône le père d'Alexis et y placèrent ce jeune homme lui-même. Ce ne fut qu'après mainte zizanie survenue et des manquements de parole qu'il était d'ailleurs trop aisé de prévoir, que la guerre sur un autre pied recommença et qu'il fut décidé qu'on pouvait en toute conscience déposséder des traîtres. On pense bien que ce n'est point le cas de trop discuter le droit ; il serait difficile assurément de le démêler à travers tant d'intérêts, de cupidités compliquées et de violences. Mais j'ai voulu lire l'historien qui nous offre la contrepartie et le véritable complément de Villehardouin, le Byzantin Nicétas, homme de bien et de considération, lequel a raconté dans des pages émues et lamentables, bien que fleuries et académiques (comme nous dirions), le désastre de sa patrie, les brutalités du vainqueur, les spoliations de l'étranger, et les violations de tout genre commises sur cette cité alors unique et incomparable. Il y a, dans ce récit de Nicétas, une parole d'estime pour Villehardouin, et je suis assuré que, s'il avait eu à parler de Nicétas à son tour, Villehardouin la lui aurait également rendue. Le moment où les Croisés s'abandonnent, où la cupidité particulière les gagne, où la soif du butin l'emporte chez la plupart, et où les honorables chefs ne peuvent les contenir, même par les plus rigoureux exemples, est signalé avec douleur par Villehardouin : « Les convoiteux, dit-il, commencèrent à retenir les choses, et Notre Seigneur commença à les en moins aimer qu'il n'avait fait. Ah ! comme ils s'étaient loyalement conduits jusqu'à ce jour ! et le Seigneur Dieu leur avait bien aussi montré son amour, en les exaltant et honorant par-dessus leurs ennemis. » Ce n'est pas tant d'avoir pillé, il est vrai, que Villehardouin les blâme (le pillage était le droit de la guerre), que de n'avoir pas obéi en apportant chacun son butin à la masse commune. Il est deux ou trois points toutefois que je crois bon de dégager et de maintenir, à travers la confusion des scènes et l'horreur naturelle qui s'attache à de tels récits.

Nicétas, l'historien des vaincus, et Villehardouin celui des vainqueurs, s'accordent pour nous en une conclusion : les Grecs de Byzance, qui osent encore s'intituler Romains, sont lâches et traîtres, deux défauts qui, en s'unissant, marquent la fin et l'extrême décrépitude des peuples. Être déchu à la fois du courage, de l'honneur et de la bonne foi, c'est trop, et, toutes les fois que ces vices chinois ou byzantins prévalent chez un peuple, il n'y a plus que l'occasion ensuite qui manque à la ruine. Ces empereurs grecs qu'ont en face les guerriers francs n'osent sortir de leurs murailles, se mettre à la tête des vaillants hommes qui leur restent; ils s'enfuient de nuit par des portes dérobées, et vont chercher dans des palais moins en péril ce qu'ils espèrent sauver de la ruine universelle, un reste de voluptés et de délices. Incapables de tenir les engagements contractés, ils y manquent sans franchise et engagent la guerre avec fourberie. Les Croisés, au contraire, ont pour principe de ne jamais attaquer l'ennemi sans lui avoir porté un *défi*, c'est-à-dire une déclaration fière et franche : Quènes de Béthune et Villehardouin, entre autres, sont chargés dans une circonstance critique d'aller faire ce défi préalable à toute hostilité, et de le signifier en plein palais au jeune empereur Alexis, devenu traître et ingrat. Ils le font au risque de leur vie, et sont en danger d'être massacrés sur place en sortant. Cette seule habitude d'honneur et de vaillance chevaleresque, cette loyauté du duel guerrier, est une moralité relative qui mérite déjà la victoire. Et qu'on ne dise pas que les Croisés eux-mêmes ne l'ont pas senti. Parlant de ces habitudes asiatiques et lâchement cruelles par lesquelles ces empereurs grecs rivaux se réconciliaient en apparence, faisaient mine de s'embrasser, s'invitaient à des festins, et se crevaient les yeux à l'improviste, Villehardouin nous dit : « Jugez maintenant s'ils étaient dignes de tenir la souveraineté et l'empire, des hommes qui exerçaient de telles cruautés les uns envers les autres; qui se trahissaient les uns les autres si déloyalement. » S'il y a quelque moralité naturelle dans cette croisade des Français d'alors et dans leur victoire sur Byzance, elle est tout entière dans cette réflexion, qui était aussi celle de Baudouin et de son frère, de ces nouveaux empereurs, vrais chrétiens et honnêtes gens.

Quand Baudouin, élu empereur par les Français, s'est aventuré dans une expédition contre le roi des Bulgares et est fait prisonnier après une défaite, son frère Henri prend sa place ; mais les barons attendent, avant de l'élire et de le sacrer empereur à son tour, d'être positivement assurés du trépas de son frère : « Sur quoi je voudrais, écrit l'historien Nicétas, que les Romains (les Grecs) fissent un peu de réflexion ; eux, dis-je, qui n'ont pas sitôt élu un empereur qu'ils songent à le déposer. » Ainsi l'idée de légitimité, de fidélité au serment, et de religion politique, existe chez les Latins, tandis qu'elle est entièrement abolie chez les Grecs : ce qui, chez ceux-ci, est une infériorité sociale de plus.

« Chacun ne sait-il pas, dit encore ce même historien grec rendant involontairement hommage à ceux qu'il appelle Barbares, que quand ils ont pris une ville, ils la gardent avec une vigilance qui ne se peut exprimer, que pour cela ils renoncent au repos et endurent des fatigues incroyables? Ils ne ressemblent pas en ce point-là à nos gens qui abandonnent leur chemise au premier qui la veut prendre, et qui secouent la poussière de leurs pieds lorsqu'on les chasse de leur patrie... » Un tel aveu dispense de tout commentaire, et l'on voit encore par là de quel côté était alors la moralité, la vertu sociale; pour être à l'état brut, elle n'en existait pas moins; et l'on conçoit que les vainqueurs, parodiant les vaincus dans une mascarade de triomphe, se soient promenés dans les rues de Constantinople vêtus de robes, coiffés à la byzantine, et tenant en main pour toutes armes du papier, de l'encre et des écritoires. Et probablement la chanson et le vaudeville gaulois n'y manquaient pas.

Je ne saurais pourtant cacher que, lorsqu'on lit dans Nicétas le détail des dévastations, des trois grands incendies de la ville impériale, les belles statues de bronze renversées à terre et fondues sans pitié, la mosaïque et le parvis de Sainte-Sophie brisés sous les pieds des chevaux, les manuscrits sans doute (et quels manuscrits!) à jamais anéantis dans les flammes, le cœur ne saigne, et l'on partage pleinement la douleur du digne sénateur byzantin; on comprend sous sa plume ce mélange de Jérémie et de mythologie grecque, ces pleurs pour une statue d'Hélène et pour la profanation des vases de Sion, ces réminiscences d'une double antiquité qui lui viennent en foule et qui ressemblent à des lambeaux d'homélies entremêlés d'un retour d'Anacréon. Il est surtout un passage de son récit qui m'a paru charmant au milieu de sa recherche, et bien touchant d'invocation à travers sa grâce un peu affectée; je vais le traduire aussi fidèlement que possible : on y verra un contraste parfait avec la manière et le ton de Villehardouin; ce sont les deux civilisations et les deux littératures en présence. Il s'agit des premières conquêtes rapides des Latins dans l'intérieur des terres, peu après la prise de Constantinople :

« Mais quoi! s'écrie tout d'un coup Nicétas en s'interrompant, le

Barbare devance mes paroles; il est emporté plus rapide dans sa course que l'aile de l'Histoire, et aucun obstacle ne l'arrête; car elle, elle en est encore à le montrer saccageant Thèbes, s'emparant d'Athènes, envahissant l'Eubée: mais lui, il ne marche pas, il vole, il traverse les airs laissant en arrière tout récit; il marche vers l'Isthme, il renverse l'armée romaine qui lui barre le passage; il pénètre dans cette ville assise sur l'Isthme même et qui était jadis l'opulente Corinthe; il se porte à Argos, il enveloppe tout le pays de Lacédémone, il s'élance dans l'Achaïe, court de là à Méthone, et se rue sur Pylos, la patrie de Nestor: puis, arrivé aux bords de l'Alphée, il s'abreuvera, je pense, de ses ondes, et, s'y baignant, il y puisera le souvenir de la tradition antique et gracieuse; et, dès qu'il aura su que le fleuve s'est fondu d'amour pour Aréthuse, la source de Sicile, qui désaltère les fils de l'Italie, je crains fort que, ne faisant violence au fleuve lui-même, il n'écrive sur ses eaux et ne fasse savoir par lui à ses compatriotes de là-bas les exploits dont ont souffert les Grecs. Mais, ô Alphée! toi qui es un fleuve grec, toi dont les eaux coulent si douces à travers les mers, vraie merveille en tout, fleuve né d'une flamme d'amour, ne va pas transmettre les désastres des Grecs aux Barbares de la Sicile; ne leur révèle pas tout ce que les armées des leurs ont fait de grandement cruel en Grèce contre les Grecs, de peur qu'ils n'instituent des danses, qu'ils ne chantent des hymnes de triomphe, et que des ennemis plus nombreux n'accourent à nos rivages. Mais arrête un instant! qui sait? le combat a plus d'une chance, les choses humaines sont au hasard d'un coup de dé, et la victoire aime à changer de drapeaux: on ne dit pas qu'Alexandre lui-même ait toujours réussi en tout, ni que la fortune de César ait été de tout point infaillible. Arrête: je t'en conjure au nom d'Aréthuse elle-même, de ta tendresse pour elle, inaltérable à travers les mers, et de ta belle source amoureuse. »

Je ne sais si je m'abuse: il y a ici un dernier soupir de la Grèce érudite, mais sincère encore, une application imprévue et patriotiquement ingénieuse de l'Anthologie à l'Histoire. Ce Nicétas est déjà un Grec qui appartient à la postérité de Démodocus dans *les Martyrs*, et on le croirait de l'école de Chateaubriand. La veine où il puise ses images est celle des livres et des souvenirs classiques; la source peut sembler déjà bien ancienne et refroidie: il l'a rajeunie et vivifiée cette fois par son émotion (1).

(1) Puisqu'il est question de la Fable, je ne puis omettre ici les

Nicétas, lu ainsi en regard de Villehardouin, provoque une foule de réflexions et de pensées. Quand je vois ces qualités et ces défauts de l'historien d'une époque finissante, cet arrangement élégant et peigné, ces comparaisons disparates où les images d'Endymion ou de tel autre personnage mythologique sont jetées à travers les événements les plus positifs et les plus désastreux de l'histoire, je les oppose aux qualités et aux défauts du narrateur français qui commence, à cette simplicité grave, sèche et roide, mais parfois épique, et je me demande : « Lequel des deux est véritablement le plus voisin d'Homère ou d'Hérodote? » Certes, ils en sont loin tous les deux, mais celui encore qui en rappelle le plus l'idée, ce n'est point Nicétas.

Si l'on avait les plaintes d'un habitant de Corinthe lors de la première prise de la ville par le Romain Mummius, que ne dirait-il pas? Quand on lit Nicétas

vers de Voltaire, très-cités autrefois et admirés, lorsque, dans le chant IXe de *la Henriade*, il compare la vertu de Du Plessis-Mornay, intacte et pure au milieu de la licence des camps et des délices des cours, aux eaux de la Nymphe antique :

> Belle Aréthuse, ainsi ton onde fortunée
> Roule, au sein furieux d'Amphitrite étonnée,
> Un cristal toujours pur et des flots toujours clairs,
> Que jamais ne corrompt l'amertume des mers.

Voltaire, évidemment, s'est souvenu de Virgile (Églogue X) : *Sic tibi cum fluctus subterlabere Sicanos...* Je ne sais pourtant si, à travers l'harmonie, on n'a pas à remarquer dans ces vers une espèce d'inexactitude. Le nom d'Alphée irait mieux au sens que celui d'Aréthuse. Que si l'on dit que c'est en fuyant Alphée qu'Aréthuse traverse ainsi les mers à l'état de fontaine, elle a bien plus à craindre encore en un tel moment que son onde ne se mêle à celle du fleuve qui la suit, qu'au flot marin qui l'environne; et, après que la Nymphe s'est dérobée et est devenue une fontaine de Sicile, c'est la poursuite de l'Alphée, du *fleuve grec* comme l'appelle Nicétas, du *fleuve plongeur*, comme l'a appelé Moschus, qui demeure la merveille perpétuelle et toujours vive à travers les mers; mais il ne convient pas de trop presser la mythologie.

sur les chefs-d'œuvre dont il déplore la perte et que rien n'a pu réparer, je le répète, on est navré avec lui, on est de sa patrie un moment, de cette patrie qui a été, dans un temps, celle du genre humain. « N'importe, peuple usé! peuple à longue robe, sans défense et sans glaive! passons à d'autres, » dit la Fortune; et le Génie de la civilisation, se voilant un moment et la suivant à regret, parle bientôt comme elle.

« Ils n'estiment rien que la vaillance, dit toujours Nicétas des Français d'alors et de ceux qu'il appelle Barbares, mais c'est la vaillance séparée des autres vertus; ils la revendiquent pour eux comme infuse par nature et corroborée par un long usage, et ne souffrent qu'aucune autre nation puisse se comparer à eux en ces choses de guerre; d'ailleurs étrangers aux Muses et n'ayant aucun commerce avec les Grâces, ils sont d'un naturel farouche, et ont la colère plus prompte que la parole. » Ce jugement ne saurait s'appliquer qu'à la masse des Croisés et non aux chefs. Quênes de Béthune, l'ami de Villehardouin, propre à mille emplois, à celui d'ambassadeur comme à celui d'ingénieur et de constructeur de navires, ou de défenseur de Constantinople, avait commerce avec les Muses; il savait ce que c'était que le siége de Troie, et, dans une de ses chansons, il se moque très-satiriquement d'une beauté surannée qu'il compare à cette ville antique et célèbre. On était trop prompt, au treizième siècle et depuis, à tout refuser en fait de Muses et de Grâces à ceux qui étaient nés par delà certaines rivières et certains monts : « Ne me parlez point, écrivait à l'un de ses amis de Paris Paul-Louis Courier devenu Grec et Romain en 1812, ne me parlez point de vos environs; voulez-vous comparer *Albano* et *Gonesse*, *Tivoli* et *Saint-Ouen?* La différence est à la vue comme dans les noms. » Quelques années après, le même Courier, de retour en France, empruntait à ses paysans de Touraine, et à notre vocabulaire gaulois du seizième siècle, des locutions et des formes pour mieux traduire Hérodote selon son vrai génie. Au treizième siècle, les Chansons de Thibauld de Champagne ne valaient-elles pas bien, dans leur fraîcheur, les derniers vers des lettrés de Byzance et de ces anacréontiques affadis (1)?

La Chronique de Villehardouin, à sa manière et dans sa rudesse, rouvrait donc une ère littéraire de l'histoire. Il y a dans cette Chronique deux portions assez distinctes, celle qui expose les préparatifs et les détails de la conquête, et celle qui succède et qui nous rend la prise de possession dans ses conséquences. Cette dernière moitié est la plus ingrate et la plus pénible : elle est toute semée de mécomptes, et il y pèse comme une mâle tristesse. Dans cet Empire éphémère des Latins, en effet, à peine arrivé au sommet de la pente glorieuse, on sent qu'on n'a plus qu'à la redescendre. La lutte est continuelle, acharnée, et chaque jour amène des pertes

(1) Dans des leçons que j'ai eu depuis lors à faire à l'École normale au sujet de ce même Villehardouin, je développais un peu plus ce point de vue, et j'ajoutais : « Il est un mot sur lequel il faut insister encore, et pour le réfuter, et pour nous faire mieux pénétrer dans l'esprit de ces temps, de ce moyen-âge occidental et français véritablement moderne : c'est que les chefs et capitaines des Croisés, auraient été de purs barbares. Quand on est ainsi insulté par des raffinés dans la personne de ses ancêtres (car ce sont bien nos ancêtres à nous tous, nobles ou vilains), il ne faut pas se laisser faire, surtout quand on a le droit pour soi, le droit, c'est-à-dire, dans le cas présent, la poésie. La poésie, comme l'histoire, à voir les choses simplement, elle était plutôt à cette heure du côté des Croisés que des Byzantins, malgré toutes leurs divinités et leurs Aréthuses, — la poésie, et j'entends par là la véritable, à la fois le souffle, l'inspiration, la fleur et déjà l'art de l'expression, et aussi l'artifice du rhythme. » Et comme exemple mémorable, à côté de Quênes de Béthune chansonnier du Nord et trouvère, je citais encore Raimbaud de Vaqueiras, le plus distingué des troubadours d'alors par l'originalité et le talent, un chevalier de fortune, qui était de l'expédition et attaché au marquis de Montferrat. (Fauriel, *Histoire de la Poésie provençale*, tome II, p. 58-68.)

cruelles. Villehardouin y remplit d'ailleurs un beau rôle, plus grand même que dans sa simplicité il ne nous le montre. C'est lui qui, à un certain moment, négocie la réconciliation entre l'empereur Baudouin et le marquis de Montferrat, prêts à s'ulcérer et à en venir à une rupture. C'est lui qui, après la défaite d'Andrinople, où Baudouin est fait prisonnier par les Bulgares (14 avril 1205), dirige la retraite de l'armée avec autant de sang-froid que de vaillance. Il conduit sa Chronique avec exactitude jusqu'au moment où le marquis de Montferrat, son ami et son seigneur de prédilection, périt à son tour dans une rencontre en poursuivant les féroces Bulgares (1207) : « C'est alors, dit Gibbon, c'est à cet accident funeste que tombe la plume de Villehardouin et que sa voix expire; et, s'il continua d'exercer l'office de maréchal de Romanie, la suite de ses exploits n'est point connue de la postérité. » On suppose qu'il mourut cinq ou six ans après, vers 1213, et il paraît certain qu'il ne retourna jamais en France.

On a pu juger, par quelques citations que j'ai données, du ton et (si ce mot est permis) du style de Villehardouin. Il est curieux, pour l'étude de la langue, de lire à côté du texte la traduction ou paraphrase qu'en a donnée Du Cange. Villehardouin a le tour net, simple, assez vif, la phrase courte : « S'il n'a pas, dit M. Daunou, la gracieuse et piquante naïveté de Joinville, il attache ses lecteurs par la simplicité, la franchise et le cours naturel de son récit. » Ce *cours naturel* est très-bien dit : son récit marche et se presse. Rien n'y ressemble moins que la paraphrase lourde et souvent enchevêtrée qu'en a donnée Du Cange. La phrase de celui-ci est chargée, empêchée de je ne sais quoi qu'il y ajoute : elle ne va qu'avec des *impedimenta* de *qui*, de *que*, et toutes sortes de bagages. Il serait évident, rien qu'à voir les deux styles, que, dans l'intervalle de Villehardouin à Du Cange, il est arrivé un accident à la langue; qu'elle s'est de nouveau compliquée, qu'elle a été *reprise* de latinisme et ne s'en est pas encore débarrassée. C'est là le cas, en effet, et ce que démontre amplement la version de Du Cange, outre que tout n'y est pas très-finement et très-exactement entendu. Ainsi Villehardouin, par instinct et dès le début, était plus dans la ligne directe et dans le vrai sens de la future construction française et de sa brièveté définitive.

Et quant au caractère même de l'homme, du guerrier si noblement historien, je dirai pour conclure : Villehardouin, tel qu'il apparaît et se dessine dans son Histoire, est bien un homme de son temps, non pas supérieur à son époque, mais y embrassant tous les horizons; preux, loyal, croyant, crédule même, mais sans petitesse; des plus capables d'ailleurs de s'entremettre aux grandes affaires; homme de conciliation, de prudence, et même d'expédients; visant avec suite à son but; éloquent à bonne fin; non pas de ceux qui mènent, mais de première qualité dans le second rang, et sachant au besoin faire tête dans les intervalles; attaché féalement, avec reconnaissance, mais sans partialité, à ses princes et seigneurs, et gardant sous son armure de fer et du haut de ses châteaux de Macédoine ou de Thrace des mouvements de cœur et des attaches pour son pays de Champagne. Il a des larmes de pitié sous sa visière, mais il n'en abuse pas; il sait s'agenouiller à deux genoux, et se relever aussitôt sans faiblesse; il a l'équité et le bon sens qu'on peut demander aux situations où il se trouve; jusqu'à la fin sur la brèche, il porte intrépidement l'épée, il tient simplement la plume : c'est assez pour offrir à jamais, dans la série des historiens hommes d'action où il s'est placé, un des types les plus honorables et les plus complets de son temps.

Lundi, 13 février 1854.

M. DARU

HISTOIRE DE LA RÉPUBLIQUE DE VENISE (1).

Cette nouvelle édition de l'*Histoire de Venise* a paru l'année dernière, précédée d'une Notice sur M. Daru par M. Viennet. Ce serait une occasion naturelle pour parler de l'ouvrage et de l'auteur, s'il était besoin pour cela d'une occasion, et si le nom de M. Daru ne restait pas lié aux souvenirs les plus honorables de la littérature de son temps comme il l'est aux plus grands événements de notre histoire. J'essayerai ici, après m'être éclairé et environné des plus sûrs témoignages (2), de bien marquer ce caractère et de l'homme de lettres et de l'homme public en M. Daru, son immense facilité et sa capacité laborieuse exercée de bonne heure, toujours appliquée et sans trêve, cette vie de littérature solide et agréable, d'administration infatigable et intègre, d'exactitude et de devoir en tout genre, et dans laquelle il ne manquait jamais à rien; mais, ajoute

(1) 4ᵉ édition, 9 volumes in-8°; Firmin Didot (1853).
(2) Je ne saurais assez exprimer mes remercîments à M. le comte N. Daru pour l'empressement et la confiance avec lesquels il a bien voulu me remettre entre les mains toutes les pièces et documents originaux qui devaient me servir de base dans ce travail sur son père; et il y a joint des observations de tout genre dont j'ai eu presque toujours à profiter.

quelqu'un qui l'a connu, il ne se plaisait pas également à tout, et c'est ce qui fait son mérite.

Pierre Daru naquit à Montpellier le 12 janvier 1767, le quatrième de onze enfants. Son père, secrétaire de l'intendance du Languedoc, était du Dauphiné. Le jeune Daru fit ses études à Tournon, chez les Pères de l'Oratoire. A l'âge de treize ou quatorze ans, il avait terminé sa rhétorique et même sa philosophie, et s'était fort distingué dans les divers exercices que les Oratoriens aimaient à proposer à leurs élèves. Les colléges des Oratoriens étaient en petit une Académie, et quelquefois même en avaient le titre. Tous les mois, par exemple, et peut-être plus souvent, les meilleurs élèves de rhétorique, de seconde et de troisième, se réunissaient en présence des professeurs, des autres écoliers, et devant aussi quelques invités de la ville, et là, dans une véritable petite séance académique, ils faisaient lecture de quelques pièces de leur composition en prose ou en vers latins et surtout français. M. Daru brilla de bonne heure dans ce genre d'exercice, et en garda toujours le goût. S'il fallait définir l'Académicien modèle dans le meilleur sens du mot, l'homme qui aime à cultiver les lettres en commun, avec une émulation profitable, avec conseil et critique mutuelle, sans susceptibilité, sans envie, dans un sens d'ornement et de perfectionnement social, il suffirait de nommer M. Daru. A sa sortie du collége et de retour à Montpellier dans sa famille, il forma avec quelques jeunes gens diversement connus depuis, Fabre (de l'Hérault), Nougarède, etc., une espèce de petite Académie qui se réunissait deux fois par semaine, et où l'on traitait des questions de littérature et de philosophie. M. Daru, par son activité d'esprit, par cette fermeté de bon sens et de caractère qu'il eut dès sa jeunesse, était l'âme de la petite société et la dirigeait; il en était le président, le trésorier. Son père, cependant, le destinait à la carrière de l'administration militaire. En 1784, il fut pourvu d'un brevet de lieutenant d'artillerie (dans les canonniers garde-côtes), et, bientôt après, d'une charge de commissaire des guerres; il fallut une dispense d'âge, car il n'avait que dix-sept ans. On le trouve, en 1788, faisant l'office de secrétaire auprès du comte de Périgord, commandant de la province de Languedoc, au milieu de la crise difficile qui se termina par la suppression des Parlements : le comte de Périgord lui reconnut une prudence et une mesure au-dessus de son âge. Mais ce que j'ai à cœur de bien montrer déjà et d'établir dès cette première jeunesse de M. Daru, c'est le nombre, l'abondance, la solidité de ses premiers travaux, le sérieux de direction et le sens dont il y fait preuve. Il paye tribut au goût du moment, à la mode des Almanachs des Muses et des Athénées; il fait de petits vers, mais il ne s'y tient pas, et il sort bientôt du frivole. Il aime à s'appuyer sur les Anciens, à les lire la plume à la main et en les traduisant : il est un peu en cela de la postérité du seizième siècle. Il se redit ce mot d'un de ses maîtres : « Les beautés nobles et mâles datent de loin. » Il traduit, même après l'abbé Colin, *l'Orateur* de Cicéron; même après l'abbé Le Monnier, il traduit Térence; il est près d'aborder Plaute; il songe à donner un *Théâtre latin* complet, avec des observations, et qui eût fait pendant à ce que le Père Brumoy avait exécuté pour le Théâtre grec. Il se joue cependant avec Catulle; il s'applique déjà à Horace; puis une bien autre ambition le tente, l'épopée elle-même, l'épopée moderne avec toutes ses difficultés et ses réalités positives, ennemies du merveilleux; âgé de vingt ans, il ne voit là rien d'impossible : il compose donc son *Washington ou la Liberté de l'Amérique septentrionale*, et, choisissant le siége de Boston comme fait principal et comme centre de l'action, il achève un poëme en douze chants dont on pourrait citer des vers honorables, et qu'il accompagne d'une préface modeste et judicieuse. Mais, pour prendre l'idée la plus agréable de ces premiers essais et travaux de Daru, tous inédits, excepté la traduction de *l'Orateur* publiée en 1788; pour les voir à leur point de vue comme les voyaient alors ses amis et ses maîtres, je demande à citer quelques passages charmants d'une correspondance qu'entretenait avec lui un digne oratorien, le Père Lefebvre, le même à qui M. Daru plus tard a dédié sa traduction des Satires d'Horace. Le Père Lefebvre, que M. Daru aussi fit nommer dans les derniers temps professeur d'histoire à Saint-Cyr, et dont il combla de soins la vieillesse, est une de ces physionomies graves et douces des vénérables maîtres d'autrefois, qui unissaient la piété, la connaissance du monde, la modestie pour eux, l'orgueil seulement pour leurs élèves, une affection éclairée et une finesse souriante. L'*amitié* du Père Lefebvre pour le jeune Daru avait commencé à Tournon dès l'année 1776, quand celui-ci n'avait que neuf ans; elle dura jusqu'à la fin, doucement flattée et enorgueillie dans l'élévation et la juste fortune de celui à qui il écrivait en 1788 : « Votre gloire doit faire la consolation de mes cheveux blancs, ne négligez rien pour la rendre solide. » A cet effet, le Père Lefebvre n'épargnait pas à son ancien élève les conseils du sage et de l'homme de goût :

« Voulez-vous que je vous parle franchement, mon cher Daru? lui écrivait-il de Marseille le 30 décembre 1785, vous me paraissez avoir beaucoup gagné depuis un an, et vos derniers vers, ainsi que votre dernière lettre, sont d'un ton bien supérieur à tout ce qui a précédé. Dernièrement, M. Hugues et moi nous relûmes l'Épître que vous m'avez adressée : nous y trouvâmes beaucoup de délicatesse, jointe pourtant, en quelques endroits, à une certaine lâcheté de style, qui, jusqu'à présent, a été votre péché originel. Encore quelques efforts pour réprimer votre malheureuse facilité, et vous vous trouverez dans le bon chemin. Le Père Chapet m'a dit que vous aviez dans la société les allures d'un homme fait, que vous ne donniez point dans le luxe, et que, si on avait quelque chose à vous reprocher, c'était peut-être un peu de singularité dans les opinions. Nous autres gens d'esprit, nous ne sommes pas obligés de penser comme les autres; mais pourtant il faut de la circonspection pour découvrir la vérité à la multitude. Si vous étiez dans le cas de me faire encore de ces visites de 5 heures du soir que j'aimais tant, vous pourriez, libre au sein de l'amitié, dire sur la politique, la guerre, etc., le mot et la chose : avec des gens qui ne sont point initiés et qui ne méritent pas de l'être, soyons plus réservés. Un mot lâché mal à propos fait quelquefois un tort irréparable. Il faut être soi dans tous les âges, et ne point faire le vieillard à vingt ans, ni le petit maître à soixante. Actuellement, mon cher ami, je ne prêche plus, et ma santé s'en trouve bien ; j'y ai substitué des leçons d'histoire à nos pensionnaires : ce qui est plus analogue à mon goût, et, je l'ose dire, à mon talent. Cependant mon travail n'est pas borné à cela ; je m'occupe d'une traduction, le croirez-vous? d'une traduction de la Bible. C'est le plus ancien livre du monde, dont nous n'avons jusqu'à présent que de misérables versions. Si mon ouvrage paraît jamais, vous aurez sans doute envie de le lire, et je crois que cette lecture vous fera du bien. Adieu, mon cher ami, continuez de vous faire homme, et aimez-moi comme je vous aime. »

Cette lettre que j'ai voulu citer en entier comme échantillon du ton général et de cette gravité tout aimable, tempérée d'aménité, je la trouve entre plusieurs autres, également spirituelles et toujours utiles. Le conseil habituel du Père Lefebvre à son jeune ami, c'est de profiter de son heureuse flexibilité qui tend à se porter sur toutes sortes de genres et de sujets, mais de ne s'y point livrer trop rapidement, d'attendre avant de publier : « L'âge est le meilleur des Aristarques. » Ses scrupules de traducteur, dans le travail qu'il avait entrepris sur la Bible, fatiguaient et consumaient le Père Lefebvre : « Ce métier de traducteur dont je me suis occupé toute ma vie, disait-il, me paraît toujours plus difficile à mesure que j'avance, soit que l'âge me glace le sang, soit que mon goût s'épure à force d'approfondir; une page de traduction m'épuise pour huit jours. » Et ailleurs : « Je suis revenu de la campagne à la ville, mais j'étais si essoufflé qu'il m'a fallu un grand mois pour reprendre haleine. Vous êtes bien heureux, vous, de pouvoir entreprendre les plus grands travaux sans effroi, et les poursuivre sans fatigue. Vous êtes en petit la Sagesse éternelle qui se jouait en créant l'univers : vous l'imiterez sans doute en ne précipitant rien. » Il lui conseille, comme antidote à l'impatience de publier trop tôt, de jeter les yeux sur le *Petit Almanach de nos Grands Hommes* qui venait de paraître et qui raillait toutes ces vaines renommées d'un jour. Au nombre des projets littéraires de M. Daru (et avec lui les projets étaient bientôt mis à exécution), il y avait une tragédie de *Néron* : « Je n'ai rien à dire contre votre plan, lui écrivait le Père Lefebvre, mais vous referez, je l'imagine, le récit de la mort d'Agrippine que vous avez volé à Suétone; c'était Tacite qu'il fallait piller : un voleur honnête ne s'adresse qu'aux riches. » On voit que le goût du Père Lefebvre, comme celui des Oratoriens en général, était quelque peu orné et fleuri ; c'était un compromis avec le goût du siècle (1). Il y a plaisir pourtant

---

(1) Voici encore, avant de quitter le Père Lefebvre, quelques passages des jolies lettres qu'il adressait à M. Daru. Il lui parle d'un poëte ou versificateur de sa connaissance, d'un M. Bérenger (celui des *Soirées provençales*), qui ne ressemblait pas à notre célèbre chansonnier et qui se hâtait trop de produire : « Tout ce qui sort de sa plume, il le publie ; ce sont des enfants morts qu'on n'a pas le temps d'ondoyer et qui ne feront jamais un article dans les Registres du Parnasse. Vous n'aurez point ce malheur à craindre si, pendant quelques années encore, vous ne faites des vers que pour vos amis. Cherchez-en pourtant de sévères... » (31 décembre 1786.)

A ces conseils littéraires il en joignait un supérieur, et qui est de morale sociale : « Vous êtes heureux d'avoir embrassé un état qui vous donne du loisir. Malgré cela, songez que votre profession est votre premier devoir, et que vous ne pouvez courtiser Minerve qu'après avoir contenté Pallas. » (6 août 1786.)

Dans une lettre datée de Neuilly (septembre 1801), au moment où parut la traduction des *Satires* d'Horace que son ancien élève lui avait

à rencontrer ce coin de saine et heureuse littérature conservé à la fin du dix-huitième siècle, et qui se transmet d'un maître indulgent dans un élève vigoureux.

La traduction du traité de *l'Orateur* de Cicéron fut le seul écrit que M. Daru livra alors à l'impression et sans se nommer (1788). L'ouvrage fut fort sévèrement critiqué dans *l'Année littéraire*. Le critique, qui n'est autre peut-être que Geoffroy, y décernait tout l'avantage, après une comparaison rapide, au travail de l'abbé Colin. M. Daru, dans une longue lettre motivée qu'il adressa à l'auteur de *l'Année littéraire*, et qui, je crois, n'a pas été publiée, conteste avec politesse la prompte conclusion du critique; il insiste sur un point, c'est que, pour traduire fidèlement, il ne suffit pas de bien rendre le sens de l'original, mais qu'il faut encore s'appliquer à modeler la forme de l'expression : « Pour ne pas sortir de notre sujet, dit-il, un traducteur de Cicéron qui aurait un style sautillant serait-il un traducteur fidèle ? »

dédiée : « Je croyais, mon cher ami, disait-il, m'être guéri à force de philosophie de toute espèce d'amour-propre, et voilà que vous me donnez de l'orgueil. Quelquefois, entendant parler de vous, il m'est arrivé de dire avec un air de satisfaction : « J'ai vu naître ces ta-« lents-là, et j'en conserve précieusement les premières *ébauches*. » Il y a bien là une sorte de vanité, *mais je me la pardonne*, comme dit Mænius (dans Horace même). Aujourd'hui il me sera impossible de résister à la tentation de tenir sur ma cheminée le volume des *Satires* d'Horace et de me rengorger, lorsque les survenants indiscrets, jetant un coup d'œil sur la première page, s'écrieront : *Oh! oh!...* »
En lisant le Discours de réception à l'Académie française dans lequel M. Daru louait son prédécesseur Collin d'Harleville et terminait ainsi sa louange : « C'est pour moi une douce satisfaction de sentir que je reste au-dessous de l'attente du public, » le Père Lefebvre goûtait fort cette façon de penser et de s'exprimer, qui en dit beaucoup dans sa délicatesse : « Ce n'est pas à vous que j'en ferai le commentaire, écrivait-il à M. Daru. Seulement je vous dirai qu'il y a tel homme dans le monde, dont je parle quelquefois à ceux qui méritent d'en entendre parler, et que j'éprouve aussi une douce satisfaction quand on me corrige en disant : *Il y a plus...* » (4 septembre 1806).

Et il estime que l'abbé Colin, pour donner à sa traduction cet air facile qui séduit au premier abord, a négligé d'affronter toutes les difficultés qui s'offraient; il a franchi plus d'obstacles qu'il n'en a surmonté. Pour rendre son français plus agréable, il a sacrifié la période de Cicéron ; il a coupé, retourné les phrases de son modèle, ce qu'au contraire a voulu éviter le jeune traducteur, plus fidèle à l'ordre et au tour périodique du latin. Je n'ai point à entrer dans ce procès ; mais c'est ainsi qu'à l'âge de vingt et un ans le jeune élève commissaire des guerres était de force à tenir tête aux champions de la critique universitaire d'alors, et avait un pied solide dans la littérature classique.

Ce qui distingue dès le premier jour M. Daru au milieu de cette école poétique régnante de la fin du dix-huitième siècle à laquelle il est mêlé, et dont il ne se séparera jamais d'une manière tranchée, c'est l'étude, l'amour de l'investigation et des recherches, le besoin en tout de ne pas s'en tenir à l'aperçu, à la fleur et à la cime des choses, mais de les prendre, en quelque sorte, par la base, de s'en informer avec suite, avec étendue, par couches successives, et d'en dresser, soit dans des préfaces, soit dans des rapports académiques, soit dans des comptes rendus destinés à lui seul, un exposé judicieux, fidèle, qui donne un fond aux discussions et qui souvent les abrége. Ainsi, dans les manuscrits considérables qu'il a laissés, et qui se rapportent à ces premières années, je trouve un *Essai sur le Théâtre Espagnol*, dans lequel il discute posément et en connaissance de cause les prétentions du Théâtre espagnol comparé au nôtre. Dans tout ordre d'études et de travaux, M. Daru procédera de la sorte : en matière administrative, ce sera sa méthode ; et même en littérature, son jugement aimera à s'appuyer sur des matériaux préparatoires amassés avec soin et digérés avec sens. L'application, la fermeté et l'ordre, il portait ces qualités en tout, et il le faisait avec satisfaction, d'une manière qui lui était naturelle et facile.

La Révolution bientôt vint l'éprouver et le mûrir comme tant d'autres. Déjà, en 1791, à Montpellier, attaché comme commissaire des guerres à l'ordonnateur qui y résidait, il avait été incriminé pour ses relations avec le marquis de Bouzols, commandant du Languedoc, et avait eu à se défendre devant le club. Il le fit avec succès, avec cette bonne élocution qui sera son éloquence, et fut applaudi. Devenu commissaire ordonnateur, il fut employé en cette qualité dans l'armée qu'on avait formée, en 1792, sur les côtes de Bretagne, et qui était destinée à agir au cas d'une descente des Anglais. Il y servit sous les ordres et comme adjoint de M. Petiet, qui fut plus tard ministre de la guerre sous le Directoire. Une lettre écrite par Daru à l'un de ses amis, et où se trouvaient ces mots ironiques : « J'attends ici *nos amis* les Anglais qui, dit-on, vont débarquer bientôt, etc., » fut interceptée et prise au sérieux par ceux qui la lurent. Daru fut donc arrêté comme suspect, jeté dans la prison de Rennes, qu'on appelle *la Tour-le-Bat*, puis, de là, malgré l'intervention amicale et courageuse de M. Petiet, dirigé sur Orléans, où il dut attendre la chute de Robespierre. Pendant ce loisir forcé, il ne cessa de s'occuper des lettres : il traduisait en vers Horace, et il fit, entre autres pièces originales, son *Épître à mon Sans-Culotte*, qui ne fut publiée que quelques années après, et qui était, à son heure, une preuve de calme d'esprit comme de talent.

En composant cette Épître, Daru avait voulu faire quelque chose dans le goût de celles d'Horace qu'il était en ce moment occupé à traduire. Dans la prison de Rennes, on lui avait donné pour surveillant un sans-culotte qui, moyennant salaire d'un modique assignat par jour, était chargé de ne le pas perdre de vue un seul instant, même dans le sommeil. C'est avec ce surveillant ignare, avec ce Brutus qui ne sait pas lire, qu'il se suppose en conversation et discutant lequel des deux est le plus heureux au sens du sage; lequel est le plus libre. Le début est spirituel; on y voit le Brutus toujours inquiet, et faisant l'Argus, même quand il est couché sur ce lit où chaque soir, comme lui dit le poëte,

> Vous dormez d'un seul œil, tandis que l'autre veille,
> Et que votre suspect tranquillement sommeille.

Ce qui manque le plus à cette Épître, c'est le mouvement et la variété, ce sont les contrastes; puisque le poëte introduit ce Brutus qui ne s'en doute pas, il pouvait lui prêter des idées, des images et des tableaux frappants qui eussent tranché avec les idées morales et élevées du prisonnier. Il y a pourtant des passages animés de cette demi-vivacité que comporte le genre de l'épître :

> Qui de nous deux est libre? est-ce toi, je te prie?
> Toi qui, dès le matin, contraint de t'éveiller,
> Te lèves en bâillant pour me voir travailler!
> Toi qui, le long du jour, sifflant des ariettes,
> Ou d'un Homère grec feuilletant les vignettes,
> Achètes tristement, par sept heures d'ennui,
> Le brouet qu'à ma muse on apporte à midi;
> Et qui, le soir venu, plus vigilant encore,
> Pour guetter une rime, attends souvent l'aurore !
> Non, non, tu n'es point libre, et c'est moi qui le suis.
> ....
> Mon esprit libre encor parcourt tout l'univers.
> ....
> Et ces Filles du Ciel dont je subis la loi?
> Ce démon bienfaisant, le vois-tu près de moi?
> Ma Muse, la vois-tu?...................

Un peu plus de concision et de contraste dans les idées, un peu plus de relief d'expression, plus d'exactitude de forme et de rime, eussent fait de la pièce entière une de ces pages légères et durables qui survivent. De même qu'André Chénier, par *la Jeune Captive*, nous a donné l'Élégie dans une prison pendant la Terreur, on aurait eu l'Épître horatienne née dans une prison du même temps. En indiquant ce qui manque à la bonne et spirituelle Épître de M. Daru pour être un chef-d'œuvre, je ne fais que répéter ce que je trouve écrit dans les lettres que lui adressaient ses amis à lui-même; car Daru était de cette école de littérateurs qui se consultaient sincèrement entre eux sur leurs ouvrages, qui ne se louaient pas à l'excès, qui admettaient les observations en les discutant. L'idolâtrie n'a commencé que depuis : nous l'avons vue naître ; hélas ! n'y avons-nous pas contribué? Aujourd'hui les éloges qu'on est tenu de donner aux poëtes et même aux prosateurs en renom, sous peine de les irriter et de les blesser, à chacune de leurs productions nouvelles, doivent être du genre de ces flatteries sans limite et sans réserve avec lesquelles on abordait autrefois les Satrapes d'Asie. En critiquant Daru et en remarquant que ses amis, consultés par lui, et au milieu de leurs éloges, le critiquaient de même, loin donc de le diminuer, je l'honore.

La Terreur passée, Daru reprit ses fonctions administratives comme commissaire ordonnateur. En l'an IV (1796), son ami Petiet étant ministre de la guerre, Daru fut appelé par lui comme chef de division. Ce fut en cette qualité sans doute qu'il vit pour la première fois le général Bonaparte au printemps de 1796, à la veille de la campagne d'Italie, et le futur vainqueur, tout plein des grands coups qu'il allait tenter, lui dit en partant : « Dans trois mois, je serai à Milan ou à Paris. »

Au milieu des scandales trop célèbres qui caractérisent en général l'administration du Directoire, le ministère de Petiet fait une honorable exception. Ce ministre, homme de bien et de mérite, s'appliqua à tenir une comptabilité régulière, et, après une année d'exercice, il soumit le tableau complet de ses opérations au jugement des Conseils législatifs et du public; il le fit avec sincérité, sans réticence. Dans ce travail dont les éléments étaient si compliqués, et dont la netteté et la franchise allaient faire scandale en sens inverse parmi ceux dont il contrariait les désordres, on reconnaît la présence et la collaboration de Daru, cette ardeur d'investigation qu'aucune difficulté n'arrêtera. Ce fut son premier coup de main en fait d'intégrité publique et de guerre déclarée à la rapine.

En l'an VII, Daru fut désigné par le général Masséna, commandant l'armée du Danube en Helvétie, pour commissaire ordonnateur en chef, à la place d'un autre commissaire, Ferrand, homme capable, dont Daru trouvait la révocation injuste et qu'il s'efforça instamment de faire réintégrer. C'est dans cette guerre pénible de Suisse où l'on manquait de tout, où il fallait faire venir les grains de France, c'est-à-dire de la distance de quatre-vingts lieues, par des chemins difficiles; où l'argent aussi venait de France, mais rarement et en petite quantité; où le personnel des commissaires des guerres était insuffisant d'abord, et où les choix n'étaient pas toujours tels qu'il l'aurait voulu; c'est au milieu de ces difficultés de tout genre que Daru s'aguerrit au rôle d'intendant en chef et de pourvoyeur des grandes armées; sa réputation de capacité et de rigidité date de là. S'il donnait l'exemple, il fit aussi des exemples. Pour lui, il passait quelquefois sept nuits de suite sans dormir. Cependant il traduisait les *Satires* d'Horace (ayant déjà traduit précédemment les *Odes* et les *Épitres*), et il correspondait avec son ami Nougarède de Montpellier, lui envoyant une à une chaque Satire traduite, dans des lettres où il décrivait en même temps les opérations militaires et la situation politique du pays. Il faisait aussi, du pays et des montagnes, en vers descriptifs, un tableau qu'il appelait un peu ambitieusement *Poëme des Alpes*. C'est ainsi qu'en multipliant à plaisir ses travaux, et en se créant avec une rare vigueur de pensée ces surcroîts et comme ces superfluités d'action et d'emploi au milieu d'occupations qui, seules, eussent absorbé tout autre, Daru, sans s'en douter, préludait à ce rôle qui devait l'illustrer un jour, celui d'administrateur de la plus forte trempe sous le capitaine le plus infatigable qui ait jamais existé.

Un feu d'enthousiasme qu'ont trop peu ressenti les poëtes de nos jours, et que nous avons trop confondu dans nos propres inspirations avec les saillies de la fantaisie, animait alors ces âmes patriotiques et fermes, ces hommes de devoir. Sur la nouvelle de l'assassinat des plénipotentiaires français à Rastadt, Daru composa d'indignation une espèce d'Hymne ou de Chant de guerre dans le genre de ceux de Marie-Joseph Chénier, et il l'adressa au ministre de l'intérieur François de Neufchâteau, qui désira le faire mettre en musique et l'envoya, à cet effet, au Conservatoire. C'étaient là les distractions du commissaire ordonnateur en chef, entre le combat de Saint-Gothard et la bataille de Zurich. Daru, d'ailleurs, était déjà connu à Paris comme traducteur d'Horace, des *Odes*, des *Épîtres* et de l'*Art poétique*, publiés l'année précédente (1798) (1). Dans l'espèce de pompe triomphale qui fut célébrée à Paris, lorsqu'on y reçut les trophées des arts venus d'Italie, les immortelles statues d'Apollon et de Vénus arrachées du Vati-

---

(1) La Dédicace A***, qui commence par ces vers :

> Autrefois Horace mon maître
> Chez un ministre fut admis, etc.,

s'adressait à M. Petiet.

can ou de Florence, on avait chanté le *Poëme séculaire* d'Horace : « Ce fut un antique de plus dans cette cérémonie, et malgré l'infériorité de la traduction, a dit M Daru, on sentit l'à-propos de ces vers :

O blond Phœbus ! et vous Divinité des bois...,

chantés en présence des statues de Diane et de l'Apollon du Belvédère. » Cette traduction chantée alors était, en effet, celle que venait de publier Daru lui-même.

Il était encore à l'armée dite du Danube, et à Zurich, lorsque s'accomplirent à Paris les événements du 18 Brumaire; les correspondances de cette date entre lui et quelques-uns de ses amis littérateurs et auteurs de pièces de théâtre (Creuzé de Lesser, Barré, Goulard) le montrent plus préoccupé réellement des lettres que de la politique. Il avait fait une comédie en trois actes et en vers, *Ninon de Lenclos;* Creuzé en avait fait une également, qui avait pris les devants et qu'on représentait au théâtre des Troubadours : elle ne semblait pas la meilleure à ceux qui connaissaient les deux. Ici nous n'allons plus pouvoir suivre de front la double carrière de Daru. Dans la nouvelle organisation réglée par le Premier Consul, et qui répartissait les détails de l'administration militaire entre deux corps différents, l'un conservant l'ancien titre de commissaires des guerres et destiné à surveiller l'emploi des matières et les approvisionnements, l'autre, sous le titre d'inspecteurs aux revues, destiné à constater le chiffre de l'effectif, Daru fut compris dans la création de ce dernier corps; et ce fut en cette qualité d'inspecteur aux revues qu'il fut envoyé à l'armée d'Italie et qu'il fit la campagne de Marengo. Après la victoire, il fut un des commissaires préposés pour l'exécution de la Convention qui remettait toute la haute Italie au pouvoir des Français. Le général

Berthier étant rentré au ministère de la guerre, Daru y fut secrétaire général et y porta le poids de toute la réorganisation qui se fit alors (1804). Nous le trouvons successivement membre du Tribunat, inspecteur aux revues ayant part dans les fonctions de commissaire général à l'époque du camp de Boulogne, puis conseiller d'État, intendant général de la Maison de l'Empereur (1805), et bientôt, et à la fois, intendant général de la Grande-Armée (1806). Nous le laisserons marcher d'un pied sûr dans cette haute carrière administrative, pour le considérer dans ses dernières productions littéraires avant l'Empire et sous le Consulat.

Pendant qu'il était encore en Italie comme inspecteur en chef aux revues, dans l'hiver de 1800, une femme, auteur de petits vers et d'un *Eloge* plus sérieux de Montaigne, madame de Bourdic-Viot, qui s'appelait sa compatriote, lui écrivait ces mots affectueux et tout littéraires, qui, après les titres officiels et sévères que nous venons d'énumérer, peignent bien la double existence de Daru à cette époque :

« Quand nous serez-vous rendu ? Notre Lycée républicain n'a qu'un cri après vous. Venez y ranimer le goût des beaux vers en nous lisant les vôtres... Nos professeurs sont excellents : Cuvier, surtout, nous enchante; il parle d'Histoire naturelle comme Buffon, et appuie tout ce qu'il dit par des démonstrations si fortes, que la raison qui écoute n'est jamais choquée. La Harpe continue son Cours de littérature; Rœderer et Garat n'ont encore rien dit, mais ils ouvriront bientôt leurs Cours. Saint-Ange a fait imprimer ses *Métamorphoses*; Chénier prépare aux Français un *Don Carlos*... »

En un mot, elle parlait à Daru de tout ce qu'elle savait bien qui l'intéressait le plus et qui lui tenait le plus à cœur.

C'est au Lycée qu'il avait lu l'hiver précédent, et avec un applaudissement unanime, son joli Conte imité et abrégé de celui de Casti, et qui a pour titre : *Le Roi malade ou la Chemise de l'Homme heureux* (1). Un roi malade et ennuyé désespère toute la Faculté par sa mélancolie opiniâtre. Les docteurs s'assemblent; on agite bien des remèdes, et, en désespoir de cause, on a recours à un sorcier qui décide qu'il ne s'agit pour le guérir que de trouver la chemise d'un mortel parfaitement heureux, et de la faire revêtir au malade. Rien d'abord ne paraît plus simple; on se met en campagne; on trouve bien des chemises de gens qui l'offrent d'eux-mêmes, et qui se piquent de parfait bonheur : aucune n'opère. Bref, les envoyés, après maint voyage, s'en revenaient fort tristes et dans le dernier embarras, lorsque, s'arrêtant dans certain cabaret pour concerter leur réponse, ils aperçoivent un gros garçon de bon appétit qui chantait de tout son cœur auprès d'une Suzon de mine très-joyeuse et d'apparence peu sévère. Qui sait? voilà peut-être bien près cet homme heureux qu'on allait chercher si loin. On le guette, on l'aborde au moment où il s'y attend le moins; on lui demande avec douceur, et, s'il résiste, on va lui prendre de force ce vêtement nécessaire qui doit être l'instrument de la cure merveilleuse. Mais, ô surprise! ô regret! quand on en vient au fait et au prendre, que trouve-t-on?

Cet homme heureux n'avait pas de chemise.

C'est l'éternel refrain de la chanson : *Les Gueux, les Gueux, sont des gens heureux*, etc. Dans Casti, le Conte est plus développé, et il y a des hardiesses que le goût français eût supportées moins aisément. Daru, en l'adoucissant, l'a traité comme eût fait Andrieux, et il a réussi.

Bien des années après, un ami de Daru, un ancien

(1) Ce Conte a été imprimé dans l'*Almanach des Muses* de 1803, et, depuis, dans plusieurs recueils.

oratorien, grand vicaire d'Orléans (M. Mérault), lui demandait avec instance ce petit Conte que l'auteur lui avait toujours refusé, et il ajoutait agréablement : « Je crois avoir tout ce qui est à vous et de vous, *Horace* et *Venise*. Vous ne voulez pas me donner ce Conte charmant de l'Homme heureux qui n'avait pas de chemise. Vous devriez en ôter ce qui ne va pas à un séminariste, et je le ferais circuler. »

Dans le printemps de 1801, Daru lisait soit au Lycée, soit dans plusieurs autres sociétés littéraires, philotechniques, dont il était membre, une *Epître à Delille*, qui eut également du succès. On ne s'expliquait pas cette obstination du poëte Delille à rester éloigné de sa patrie quand elle redevenait paisible, glorieuse, et lorsqu'il ne l'avait point quittée autrefois pendant le règne même de la Terreur. Daru, dans des vers sympathiques, d'une cordialité respectueuse, et où un léger blâme assaisonnait une grande louange, se faisait l'organe du sentiment de tous à l'égard d'un poëte aimé et admiré. Les journaux d'alors rendirent à l'envi un compte favorable de cette *Epître à Delille*. Madame de Staël, que Daru avait vue pour la première fois en Suisse, à Coppet, lui écrivait qu'elle avait lu l'Épître avec son père et qu'elle en savait par cœur des passages. Un autre suffrage, d'un tout autre genre, mais très-vif également et moins suspect de pure politesse, celui de Sophie Arnould, vieillie, souffrante et pauvre, venait tendrement remercier Daru, qui lui avait rappelé par l'abbé Delille quelques-uns des beaux jours de sa jeunesse. Cette lettre de Sophie Arnould est datée de son lit où la clouaient la maladie et la douleur : « Mais parlons, lui disait-elle, du bonheur que m'a procuré la lecture de votre Épître. Combien elle a fait de bien à mon esprit, à mon cœur! Quels doux souvenirs elle m'a rappelés sur ce bon compagnon de ma vie, de mes beaux jours! Ah! si l'on pouvait deux fois naître, j'irais à vous et je vous dirais : Gentil Daru (comme on disait *Gentil Bernard*), soyez des nôtres... »

Une autre brochure poétique composée de trois ou quatre Satires ou Dialogues en vers, et intitulée *la Cléopédie ou la Théorie des Réputations en littérature*, que Daru publia vers le même temps (1800), réussit moins. On y distingue pourtant une *Visite chez un grand homme*, c'est-à-dire chez le poëte Le Brun Pindare qui habitait alors au Louvre un de ces logements si peu dignes du lieu, et qu'on accordait aux peintres, aux gens de lettres. Chacun, sous ces lambris royaux, se casait ensuite à sa guise et y pratiquait des cloisons, des compartiments, souvent hideux : on empruntait au Garde-Meuble des tapisseries, des tentures, de somptueux débris à demi usés et en lambeaux, qui accusaient le faste et l'indigence. Le portrait du Pindare décharné, récitant ses vers sur un grabat jadis magnifique, marqué au chiffre galant de Diane, et sous un dôme de damas qui semblait du temps de Henri II, est très-bien rendu et pris dans son cadre : j'y renvoie les amateurs (1); il y a du bon Boileau dans ces vers-là.

Mais l'honneur de Daru en ces années est d'avoir traduit tout Horace (les *Satires* qui terminaient la traduc-

---

(1) Voici la fin du morceau :

> Quel contraste de voir sur ce lit fortuné,
> Au lieu du blond Phœbus, digne amant de Daphné,
> Un étique Apollon, à l'œil terne, au teint pâle,
> Étalant deux grands bras sur un linge assez sale,
> Et coiffé d'un velours aux mites échappé,
> Que ceint en auréole un vieux galon fripé !

S'il est vrai que Le Brun ait dit dans une de ces épigrammes qui lui échappaient si aisément :

> Je ne lis point D..., j'aime trop mon Horace,

Daru, dans ce portrait, le lui a bien rendu.

tion parurent en 1801), et d'avoir remis ce poëte charmant et sensé en pleine circulation, de l'avoir rendu plus accessible à cette quantité d'hommes instruits ou désirant l'être, qui, après la Révolution, revenaient au goût des choses littéraires et de la poésie comme dans une sorte de Renaissance. Il faut se reporter au temps pour être complétement juste envers l'estimable traducteur. Sans doute, si l'on prend chaque pièce en particulier, si l'on oppose l'original à la traduction, on trouvera aisément à triompher et à se donner l'air d'un connaisseur très-expert et très-supérieur en poésie. Daru, dans les Odes, ne rend pas assez le mouvement lyrique; il n'entre pas dans le svelte et le découpé des rhythmes. Nulle part, et dans les Satires ou les Épîtres pas plus que dans les Odes, il ne serre d'assez près les images, et ne fait saillir en un vers tout à fait exact ce détail particulier qui seul égaye à la fois et réalise la poésie. Lorsque Horace nous montre le sage qui sait vivre de peu et qui est content si la salière de ses pères brille sur sa petite table (*cui paternum splendet in mensa tenui salinum*), Daru ne nous nomme pas cette salière, il ne la fait pas *luire* de sa propreté nette et brillante, il se contente de parler en général de *table frugale* et de *simple mets*. De même dans cette Épître (*Hoc erat in votis...*) qu'il rend d'ailleurs avec sentiment, dans le morceau célèbre sur le bonheur des champs, il ose bien nommer la fève que le poëte devenu campagnard sert sur sa table; mais il recule devant ces *petits légumes* assaisonnés de *fin lard*, et dont Horace nous laisse arriver le fumet :

Uncta satis pingui ponentur oluscula lardo ;

et il dit en échange

Quand verrai-je ma table offrir *du lait, des fleurs!*

En un mot, dans bien des cas il rend les armes, au nom

de notre langue, avant d'avoir fait les derniers efforts d'adresse et de souplesse de nerf dans la lutte. Mais, à défaut de ce qu'on a appelé le bonheur curieux d'expression, le *curiosa felicitas* d'Horace, qu'on sent trop échapper ici, on a chez lui la suite, des parties de force, de fermeté, et, dans les Épîtres et Satires, le courant facile et plein du bon sens. Lorsqu'à cette époque d'union, de confraternité sincère, dans ces intervalles de Marengo et du camp de Boulogne, Andrieux qui savait bien le latin, Picard qui ne le savait guère, mais qui aimait à en placer quelques mots (1), Campenon, Roger, Alexandre Duval, tous ces académiciens présents ou futurs se réunissaient avec Darù le dimanche à déjeuner, lorsqu'on récitait quelque ode d'Horace, redevenue comme d'à-propos et de circonstance, l'ode *Ad Sodales* ou quelque autre (le sentiment de tous s'y joignant), il ne manquait rien, presque rien, à la traduction de Daru pour faire passer l'esprit de l'original dans tous les cœurs. Et il s'y mêlait une sorte d'accompagnement patriotique, lorsque, célébrant le triomphe de la patrie romaine contre cette Cléopâtre qui, du haut de ses vaisseaux, avait osé menacer le Capitole, et qui fuyait à son tour, qui fuyait comme une femme, mais qui savait mourir comme une reine, le poëte s'écriait :

> Et sans daigner chercher quelque honteux asile,
> Elle a voulu périr, d'un visage tranquille,
>   Sur son trône ébranlé.

(1) On dit presque toujours dans les Biographies que les gens de lettres ont fait de bonnes études ; on l'a dit également de Picard. Ce que je sais, c'est qu'à un jeune écolier qui, en 1818, se trouvant le premier de sa classe, dînait ce jour-là à la table de son chef d'institution, Picard, ami de ce dernier, et qui était du dîner, disait gaiement : « Je vous fais mon compliment, jeune homme! vous êtes *empereur* (On appelait ainsi les premiers de la classe dans l'ancienne Université); pour moi, je n'ai jamais été que le trente-sixième. » Mais peut-être qu'il se vantait en parlant de la sorte.

A cette heure, d'autres destinées appelaient déjà Daru et l'arrachaient pour un long temps à cette habitude littéraire et académique qui lui plaisait avant tout et qu'il était si fait pour goûter. Il croyait n'obéir qu'à l'impérieux devoir, il allait rencontrer une part plus belle et une palme plus haute. Heureux qui vit à portée d'un grand homme et qui a l'honneur d'être distingué par lui! Son existence se transforme, sa valeur se multiplie et se décuple dans une proportion jusque-là imprévue. Autrement, et livré à lui-même, il suivait sa vocation tout unie, plus douce, je le crois, droite, honorable, moyenne, avec considération sans doute, mais sans rien de grand ni d'immortel. Il en est tiré d'abord, et peut-être il s'en plaint tout bas; il est saisi d'une main sévère et appliqué avec toutes ses forces à des labeurs qui semblent longtemps ingrats et durs. Voyez-le : il est surchargé, il est accablé. Mais le grand homme, dont le propre est de connaître les hommes mieux souvent qu'ils ne se connaissent eux-mêmes, a distingué en lui, sous l'enveloppe modeste, une capacité supérieure qu'il ne craint pas de forcer et d'élever tout entière jusqu'à lui. Il en use comme il usera de lui-même, sans ménagement, sans réserve. Honneur inespéré! un jour, une grande occasion s'est offerte; la trempe de l'instrument s'est révélée, elle est de première vigueur : elle ne fléchira ni ne se brisera sous aucun effort ni sous aucun poids, jusqu'à la fin, tant qu'il s'agira de l'utilité publique, du service du prince et de la patrie. Et c'est ainsi que cette part de labeur qu'on avait acceptée et qu'on ne s'était point choisie, cette part qui pouvait ne sembler d'abord qu'ennui et corvée inévitable, imposée à l'ami des Muses, devient sa gloire la plus sûre auprès de la postérité; car, à la suite et dans le cortége de celui qui ne mourra point, il a pris rang, lui aussi, comme témoin des prodiges, et il est entré dans l'histoire.

Lundi, 20 février 1854.

M. DARU

(SUITE)

La vie politique et administrative de M. Daru sous l'Empire n'est pas de ces sujets qui s'effleurent. Dans la difficulté d'y pénétrer sans entamer à fond le grand règne dont il fut l'un des exacts et puissants instruments, je me bornerai à bien définir la nature et l'étendue des charges dont il eut à s'acquitter, et ensuite nous retrouverons avec une agréable surprise l'homme de lettres au-dessous.

Ce fut d'abord au camp de Boulogne, où il servait sous M. Petiet, son ancien ami, qui était, à cette date, intendant général (1), et dont la santé s'altérait déjà,

---

(1) Ou commissaire général; peu importe le titre. Une légère inadvertance commise à ce sujet, ou plutôt au sujet du vrai titre des fonctions de M. Daru au camp de Boulogne, inadvertance tout aussitôt réparée, a été pour moi l'occasion d'un procédé fâcheux et désobligeant que j'ai eu à essuyer de la part du général de brigade baron Petiet. Ceux de mes lecteurs qui ont vu les lettres insérées dans *le Moniteur* des 21 et 22 février 1854 auront eu d'autant plus de peine à bien comprendre le point en contestation qu'ils auront été plus attentifs à la lecture des articles et à l'esprit qui les a dictés. Il me serait aisé aujourd'hui d'exposer dans une note les circonstances antérieures et peut-être les motifs de ce très-petit démêlé dans lequel on m'a payé d'un bon procédé par un mauvais. On y verrait surtout le besoin de se mettre en avant à tort et à travers, de parler

que M. Daru approcha souvent du Premier Consul, eut l'occasion d'écrire sous sa dictée, et commença à être particulièrement apprécié de lui. Il assista, après le projet de descente manqué, à la soudaine évolution du plan militaire et à l'enfantement de l'immortelle campagne de 1805. Il aimait à raconter comment, un matin, il la vit jaillir, en quelque sorte, tout entière du front lumineux, jusque-là chargé d'un triple nuage. Pendant l'occupation de Vienne qui précéda et suivit Austerlitz, il fut nommé intendant général de la province d'Autriche en même temps que le général Clarke en était nommé gouverneur général; et bientôt après il fut l'un des commissaires pour l'exécution du traité de Presbourg (janvier 1806). Il devint intendant général de la Grande-Armée en octobre de cette même année. Il était depuis 1805 intendant général de la maison de l'Empereur, ce qui, de la part du souverain, indiquait le désir de le tenir habituellement rapproché de sa personne et de l'admettre à toute heure à son entretien. Pour donner une idée de l'immensité du travail administratif qui pesait sur M. Daru lorsque sa charge fut complète et après que l'Empereur eut pris en lui toute confiance, il suffit de remarquer qu'il cumulait une triple administration : 1° l'intendance générale de la maison de l'Empereur et des domaines privés de la Couronne; 2° l'intendance générale de ses armées qui prirent à dater de 1805 un développement de plus en plus considérable, croissant comme les projets mêmes et les plans du maître, tellement que partant de l'effectif d'Austerlitz, qui était de cent à cent vingt mille hommes, les armées en vinrent à s'élever en 1812 au chiffre de six cent mille; 3° à cette

---

de soi et de dire *moi*. L'amour-propre et la sottise revêtent bien des formes, y compris les plus respectables. La susceptibilité filiale n'est pas la moins fréquente de ces formes de la vanité humaine, et c'est la plus spécieuse... Mais qu'est-ce que cela fait au public?

double administration M. Daru unissait, quand il y avait lieu (et alors il y avait lieu toujours), l'administration des pays conquis, laquelle s'accroissait aussi d'année en année. Ainsi, en 1806, par un décret daté du quartier général de Berlin (30 octobre), il était nommé, non plus comme l'année précédente, à Vienne, administrateur à côté d'un gouverneur, mais administrateur en chef unique des provinces prussiennes et autres, ayant sous sa garde et responsabilité les finances et les domaines, les contributions, la police, tout le pays. Il était délégué commissaire pour l'exécution de la Convention de Kœnigsberg, commissaire encore pour l'exécution du Traité de Tilsitt (1807), chargé de pleins pouvoirs pour régler, de concert avec M. Siméon, la Constitution du royaume de Westphalie (1808). Les décrets de l'Empereur par lesquels il lui conférait ces hautes missions sont conçus en des termes qui sont de beaux titres de noblesse : « Prenant entière confiance dans le zèle et la fidélité à notre service du sieur Daru, membre de notre Conseil d'État..., lui donnons plein et absolu pouvoir...; promettant d'approuver tous les actes qu'il aura passés..., de regarder comme valides et irrévocables toutes les opérations qu'il aura terminées, etc. » (Décret d'Erfurt du 11 octobre 1808, et aussi celui de Dresde du 22 juillet 1807.) Ainsi des trois administrations dont M. Daru était investi en ces années, une seule, celle de l'intendance de la maison de l'Empereur, était fixe et déterminée dans sa circonscription ; les deux autres s'étendaient incessamment et élargissaient vers la fin leur cercle dans une mesure qui dépassait les forces d'un seul homme, si athlétique qu'il fût. En avril 1811, M. Daru fut nommé ministre secrétaire d'État, ce qui fit trêve quelque temps dans son intendance générale des armées; mais il en reprit de fait les fonctions pendant la dernière partie de la campagne de 1812; et au mois de novembre 1813, devant l'imminence du danger, il quitta la secrétairerie d'État et devint ministre directeur de l'administration de la guerre, position moindre; mais était-ce descendre, et l'idée en venait-elle seulement à M. Daru quand il s'agissait de pourvoir de plus près aux nécessités de la France envahie?

Pour apprécier le caractère de l'homme d'administration en M. Daru, j'ai cherché à me bien rendre compte et de la nature et du détail même de certaines de ses fonctions, soit dans leur partie obéissante et passive, de pure exactitude, soit dans leur portion mobile et indéterminée où l'exécution même demandait un degré d'initiative et des combinaisons qui se renouvelaient sans cesse : je voulais ensuite rendre à mes lecteurs, dans une page générale et pourtant précise, l'impression que j'aurais reçue de cette analyse première. Mais cette page que j'avais l'ambition d'écrire, elle est tracée déjà, et par un homme qui était maître lui-même dans cet ordre de vues, et qui avait l'esprit d'organisation en plus d'une sphère, par Cuvier. Ayant à parler de M. Daru à l'Académie française, en présence de M. de Lamartine qui succédait à ce dernier, et qui, en le louant noblement, ne l'avait peut-être apprécié qu'à demi, M. Cuvier disait :

« Après le général, c'est sur l'administrateur de l'armée que pèse la responsabilité la plus grave, la plus instantanée. Ces multitudes d'hommes dévoués, qui ont fait d'avance à leur pays le sacrifice de leur sang et de leur vie, ne lui demandent que leurs besoins physiques, mais ils les demandent impérieusement. Suivre par la pensée leurs masses diverses dans tous ces mouvements compliqués que leur imprime le génie du chef; calculer à chaque moment leur nombre sur chaque point ; distribuer avec précision le matériel dont on dispose, apprécier celui que peut fournir le pays; tenir compte des distances, de l'état des routes, y proportionner ses moyens de transport, pour qu'à jour nommé chaque corps, la plus petite troupe, reçoive exactement ce qui lui est nécessaire : voilà une faible idée des devoirs de l'administrateur militaire. Qu'il se glisse dans ses calculs la moindre erreur, et les plus heureuses combinaisons de stratégie sont manquées, des foules de braves périssent en pure perte, la patrie même peut devenir victime d'une seule de ses fautes... »

Et il continue cette définition et ce tableau en l'élevant à toute sa hauteur. On se rappelle une page de Fontenelle récemment citée (1), où, faisant l'Éloge de M. d'Argenson, l'habile académicien a si parfaitement défini la multitude et la variété des soins que devait prendre à cette époque un bon lieutenant de Police dans une ville telle que Paris : Cuvier, en esquissant aussi à grands traits en quoi consiste l'administration d'une armée en campagne, la multitude des soins, leur précision impérieuse, les difficultés qui se rencontrent dans les choses et dans les hommes, et en nommant à la fin M. Daru comme personnifiant en lui l'idéal de l'administrateur, a égalé et peut-être surpassé la page de Fontenelle, dans un cadre, en effet, plus vaste et tout autrement imposant.

Assistant à la conception des plans les plus étendus et les mieux enchaînés, les écrivant le premier de sa main au moment où ils se produisaient au jour, les recueillant dans l'impétuosité du premier jet, devant à l'instant les embrasser avec développement et les saisir, s'associer en tout à la pensée qui les avait conçus et pourvoir sur les moindres points à l'exécution, M. Daru avait toutes les qualités et les forces d'un tel emploi. Je n'essayerai pas d'entrer ici dans des confidences prématurées : M. Daru, dans les dernières années, parlait sans doute volontiers des heures glorieuses qu'il avait passées dans le cabinet et sous la tente de l'Empereur; on a recueilli de sa bouche quelques anecdotes plus d'une fois répétées : mais l'ensemble de ses souvenirs reste

(1) Dans *le Moniteur* du 12 février, article de M. Clément sur Voyer d'Argenson.

tout entier intact, et il n'appartenait qu'à lui de les écrire. C'est ce qu'il a fait, au moins en partie, m'assure-t-on, mais sans autoriser, je crois, d'ici à un long temps, la publication de ces récits. Nul mieux que lui, en effet, n'a compris, en mettant la main aux grandes choses, la réserve imposée aux témoins contemporains et la dignité de l'histoire. Ce qu'on peut affirmer à l'avance, c'est que de ces récits de M. Daru, s'ils paraissent un jour, l'époque et celui qui en était l'âme, nonobstant les justes restrictions, n'en sortiront pas diminués. Et cela seul ne fait-il pas honneur au souverain qui l'avait choisi, et qui apprécia de bonne heure l'utilité dont il pouvait être, d'avoir pris goût à cette nature parfaitement droite, sincère, qui, dès qu'on la questionnait, disait vrai et répondait juste, et n'eût pu s'empêcher de le faire?

Dans ce rôle considérable où, avec l'initiative de moins sans doute, il entrait une part des fortes qualités solides des Sully et des Louvois, et quelque chose de leur rigidité aussi, de cette fermeté inflexible dans l'exécution, M. Daru était resté au fond l'homme de ses débuts, de ses études premières et de ses goûts littéraires variés. On me fait remarquer qu'à cet égard il est un peu de la famille de Pline l'Ancien, lequel, surchargé pareillement d'affaires, d'offices administratifs et de commandements, trouvait du temps encore pour toutes les branches de littérature et de connaissances. Dans la campagne de Prusse, le jour même ou le lendemain de la première entrée de nos troupes à Berlin (26 octobre 1806), M. Daru s'empresse de recommander à la protection spéciale de l'autorité militaire les établissements des arts et des sciences, l'Académie, la Bibliothèque, le Musée, le Jardin des Plantes; mais cela est tout simple : voici un petit fait singulier et plus remarquable, qui rentre tout à fait dans la curiosité d'un Pline l'Ancien. Trois semaines après l'entrée à Berlin (20 novembre), on apprend à M. Daru qu'il y a dans le palais de Dresde un piano qui conserve son accord dans toutes les saisons : « Je désire, écrit-il à l'administrateur de la Saxe, que, sans donner aucun ombrage, vous puissiez vérifier si ce piano existe, et me faire connaître en quoi consiste le secret de son mécanisme. » Accoutumé depuis la journée d'Iéna à une correspondance d'un genre plus sévère, cet administrateur put sourire de se voir chargé d'une telle commission. M. Daru prescrivait aux intendants sous ses ordres d'envoyer au Jardin des Plantes de Paris les catalogues du Jardin de Berlin et des plantes de la Poméranie, avec des échantillons de graines; il en adressait aussi qui lui avaient été demandés pour le parc de la Malmaison, et, dans une lettre à l'Impératrice Joséphine, il terminait cet envoi par des vers gracieux :

> L'humble ruisseau de Malmaison
> Roulait paisiblement ses ondes fortunées,
> Lorsque de belles mains, au sceptre destinées,
> Prirent soin d'embellir son modeste vallon, etc.

Ces vers ont du prix comme datés de Berlin ou de Posen. — Un jour, un grand seigneur de Prusse, frappé dans ses biens, et qui, réclamant contre l'inflexible application de la loi de guerre, n'avait trouvé en M. Daru qu'un visage immuable, averti par un ami de ce dernier, se mit tout d'un coup à lui parler d'Horace, d'une traduction dont il était curieux et qu'il n'avait pu se procurer encore : ici l'administrateur général ne put s'empêcher de sourire; il ne s'attendait pas à ce mot sur Horace, qui était la clef du cœur, et il redevint un moment ce qu'il était toujours et si aisément quand l'absolu devoir ne l'enchaînait pas.

Me voilà tout naturellement ramené à l'homme de

lettres en M. Daru, et j'ai dessein de m'y arrêter même au milieu de cette époque active de l'Empire où il semblait absorbé par de tout autres soins. Son originalité, c'est précisément de n'avoir point été absorbé par ces soins de nature si accablante, et d'avoir conservé toute une part considérable de lui-même, de son temps, de ses veilles, pour l'amitié, pour les consultations détaillées de ses amis les poëtes d'alors, pour leurs confidences et leurs anxiétés d'auteur auxquelles il restait le plus ouvert et le plus attentif des hommes. On ne s'imaginerait point jusqu'où cela allait si je n'en donnais la preuve. M. Daru a été sous l'Empire le centre de tout un groupe estimable, spirituel, assez fécond, très-goûté à son heure, dont nous avons pu médire dans notre jeunesse et quand les générations en présence se faisaient la guerre, mais auquel il convient de rendre justice quand toutes les rivalités ont cessé.

Être *homme de lettres*, — entendons-nous bien, l'être dans le vrai sens du mot, avec amour, dignité, avec bonheur de produire, avec respect des maîtres, accueil pour la jeunesse et liaison avec les égaux; arriver aux honneurs de sa profession, c'est-à-dire à l'Institut; avoir un nom, une réputation ainsi fixée et établie, c'était alors une grande chose : il y avait, et parmi les auteurs et dans le public, comme un sentiment de religion littéraire. Depuis, là comme ailleurs, le respect s'est perdu; on a plus loué, et moins estimé ou considéré; on a eu des veines et des accès d'idolâtrie, moins de religion. L'industrie s'en est mêlée, l'homme de lettres, même le plus glorieux, est devenu un vendeur comme un autre. Laissons les comparaisons : il ne s'agit pour le moment que de bien définir, par un caractère général qui l'honore, ce groupe littéraire de Collin d'Harleville, d'Andrieux, de Picard, d'Alexandre Duval (avant la brouille), de Roger (avant l'esprit de parti), de Campenon, Lemontey et autres. M. Daru était pour eux tous, je l'ai dit, un centre et un lien.

Andrieux lui écrivait en novembre 1803, pendant que M. Daru était au camp de Boulogne, et cette lettre peint assez bien le mouvement de la petite société littéraire dans son temps de parfaite union :

« Nos déjeuners ont recommencé le dimanche 14 (brumaire). La scène se passait chez Picard. Nous avons bu à la santé des absents. Il nous a été lu deux pièces en un acte : l'une d'Alexandre Duval, intitulée *les Amours de Shakspeare*. Il y a, en effet, beaucoup d'amour, de jalousie, d'exaltation, de chaleur ; Shakspeare est amoureux d'une comédienne... Quoique ce ne soit pas une bonne comédie, ni même une comédie, c'est un ouvrage agréable et qui n'est pas sans intérêt : il y a de l'originalité.

« Picard nous a lu *Monsieur Musard, ou Comme le temps passe!*... C'est une pièce sur un défaut assez commun, mais qui n'est pas le vôtre, celui de ne rien faire, de remettre toujours au lendemain, de perdre son temps en niaiseries. Cela lui a fourni des scènes et des idées fort gaies.

« Je dois lire dimanche prochain *le Mariage clandestin*, que j'ai recommencé et mis en trois actes... Je n'en suis pas trop content et voudrais que vous fussiez ici pour m'en dire votre avis. Je me remets au *Trésor* avec des idées beaucoup meilleures que celles dont j'avais fait usage dans mon premier plan...

« Vous ne me parlez pas de votre santé ; j'aime à conclure qu'elle est meilleure, et que les courses, le travail, la fatigue même, vous auront fait du bien. Avez-vous tué ce ténia ? Tuez-le, mordieu ! tuez-le ; point de quartier à ce misérable !

« Il paraît qu'il règne beaucoup d'ardeur dans votre armée, et qu'on se dispose à la descente comme à une victoire assurée. *Possunt quia posse videntur :*

Comptez sur la victoire afin d'être vainqueur.

« Ne manquez pas de m'écrire de Londres. Votre lettre sera bien reçue au déjeuner du dimanche et en fera la lecture la plus intéressante. »

Voilà le point de départ et ce qui nous ouvre un jour sur ces fameux *déjeuners dominicaux* dont on a tant parlé et médit. Ce n'était d'abord, comme on le voit, qu'une réunion d'amis à peu près intimes, déjeunant tantôt chez l'un, tantôt chez l'autre, et se lisant leurs ouvrages entre eux, non pour être loués, mais pour recevoir des critiques et des conseils. La société se gâta bientôt en s'étendant. Alexandre Duval s'en est plaint assez amèrement dans la Notice qu'il a mise en tête de *la Jeunesse de Henri V.* Les premiers membres de l'Académie française, Conrart, Chapelain, se rappelaient toujours avec un sentiment de regret le temps des réunions encore peu nombreuses, et non publiquement reconnues, où l'on s'assemblait par goût et avant tout règlement. On appelait cela l'*âge d'or* de l'Académie; il y eut de même l'*âge d'or* des déjeuners dominicaux, et qui passa vite. Cet âge pourtant semble se prolonger, à n'en voir que le reflet dans la correspondance littéraire de M. Daru.

L'année 1806 fut le moment de l'élévation rapide de M. Daru, et où il passa de la simple condition d'un administrateur cultivant les lettres à celle d'un personnage considérable dans l'État. Il était candidat pour l'Académie quand ce prompt avancement eut lieu dans sa fortune, et cela ne l'empêcha point d'y être nommé. Ses amis, lui dit spirituellement Arnault qui le recevait, eurent, malgré tout, le courage d'être justes. M. Daru succédait à Collin d'Harleville, à ce talent bienveillant et aimable qu'on citera toujours pour avoir fait *l'Optimiste, les Châteaux en Espagne* et *le Vieux Célibataire;* auteur comique d'un genre tout particulier, qui avait ses comédies dans le cœur encore plus que dans la tête. M. Daru fit à son sujet un excellent discours, plein de sens et de nuances : il y appréciait « les plans sages, la gaieté douce, le dialogue naturel, la versification pleine de grâce » de celui qu'on aurait pu indulgemment appeler un demi-Térence, de même qu'on avait dit de Térence que c'était un demi-Ménandre. Il y notait cette espèce de réaction (je me trompe, le mot est trop fort), cet éloignement complet pour le genre de Beaumarchais qui avait été, au début, l'instinct naturel et l'originalité de Collin d'Harleville, le moins fait de tous les hommes pour goûter l'intrigue de Figaro. M. Daru y parlait de lui-même avec modestie, de ses amis hommes de lettres avec un juste sentiment de réciprocité, et des grandeurs du règne présent sans exagération, avec vérité et force. Son Discours eut beaucoup de succès. Il l'avait composé comme il fit plus tard pour plusieurs de ses discours académiques en ces années : sa voiture et le chemin de Saint-Cloud lui avaient tenu lieu de cabinet.

« A merveille, mon cher confrère, lui écrivait le vieux Cailhava, partisan déclaré de Molière et de l'ancienne comédie, et qui ne parlait qu'avec sourire de ce qu'il nommait la nouvelle École, devenue bien vieille pour nous aujourd'hui ; — à merveille! vous avez traité on ne peut mieux l'assemblée, votre sujet et le saint qui partageait avec vous les honneurs de la fête.

« D'abord, vous vous êtes débarrassé en maître de la plus pénible des corvées, celle de parler *de soi*...

« Ensuite, digne ami d'Horace, vous avez décomposé l'art dramatique avec une profondeur qui m'a fait frémir pour l'intéressant Collin; mais bientôt le peintre habile, en ne ménageant aux curieux que le jour favorable à son modèle, a glissé adroitement sur la sévérité de l'ancienne École pour ne nous peindre que le brillant de la nouvelle. Par là vous avez mis à l'aise nombre d'amateurs de l'un et de l'autre sexe, et l'Ombre même de Collin. Combien de fois ne m'a-t-il pas dit : « Hélas! en sortant du collège et nourri de mon « Plaute, j'aurais été *plautéien* comme un autre ; mais les comédiens « m'auraient-ils joué? » Naïveté bien précieuse! Cependant je crois, entre nous, qu'il aurait été moins docile avec un peu plus de ce qui prononce les athlètes. Mais vous avez comblé le déficit en couronnant le héros des pompons de la sensibilité, de la délicatesse, des grâces, et tout le monde s'est écrié : *C'est bien lui!* »

Dans les années suivantes, les lettres de ses amis de l'Académie, ou de ceux qui n'étaient encore que de la réunion des dimanches, allaient chercher M. Daru en Allemagne. M. Roger, qui avait de l'esprit, de l'empressement, du tour, et des qualités qui durent plaire dans la jeunesse avant que l'activité et la passion politique les eussent privées de leur premier agrément,

M. Roger, qui, à la recommandation de ses puissants amis, venait d'être nommé membre du Corps législatif, était de ceux qui tenaient M. Daru au courant des travaux littéraires de chacun : « Picard, lui écrivait-il en mai 1807, fait une comédie qui me paraît une belle conception (*les Capitulations de conscience*). Andrieux nous a relu ses *Deux Vieillards :* le style en est parfait; l'intrigue laisse à désirer. Quel bon poëte comique on ferait de Picard et d'Andrieux !... Nos déjeuners sont souvent interrompus, mais ils n'ont jamais lieu sans qu'on boive à la santé de *Petrus Horatius* Daru. »

M. Campenon fait de même : cet homme de lettres, qui resta jusqu'à la fin parfaitement doux et gracieux, écrivait à M. Daru; il lui envoyait à Vienne, dans la campagne de 1809, son poëme de *la Maison des Champs*. « Mon cher convive, lui répondait de Munich M. Daru (25 novembre), il a fallu que je quittasse Vienne pour trouver le temps de vous écrire. Il faut toujours que j'attende la paix pour payer mes dettes. Je laisse les lettres de mes amis s'accumuler pendant la guerre qui ne me permet pas un instant de loisir, et c'est lorsque les traités sont signés que je me mets en règle avec eux. » Et la lettre de M. Daru se terminait par de jolis vers dans le goût de ceux de son correspondant (1). Puisque j'ai nommé Campenon, je rappellerai de lui des *Stances à M. Desarps* et une *Promenade d'automne au bois d'Autel*, dans lesquelles il y a quelques accents d'Horace. Le groupe de littérateurs dont je parle était instruit sans être savant; mais tous connaissaient Horace et le citaient sans cesse, c'était leur bréviaire; il était, à lui seul, toute leur antiquité. D'honnêtes gens pouvaient se contenter de cet abrégé-là.

(1) On peut lire la lettre et les vers dans le *Bulletin du Bibliophile* (septembre 1851), avec une note de M. de Stassart, à qui l'on en doit la communication.

Je trouve encore Alexandre Duval écrivant à M. Daru alors en Allemagne, en Westphalie (août 1808), et lui apprenant que « les bons Parisiens sont menacés de quatre grandes comédies en vers, » d'Andrieux (*les Deux Vieillards*), de Picard (*les Capitulations*), de Lemercier (*le Faux Bonhomme*), et de lui-même Duval qui se met à lui citer des vers de son *Aventurière*, et qui regrette de ne le pouvoir consulter plus en détail : « Je me rappelle vos observations sur *le Tyran domestique*, ajoute-t-il; *elles m'ont contrarié sans doute*, mais j'en ai profité. » D'un caractère à part dans ce groupe des amis d'alors; ombrageux, jaloux, très-sensible à la critique, mais doué d'une certaine force de conception dramatique et de la faculté d'intéresser, Alexandre Duval, Breton de naissance, se pliait malaisément au ton de la petite société des dimanches; il dépassait un peu par sa chaleur et sa poussée d'imagination l'ordre de critiques de style et d'observations de détail si goûtées d'Andrieux et de ses dociles émules. En reconnaissant des défauts de goût et peut-être de caractère chez Alexandre Duval, il faut pourtant honorer en lui le producteur courageux et fécond qui, au milieu des hasards de sa veine, a trouvé des inspirations heureuses dans des genres différents (*Maison à vendre, Edouard en Ecosse, le Tyran domestique, la Fille d'honneur*).

Mais c'est avec Picard, le facile, le bon et spirituel comique, que M. Daru entretint la correspondance la plus suivie, la plus détaillée et, je dirai presque, touchante, à force de confraternité et d'affectueuse confiance (1806-1808). Picard, à cette date, se trouvait à un moment critique et décisif pour son talent; il était dans sa meilleure veine : par *Monsieur Musard*, un petit chef-d'œuvre, par *les Marionnettes*, par *les Ricochets*, il atteignait à toute la vérité de ce talent gai, vif, léger et naturel. Il voulait plus encore : il avait trente-sept ans ; il voulait faire une grande comédie en cinq actes et en vers, se surpasser, livrer sa grande bataille comme tout talent doit essayer, une fois au moins dans sa vie, de la livrer avec toutes ses forces. Aimable Picard ! il tentait plus qu'il ne put obtenir : il était écrit qu'il ne réussirait qu'en prose et dans ce qui était « gai, leste, court, amusant. » Mais que son effort est respectable ! quelle conscience, quelle attention donnée à ses œuvres ! quel désir de faire mieux et de s'élever ! Grands auteurs, écoutez et instruisez-vous.

« J'ai fini mes *Ricochets*, écrivait-il à M. Daru, alors à Posen ou à Varsovie (24 décembre 1806). Nos amis en sont fort contents : je le suis aussi ; mais, hélas ! c'est encore de la vile prose. Les besoins de mon théâtre (*Picard était alors directeur du théâtre Louvois*) ne me permettent pas encore de faire mes essais en vers. Ah ! que j'aspire de bon cœur au moment où je serai débarrassé de toutes ces entraves ! Depuis *les Marionnettes*, je suis possédé d'un amour de travail qui m'enchante : je crois, soit dit sans vanité ou avec vanité, que je peux faire de bonnes comédies. Je roule dans ma tête un sujet qui, suivant l'usage, me paraît le plus beau qui se soit présenté à moi. Tandis que vous faites capituler les villes, moi je médite une comédie que j'appelle jusqu'ici *les Capitulations de conscience* : ce titre est un peu long ; mais, comme il exprime bien ce que je veux peindre, je vous le livre. Je crois que vous verrez d'un coup d'œil combien ce sujet est vrai, riche et varié. Vous me le disiez quelques jours avant votre départ, pour faire une bonne comédie, il faut une idée unique et féconde. Je crois que j'ai bien cela ici… J'espère ne pas mériter dans cet ouvrage le reproche de n'être qu'un peintre de portraits de la rue Saint-Denis. »

Et, à partir de ce moment, ce sont des lettres de quatre et huit pages d'une écriture serrée, dans lesquelles Picard expose à M. Daru ses idées, ses plans successifs de la même pièce, les modifications qu'il y fait d'après ses conseils. M. Daru était de ceux qui conseillaient à Picard les vers, estimant que cette forme était la seule qui consacrât tout à fait une renommée au théâtre et qui pût lui imprimer un cachet littéraire durable : mais il ne suffisait pas de mettre en rimes après coup ce qu'on avait d'abord écrit et conçu en prose. M. Daru de loin, comme Andrieux de près, redisait à Picard les conseils de l'*Art poétique* d'Horace, conseils éternels et de bon sens, mais qui étaient peut-être d'une vérité trop générale et qui ne s'appropriaient pas assez au cas particulier. Peu importe; la docilité de Picard est charmante :

> « C'est d'un bien bon augure pour moi, écrivait-il à M. Daru le 1er février 1807, que, sur mon simple aperçu, vous ayez aussi bien senti, approuvé et deviné mon sujet ; il semble à votre lettre que nous ayons longtemps causé ensemble. Vous me fortifiez dans l'idée que j'ai là de quoi fonder ma réputation. N'ayez pas peur, je n'irai pas trop vite : j'ai conçu l'idée le 15 octobre, le lendemain de la bataille d'Iéna, et je suis encore bien loin de commencer à écrire. Vous voyez que la conquête des royaumes va plus vite que la composition des comédies. »

Dans la préface qu'il a mise à sa comédie des *Capitulations* dans le recueil de ses Œuvres, Picard raconte comment il a recommencé sa pièce jusqu'à trois fois, à de nouveaux frais et sur un nouveau plan ; il aurait pu dire qu'il l'avait recommencée cinq et six fois, j'en ai les preuves sous les yeux ; et chaque fois, en lisant la pièce à ses amis, il a le regret de sentir que l'ouvrage (il se l'avoue) reste *pâle, toujours grave et sérieux, et incomplet*. Il en a la fièvre; il a des intermittences d'ardeur et de découragement : « Mais j'en sortirai et je m'y obstine, écrit-il à M. Daru (17 août 1807); je ferai une bonne comédie. Par exemple, vous pourrez bien vous en dire le père nourricier. Vos deux lettres m'ont encouragé, m'ont éclairé, m'ont affermi. Donc, vous aurez nourri l'enfant. » Ces longues lettres que M. Daru écrivait à Picard sur sa comédie et dans lesquelles il lui faisait les vraies objections dont l'auteur, malgré son effort, n'a pu triompher, ont à mes yeux une valeur morale et plus que littéraire, si l'on songe qu'elles sont du même homme qui, vers le même temps, disait dans une lettre de Berlin adressée à madame Daru : « Je t'écris d'une main fatiguée de vingt-sept heures de travail. »

On le comprend, c'est moins le détail des conseils et ce qu'ils pouvaient avoir de plus ou moins motivé, que le sentiment même qui les inspire, cet amour et ce culte des lettres, tendre, délicat, fidèle, élevé, que je me plais à observer et à poursuivre en M. Daru pendant ces années d'administration et de guerre; et en réunissant ainsi autour de lui tous les noms de ses amis, les littérateurs distingués de son époque, je voudrais, pour adoucir cette sévérité qu'on suppose à son front, lui en composer une couronne.

Et pour terminer ce petit épisode de Picard que j'ai introduit ici avec plaisir : on le voit donc, l'effort qu'au milieu de sa carrière tenta ce spirituel auteur pour atteindre à la haute comédie, fut manqué; il livra sa grande bataille en cinq actes et en vers, comme je l'ai appelée, et il la perdit. Devenu directeur de l'Opéra après l'avoir été du théâtre Louvois, il concevait encore le vague espoir de faire quelque œuvre considérable avant la fatigue et le déclin du talent :

« J'ai dans la tête, écrivait-il en septembre 1812 à M. Daru, alors engagé dans la campagne de Russie et à peine arrivé à Moscou, j'ai dans la tête de grands sujets de comédies, et si je pouvais vous devoir un peu de liberté d'esprit et de loisir, je les entreprendrais; mais que voulez-vous? au moment où je vais commencer une scène, une danseuse vient me demander un pantalon, des souliers brodés ou une jupe de crêpe, quoique nos règlements proscrivent le crêpe; un chanteur me fait dire qu'il est enrhumé, et il faut aller le flatter ou le menacer, si je ne veux pas que Paris manque d'opéra. Ah! mon cher et digne ami, qu'il y a loin de là à la comédie! que je regrette mon petit théâtre!... »

De tout cet effort pourtant et de ces regrets où nous voilà initiés, il devra rester dans l'esprit de chacun une idée de Picard, non moins agréable qu'auparavant, mais plus sérieuse et plus haute.

Pendant que M. Daru avait sur les bras l'administration de la Grande-Armée et d'une partie notable de l'Europe, ses amis de France le choisissaient ainsi volontiers pour confident de leurs ennuis et de leurs peines. L'un d'eux, homme de lettres peu connu aujourd'hui et même de son temps, mais d'un certain mérite et d'assez de goût, qui avait fourni à Picard plus d'un trait pour sa *Petite Ville*, M. de Larnac, du Languedoc, vieil ami de M. Daru, lui écrivit un jour une lettre désespérée. M. de Larnac avait quelque emploi qui ne convenait point à ses goûts, et qu'il ne pouvait concilier avec son ambition littéraire; il en souffrait, et il l'exprimait vivement, oubliant trop que celui à qui il s'adressait aurait pu simplement lui répondre par le mot de Guatimozin : « Et moi donc! suis-je sur des roses? » M. Daru lui fit une réponse moins brève, pleine de bonté, de sens et d'élévation, qui serait applicable encore aux plaintes et aux révoltes de bien des Gilbert et des Chatterton modernes :

« Puisque vous me le permettez, lui écrivait-il de Kœnigsberg (24 juillet 1807), nous allons causer de vos affaires. Vous me dites que vous avez du noir dans l'âme, parce que vous avez langui dans les horreurs d'une vocation forcée. Quelqu'un qui vous lirait sans vous connaître croirait, à cette expression, que vous avez été fait capucin ou trappiste malgré vous : car enfin votre emploi n'est pas celui que vous auriez voulu choisir, mais cette histoire est celle de presque tous les hommes ; j'en vois bien peu qui eussent fait par plaisir ce qu'ils sont obligés de faire par devoir. Il n'en est point qui n'aiment l'indépendance, il en est peu qui n'aient embrassé quelques illusions de gloire ; et presque tous se trouvent cependant obligés de se contenter de ces illusions, et de s'astreindre à des occupations qui ne sont point selon leurs goûts. C'est l'inconvénient qui dérive de l'insuffisance réelle des fortunes, ou des besoins que nous nous sommes faits, ou de notre ambition. Tout cela prouve une seule chose, que le besoin de faire admirer nos talents n'est pas le seul besoin de notre amour-propre, qu'il nous faut encore, outre les applaudissements, de la considération ou de l'autorité, ou de l'éclat, etc. Ces fantaisies sont plus ou moins déraisonnables, mais elles sont aussi naturelles les unes que les autres, et c'est parce qu'elles nous tiraillent en sens contraire que nous nous débattons dans l'impuissance de les satisfaire toutes à la fois. »

Sages paroles, et qui peuvent se lire dans le même moment qu'on a entre les mains les *Epîtres* d'Horace.

Une production académique remarquable de M. Daru en ces années, fut le Rapport qu'il rédigea en 1811 sur le *Génie du Christianisme* de Chateaubriand. Ce dernier ouvrage, qui avait fait époque au commencement du siècle, n'avait point été compris dans la désignation pour les prix décennaux, et l'Empereur avait paru s'en étonner. Il désira que l'Académie française (la Classe de l'Institut qui y répondait) fît un examen particulier du livre, énonçât à ce sujet une opinion motivée, et M. Daru fut chargé du Rapport. Ce travail est ce qu'on pouvait attendre d'un esprit droit, ferme, solide, qui ne se paye point de prestiges brillants, de feux d'artifice, mais qui n'est point fermé non plus aux inspirations élevées et éloquentes, fussent-elles nouvelles et imprévues. On ne saurait donc considérer le Rapport de M. Daru comme une critique hostile à l'œuvre et au talent de M. de Chateaubriand, mais il faut y voir plutôt une pièce d'analyse exacte, de modération et d'impartialité, un compromis judicieux destiné à ménager l'entrée de l'auteur au sein même de l'Institut. Le seul défaut que j'y relèverai, c'est que le sage rapporteur n'y marque pas assez ce qui fut le charme et l'enchantement dans la manière du nouvel écrivain, ce par quoi il a fait avénement à son heure, et qu'il ne nous dit pas assez nettement ce qu'il faut toujours dire et proclamer à la vue des génies, même incomplets et mélangés : « La veille, il y avait un être de moins au monde ; le lendemain, il y a une création de plus. »

De tout ce qu'on vient de lire il résulte, ce me semble, que si l'on veut considérer la littérature dite *de l'Empire* dans ses productions les plus saines, les plus honorables, on ne court aucun risque de s'attacher à M. Daru comme guide et comme président du groupe : *His dantem jura Catonem.* Sa modestie n'en prit point le rôle, mais l'amitié et la confiance de tous le lui eussent volontiers déféré. En dehors de lui et de ses amis, et dans une certaine opposition de goût et de doctrines, je trouve un autre groupe, celui de Fontanes, de Joubert, de Chênedollé, le monde même de Chateaubriand. Fontanes, qui en est le coryphée comme critique et comme juge, lié d'ailleurs avec M. Daru pour qui il avait la plus grande estime, différait de lui par plus d'un point essentiel : il était plus réellement poëte, et il se montrait tel dans ses vers trop rares, surtout dans sa conversation pleine de feu et dans toute sa personne : il avait de l'imagination en causant, et de la paresse dans le cabinet. Il était d'un goût fin, bien autrement impatient et dédaigneux ; il tranchait dès qu'un ouvrage lui déplaisait et lui semblait médiocre. Littérairement, Fontanes fut le critique accepté et autorisé de l'Empire : c'était lui que l'Empereur aimait à faire causer et à entendre sur ces questions délicates et dans ces discussions animées où son actif génie se délassait. Mais les amis de M. Daru, ceux que j'ai montrés rassemblés autour de lui, et qui étaient proprement de son cercle, avaient sur Fontanes un avantage : ils étaient productifs et assez féconds, ils payaient de leur personne; leurs œuvres inégales laissaient à désirer, mais elles occupaient et intéressaient le public à leur moment. Quoique ces auteurs, même les plus classiques comme Andrieux, n'eussent point à beaucoup près, autant que Fontanes, le culte et la vive intelligence de la langue du dix-septième siècle, ils ne laissaient pas dans leurs principaux membres (et le nom de Daru nous les résume et nous les garantit) de composer une bonne école, somme toute, une bonne race en littérature. Pour être complet, je me contenterai d'indiquer du doigt un troisième groupe encore, celui qui se rattachait plus particulièrement à la société d'Auteuil et au monde philosophique, les littérateurs plus ou moins républicains de l'époque du Directoire, les Ginguené, les Chénier, les Daunou, les Tracy. M. Daru leur donnait la main par plus d'un côté, mais il s'en distinguait pourtant par des idées moins absolues et plus pratiques, par des goûts littéraires moins tranchés, moins exclusifs et d'une continuité plus modérée : entre eux et les amis de Fontanes, il tenait en quelque sorte la voie du milieu.

Lundi, 27 février 1854.

M. DARU

HISTOIRE DE LA RÉPUBLIQUE DE VENISE (1).

(SUITE ET FIN)

Les malheurs qui fondirent sur la France, à partir de 1812, vinrent mettre à l'épreuve les hommes. On en vit, et des plus braves, des héros sur les champs de bataille, trahir leur fatigue et leur commencement de faiblesse en s'irritant, en s'aigrissant ; d'autres, en petit nombre, demeurèrent fermes et stables. M. Daru fut de ceux qui, à la force de corps et à la force de tête, montrèrent qu'ils savaient unir celle de l'âme ; mais luimême, si de son dernier séjour il y met encore sa pensée, il ne voudrait point qu'en passant devant ces grands désastres et ces luttes dernières, on n'y entrât que pour se donner occasion de le louer. C'est assez pour son honneur que, dans tout grand tableau de cette époque, dans toute éloquente Histoire, telle qu'on a pu voir celle de M. de Ségur, il ait sa place et, si je puis dire, son coin marqué au centre, à côté des Duroc, des Caulaincourt, des meilleurs, des plus sensés et des plus sûrs. Dans mon dessein de montrer de tout temps en

(1) 4ᵉ édition, 9 volumes in-8°, Firmin Didot (1853).

lui l'homme de travail et d'étude, je noterai, à cette date de 1812, une seule particularité qui me semble caractéristique. La récolte de 1811 avait été détestable. A cette époque, l'approvisionnement de Paris, comme celui des grandes villes, n'était pas abandonné à l'industrie commerciale, mais il se faisait moyennant des magasins préexistants et toujours entretenus avec le plus grand soin. Les marchés passés avec l'entrepreneur qui était chargé de l'entretien de ces magasins ayant été cassés par décret supérieur, des embarras étaient survenus. Sans qu'il soit besoin de plus de détails, il suffit de savoir que le ministre de la police générale, le duc de Rovigo, transmit de Paris, pendant la campagne de Russie et vers le moment de la bataille de la Moscowa, une Note dressée par l'habile préfet de police de Paris (1), exposant tout un nouveau système relatif aux subsistances des grandes villes, et contenant des aperçus sur ce qu'il conviendrait de faire en France pour arriver à une bonne administration des grains. La question sans doute était importante; mais, proposée de si loin à M. Daru et lui survenant au lendemain de la bataille de la Moscowa et à la veille de l'entrée à Moscou, quand il partageait avec le général Mathieu Dumas tous les soins de l'intendance générale de l'armée, elle pouvait assurément lui paraître une question de luxe, sujette à un ajournement ou du moins à une discussion très-abrégée. Non pas : j'ai sous les yeux la lettre de réponse de M. Daru au duc de Rovigo, datée de Mojaïsk, 12 septembre, deux jours avant l'entrée à Moscou. La Note du préfet de police de Paris y est l'objet d'une discussion claire, suivie, détaillée, même élégante, le genre admis : « Il y a, disait M. Daru en com-
« mençant, une considération importante : c'est qu'on

---

(1) M. Pasquier.

« peut éprouver la disette, même avec un approvision-
« nement suffisant, si on ne maintient pas l'activité de
« la circulation. Le papier-monnaie ne fait pas sortir le
« numéraire hors de l'Empire, mais il le fait rester oisif
« par petites parties dans la poche de chacun, et c'est
« comme s'il n'y en avait plus. Il en est de même des
« subsistances : il faut qu'elles circulent pour que les
« pays abondants secourent les provinces moins favo-
« risées ; il faut que le même sac de blé, qui ne peut
« satisfaire qu'un appétit, tranquillise dix imaginations
« dans un marché, comme le petit écu qui satisfait dix
« créanciers dans une foire... » Je n'ai pas à entrer dans
le fond : le curieux pour nous aujourd'hui, c'est que,
dans un tel instant, M. Daru ait trouvé le temps et se
soit donné le plaisir d'écrire cette réponse si régulière,
si bien discutée, et qui n'était pas du tout indispensable.
Il y a là une preuve de plus de cette tranquillité d'esprit
et de cette faculté de travail uniforme, deux traits dis-
tinctifs de la forte nature que nous étudions.

Plus tard, dans ses loisirs occupés sous la Restauration, il fera de même : indépendamment de ses grands
travaux d'histoire, de ses devoirs comme pair de France,
de son assiduité aux commissions et aux sociétés dont
il était membre, des rapports et discours académiques
qu'on aimait à lui voir faire et dont il s'acquittait volontiers, il trouvait encore moyen de se donner des
tâches surérogatoires : il écrivait en détail des remarques, des cahiers d'observations sur les ouvrages que
des amis lui soumettaient ; il y a telle tragédie qu'il
examinait plume en main, acte par acte, scène par
scène, comme il eût fait aux premiers temps de sa jeunesse dans sa petite Académie de Montpellier. Ce qui
eût été besogne et corvée pour d'autres, n'en était pas
une pour lui : il s'y mettait avec bienveillance, facilité
et goût. Il était de ces forts tempéraments d'esprits qui

ne sont contents et bien portants, qui ne respirent, pour ainsi dire, à l'aise, que quand ils ont toute leur charge et que leur capacité d'application est remplie. Dans la paix comme dans la guerre, il justifia ce mot de Napoléon sur lui : « *C'est un lion pour le travail.* »

Un sentiment élevé et délicat s'y mêlait, ce charme intérieur attaché à l'étude toute désintéressée des lettres et dont nul n'a joui plus que lui. Le moment allait venir où les fonctions publiques manqueraient à M. Daru et où il devait brusquement passer de la plénitude des emplois à une interruption soudaine. Après les événements d'avril 1814, il se retira à la campagne et vécut dans la retraite pendant la première Restauration. Un grand malheur domestique (1) venait de se joindre, pour l'accabler, aux malheurs de la patrie. Après les Cent-Jours, durant lesquels il avait repris le ministère de l'administration de la guerre, il reçut l'ordre de se retirer à Bourges, et, dans les premiers moments de la réaction, le séquestre fut mis sur ses biens. C'est alors qu'il écrivait à l'un de ses amis : « On ne nous prendra « peut-être pas tout, on nous laissera peut-être bien « quelque chose. D'ailleurs, nous n'avons pas toujours « été riches, nous finirons comme nous avons com- « mencé, en vivant de notre travail... » Quelques années après, ayant à parler, lors de la réception de M. Mathieu de Montmorency à l'Académie, de l'homme estimable auquel celui-ci succédait, de M. Bigot de Préameneu, M. Daru n'avait qu'à se reporter à ses propres souvenirs, lorsqu'il disait : « Sage dans l'exercice du pouvoir, « M. de Préameneu l'avait quitté sans regret..., et il « n'avait vu que l'avantage de recouvrer un utile loisir « dans ce retour à la vie privée, que les esprits moins « calmes appellent trop souvent une disgrâce. Douce

---

(1) La perte de madame Daru.

« puissance de l'étude qui ne permet de connaître ni le
« poids du temps, ni le vide de l'âme, ni les regrets
« d'une ambition vulgaire, et qui montre à l'homme
« une source plus pure, où il ne tient qu'à lui de pui-
« ser tout ce qui lui appartient de bonheur et de di-
« gnité ! »

L'espèce d'étude pourtant à laquelle il demanda tout
d'abord une consolation virile, et où il s'enfonça jour
et nuit « pour ne point *se dévorer le foie* à voir tout ce
qu'il voyait, » ne fut point celle sans doute qu'il aurait
choisie avant d'avoir passé par ces grands enseignements
de la politique et par l'école pratique de l'homme d'É-
tat. En prenant pour sujet l'Histoire de Venise, il se
donnait une ample et neuve matière dans laquelle trouveraient place naturellement toutes les observations de
sa vie publique et les fruits de son expérience sur les
gouvernements et sur les hommes. C'est l'ouvrage où il
se peint le mieux dans la force de sa maturité, avec ce
bon goût qui naissait d'un bon jugement, avec sa sûreté
d'appréciation et cet esprit net et ferme qui était le sien.
Aussi rapidement que solidement exécutée, l'Histoire
entière parut pour la première fois en 1819; l'auteur
depuis ce temps n'a cessé de la revoir et de l'améliorer.
Des savants italiens, notamment le comte Tiepolo, ont
adressé à l'auteur et publié des Observations critiques
dont plusieurs paraissent fondées sur une connaissance
plus exacte des mœurs et sur l'autorité de documents
particuliers, mais dont un grand nombre sont évidemment dictées par un esprit de nationalité plus louable
que juste. Ces Observations critiques, au reste, sont in-
tégralement reproduites au tome IXe de la quatrième et
dernière édition, avec les réponses de M. Daru à chaque
article. On peut sur plus d'un point différer d'avis avec
l'historien sans que l'ensemble de son œuvre en soit
atteint ni ébranlé : « Et que lui importe après tout, dit

« à cette occasion l'auteur en parlant de lui-même, que
« le gouvernement de Venise ait été plus ou moins di-
« gne d'éloges ou de blâme? Qu'y a-t-il de commun
« entre lui et ce gouvernement? Comment pourrait-on
« soupçonner qu'en sa qualité de Français il pût être
« jaloux du gouvernement, de la prospérité, du bon-
« heur ou de la gloire des Vénitiens? Il avait remarqué
« dans l'histoire du monde un peuple célèbre, dont les
« institutions avaient quelque chose de singulier; il a
« pensé que l'étude de l'histoire et des institutions de
« ce peuple pouvait faire naître quelques réflexions uti-
« les; mais, en rendant justice au savoir, au talent de
« plusieurs des historiens nationaux, il n'a point trouvé
« chez eux cette indépendance qui est la première qua-
« lité de l'historien. » L'ouvrage comblait donc une
lacune. Lue de suite, cette Histoire est d'un grave et sérieux intérêt :

« Il me semble, écrivait à l'auteur un critique un peu sec, mais
judicieux et nullement méprisable (M. Auger), il me semble que cette
Histoire de Venise vous offrait tous les avantages que peut souhaiter
un écrivain. Elle est ancienne et nouvelle à la fois; remontant aux
premiers siècles du moyen âge, elle arrive jusqu'à nos jours; nous
en avons vu la fin. De plus, elle était peu connue, du moins en ce
qui regarde l'administration intérieure, et c'est un grand bonheur
de votre sujet que ces mystères de la police vénitienne que vous avez
eus à pénétrer pour les mettre ensuite au grand jour. Enfin, ce qui
est inappréciable selon moi, c'est que votre sujet est complet et *fini*
comme s'il s'agissait de l'Empire des Assyriens; qu'il n'y a rien à
ajouter à votre ouvrage, et que vous avez pu le terminer par la mort
de la république comme on termine une tragédie par l'assassinat ou
par l'empoisonnement du héros. »

Cette république noble et marchande, dont l'origine
se perd dans les plus anciens débris de l'Empire romain;
qui eut la première en Italie, en face et à côté de la nouvelle politique romaine, une politique à elle, profonde,
suivie, consommée, indépendante; qui eut ses épisodes
de grandeur héroïque et de chevalerie maritime, bien

qu'un intérêt de commerce fût toujours au fond; qui, dans le cours de sa longue et séculaire décadence, sut trouver tant de degrés encore brillants et des temps d'arrêt si glorieux; qui ne s'abaissa véritablement que depuis la fin du dix-septième siècle; ce gouvernement jaloux, mystérieux, si longtemps sage, de qui la continuelle terreur était tempérée par un carnaval non moins continuel, comme en France la monarchie absolue l'était par des chansons; cette cité originale en tout, et qui le fut hier encore jusque dans l'insurrection dernière par laquelle, déjà si morte, elle essayait d'un réveil impossible; cet ensemble d'institutions, d'intérêts, d'exploits et de prouesses, de conjurations, d'espionnages et de crimes; tant de majesté, de splendeur et d'austère vigilance, se terminant en douceurs molles et en plaisirs, tout cela se suit et se comprend d'autant mieux dans le récit de M. Daru, que l'historien est plus simple, plus uni, et qu'il ne vise jamais à l'effet. Ce n'est point en trempant sa plume dans la couleur vénitienne, c'est avec la seule correction du dessin français et l'espèce de réflexion raisonnable qui s'y mêle, qu'il a exposé cette suite de tableaux. Mais n'est-ce donc rien que ce bon sens continu de l'expression, cette absence de tout ton faux, et une élégance ferme et précise qui est aussi une des formes excellentes de l'art d'écrire?
« Vasco de Gama, dit en un endroit M. Daru, ouvrit
« une nouvelle route vers les Indes orientales; Chris-
« tophe Colomb découvrit un nouveau continent : Gê-
« nes avait été écrasée par Venise, il était réservé à un
« de ses enfants de la venger. Dès lors la Méditerranée
« ne fut plus qu'un lac. Les navigateurs qui ne se lan-
« cèrent point sur l'Océan ne furent plus que des marins
« timides... »
Les réflexions morales et politiques, les bonnes maximes d'expérience qui naissent du spectacle des événe-

ments, et que d'autres historiens affectent, ne sont point jetées par M. Daru avec emphase; elles sont dites en passant et fondues dans le récit. Le dernier acte par où périt la république de Venise, la chute du gouvernement et l'abolition de l'État en 1797, offre un puissant intérêt. On a, dans les Mémoires de Napoléon, un récit de ce même accident, de cette catastrophe définitive; elle est retracée avec une rapidité et avec une certitude péremptoire que lui seul, l'acteur principal et le conquérant, pouvait se permettre. M. Daru est entré dans plus de détails, et qui sont également authentiques et confirmés; car, lorsque la première édition de l'*Histoire de Venise* eut paru, lord Holland offrit à l'auteur d'en faire parvenir un exemplaire au Captif de Sainte-Hélène, et les observations qui furent faites revinrent par le même canal à M. Daru, qui en tint compte dans sa seconde édition. Ces chapitres, qui retracent la destruction du gouvernement vénitien, ont ainsi reçu du témoin le plus essentiel le visa suprême.

Les opinions politiques de M. Daru s'y font jour dans une mesure qui l'honore. En ce dernier acte qui trancha la destinée de la république, Villetard, secrétaire de la légation française, joua un rôle (1); dans l'absence de son supérieur, le ministre de France Lallement, homme modéré, et tandis que les commissaires du grand conseil s'étaient rendus pour traiter auprès du général en chef avec un dernier espoir, cet agent secondaire prit sur lui de révolutionner Venise, et, en excitant les hommes exaltés, il renversa le fantôme de gouvernement aristocratique qui restait encore debout :
« Dans ce temps d'effervescence, dit à ce sujet M. Daru,
« tout se mêlait de politique en Italie. Malgré l'immense

---

(1) On se rappelle, sur ce même sujet, les fragments de Mémoires du duc de Bellune, publiés dans le *Moniteur* (13, 14 et 21 mai 1853).

« supériorité du général en chef, tout ce qui se croyait
« quelque influence ou seulement quelque capacité, se
« jetait, même sans son aveu, dans les plus importan-
« tes affaires. On abusait de son nom, on feignait un
« crédit qu'on n'avait pas. Il y avait des gouvernements
« à détruire, des peuples à soulever, des républiques à
« organiser; tous ces agitateurs, qui se croyaient des
« hommes d'État, allaient offrant partout ce qu'ils ap-
« pelaient leur expérience. Les uns semaient le désor-
« dre par cupidité, d'autres par un enthousiasme irré-
« fléchi ; la plupart auraient bouleversé le monde par
« légèreté. » Et il cite à quelques pages de là la lettre
du général Bonaparte à Villetard, dans laquelle il est dit
des bavards et des fous, à qui il n'en coûte rien de rêver
la république universelle : « Je voudrais que ces messieurs vinssent faire une campagne d'hiver. »

Traversant avec Bonpland les forêts de l'Amérique
centrale et rencontrant dans une mission écartée un
curé théologien qui se mit à les entretenir avec enthousiasme du libre arbitre, de la prédestination, et de ces
questions abstruses chères à certains philosophes,
Alexandre de Humboldt, en sa Relation, ajoute : « Lorsqu'on a traversé les forêts dans la saison des pluies, on
se sent peu de goût pour ce genre de spéculations. »
Faire une *campagne d'hiver*, ou traverser les forêts vier-
ges dans la *saison des pluies*, double recette pour se guérir ou de la fausse politique ou de la vaine métaphysique ; c'est la même pensée de bon sens rendue sous une
image différente, et je me suis plu souvent à rapprocher
les deux mots.

M. Daru, dans la retraite où il composait son *Histoire
de Venise*, rendu tout entier à sa nature d'écrivain et se
rouvrant, comme la plupart des esprits d'alors, à une
impulsion d'idées qui sera bientôt universelle, n'oublie
donc pas les résultats de l'expérience, laquelle a con-

damné souvent certains désirs que l'homme estimait plus conformes à sa dignité (Tome VI, page 47). C'est cette mesure de sentiments qui règne dans ces derniers chapitres et qui constitue en quelque sorte l'esprit de son Histoire. Il n'y a trace nulle part de déclamation, qui était la chose la plus antipathique à sa nature; on n'y trouve aucune de ces concessions marquées faites à l'esprit du jour; toutes ses remarques sont telles qu'elles lui viennent de son propre fonds. Sur la liberté de la presse, une ou deux fois peut-être, il introduit des réflexions qui semblent plutôt se rapporter à la France de 1819 qu'au gouvernement vénitien en aucun temps (Tome IV, page 234). Mais dans les termes où il s'exprime, il n'y a jamais rien qui ne soit d'une observation sensée et incontestable. — Un des épisodes les plus célèbres de l'*Histoire de Venise* est la fameuse et à la fois obscure Conjuration de 1618, racontée par Saint-Réal avec tant d'art et de *vérité* que quelques-uns l'ont crue même en partie imaginée par lui. M. Daru est de ceux qui ne croient point à la réalité de cette Conjuration : selon lui, le gouvernement de Venise n'était nullement hostile au duc d'Ossone, vice-roi de Naples, dans les projets ambitieux que celui-ci nourrissait pour son élévation personnelle et contre la monarchie espagnole. Il n'y avait, entre le vice-roi et le gouvernement vénitien, qu'une brouillerie simulée, une guerre simulée, une conjuration faite à la main et filée à plaisir, le tout afin de masquer le jeu et de mieux se donner la main au moment décisif. Ce n'est qu'après avoir vu les projets du vice-roi éventés et sans aucune chance de succès, que le gouvernement vénitien se serait décidé à sévir contre tous les agents plus ou moins compromis soit en connaissance de cause, soit à leur insu, dans cette vaste et ténébreuse intrigue. Grosley, au siècle dernier, avait déjà soutenu une thèse assez analogue, mais avec des armes moins précises et dans une dissertation moins motivée. L'explication de M. Daru a été fort contestée et par le comte Tiepolo, et par l'historien allemand Ranke, et par M. de Jonge, archiviste de Hollande. Je n'ai point assez examiné toutes les faces de ce problème historique pour me permettre d'avoir un avis et pour dire si la question est aujourd'hui bien positivement résolue : seulement on ne saurait traiter le récit ou plutôt l'interprétation de M. Daru de *fiction romanesque*, comme l'ont fait ses adversaires. Une fiction romanesque, c'est la qualification que peut mériter le récit de Saint-Réal avec son cortége d'assemblées nocturnes, de discours éloquents et de caractères inventés; il n'a rien vu là dedans, en effet, que l'occasion de faire un beau pendant à la *Conjuration de Catilina* par Salluste. Quant à l'explication de M. Daru, et qu'il donne seulement à titre de conjecture, elle pourra être réfutée et démontrée fausse, elle n'en est pas moins dans les termes les plus stricts de la discussion historique et n'a rien du roman.

L'*Histoire de Bretagne*, qui succéda à celle de Venise, et que M. Daru publia en 1826 (3 volumes), eut moins de succès ; elle ne manque pourtant ni de mérite d'abord, ni d'intérêt. Le but de l'auteur était de préparer ainsi et de commencer l'Histoire générale de France par une Histoire particulière de chacune des provinces prise jusqu'à l'époque de sa réunion. Le séjour qu'il avait fait autrefois en Bretagne dans les premières années de la Révolution, et le caractère isolé et tout à fait distinct de cette province, le déterminèrent à la choisir pour le sujet premier de son étude. Il n'a donc point prétendu se cantonner dans la Bretagne, la traiter au point de vue local et dans ses oppositions avec la France, mais tout au contraire faire une Histoire de la Bretagne considérée dans ses rapports avec la France, la Nor-

mandie et par conséquent l'Angleterre. C'est moins en
chroniqueur et en peintre de mœurs locales qu'il envisage son sujet qu'en publiciste : l'intérêt lent, mais réel
et qui tend au dénoûment, est dans la réunion finale.
Au moment où parut cette Histoire, la nouvelle école
française qui s'inspirait de Walter Scott ou de Froissart,
et qui avait déjà produit des œuvres en partie originales
et en partie spécieuses, était régnante. On aurait voulu
dans l'*Histoire de Bretagne* plus de couleur et d'imagination populaire, plus de souffle poétique et de vie, —
cette vie dont on a depuis tant abusé. Quoi qu'il en soit,
l'auteur n'avait pas cueilli dans la forêt celtique le rameau d'or de la légende. Avec les hommes de sa génération et de son école historique, M. Daru eut quelques
discussions courtoises à soutenir. Il n'était pas tout à
fait d'accord avec Rœderer sur Anne de Bretagne et en
particulier sur Louis XII, qu'il jugeait moins favorablement. M. Daunou, qui pensait du bien de l'ouvrage de
M. Daru, aurait désiré qu'une plus grande part y fût
faite à l'histoire des sciences et des lettres dans la personne des Bretons célèbres; mais le même critique se
montrait, en revanche, peu disposé à admettre la réalité du noble Combat des Trente, que l'historien maintenait de tout son pouvoir comme étant vrai en vertu
de la tradition seule, comme devant l'être et le paraître
par la beauté même de l'action. M. Daru se retrouvait
ici poëte par un coin : « Ce serait un triste emploi de
« l'érudition, disait-il, de ne la faire servir qu'à ré-
« pandre des doutes sur l'histoire et à détruire ces tra-
« ditions nationales qui entretiennent chez les peuples
« l'amour de la gloire et de la patrie... Et que peut-il
« y avoir d'utile, par exemple, dans les efforts de je ne
« sais quel érudit qui a entrepris de prouver aux Suisses
« que Guillaume Tell n'a jamais existé? » — Telle
qu'elle est, cette *Histoire de Bretagne*, aux heures sé-

rieuses, se lit avec instruction et non sans plaisir.

Cependant l'espèce de disgrâce et de persécution qui avait atteint M. Daru en 1815 et 1816 avait dès longtemps cessé. Il n'en était plus à ce moment où, son ami le noble général Drouot quittant l'armée de la Loire et prenant congé de lui pour venir se constituer prisonnier à Paris, il lui offrait de l'accompagner et de le défendre devant le Conseil de guerre : ce que Drouot refusait délicatement, mais dont il garda toujours le souvenir. Louis XVIII était fait pour apprécier le caractère et la modération de M. Daru, et il y avait entre eux deux un secret médiateur qui n'était autre qu'Horace. On raconte qu'un jour, à une réception des Tuileries, le roi s'adressa à lui en lui citant quelques vers latins du poëte; et M. Daru, dans le premier moment, répondant peu et ne paraissant pas entendre : « Comte Daru, lui dit Louis XVIII, puisque vous n'entendez plus Horace, je vais vous le traduire en beaux vers français. » Et avec toute sa coquetterie royale, il se mit à réciter à l'auteur le passage de sa traduction même. Nommé à la Chambre des Pairs en 1819, M. Daru prit depuis lors une part active aux travaux de ses collègues et suivit la ligne de l'Opposition modérée qui, dans plus d'un cas, et sans déroger aux idées de gouvernement, eut à défendre les principes constitutifs de la société moderne, les bases mêmes du Code civil qu'on osait remettre en cause. Dans les questions de presse, qui étaient une des grandes préoccupations d'alors, il avait repris en la bonne direction de l'esprit public livré à ses propres lumières cette confiance qu'il n'avait sans doute pas eue toujours, que ceux qui ont vécu dix et vingt ans de plus n'ont pas conservée, tant il est difficile aux plus judicieux de s'isoler des circonstances générales et des courants d'opinion à travers lesquels on juge. M. Daru, dans un écrit ou document sous forme de tableaux, intitulé *Notions statistiques sur la Librairie, pour servir à la discussion des Lois sur la presse* (1827), croyait pouvoir établir, par le chiffre comparé des publications et par la nature des livres produits de 1811 à 1825, qu'il n'y avait nul péril imminent ou même lointain ni pour l'État ni pour la moralité et la raison publique. Laissez faire le temps : ce sera aussi sur des faits que s'appuieront bientôt ceux dont l'opinion s'est modifiée en sens inverse. Il faut toutefois, pour être juste, ne pas oublier une distinction essentielle : les observations et la statistique de M. Daru portaient uniquement sur les *livres*, non sur les journaux et les feuilles quotidiennes, bien moins développées à cette date, et dans lesquelles depuis on s'est accoutumé inexactement à comprendre toute l'idée de presse. Lui, il était surtout favorable aux productions sérieuses, et il croyait voir que le goût du public et des lecteurs s'y portait de plus en plus (1).

(1) Le morceau suivant de M. Daru, qui fait partie de ses écrits inédits, montre d'ailleurs qu'en politique il était des moins sujets aux illusions, qu'il plaçait la difficulté là où elle est en réalité, et qu'après tout il eût été médiocrement étonné de ce qui s'est vu depuis :

« Les peuples veulent être puissants, libres, tranquilles : ils demandent au philosophe de leur tracer un écrit qui leur garantisse tous ces droits. Ils se trompent : de si grands biens ne s'acquièrent ni ne se conservent à si bon marché. La philosophie n'a point de spécifique qui supplée la constance, le courage, la modération. Quelques-uns de ceux qui la professent prouvent par leur exemple que, pour être indépendant, l'homme n'a qu'à vouloir : mais pour une nation, il n'y a de garantie efficace qu'une bonne éducation politique, les mœurs et la sagesse. C'est une illusion que de chercher une Constitution qui vous en dispense. Si vous voulez être libres, soyez forts; pour être forts, soyez unis ; pour demeurer unis, ayez de l'esprit public, c'est-à-dire préférez l'intérêt général à votre intérêt privé, et souvenez-vous qu'il n'y aurait point d'injustice, si tous les citoyens la ressentaient comme celui qui l'éprouve.

« Si vous voulez être libres, cessez d'être corrompus, légers, imprévoyants dans vos desseins, inconstants dans vos affections, adorateurs de l'argent ou des vanités. Sachez, au lieu d'obtenir par des

Dans cette ligne politique qu'il suivait avec réserve et dignité, on me dit qu'il eût pu, en de certains moments et à de certaines conditions, rentrer au ministère de la guerre : peut-être lui-même, dans quelque combinaison qui lui eût paru utile et favorable, y eût-il consenti. De loin, et à voir les choses et les personnages en perspective, il est mieux, je le crois, que cela n'ait point été ; qu'après avoir paru si entièrement l'homme d'une autre époque, M. Daru ne soit point devenu le serviteur actif d'un nouveau régime, et que dans l'avenir son nom demeure attaché à un seul et incomparable règne par le clou de diamant de l'histoire. — En parlant ainsi, il ne saurait me venir à la pensée de faire injure à la Restauration, dont j'apprécie les mérites et les hommes : je ne songe qu'à l'unité dominante qu'on aime à voir dans l'étude d'une vie, à cette lumière principale qui tombe sur un front, et si en ceci je parais sentir un peu trop l'histoire en artiste, qu'on me le pardonne.

L'Académie française usa beaucoup de M. Daru pendant les années de la Restauration ; elle aimait à l'avoir pour président les jours de séances délicates et solennelles, soit qu'en recevant M. de Montmorency (1826) on eût à faire la part de l'homme de bien pour couvrir l'absence de l'homme de lettres, soit qu'en fêtant

sollicitations un rang dans la société, y prendre votre place de plein droit et honorer ceux qui sont honorables, quoiqu'ils ne possèdent ni titres ni richesses. Mais dans un pays où la première ambition n'est pas celle d'être libre, où l'on veut d'abord être courtisan, fonctionnaire, riche, décoré de vains honneurs, et puis indépendant, les vanités sont un besoin, la liberté n'est qu'une fantaisie, et il est naturel qu'on éprouve l'incompatibilité de tant d'ambitions contradictoires. »

On peut rapprocher ce morceau de ce que M. Daru écrivait de Kœnigsberg à M. de Larnac en juillet 1807 (voir précédemment page 450) : il ne fait qu'appliquer ici aux nations ce qu'il lui disait si sensément des individus.

M. Royer-Collard (1827), à l'époque où par lui l'Académie rentrait dans l'ordre des choix vraiment dignes et sévères, on eût à célébrer avec modération un triomphe. L'institution des prix de vertu qui, avant la Révolution, avaient décoré et attendri les dernières séances de l'ancienne Académie, fut rétablie en 1819 et inaugurée par un discours de M. Daru, qui se trouva chargé, quelque temps après, du rapport annuel. Je l'ai dit, il remplissait avec bonheur ces fonctions qui souvent sont des charges pour d'autres : il était rapporteur avec talent comme avec plaisir.

Un poëme de l'ordre didactique le plus élevé, *l'Astronomie*, occupa ses derniers loisirs (1) : il l'entreprit sur le conseil même de l'illustre Laplace, et s'appliqua à confier *au rhythme ami de la mémoire* les principales vérités de la Mécanique céleste, et même l'histoire de la science et des divers systèmes en vogue avant que l'explication newtonienne eût fixé le centre du monde. Quelques fragments, lus en séance publique, de ce poëme exact, dont l'écueil à la longue est dans la monotonie, mais dont la versification ferme et serrée rappelle souvent les bonnes parties ordinaires de Lucrèce, inspirèrent assez d'estime à l'Académie des sciences pour qu'elle s'associât l'auteur comme membre libre en remplacement du comte Andréossi (27 octobre 1828). Dans l'épilogue qui termine le chant VI⁰ et que je veux citer pour exemple du ton, l'auteur se représente comme ayant passé la nuit à méditer sur ces astres sans nombre et sur tout ce qu'ils soulèvent de mystères, jusqu'au moment où l'aube naissante les fait déjà pâlir et quand, à côté de lui, l'insecte s'éveille au premier rayon du soleil :

(1) Le poëme ne fut publié qu'après sa mort, en 1830, et par les soins de M. de Pongerville, que l'estime et la confiance de M. Daru avaient désigné pour ce bon office littéraire.

Ainsi m'abandonnant à ces graves pensées,
J'oubliais les clartés dans les cieux effacées :
Vénus avait pâli devant l'astre du jour
Dont la terre en silence attendait le retour ;
Avide explorateur durant la nuit obscure,
J'assistais au réveil de toute la nature :
L'horizon s'enflammait, le calice des fleurs
Exhalait ses parfums, revêtait ses couleurs ;
Deux insectes posés sur la coupe charmante
S'enivraient de plaisir, et leur aile brillante
Par ses doux battements renvoyait tous les feux
De ce soleil nouveau qui se levait pour eux ;
Et je disais : « Devant le Créateur des mondes
 « Rien n'est grand, n'est petit sous ces voûtes profondes,
 « Et dans cet univers, dans cette immensité
 « Où s'abîme l'esprit et l'œil épouvanté,
 « Des astres éternels à l'insecte éphémère
 « Tout n'est qu'attraction, feu, merveille, mystère. »

Ce sont là des vers français qui me font l'effet de ce qu'étaient les bons vers latins du chancelier de L'Hôpital et de ces doctes hommes politiques du seizième siècle s'occupant, se délassant avec gravité encore, dans leur maison des champs, comme faisait M. Daru dans sa campagne de Bécheville : il y manque je ne sais quoi, peu de chose, un dernier tour, pour que l'art complet, l'art antique et fin s'y retrouve. Contentons-nous d'y voir l'étude excellente.

Je n'ai pas tout dit, mais je suis arrivé au terme ; l'homme, sous l'aspect où je l'ai voulu montrer, est connu. Lui-même il a résumé, mieux que je ne pourrais le faire, toute sa vie considérée selon cet ordre littéraire continu, et dans laquelle la politique, vue en arrière, ne lui paraissait presque plus avoir été qu'un accident :

« J'ai trouvé, disait-il, dans l'étude des lettres, au bout d'une vie déjà longue et traversée par bien des événements, un grand charme, une grande utilité, souvent de grandes consolations. Je m'y suis adonné de bonne heure, plutôt par goût que par prévoyance. Rien ne m'autorisait, en 1788, à penser que je pusse être jamais appelé à prendre quelque part aux affaires de mon pays. Il en est résulté que mes premiers travaux, quoique assidus, n'ont pas été toujours assez sérieux : j'ai fait trop de traductions, trop de vers. Je les faisais avec facilité, et j'y trouvais plaisir. Cependant, ce n'était pas là du temps tout à fait perdu ; car cet exercice m'apprenait à manier ma langue, et à me servir avec aisance d'un instrument dont j'ai eu plus tard grand besoin. Lorsque les affaires sont venues, j'ai eu beaucoup à apprendre ; mais, cette seconde éducation une fois faite, j'ai pu sans effort rendre ma pensée. Mes discours, mes rapports, mes correspondances ne me coûtaient aucune peine à écrire. La facilité avec laquelle je travaillais m'a permis d'embrasser beaucoup d'objets à la fois, et de suffire à une assez lourde tâche ; de telle sorte que je suis peut-être redevable, en fin de compte, à mes études d'Horace et de Cicéron, du peu de succès que j'ai eu dans ma vie administrative et politique. Enfin, les revers, les chagrins sont venus ; peu de vies en sont exemptes : j'ai dû alors au goût et à l'habitude du travail les seuls remèdes que l'on puisse opposer soit au vide de l'âme qui suit souvent la perte du pouvoir, soit aux épreuves qui vous frappent dans la vie de ceux que l'on aime. Les lettres m'ont été toujours secourables, utiles et douces ; cultive-les... »

Ainsi écrivait-il en toute affection et en toute modestie à l'aîné de ses fils, en 1827, deux ans avant sa fin. Cette organisation robuste se brisa tout d'un coup sans avoir vieilli ni même lutté. Il mourut le 5 septembre 1829, emporté brusquement en quelques heures ; il n'avait pas accompli sa soixante et unième année. Ceux qui l'ont connu me le dépeignent d'une taille qui n'était pas au-dessus de la moyenne, d'une physionomie agréable et forte, la tête brune, l'œil vif, le nez aquilin et noble, le teint assez coloré, le cou plein et puissant. Il avait l'élocution nette, franche et pourtant polie. C'était une sorte de Raynouard, me dit-on, pour la vigueur et la simplicité, mais plus distingué et plus étendu, qui avait connu les cours et les camps, et qui avait participé aux plus grandes affaires. On sentait l'homme qui, en tout, allait au fait, qui savait le prix d'un instant, qui dans sa vie avait beaucoup ordonné et beaucoup obéi : la bonté qui s'y mêlait dans les relations habituelles en avait plus de valeur. Sa capacité de travail, sa facilité prodigieuse à de grands emplois, resteront mémorables et seront toujours citées comme type dans l'espèce, à la faveur du cadre historique lumineux où elles se sont produites et d'où elles provoquent l'étonnement. Deux qualifications distinctes demeurent attachées à son nom et le définissent dans sa double carrière : Daru, c'est l'historien de Venise et l'administrateur de la Grande-Armée.

Lundi, 6 mars 1854.

MADAME DACIER

« Puissé-je avoir un petit foyer, un toit simple et qui
« ne craigne point la fumée, une source d'eau vive au-
« près, et l'herbe de la prairie! Et avec cela que j'aie
« un domestique bien nourri, une femme *qui ne soit*
« *pas trop savante;* la nuit, du sommeil, et le jour, point
« de procès! » C'est le vœu de Martial (1) dans les vers
les plus sentis qu'il ait faits. Juvénal n'est pas mieux
disposé que lui pour les femmes savantes; il veut, au
besoin, pouvoir faire un solécisme sans être repris. Cette
manière de voir, qui est celle de toute une classe d'esprits vigoureux et francs, a été poussée à fond et cou-
ronnée du génie même de la gaieté par Molière, en son
immortelle comédie. Il n'y a plus, après cela, qu'à tirer
l'échelle de ce côté : mais, de l'autre, les autorités et les
raisons ne sont pas moindres. Une femme savante de
profession est odieuse; mais une femme instruite, sensée, doucement sérieuse, qui entre dans les goûts, dans
les études d'un mari, d'un frère ou d'un père; qui, sans
quitter son ouvrage d'aiguille, peut s'arrêter un instant,
comprendre toutes les pensées et donner un avis natu-

---

(1)   Sit mihi verna satur, sit non doctissima conjux;
   Sit nox cum somno, sit sine lite dies!...
(Épig. liv. II, 90.)

rel, quoi de plus simple, de plus désirable? Et cette porte entr'ouverte, on rentre insensiblement dans l'autre aspect de la question, et peu à peu on y regagne presque tout. Hier encore, un jeune savant qui a déjà fait ses preuves en haute matière et qui se trouve être à la fois un excellent écrivain, M. Ernest Renan (1), nous introduisait dans le docte ménage d'un professeur hollandais, et il rappelait à cette occasion les femmes célèbres qui, en Italie, depuis la renaissance des lettres jusqu'à des temps très-rapprochés de nous, avaient occupé des chaires savantes, des chaires de droit, de mathématiques, de grec. Il y a des Dissertations en règle où l'on traite des femmes qui ont pris le bonnet de docteur dans les universités ou colléges de Bologne et de Padoue, à partir d'une certaine Bitisia Gozzadina, célèbre au treizième siècle, et qui, à vingt-sept ans, était docteur en droit civil et en droit canon (2). Du temps de Gabriel Naudé, qui fait toute une énumération dans son *Mascurat*, on comptait plus de mille ou douze cents femmes qui avaient composé des livres. Le nombre s'est fort accru depuis, et en février 1847 on écrivait de Padoue que le comte Léopold Ferri venait de mourir en cette ville, laissant une bibliothèque unique en son genre, exclusivement composée d'ouvrages écrits par des femmes en toutes langues et de tout pays : « Cette bibliothèque, disait-on, forme près de trente-deux mille volumes. » Dorénavant, il ne faudra plus essayer de compter.

En France, trop de science chez les femmes, et surtout l'affiche et le diplôme qui y serait attaché, nous a toujours paru contre nature : « Nous avons bien de la

---

(1) Article du *Journal des Débats*, 22 février (1854).
(2) *Bitisia Gozzadina, seu de Mulierum Doctoratu*, c'est le titre de la Dissertation dont on peut voir l'analyse dans les *Acta Eruditorum* de Leipsick, année 1724, page 239.

peine à permettre aux femmes un habit de muse, disait Ginguené en parlant de celles qui font honneur à l'Italie : comment pourrions-nous leur souffrir un bonnet de docteur? » Le comte de Maistre, dans une des charmantes lettres à sa fille, mademoiselle Constance de Maistre, a badiné agréablement sur cette question, et il y a mêlé des vues pleines de force et de vérité : « L'er« reur de certaines femmes est d'imaginer que pour « être distinguées, elles doivent l'être à la manière des « hommes... On ne connaît presque pas de femmes « savantes qui n'aient été malheureuses ou ridicules « par la science. » Au siècle dernier, un jésuite des plus éclairés et des plus spirituels, le Père Buffier, qui était de la société de madame de Lambert, dans une Dissertation légèrement paradoxale, s'est plu à soutenir et à prouver que « les femmes sont capables des sciences ; » et après s'être joué dans les diverses branches de la question, après avoir montré qu'il y a eu des femmes politiques comme Zénobie ou la reine Élisabeth, des femmes philosophes comme l'Aspasie de Périclès et tant d'autres, des femmes géomètres et astronomes comme Hypatie ou telle marquise moderne, des femmes docteurs comme la fameuse Cornara de l'école de Padoue, et après s'être un peu moqué de celles qui chez nous, à son exemple, « auraient toutes les envies imaginables d'être docteurs de Sorbonne, » — le Père Buffier, s'étant ainsi donné carrière et en ayant fini du piquant, arrive à une conclusion mixte et qui n'est plus que raisonnable : « A l'égard des autres, dit-il, qui ont des « devoirs à remplir, si elles ont du temps de reste, il « leur sera toujours beaucoup plus utile de l'employer « à se mettre dans l'esprit quelques connaissances hon« nêtes, pourvu qu'elles n'en tirent point de sotte « vanité, que de l'occuper au jeu et à d'autres amu« sements aussi frivoles et aussi dangereux, tels que

« ceux qui partagent la vie de la plupart des femmes
« du monde. »

Ceci nous mène à madame Dacier vers laquelle j'arrive et je m'achemine, on peut s'en apercevoir, avec toutes sortes de précautions; car j'ai pour elle une haute estime, un profond respect que je voudrais voir partagé de tous, sauf par moments le léger et indispensable sourire que, sous peine de n'être plus Français, nous devons mêler à toutes choses.

Madame de Lambert, qui n'était pas du même parti qu'elle en littérature et qui penchait décidément pour les modernes, mais qui avait de l'élévation et de l'équité, a dit à son sujet dans une lettre adressée à ce même Père Buffier sous la Régence : « J'aime M. de La
« Motte, et j'estime infiniment madame Dacier. Notre
« sexe lui doit beaucoup : elle a protesté contre l'er-
« reur commune qui nous condamne à l'ignorance. Les
« hommes, autant par dédain que par supériorité, nous
« ont interdit tout savoir : madame Dacier est une au-
« torité qui prouve que les femmes en sont capables.
« Elle a associé l'érudition et les bienséances ; car à
« présent on a déplacé la pudeur : la honte n'est plus
« pour les vices, et les femmes ne rougissent plus que
« de leur savoir. Enfin, elle a mis en liberté l'esprit
« qu'on tenait captif sous ce préjugé, et elle seule nous
« maintient dans nos droits. » Mais laissons de côté ces *droits* qui sont une expression fâcheuse et qui rappellent trop qu'au nom des Droits de la femme il s'est fait des insurrections aussi, des manifestations comme au nom des Droits de l'homme. N'acceptons que la meilleure part de l'éloge; et puisqu'il faut qu'aujourd'hui encore nous en soyons, avant de l'oser louer, à devoir excuser en elle ce savoir et à présenter les circonstances atténuantes, qu'on veuille songer que madame Dacier, mademoiselle **Anne Le Févre**, fille d'un savant et d'un

érudit, ne faisait, en s'adonnant, comme elle fit, à l'antiquité, qu'obéir à l'esprit de famille et céder à une sorte d'hérédité domestique. Il faut lui passer d'être érudite comme à la fille de Pythagore d'avoir été philosophe, comme à la fille de l'orateur Hortensius d'avoir été éloquente, comme à la fille du grand jurisconsulte Accurse d'avoir excellé dans le droit ; de telles vocations filiales n'apportent point de trouble dans les mœurs de famille ; elles ne font, dans l'exception, que les continuer et les confirmer.

Anne Le Févre qui, à sa manière, fut une des gloires du siècle de Louis XIV, naquit à Saumur, non pas en 1651 comme on l'a souvent répété, mais plus probablement en mars 1654 (1). Son père, savant dans le goût du seizième siècle, était de plus un homme d'esprit et qui pensait par lui-même ; nous en pouvons encore juger. Il était de Caen ; il s'était formé presque tout seul aux lettres, n'ayant commencé à apprendre *Musa* qu'à douze ans ; pour le grec particulièrement, où il excellait, il n'avait eu de maître que pendant très-peu de mois, et s'était avancé à force de lire et d'étudier directement et aux sources. Il a écrit en français un petit traité intitulé *Méthode pour commencer les Humanités grecques et latines*, qui est le résumé de son expérience et qu'il faut mettre à côté des écrits de messieurs de Port-Royal en ce genre. On a dit que tous ceux qui se mêlent d'enseigner les humanités devraient savoir ce livret par cœur, et je serais de cet avis si j'avais à en exprimer un en de telles matières. Il s'y montre au-dessus du métier et de la routine : en lisant cette Méthode, on assiste à la manière toute pratique et toute vive dont il élève un de ses fils, et de laquelle sa fille, qui était présente, profita

---

(1) Voir Bodin, *Recherches historiques sur la ville de Saumur*, tome II, p. 478.

également. Il simplifie le plus qu'il peut la grammaire ; il fait passer le plus tôt possible son élève à la lecture graduée des auteurs, à l'explication ; il se garde bien de commencer, comme on faisait, par la composition ou le thème. Il tient la jeune intelligence constamment en éveil et en haleine, et mêle aux leçons de la gaieté et de l'intérêt ; il pratique le conseil de Charron et de Montaigne : « Je ne veux pas que le précepteur invente et parle seul, je veux qu'il écoute son disciple parler à son tour. » Il fait commencer le grec dans le même temps et sur le même pied que le latin. Après une prose très-simple (le grec du Nouveau Testament), il met son enfant aux auteurs plus relevés, aux poëtes surtout, et à Homère presque aussitôt : « Or, il est à propos, dit-il,
« de vous avertir d'une chose à laquelle personne ne
« songe ; peut-être même qu'elle vous paraîtra peu
« vraisemblable, quoiqu'au reste elle soit très-véritable
« et que mon expérience, la pratique des anciens, l'u-
« tilité et la raison le prouvent : cette vérité surpre-
« nante, c'est que la lecture d'Homère est plus conve-
« nable à l'âge des enfants que la lecture des grands
« auteurs prosaïques (1). » Il entre à ce sujet dans quelques explications qui me paraissent bien vraies et trop peu appréciées encore aujourd'hui, mais qui n'ont peut-être toute leur valeur que pour l'éducation de quelques élèves particuliers. Dans ce cours d'études de Tanneguy Le Févre, il se mêle de la gaieté, une sorte de plaisir qui réjouit le maître et anime l'enfant : « Car ôtez le
« plaisir des études, je suis fort persuadé qu'un enfant

---

(1) Dion Chrysostome a dit d'Homère une parole excellente et qui se vérifierait encore aujourd'hui pour ceux que tenterait un commerce familier avec les Anciens : « Homère est à la fois l'auteur du milieu et de la fin, et du commencement, d'une lecture également convenable à l'enfant, à l'homme fait et au vieillard ; il donne de son fonds à chacun autant que chacun en peut prendre. »

« ne saurait les aimer. » C'est ainsi qu'à la lecture d'Homère, de Térence, même d'Aristophane (en y mettant du choix), il jouit de voir la jeune intelligence prendre et se divertir comme à une chose naturelle, et tirer d'elle-même plus d'une conclusion avant qu'on ait besoin de la lui montrer : « On m'a dit souvent, et je
« l'ai lu aussi, qu'il y a beaucoup de plaisir à voir
« croître un jeune arbre; mais je crois qu'il y a plus de
« plaisir encore à voir croître un bel esprit. » C'est pendant qu'on élevait de la sorte l'un ou l'autre de ses frères que madame Dacier enfant, et à laquelle on ne songeait pas, écoutait, profitait en silence; et un jour que son frère interrogé ne répondait pas à une question, elle, sans lever la tête de son ouvrage, lui souffla ce qu'il devait répondre. Son père, ravi de cette découverte, se mit désormais à cultiver la jeune fille comme il faisait de ses fils, et elle surpassa bientôt toutes les espérances.

Le père de madame Dacier n'était donc nullement un pédant, mais tout à fait un homme d'esprit, plein de vues et de liberté dans l'érudition. S'agissait-il d'Anacréon, il savait bien discerner dans le recueil d'Odes, qui porte le nom de ce vieux poëte, ce qui était de l'antique Ionien et tout ce qu'on y avait mêlé de plus moderne et d'*anacréontique* plus ou moins délicat ou médiocre. S'agissait-il de Florus qu'il faisait lire à sa fille, il savait très-bien remarquer que l'ouvrage de ce distingué et très-élégant écrivain n'a point de valeur historique, et ne doit se lire que comme une œuvre oratoire et un panégyrique tout en l'honneur du peuple romain (1). Ainsi en tout il avait ses jugements, sa manière à lui de voir et de penser. Il l'avait prouvé en se

---

(1) La vraie définition du livre de Florus me paraît être : « une *Biographie* laudative, brillante et sommaire, du Peuple romain. »

faisant calviniste à un moment et en s'engageant on ne sait trop pourquoi dans un parti qui véritablement n'était guère le sien, et qui permettait peu de liberté à un commentateur d'Aristophane, de Sapho ou d'Anacréon. Il se fit même une affaire avec l'Académie et le Consistoire de Saumur pour avoir dit, dans ses Notes sur Sapho, qu'il trouvait la fameuse Ode si belle qu'il était tenté de pardonner à l'auteur l'étrange passion qui la lui avait inspirée. Tel qu'on vient de le connaître et de l'entrevoir, Tanneguy Le Févre, régent de troisième à l'Académie de Saumur, n'était pas à sa place et ne se trouvait point heureux. J'ai lu les lettres que lui adressait Chapelain, avec qui il était en correspondance; il est question dans presque toutes du désir bien plutôt que des moyens qu'on aurait de le tirer de cette position inférieure, où il avait rencontré encore des envieux et des rivaux : « Ne serons-nous jamais assez heureux,
« lui écrivait en mai 1665 Chapelain, ce premier com-
« mis des grâces de Colbert, pour faire rendre justice à
« votre mérite, et faut-il qu'il languisse toujours dans
« des emplois sans doute fort honnêtes, mais sans doute
« aussi fort au-dessous de lui? » Cependant Chapelain et M. de Montausier avaient beau s'y mettre, on rencontrait un obstacle qui tenait peut-être à la religion de Le Févre, et aussi à quelques inconstances de son caractère. Huet, son compatriote de Caen et son ami, eût bien voulu le ramener dans le giron de l'Église; il se flattait d'y parvenir, et espérait par là s'ouvrir un champ plus commode pour lui rendre service en cour et pour utiliser ses talents. D'un autre côté, Chevreau, dans son séjour auprès de l'Électeur Palatin, parla si fort à sa louange, qu'il lui ménagea une place de professeur à Heidelberg ; Le Févre avait accepté et était sur le point de quitter Saumur, lorsqu'au milieu des embarras et dans l'impatience du départ, il fut pris de

fièvre et mourut à l'âge de cinquante-sept ans. Madame Dacier nous a peint son père, bel homme, quoique d'une taille peu dégagée, blond, avec des yeux d'un bleu remarquable; extrêmement bon, mais un peu brusque; vif, plein de feu dans le moment, sans rancune, et bien qu'ayant rompu presque tout commerce avec le monde, toujours ouvert et tendre à l'amitié : « Quoiqu'il fût, dit-elle, dans un des plus beaux pays « du royaume, où l'on peut se promener le plus agréa-« blement, il ne se promenait presque jamais; son « étude, ses enfants et un jardin, où il avait toutes « sortes de belles fleurs qu'il prenait plaisir à cultiver « lui-même, étaient son divertissement ordinaire. » C'est là, c'est dans ce cadre domestique, paisible, animé, sévère à la fois et riant, que fut élevée la jeune Anne Le Févre; elle avait environ dix-huit ans quand elle perdit ce père dont elle serait devenue l'orgueil et l'honneur. Elle n'eut point peut-être dans les idées une certaine originalité et une vivacité aiguisée qu'il avait eues, mais elle joignit à la forte doctrine dont il l'avait nourrie des qualités constantes et solides qu'il n'avait pas.

Les amis de son père n'eurent rien de plus pressé que de la servir; elle vint habiter à Paris l'année qui suivit sa mort, et le docte Huet, sous-précepteur du Dauphin, lui donna une part et une tâche à remplir dans les éditions d'anciens auteurs qui se faisaient *ad usum Delphini :* « Si je m'en souviens bien, dit Bayle, mademoi-« selle Le Févre surpassa tous les autres en diligence « et gagna le pas à je ne sais combien d'hommes qui « tendaient au même but. Son Florus fut imprimé dès « l'année 1674, et depuis ce temps-là on a vu trois « autres auteurs qu'elle a commentés pour M. le Dau-« phin, savoir Dictys Cretensis, Aurelius Victor et Eu-« trope. Ainsi voilà notre sexe hautement vaincu par « cette illustre savante. » Quant aux autres érudits qui

travaillaient aux éditions à l'usage du Dauphin, plusieurs n'arrivèrent avec leur contingent que depuis le mariage de Monseigneur : « Et l'on voit bien, dit Bayle
« qui ne perd aucune occasion de s'égayer, que la plu-
« part de ces Commentaires seront moins pour le père
« que pour les enfants. »

Un travail plus marquant que se donna à elle-même mademoiselle Le Févre fut une édition grecque et latine des *Hymnes, Épigrammes et Fragments* de Callimaque (1675), qu'elle mit sur pied en moins de trois mois. Elle la dédiait à Huet; dans la préface, elle justifiait son père que quelques-uns blâmaient d'avoir appliqué sa fille à ces doctes études de critique, au lieu de l'avoir accoutumée à filer la laine à la maison; elle répond à ces censeurs un peu rudement et dans le goût du seizième siècle; moyennant l'expression grecque ou latine dont elle se couvre, elle les appelle de pauvres têtes, elle les traite tout net de fous et d'imbéciles : « Ils
« auraient pu voir aisément, dit-elle, que mon père
« n'en a usé de la sorte que pour qu'il y eût quelqu'un
« qui pût leur faire honte de leur paresse et de leur
« lâcheté. » Mademoiselle Le Févre, en parlant ainsi, n'était pas encore entrée dans la politesse du siècle; elle n'y atteindra jamais entièrement. Ayant adressé ses volumes à la reine Christine qui était alors à Rome, elle accompagna cet envoi d'une lettre latine qui n'est que complimenteuse et emphatique. La reine lui répondit en français (mai 1678), la remerciant en particulier de son Florus; et, après quelques paroles de louanges pour cette admirable éducation du Dauphin, qui en devait profiter si peu, elle ajoutait : « Mais vous, de qui
« on m'assure que vous êtes une belle et agréable fille,
« n'avez-vous pas de honte d'être si savante? En vérité,
« c'est trop! et par quel charme secret avez-vous su
« accorder les Muses avec les Grâces? Si vous pouviez

« attirer à cette alliance la fortune, ce serait un accrois-
« sement presque sans exemple, auquel on ne saurait
« rien souhaiter de plus, si ce n'est la connaissance de
« la vérité, qui ne peut être longtemps cachée à une
« fille qui peut s'entretenir avec les saints auteurs dans
« leurs langues naturelles. » Sa lettre se terminait par
une exhortation directe à rentrer dans la croyance catholique et par une insistance marquée sur cette corde
de la religion : « A quoi peut servir toute votre science,
« si vous ignorez ce point si important? Donnez-vous la
« peine d'y faire une réflexion sérieuse, et priez Dieu
« qu'il ouvre un jour vos yeux et votre cœur à la vé-
« rité. »

Cependant mademoiselle Le Févre publia, en 1681,
les *Poésies d'Anacréon et de Sapho*, traduites du grec en
français. L'ouvrage eut du succès, et ouvrit la nouvelle
carrière où l'auteur devait rendre tant de services qu'il
y aurait de l'ingratitude à méconnaître. Il est un point
sur lequel il faut passer condamnation une fois pour
toutes, afin d'être juste ensuite envers madame Dacier :
elle n'entend pas la raillerie, elle n'est à aucun degré
femme du monde, et elle manque d'un certain goût,
d'un certain tact rapide qui est souvent la principale
qualité de son sexe. Ainsi d'abord elle dédie cet Anacréon au sévère M. de Montausier, comme plus tard son
mari dédiera son *Epictète* au Régent avec toutes sortes
de belles paroles de l'Écriture dans la Dédicace et en
ajoutant, de peur d'y manquer : « En effet, Monseigneur, sans la morale, que serait-ce que la politique? »
Ces honnêtes gens ne s'apercevaient pas de la disparate ; ils ne comprenaient pas le sourire. Tanneguy Le
Févre savait mieux son monde lorsqu'il dédiait son édition d'Anacréon à un homme à la mode, au spirituel
Bautru. Cette fois, dans la traduction nouvelle, le sublime ivrogne entrait singulièrement accosté, avec la

jeune Le Févre pour Antigone et M. de Montausier pour chaperon.

Ce n'est point pour nous, ne l'oublions pas, que madame Dacier a traduit Anacréon, c'est pour le monde de son temps, et particulièrement pour les dames, qui ne pouvaient s'en faire une juste idée jusque-là. Les jolies imitations en vers qu'on avait faites au seizième siècle étaient oubliées, et l'on avait pris en dégoût ce vieux langage. Madame Dacier pense d'ailleurs qu'on ne peut traduire en vers les poëtes, ou du moins qu'on ne peut y réussir que par accident, et que ce n'est qu'à l'aide de la prose qu'on parvient à faire passer d'une langue dans une autre les détails et les traits particuliers d'un original. Son Anacréon, à sa date, mérita donc de réussir. Il en faut dire autant de sa traduction de trois Comédies de Plaute (1683), de celle du *Plutus* et des *Nuées* d'Aristophane (1684), et surtout de la traduction de Térence (1688). C'est par tous ces travaux utiles, agréables à leur heure et qui étaient d'une élégance relative, qu'elle préludait à son œuvre véritable, qui a été la traduction d'Homère. Du caractère dont elle est, madame Dacier entend mieux la force, l'abondance, la veine pleine et continue d'un auteur ancien que la grâce et la légèreté; elle rend mieux l'effet du texte avec Plaute, avec Térence qu'avec Anacréon; et surtout elle nous rendra mieux Homère.

Je l'appelle par habitude madame Dacier, elle ne le devint qu'en 1683. M. Dacier, qui était à peu près de son âge et de trois ans au plus son aîné, avait étudié à Saumur, sous Tanneguy Le Févre, dont il avait été l'élève particulier et de prédilection; il était donc le compagnon d'études de mademoiselle Le Févre, et avait pu de bonne heure apprécier son mérite et sa supériorité. Cependant, comme il avait peu de fortune, il dut modérer ses désirs, et ce ne fut que onze ans après la mort du maître qu'il put contracter avec la fille une union à laquelle il avait toujours songé. Un lecteur attentif et sagace a pris soin de noter dans les divers écrits de mademoiselle Le Févre et de M. Dacier, antérieurs à leur mariage, les endroits où ils aiment à se citer l'un l'autre, et à se faire en quelque sorte la cour sous le couvert des anciens (1). Ainsi, dans ses Notes sur Anacréon, mademoiselle Le Févre cite volontiers M. Dacier jusqu'à une dizaine de fois, tantôt pour un beau sens, tantôt pour une belle conjecture; et d'autre part M. Dacier, dans les premiers volumes de sa traduction d'Horace, cite quelquefois mademoiselle Le Févre, tantôt à propos de Callimaque, tantôt au sujet de Sapho. Différent d'opinion avec elle sur un point délicat qui touche à la réputation de l'antique Lesbienne, il s'exprime avec une politesse et une galanterie inusitées chez les commentateurs : « Mademoiselle Le Févre, dit-il, a eu sans « doute ses raisons pour n'être pas de ce sentiment, et « il faut avouer qu'elle a donné au sien toute la cou- « leur qu'il était possible de lui donner. » Enfin, de même que deux jeunes cœurs se font des signes d'une fenêtre à l'autre ou à travers le feuillage des charmilles, mademoiselle Le Févre et M. Dacier s'envoyaient un sourire à travers leurs commentaires.

La conversion de M. et de madame Dacier suivit de près l'époque de leur mariage. Cette conversion fut accompagnée de certaines circonstances que les uns ont célébrées, et dont les autres ont fait aux deux époux un sujet de reproche. Madame Dacier était disposée la première à embrasser la religion catholique romaine; M. Dacier hésitait encore et voulait examiner. C'était le moment où Louis XIV et ceux qui étaient de son Con-

---

(1) Je dois communication de ces remarques à l'obligeance de M. Marty-Laveaux.

seil unissaient tous leurs efforts pour convertir les protestants en masse; l'Édit de Nantes n'était pas encore révoqué, mais il allait l'être. M. et madame Dacier, pour donner à leur démarche un caractère de maturité et d'entière réflexion, quittèrent Paris au commencement de 1684 et se retirèrent à Castres, patrie de M. Dacier. Là, pendant plus d'une année, ils suivirent leur méthode studieuse en la transportant et la renfermant cette fois dans les matières de religion, et ils tombèrent tout à fait d'accord sur la conduite qu'ils avaient à tenir; mais ils voulurent faire plus, ils aimèrent mieux différer de quelques mois leur déclaration publique, et ils s'appliquèrent dans l'intervalle à user de leur influence, de l'estime qu'ils inspiraient et des raisons dont ils étaient remplis, pour ramener la ville entière avec eux. L'idée du roi se confondait tellement alors avec celle de religion qu'il y aurait bien de la sévérité à faire à M. Dacier un reproche grave d'avoir écrit : « Ma lettre « vous apprendra que ma femme et moi sommes très-« bons catholiques. Nous le serions il y a plus de quatre « mois si nous n'eussions ménagé les choses pour ren-« dre notre conversion plus agréable à Dieu et au roi, « et plus utile à notre pays... » Le *Mercure galant* publia cette lettre de M. Dacier, dans laquelle on lit ces détails et quelques autres plus appuyés (1); elle est datée de Castres, du 25 septembre 1685, et elle a pour commentaire ce passage du Journal de Dangeau : « 2 octobre. — Le roi eut nouvelle à son lever que

---

(1) Par exemple : « En nous déclarant, nous avons obligé la plus « grande partie de la ville à nous suivre. Jeudi dernier, nous leur « fîmes signer une délibération très-conforme à la volonté du roi. « Cela entraîna tout le reste, et tout Castres sera catholique dans « quatre jours... » Le journal protestant *le Semeur*, du 26 novembre 1845, a tiré grand parti de cette lettre, qui n'a rien de magnanime en effet, qui prouve plus de zèle que d'esprit, et qui, tranchons le mot, est un peu *plate* : c'est tout ce qu'il y a à en dire.

toute la ville de Castres s'était convertie. » Cette action signalée des deux époux devenait un mérite auprès de Louis XIV, un titre à ses futurs bienfaits, et, dans la lettre dont je parle, l'honnête homme, qui n'était que de la race des savants, ne se montrait pas insensible à cette idée. *Vivre des bienfaits du roi,* comme on disait, était alors un honneur (1). On a donc pu noter un coin de faiblesse humaine dans ce qui était néanmoins un acte véritable de conscience. La suite a montré que la conversion de M. et de madame Dacier avait été très-sincère : madame Dacier particulièrement était religieuse, pleine de droiture et de simplicité. Accoutumée d'ailleurs à révérer l'antiquité sous toutes ses formes, à reconnaître aux grands hommes, aux grands écrivains du paganisme des qualités et des vertus qui étaient un acheminement vers la morale chrétienne, elle trouvait mieux à concilier les objets de son admiration et de son culte dans la pleine et large doctrine de l'ordre catholique, dans cette voie latine qui ramène encore au Capitole, que dans ces autres voies plus strictes et particulières où la Réforme prise au sens de Calvin l'eût tenue confinée (2).

Dans les divers travaux que publia M. Dacier depuis

(1) Et en effet on lit encore dans le Journal de Dangeau, à la date du 13 février 1686 : « Je sus que M. Dacier, homme fort fameux par son érudition et ses ouvrages, qui a épousé mademoiselle Le Févre, plus fameuse encore que lui par sa profonde science, avait eu une pension du roi de 500 écus ; ils se sont tous deux convertis depuis quelques mois. »

(2) Il y a un exemple touchant, et qui est l'inverse de celui de madame Dacier. La jeune Olympia Morata de Ferrare, dans la première moitié du seizième siècle, commença par le pur miel des Muses et fut une grecque italienne de ce temps-là ; puis convertie par la Réforme, ayant épousé un jeune docteur allemand, elle le suivit aux bords du Mein et du Necker, et mourut à Heidelberg à l'âge de vingt-neuf ans, animée d'un esprit de sacrifice, mais regrettant involontairement la Grèce, l'Italie, la patrie du soleil et de la beauté. (Voir la Vie d'Olympia Morata, par M. Jules Bonnet, 1850.)

son mariage, il entra plus ou moins de madame Dacier; elle lui était supérieure, et, par une ignorance qui était chez elle une vertu plutôt qu'une grâce, elle ne s'en apercevait pas : « Dans leurs productions d'esprit, disait Boileau, c'est madame Dacier qui est le père. » Elle se dégagea pourtant et se remit à suivre, en traduisant, ses propres choix et ses instincts. La querelle des Anciens et des Modernes, qui avait commencé du temps de Perrault, dut suggérer à madame Dacier l'idée (si elle ne l'avait eue déjà) de faire connaître Homère, sur lequel on déraisonnait si étrangement; après de longs efforts, elle fut prête en 1711, et publia *l'Iliade*. Cette traduction qui ralluma la guerre des Anciens et des Modernes, et qui fut suivie de *l'Odyssée* en 1716, donne à madame Dacier un rôle imprévu et assez considérable dans l'histoire de la littérature française.

Dans une préface écrite avec sens et modestie, madame Dacier explique son dessein : « Depuis que je me
« suis amusée à écrire, dit-elle, et que j'ai osé rendre
« publics mes amusements, j'ai toujours eu l'ambition
« de pouvoir donner à notre siècle une traduction
« d'Homère, qui, en conservant les principaux traits
« de ce grand poëte, pût faire revenir la plupart des
« gens du monde du préjugé désavantageux que leur
« ont donné des copies difformes qu'on en a faites. »
Mais elle confesse qu'elle a rencontré des difficultés qui lui ont paru longtemps insurmontables. Une de ces difficultés, c'est, dit-elle, que « la plupart des gens sont
« gâtés aujourd'hui par la lecture de quantité de livres
« vains et frivoles, et ne peuvent souffrir ce qui n'est
« pas dans le même goût. L'amour, après avoir cor-
« rompu les mœurs, a corrompu les ouvrages. » Et, en effet, ces faux romans de *Cyrus*, de *Clélie*, depuis longtemps tombés et surannés, avaient laissé pourtant dans le goût public je ne sais quelle fadeur galante qui se

portait partout autre part que vers les poëmes sévères. Il y avait en France, comme répandu dans l'air, un goût de Quinault et d'Opéra. Par malheur, en touchant si juste dans son attaque contre cette fausse veine, madame Dacier, préoccupée des idées d'école, donnait à l'instant dans une erreur d'un autre genre ; elle croyait pouvoir offrir dans Homère la perfection et jusqu'à la *symétrie* du poëme épique, tel que le système en avait été autrefois trouvé par Aristote et surtout tel que l'avait récemment présenté dans un traité *ad hoc* un savant chanoine, le Père Le Bossu ; et, par là, elle allait prêter le flanc aux gens d'esprit qui, battus ou repoussés sur une des ailes de leur corps de bataille, prendront leur revanche sur l'autre aile.

Mais madame Dacier avait pleinement raison lorsqu'en venant à la diction d'Homère, elle déclarait que ce qui l'avait le plus effrayée, c'était la grandeur, la noblesse et l'harmonie de cette diction dont personne n'a approché, « et qui, disait-elle, est non-seulement « au-dessus de mes forces, mais peut-être même au- « dessus de celles de notre langue. » Pour peindre cette diction homérique dont elle est pénétrée et qui fait l'âme du poëme, elle a des paroles qui sont d'un écrivain et des images qui portent sa pensée : « La « louange, dit-elle, que ce poëte donne à Vulcain, de « faire des trépieds qui étaient comme vivants et qui « allaient aux assemblées des Dieux, *il la mérite lui-* « *même* : il est véritablement cet ouvrier merveilleux « qui anime les choses les plus insensibles ; tout vit « dans ses vers. » Comment donc oser le traduire ? C'est ici qu'elle redit bien haut ce qu'elle avait dit déjà pour ses traductions précédentes. Ce n'est pas pour les doctes qu'elle écrit, c'est pour ceux qui ne lisent point l'original et auxquels cette connaissance sublime est fermée. Et, dans une comparaison spirituelle, elle sup-

pose qu'Hélène, cette beauté sans pareille chez Homère, est morte en Égypte, qu'elle y a été embaumée avec tout l'art des Égyptiens, que son corps a été conservé jusqu'à notre temps et nous est apporté en France; ce n'est qu'une *momie* sans doute : « On n'y verra pas ces
« yeux pleins de feu, ce teint animé des couleurs les
« plus naturelles et les plus vives, cette grâce, ce
« charme qui faisait naître tant d'amour et qui se fai-
« sait sentir aux glaces mêmes de la vieillesse; mais on
« y reconnaîtra encore la justesse et la beauté de ses
« traits, on y démêlera la grandeur de ses yeux, la pe-
« titesse de sa bouche, l'arc de ses beaux sourcils, et
« l'on y découvrira sa taille noble et majestueuse... »
C'est en ces termes véridiques et modestes que madame Dacier annonçait sa traduction, et elle n'a rien dit de trop à son avantage. Par moments même, et quand, oubliant l'original, on s'abandonne à la lecture, cette idée de momie qui, somme toute, est désagréable et qu'une autre qu'elle n'eût pas risquée, disparaît et n'est plus exacte; on sent (pour parler encore comme elle) qu'on a affaire à une traduction *généreuse et noble* qui, s'attachant surtout aux beautés de l'original, s'efforce de les rendre dans l'esprit où elles ont été conçues. Ne lui demandez ni la grâce ni l'éclat, ni la noblesse continue : et pourtant, à force de savoir et de bonne foi, elle atteint dans l'ensemble à un certain effet homérique; il y a une certaine naïveté et *magniloquence* qui se retrouve dans sa langue naturelle plus qu'élégante. Madame Dacier, en tant qu'écrivain, retarde un peu sur son époque; elle n'a point passé par l'école de Boileau, de Racine; elle est plus antique et se rattache, par Huet, par M. de Montausier, aux écrivains d'auparavant. Il y a eu deux sortes d'écrivains qui n'ont point passé par Boileau, les uns ayant un reste de précieux, même dans leur élégance, comme Fléchier, Pellisson;

les autres restés un peu gothiques. Madame Dacier est de ces derniers ; vivant à Paris, elle garde jusque dans son style noble de ces expressions un peu basses dont Bayle, à l'étranger, ne se défit jamais. Elle dira par la bouche d'un héros insultant un autre héros : « Tu crois voir partout la mort *à tes trousses.* » Tout cela n'empêche pas madame Dacier d'être encore aujourd'hui peut-être, pour l'ensemble, le traducteur qui donne le plus l'idée de son Homère. Je ne veux pas dire un blasphème : certes, Fénelon a bien autrement d'esprit et de talent dans la moindre de ses phrases que madame Dacier dans tout son style; son *Télémaque* est souvent du plus charmant Homère, et toutefois, dans l'élégance de Fénelon, dans ce que sa phrase a de plus léger, de plus mince, il y a un certain désaccord fondamental avec l'abondance impétueuse et le plein courant d'Homère. Il en a passé au contraire quelque chose dans l'œuvre d'étude et de prud'homie de madame Dacier. Je parle surtout de son *Iliade.*

J'aime, au reste, à marier ces productions, par quelque côté parentes, bien plutôt qu'à les opposer : la Bible de Royaumont, le *Télémaque*, Rollin, l'*Homère* de madame Dacier, me paraissent aller bien ensemble pour la couleur. Madame Dacier a tiré bon parti, pour ses remarques et ses interprétations, d'Eustathe, l'archevêque de Thessalonique, excellent critique moral, critique surtout des beautés; Eustathe, qu'a suivi volontiers madame Dacier, est lui-même une espèce de Rollin byzantin, mais plus fort.

C'est l'*Homère* de madame Dacier que lisait madame Roland, jeune fille, avant les rêves de la vie publique, et dans sa studieuse retraite. Elle en écrivait son impression à une amie de son âge en des termes qui valent mieux qu'un jugement, et qui représentent le profit qu'en ont tiré des générations entières :

« J'ai promis, ma bonne Henriette, de te communiquer mon opinion sur *l'Odyssée* : je vais répondre à ton désir. Ce poëme est si différent de *l'Iliade* par sa nature, qu'il ne saurait produire des impressions semblables à celles qu'on reçoit de ce dernier ouvrage. Il ne m'a point fait autant de plaisir; mais dans la sagesse du plan, l'économie des détails, le rapport des épisodes, l'adresse des narrations, on reconnaît toujours Homère, et Homère plein de vigueur, d'âme et de sens. J'ai distingué des passages propres à causer l'émotion la plus vive, s'ils m'eussent été présentés avec la magie du vers, ainsi qu'ils doivent l'être dans l'original. Le style de madame Dacier, quoique pur, exact et facile, ne me paraît pas toujours noble, élevé, poétique, tel enfin que le demandait son sujet. Peut-être aussi était-il impossible de réunir ces qualités dans une traduction; car je ne prétends pas rabaisser la gloire de cette femme judicieuse et savante (1). »

Topffer, dans une des lettres du *Presbytère* (la 37ᵉ), ou plutôt Charles écrivant à Louise, et lui réfléchissant dans un tableau plein de fraîcheur l'épisode de Nausicaa, parle mal de madame Dacier. Charles a tort; il lit le grec, et ne se met point à la place de ceux qui ne le savent pas; il était digne de sentir ce mérite utile d'une femme docte et simple. Louise, dans sa réponse, a deviné qu'il y a là un titre d'honneur pour son sexe : « Pourquoi, lui dit-elle, en voulez-vous donc tant à madame Dacier? »

La préface de la première édition de *l'Iliade* se terminait par une page touchante et souvent citée, mais qui montre trop bien madame Dacier au naturel pour devoir être omise toutes les fois qu'on veut lui faire honneur :

« Après avoir fini cette préface, disait-elle, je me préparais à reprendre *l'Odyssée* et à la mettre en état de suivre *l'Iliade* de près; mais, frappée d'un coup funeste qui m'accable, je ne puis rien promettre de moi, je n'ai plus de force que pour me plaindre. Qu'il soit permis à une mère affligée de se livrer ici un moment à sa douleur. Je sais bien que je ne dois pas exiger qu'on ait pour moi la même complaisance qu'on a eue pour de grands hommes, anciens et mo-

(1) Lettre à mademoiselle Cannet, du 21 juillet 1776.

dernes, qui, dans la même situation où je me trouve, se sont plaints de leur malheur ; mais j'espère que l'humanité seule portera le public à ne pas refuser à ma faiblesse ce qu'on a accordé à leur mérite : jamais on ne s'est plaint dans une plus juste occasion. Il nous restait une fille très-aimable, qui était toute notre consolation, qui avait parfaitement répondu à nos soins et rempli nos vœux ; qui était ornée de toutes les vertus, et qui, par la vivacité, l'étendue et la solidité de son esprit, et par les talents les plus agréables, rendait délicieux tous les moments de notre vie ; la mort vient de nous la ravir. Dieu n'a pas voulu continuer jusqu'à la fin de nos jours une félicité si grande. J'ai perdu une amie et une compagne fidèle ; nous n'avions jamais été séparées un seul moment depuis son enfance. Quelles lectures ! quels entretiens ! quels amusements ! Elle entrait dans toutes mes occupations ; elle me déterminait souvent dans mes doutes ; souvent même elle m'éclairait par des traits qu'un sentiment vif et délicat laissait échapper. Tout cela s'est évanoui comme un songe : à ce commerce si plein de charmes succèdent la solitude et l'horreur ; tout se convertit pour nous en amertume ; les Lettres mêmes, accoutumées à calmer les plus grandes afflictions, ne font qu'augmenter la nôtre par les cruels souvenirs qu'elles réveillent en nous. Il ne m'est donc pas possible de me remettre si promptement à un ouvrage qui m'est devenu si triste : il faut attendre qu'il ait plu à Dieu de me donner la force de surmonter ma douleur et de m'accoutumer à une privation si cruelle. »

Sans doute on conçoit une douleur maternelle toute morne et silencieuse : l'auteur entre ici pour quelque chose encore ; mais il y entre si naturellement, et pour une part si légitime, qu'on ne peut que s'attendrir avec lui. Cette personne honnête et probe croit à son lecteur, à son public, à l'affection qu'elle leur inspire, à l'intérêt que le monde témoigne pour la continuation et l'achèvement de son travail, à la compassion qu'il aura d'une interruption venue d'une cause si douloureuse ; elle se souvient de Cicéron pleurant sa fille Tullia, de Quintilien déplorant la perte d'un fils plein de promesses, et, tout en les imitant, elle verse de vraies larmes ; puis, en finissant, la mère chrétienne se retrouve et se soumet (1).

(1) L'abbé Fraguier, dans une pièce de vers latins adressée à ma-

dame Dacier, lui parle en termes touchants de cette fille qu'elle pleu-
rait : « Quelle consolation, hélas! ton époux et toi, ô mère excellente, vous perdez! comme elle préférait vos doctes recueils aux jeux
de son âge! avec quelle application elle lisait les livres de son père
et de sa mère, notant les endroits délicats ou ingénieux! comme déjà
son âme sagace se prononçait d'elle-même à la lecture d'Homère!
que de pleurs elle versait sur Télémaque, que de pleurs sur Astya-
nax! Et elle savait se plaire aussi aux choses plus légères, et sur le
luth ou le clavecin s'accompagner en déroulant les chants mélodieux
de l'Italie. Hélas! tout ce qui est doux passe vite!... »

>   Quo studio patrisve libros matrisve legebat,
>   Delicias artemque notans! animæque sagacis
>   Indicium lecto jam tum ostendebat Homero!
>   Quantum in Telemacho, quantum Astyanacte dolebat!
>   Et poterat leviora sequi, fidibusque sonoris
>   Dædala multiplices Italûm devolvere cantus.
>   Heu! breve fit quodcunque juvat........ »

Lundi, 13 mars 1854.

MADAME DACIER

(FIN)

La traduction de *l'Iliade* par madame Dacier, publiée en 1711, amena une des guerres littéraires les plus vives et les plus curieuses qu'on ait vues, et comme il s'en produit quelquefois en France quand les esprits sont reposés et qu'on n'a rien de mieux à faire. Les grands écrivains du siècle de Louis XIV étaient tous morts, il ne restait plus que Fénelon : pourtant leur autorité régnait toujours; c'était le même régime qui se continuait en apparence. De jeunes esprits impatients, plus légers ou plus hardis, trouvaient que ce régime se prolongeait beaucoup et qu'il y avait lieu d'y jeter de la variété et de l'imprévu. A défaut d'invention, on fut trop heureux de trouver un sujet de critique qui, pendant deux ou trois ans, fournit matière à des quantités d'écrits et à toutes les conversations.

Ce ne fut point tout à fait au lendemain de la publication de *l'Iliade* que la querelle éclata : il fallut quelque temps pour que les adversaires en vinssent à tirer parti de cette lecture dans le sens de leurs idées. On avait déjà parlé d'Homère à plus d'une reprise, et particulièrement dans le fort de la fameuse querelle entre Perrault et Despréaux (1693). Ce qui manquait aux gens du monde et à bien des gens de lettres, c'était de le lire : madame Dacier leur en donna le moyen. Lorsque sa traduction parut, ils se dirent : « Voilà donc cet Homère dont on parle tant, » et ils firent bientôt toutes les critiques qu'une première impression suggère quand on ne se met pas au point de vue de l'antiquité ou qu'à défaut d'une connaissance véritable on n'est pas retenu par le respect de la tradition. Ce qui aujourd'hui nous paraît surtout absent dans la traduction de madame Dacier n'était point alors ce qui nuisait le plus à Homère, et, si elle avait mis à quelque degré dans son style de ces couleurs et de ces tons homériques que retrouvèrent plus tard, dans leur art studieux, André Chénier et Chateaubriand, il est à croire que de tels passages n'auraient point paru les moins gais à ces chevaliers à la mode dont nous avons des copies chez Regnard ou chez Dancourt, à ces jolies femmes de Marly que la duchesse de Bourgogne guidait au jeu et au plaisir, ou à ces esprits ingénieux et froids que Fontenelle initiait à la philosophie.

La Motte, qui croyait que l'esprit supplée au talent et qui s'était mis à faire des vers, avant tout raisonnables, dans tous les genres et sur tous les sujets, se dit que *l'Iliade* d'Homère était une matière qui s'offrait d'elle-même, et il eut l'idée de prendre pour canevas la traduction de madame Dacier, en y changeant, corrigeant, retranchant tout ce qui lui paraîtrait convenable; il voulait faire d'Homère quelque chose de bien. Ses premiers essais furent accueillis comme une tentative honnête et innocente. La Motte était un excellent académicien, le mieux disposé de tous à payer son tribut dans les assemblées publiques ou particulières : il lut à ses confrères plusieurs de ses chants en vers, imités et raccourcis, et il reçut beaucoup d'éloges. Il connaissait madame Dacier; il lui avait même adressé précédemment une Ode, détestable, il est vrai, mais pleine de louanges, au sujet de son Anacréon : il voulut avoir son avis sur cet essai de traduction en vers, et il lui récita son chant sixième où est raconté l'inutile message de Phœnix, d'Ajax et d'Ulysse, auprès d'Achille. Madame Dacier ne vit là qu'un hommage un peu profane, un hommage toutefois, à son grand et divin poëte, et elle complimenta La Motte. Cependant celui-ci se décida à faire imprimer cette *Iliade* versifiée et réduite à douze chants; elle parut pour la nouvelle année de 1714 avec un *Discours sur Homère*, où il déclarait tous ses sentiments; et c'est alors, à ce moment de la paix d'Utrecht, la ville et la Cour étant de loisir, que la guerre littéraire éclata. Elle remplit le court intervalle qui s'étendit jusqu'à la mort de Louis XIV, et elle se prolongea au delà sous la Régence. Ce fut la dernière et non pas la moins vive de toutes celles qui avaient signalé le grand règne.

Il se dit de part et d'autre beaucoup de choses bonnes et mauvaises, spirituelles et grossières, excellentes et ridicules; chacun des combattants y dessina son caractère encore plus qu'il n'éclaircit la question. J'ai déjà indiqué qu'une idée fausse domina toute la querelle. Les admirateurs et les défenseurs d'Homère proposaient son poëme de *l'Iliade* comme le modèle du poëme épique pour le plan, pour la composition et l'ordonnance. Madame Dacier ne souffrait pas que Pope, qui traduisait vers le même temps Homère en anglais, comparât *l'Iliade* à un vaste et fécond verger d'Ionie, ou, si l'on veut, à un parc anglais : « Bien loin que *l'Iliade*
« soit un jardin brut, s'écriait-elle, c'est le jardin le
« plus régulier et le plus symétrisé qu'il y ait jamais
« eu. M. Le Nôtre, qui était le premier homme du
« monde dans son art, n'a jamais observé dans ses jar-
« dins une symétrie plus parfaite ni plus admirable
« que celle qu'Homère a observée dans sa poésie. Non-

« seulement tout y est dans la place qu'il doit avoir,
« tout est fait pour la place qu'il occupe; il présente
« d'abord ce qui doit être vu d'abord, il met au milieu
« ce qui doit être au milieu, etc. » D'un autre côté, La
Motte et ses sectateurs étaient perpétuellement amenés
à confronter la forme et le genre de beautés d'Homère
avec l'idée d'une certaine exactitude de raisonnement
et de tour, d'une certaine précision ingénieuse et fine
qu'ils avaient dans l'esprit et qui prévaudra au dix-huitième siècle : eux aussi, ils avaient leur moule favori et
leur patron. A part ce double contre-sens général, il se
dit bien de bonnes choses, et justes : La Motte, à force
d'esprit et de sagacité, devina quelques-unes des objections que plus tard l'érudition de Wolf appuiera et vérifiera. Pourtant, entre lui et madame Dacier, il ne
serait pas juste de s'en tenir purement et simplement à
ce que fit dans le temps Fénelon par politesse, c'est-à-dire de laisser la balance indécise. La Motte, dans le
siége qu'il met devant la renommée d'Homère, a beau
s'appliquer à restreindre et à circonscrire ses lignes
d'attaque, il y a en lui une *inintelligence totale* du génie
de l'antique poëte; et c'est ce qui irrite madame Dacier
et la transporte hors d'elle-même. Elle est comme un
lion, et d'autant plus que, remplie du sentiment vrai
qui la possède, elle ne peut le démontrer aux autres
autant qu'elle le voudrait.

La Motte est sceptique; c'est un esprit froid, fin, sagace, qui pratique la maxime de Fontenelle et se défendrait de l'enthousiasme s'il pouvait en être susceptible;
il n'a rien à faire de son loisir et de son esprit qu'à
l'appliquer indifféremment à toutes sortes de sujets
auxquels il s'amuse : « Hors quelques vérités, pense-
« t-il, dont l'évidence frappe également tous les hom-
« mes, tout le reste a diverses faces qu'un homme
« d'esprit sait exposer comme il lui plaît; et il peut

« toujours montrer les choses d'un côté favorable au
« jugement qu'il veut qu'on en porte. » Il se flatte que
la dispute présente est du nombre de celles qui se prêtent à plus d'une solution; il affecte de la considérer
comme plus frivole qu'elle n'est, qu'elle ne peut le paraître à ceux en qui la raison se rejoint au sentiment et
qui mettent de leur âme dans ces choses de goût. Il a
dans le ton une certaine légèreté mondaine qui, en se
piquant d'observer toujours la politesse, n'en touche
souvent que de plus près à l'impertinence.

J'ai quelquefois pensé qu'il y aurait un joli chapitre
à faire : *La Motte et Condillac.* Condillac est le La Motte
de la philosophie : c'est le même genre de paradoxe,
exact, fin, artificiel et mince. Tous deux ont cet avantage de si bien raisonner en gens d'esprit qui décomposent leur sujet et le traitent à faux ou à côté du vrai
dans tous les sens, qu'ils vous impatientent, vous irritent et vous forcent, pour peu que vous ayez un esprit
franc, à mieux raisonner, ou du moins à conclure
mieux qu'eux. La Motte vous rejette, de dépit, dans le
vrai de la poésie, et Condillac dans le vif de la nature
humaine. Ce sont gens, après tout, qui, si aiguisés
qu'ils soient à leur manière, manquent d'un sens, et à
qui cela donne une sorte d'impudeur et de hardiesse
dans leur procédé avec ceux qui en sont doués.

Madame Dacier, ayant lu le Discours que La Motte
avait mis en tête de son Homère, Discours où il s'autorisait d'elle et où il triomphait de lui après l'avoir de
plus *estropié* dans ses vers, n'y tint pas et courut aux
armes. Elle publia, avant la fin de cette même année
1714, son livre intitulé *Des Causes de la Corruption du
Goût*, une des productions solides de l'ancienne critique
française, et où il y a plus d'esprit qu'on ne pense : « La
« douleur, dit-elle en commençant, de voir ce poëte si
« indignement traité, m'a fait résoudre à le défendre,

« quoique cette sorte d'ouvrage soit très-opposée à mon
« humeur, car je suis très-paresseuse et très-pacifique,
« et le seul nom de guerre me fait peur ; *mais le moyen
« de voir dans un si pitoyable état ce qu'on aime et de ne
« pas courir à son secours !* »

Son défaut principal dans cette réponse où il entre tant de bonnes raisons de détail, c'est de pencher tout entière d'un côté, de ne voir que l'antiquité et rien de plus, de crier sur cette fin de Louis XIV à la décadence des Lettres et à l'invasion de l'ignorance parce que la forme du savoir est près de changer, de croire « que c'est *l'imitation seule* qui a introduit le bon goût parmi nous, » et de ne tenir aucun compte du génie naturel qui a mille façons de se produire dans la suite des âges et qui recommence toujours. Son défaut particulier, c'est de garder un reste de Scaliger en français, d'avoir des paroles qui sentent leur seizième siècle, de dire à ses adversaires qu'ils ne savent ce qu'ils disent, et de citer M. Dacier tout à côté de Despréaux. Elle sent d'ailleurs très-bien le faible de cette génération à laquelle elle s'adresse, génération de cafés et d'Opéra, qui s'en tient à une première connaissance superficielle et va ensuite porter ses découvertes dans les belles compagnies pour s'y faire applaudir :

« Mais par quelle fatalité, s'écriait-elle, faut-il que ce soit de l'Académie française, de ce corps si célèbre qui doit être le rempart de la langue, des Lettres et du bon goût, que sont sorties depuis cinquante ans toutes les méchantes critiques qu'on a faites contre Homère !... Aujourd'hui, voici une témérité bien plus grande et une licence qui va ouvrir la porte à des désordres plus dangereux pour les Lettres et pour la poésie, et l'Académie se tait ! elle ne s'élève pas contre cet excès si injurieux pour elle ! Je sais bien qu'il y en a qui gémissent de cet attentat... »

Il est à remarquer, en effet, que l'Académie française qui, depuis, a été une sorte de sanctuaire classique et d'où sont partis en sens inverse, d'où sont tombés sur des têtes que nous savons bien des anathèmes, était alors un lieu beaucoup plus neutre et dans lequel les adversaires et les contradicteurs de Despréaux, et, ce qui était plus grave, les contempteurs d'Homère, avaient eu pied en toute circonstance :

> « J'avertis ici madame Dacier, disait La Motte dans sa réponse, qu'elle a une idée fausse de l'Académie française. Elle la regarde apparemment comme un tribunal tyrannique qui ne laisse pas la liberté des jugements en matière d'ouvrages d'esprit ; elle croit que l'admiration religieuse des Anciens en est une loi fondamentale, et qu'en y entrant on lui prête serment de fidélité à cet égard. Ce n'est point là l'esprit d'une assemblée de gens de lettres, et l'Académie ne tend à l'uniformité que par voie d'éclaircissement et non pas par voie de contrainte. »

Madame Dacier ne laisse pas d'avoir des passages spirituels et qui ne demanderaient qu'à être mieux entourés. Elle sait très-bien se moquer de La Motte qui, privé du sens du beau, ne voit dans les discussions sur *l'Iliade* qu'un conflit d'opinions contraires où l'admiration et le mépris ont pu être également exagérés, et qui est d'avis pour conclure de faire, comme on dit, une *cote mal taillée*. Elle se moque d'une de ces critiques qui porte à la fois sur la conduite d'Hélénus, d'Hector et de Diomède, qu'Homère donne pour sages et qui, au moment même, se seraient emportés comme des imprudents : « Voilà un beau coup de filet pour M. de La Motte, dit-elle assez gaiement, d'avoir pris en faute trois héros d'Homère tout à la fois. » Quand elle en vient au travestissement en vers qu'il a donné de *l'Iliade*, elle en fait ressortir tout le chétif et l'indignité ; elle montre très-bien, par exemple, que les obsèques d'Hector, exposé sur un lit dans la cour du palais, avec l'entourage lugubre des chanteurs et les gémissements de tout un peuple de femmes qui y répondent, sont

devenues chez M. de La Motte quelque chose de sec et de convenu : « On croit voir, dit-elle, un enterrement à sa paroisse. » Mais ces traits d'esprit, que madame Dacier oppose à ceux de l'adversaire, se mêlent trop d'images, de comparaisons et de citations qui juraient avec le goût moderne. Un des grands points du débat était les *répétitions* d'Homère qu'elle prétendait excuser, et que lui s'obstinait à blâmer, toujours dans la supposition qu'Homère était une espèce de poëte de cabinet. Elle lui opposait une autorité, selon elle, convaincante, celle du délicat et très-dédaigneux Alcibiade, qui n'aimait rien que le neuf et qui ne pouvait souffrir d'entendre la même chose deux fois : « Cependant cet
« homme, si ennemi des répétitions, disait-elle, aimait
« et estimait si fort Homère, qu'un jour, étant entré
« dans l'école d'un rhéteur, il lui demanda qu'il lui lût
« quelque partie d'Homère ; et le rhéteur lui ayant répondu qu'il n'avait rien de ce poëte, Alcibiade lui donna un grand soufflet. Que ferait-il aujourd'hui à
« un rhéteur qui lui lirait *l'Iliade* de M. de La Motte ? »

Ce soufflet appliqué par hypothèse à M. de La Motte, et qui nous rappelle celui que Madame, mère du Régent, donna un jour à son fils, retentit alors dans ce monde railleur comme si réellement il avait été donné par Alcibiade ou par madame Dacier. La Motte en triomphe dans sa réponse : « Heureusement, disait-il en
« rapportant le passage, heureusement quand je récitai
« un de mes livres à madame Dacier, elle ne se souvint
« pas de ce dernier trait. »

La Motte, en effet, répondit et se donna les avantages de la forme, ce qui est si important en France. Au même moment, d'autres champions de tout caractère et de taille diverse entraient en scène, et la mêlée devint générale : il y avait la vraie jeunesse du temps, les malins et les espiègles armés à la légère, comme l'abbé de Pons, comme Marivaux ; il y avait ceux qui ne riaient pas et les esprits rectilignes comme l'abbé Terrasson, membre de l'Académie des sciences. Ce dernier, à la venue duquel madame Dacier s'était écriée : « Un géomètre ! quel fléau pour la poésie qu'un géomètre ! » publia en deux volumes sa *Dissertation critique sur l'Iliade* (1715); il y a du mérite et de l'originalité. Ce n'était pas ici comme pour La Motte qui posait en principe qu'il était parfaitement inutile de savoir le grec pour juger du point en litige ; l'abbé Terrasson savait le grec, mais il n'en avait pas plus pour cela le sentiment du beau. Cependant il montrait dans l'examen de la question autant de sérieux que La Motte y avait mis de légèreté et d'air mondain. C'est Terrasson qui fit le mieux voir qu'on ne devait envisager cette querelle que comme un cas particulier et une application de plus de la révolution opérée par Descartes dans l'ordre intellectuel. Selon lui, Descartes a renouvelé pour ainsi dire l'esprit humain, en substituant la raison à la prévention. Cette prévention, déjà vaincue en physique et dans les matières de science, subsiste encore en littérature : Homère et Aristote sont les deux grands noms, les deux idoles encore debout sur le seuil de la rhétorique et de la poétique. il s'agit de déloger l'autorité de ces derniers postes spécieux : « L'examen « dans les ouvrages de belles-lettres, nous dit Terras- « son, doit donc tenir lieu de l'expérience dans les su- « jets de physique ; et le même bon esprit, qui fait em- « ployer l'expérience dans l'un, fera toujours employer « l'examen dans l'autre. » Le livre de Terrasson est à lire comme un des plaidoyers les plus directs et les plus consciencieux qui aient été faits en faveur de la doctrine de la perfectibilité. Il place l'enfance du genre humain en Grèce, au temps d'Homère, son adolescence au temps de la florissante Athènes, sa maturité au

temps de César et d'Auguste. Cette maturité, une fois acquise, dure encore selon lui et se continue avec des accidents et des variétés diverses; mais le progrès se marque de plus en plus en un certain sens. L'abbé Terrasson croit déjà à son siècle comme plus tard y croira Condorcet : « Les sciences naturelles, dit-il, ont
« prêté leur justesse aux belles-lettres et les belles-
« lettres ont prêté leur élégance aux sciences natu-
« relles ; mais, pour étendre et fortifier cette union heu-
« reuse qui peut seule porter la littérature à sa dernière
« perfection, il faut nécessairement rappeler les unes
« et les autres à un principe commun, et ce principe
« n'est autre que l'esprit de philosophie. » Dès l'abord, il avait défini cet esprit de philosophie comme il l'entendait, « une supériorité de raison qui nous fait rapporter chaque chose à ses principes propres et naturels, indépendamment de l'opinion qu'en ont eue les autres hommes. » Il accordait à l'Académie française la gloire un peu exagérée d'avoir la première institué la discussion littéraire dans ces termes philosophiques, et d'avoir conclu de l'admiration mal fondée que l'on avait eue pour les vieux philosophes, qu'il fallait examiner de plus près celle que l'on avait encore pour les anciens poëtes : « L'ouverture de cette dispute, disait-
« il un peu magnifiquement, a achevé de rendre à l'es-
« prit humain toute sa dignité, en l'affranchissant
« aussi sur les belles-lettres du joug ridicule de la pré-
« vention. » C'était par là que Terrasson croyait qu'il nous appartenait de devenir littérairement supérieurs aux Latins, lesquels, supérieurs de fait aux Grecs, n'auraient jamais osé en secouer le joug. Il nous exhortait donc, avec une sorte d'effronterie naïve dont il donnait l'exemple, à avoir le courage de nous préférer nous-mêmes à nos anciens et à nos devanciers, à proclamer notre siècle (c'est-à-dire le sien) le premier et le plus

éclairé des siècles, le seul qui fût en possession d'une certaine justesse de raisonnement jusque-là inconnue. A cette date de 1715, il célébrait déjà dans les Français une nation philosophe, une nation chez qui l'illusion pouvait prendre, mais durait moins que chez tout autre peuple : « La philosophie fait, pour ainsi dire, l'esprit « général répandu dans l'air, auquel tout le monde « participe sans même s'en apercevoir. » S'il avait écrit cinquante ans plus tard, l'abbé Terrasson n'eût pas dit autrement. En ce qui est du langage en particulier, il se prononçait exclusivement dans le même sens absolu de la rectitude analytique. Méconnaissant dans Homère, ou plutôt n'estimant point cette langue si abondante et si riche, qui est comme voisine de l'invention et encore toute vivante de la sensation même, il préférait nettement la nôtre : « J'oserai le dire à l'avantage « de notre langue, je la regarde comme un tamis mer- « veilleux qui laisse passer tout ce que les Anciens ont « de bon, et qui arrête tout ce qu'ils ont de mauvais. » Enfin, s'emparant d'un mot de Caton l'Ancien pour le compléter et le perfectionner à notre usage, il concluait en ces termes : « Caton le Censeur connaissait « parfaitement l'esprit général des Grecs, et combien « ils donnaient au son des mots, lorsqu'il disait que la « parole sortait aux Grecs des lèvres, et aux Romains « du cœur ; à quoi j'ajouterais, pour achever le paral- « lèle, qu'aux vrais modernes elle sort du fond de l'es- « prit et de la raison. »

Jamais on n'a exprimé la *confiance moderne* marchant droit devant elle en toute matière, avec plus de résolution et plus d'intrépidité que l'abbé Terrasson. Dans cette question d'Homère il trouvait le moyen de se montrer un disciple de Descartes, un précurseur de Turgot, de Condorcet, d'Auguste Comte et d'Émerson. C'était dépasser de beaucoup les horizons de madame Dacier.

Aussi ne répondit-elle qu'à peine et en courant dans la Préface de son *Odyssée* (1716), et elle laissa M. Dacier s'en tirer assez maladroitement avec l'abbé Terrasson, qui eut le dernier mot. Elle-même avait pour le moment un autre adversaire sur les bras, et un adversaire bien imprévu. Un savant jésuite, le Père Hardouin, s'était jeté aussi à la traverse dans le combat et avait publié une *Apologie d'Homère* (1716) : mais quelle apologie! autant eût valu le pavé le plus accablant. Le Père Hardouin partait de ce point que personne jusque-là n'avait entendu le sujet de *l'Iliade*, qu'il proclamait d'ailleurs le chef-d'œuvre le plus ingénieux de l'esprit humain en son genre; il venait donc révéler à tous pour la première fois ce sujet tel qu'il se flattait de l'avoir découvert : ce n'était pas du tout la *colère d'Achille* comme on l'avait cru généralement, mais bien la destruction, selon lui, et l'extinction de la branche d'Ilus, décrite et racontée tout en l'honneur d'Énée qui était de la branche cadette. Il présentait l'idée d'Homère, en un mot, comme celle d'un poëte qui aurait raconté les désastres de la Ligue et les malheurs des derniers Valois pour faire plaisir et honneur à Henri IV régnant et aux Bourbons. Cette idée bizarre du Père Hardouin allait bien avec tout ce qu'on savait de lui, et quand on lui représentait qu'il aimait trop à s'écarter en tout des opinions communes : « Croyez-vous donc, répondait-il, que je me serais levé toute ma vie à trois heures du matin pour ne penser que comme les autres? » Dans le cas présent, madame Dacier le combattit en toute hâte, mais avec toute sorte de déférence dans la forme. En face de ce colosse d'érudition et de pédantisme, elle fut même relativement légère et spirituelle : « Quand je
« lui ôterai le mérite d'avoir entendu Homère et péné-
« tré l'art de la poésie, disait-elle du docte jésuite, je
« ne lui ôterai presque rien : il lui reste des richesses

« infinies : au lieu que moi, si le Révérend Père m'a-
« vait ravi le médiocre avantage d'avoir passablement
« traduit et expliqué ce poëte et démêlé l'art du poëme,
« je n'aurais plus rien ; c'est la seule petite brebis que
« je possède (1); je l'ai nourrie avec soin, elle mange
« de mon pain et boit dans ma coupe : serait-il juste
« qu'un homme si riche vînt me la ravir? » — Mais
imaginez cependant la gaieté des espiègles modernes et
des irrévérends mondains lorsqu'ils virent les partisans
de l'Antiquité aux prises entre eux et ne pouvant s'accorder sur le sujet même du poëme qu'ils offraient
comme modèle à l'admiration et à l'imitation de tous.

Au moment où elle brisait cette dernière lance contre
le Père Hardouin à propos de l'idée d'Homère et du
bouclier d'Achille, madame Dacier était déjà réconciliée avec La Motte. Des amis communs s'étaient entremis et avaient ménagé l'accommodement. Le Père Buffier notamment avait publié en ce sens et dans ce but
son *Homère en arbitrage*, c'est-à-dire deux lettres adressées à la marquise de Lambert avec une réponse de
celle-ci (1715). Après un examen poli, mitigé et complaisant, il concluait que les deux adversaires pouvaient se tenir *quitte à quitte*, et qu'ils étaient suffisamment d'accord dans l'essentiel, à savoir, « qu'Homère
est un des plus grands esprits du monde, et qu'il a fait
le premier une sorte de poëme auquel nul autre, *le tout
pour le tout*, n'a jamais été préféré ou préférable. » Madame de Lambert, de son côté, remarquait que le moment était venu sans doute d'opérer le rapprochement : « Le temps, ce me semble, disait-elle, y est
« propre. Madame Dacier s'est soulagé le cœur par le
« grand nombre d'injures qu'elle a dites. Le public rit

(1) C'est une allusion à la parabole du prophète Nathan parlant à
David (*Livre des Rois*, II, 12).

« et applaudit à M. de La Motte ; car il faut convenir
« qu'il a l'esprit aimable et léger : son dernier ouvrage
« a plu infiniment ; on le lit, on le cite. Il se fait donc
« entre eux une espèce de compensation ; mais il faut
« être bien juste pour attraper le point de l'équilibre,
« et profiter de leur disposition : cela vous est réservé,
« mon Révérend Père. »

Cela était réservé surtout à M. de Valincour. Madame de Staal De Launay, dans ses ingénieux Mémoires, a immortalisé cette petite scène de raccommodement qui eut lieu à souper, le 5 avril, dimanche d'avant Pâques de 1716 : ce jour des Rameaux n'était pas choisi sans dessein pour le pardon chrétien des injures :

« Avant que je fusse à la Bastille, écrit mad.iselle De Launay, M. de Valincour m'avait fait faire connaissance avec M. et madame Dacier ; il m'avait même admis à un repas qu'il donna pour réunir les *Anciens* avec les *Modernes*. La Motte, à la tête de ceux-ci, vivement attaqué par madame Dacier, avait répondu poliment, mais avec force. Leur combat, qui faisait depuis longtemps l'amusement du public, cessa par l'entremise de M. de Valincour, leur ami commun. Après avoir négocié la paix entre eux, il en rendit l'acte solennel dans cette assemblée, où les chefs des deux partis furent convoqués. J'y représentais la neutralité. On but à la santé d'Homère, et tout se passa bien. »

Comme après la fameuse réconciliation de Boileau et de Perrault, les adversaires n'en conservèrent pas moins leur opinion. La Motte continua de s'égayer aux dépens d'Homère dans ses *Fables* et ailleurs ; mais ce ne fut plus qu'en passant. Madame Dacier continua quelque temps de le défendre avec vigueur, mais contre d'autres ennemis, et en évitant de se rencontrer face à face avec son premier antagoniste. Dans le public, l'impression de cette querelle fut plutôt à l'avantage de La Motte ; on ne jugea point du fond, mais uniquement de la manière, selon notre habitude. La Motte eut (toute proportion gardée) le genre de succès de Fénelon répondant à Bossuet dans ce grand duel théologique qui fit tant d'éclat. Il eut la faveur et la grâce; l'autre avait eu la raison et le poids. « On eût dit, remarque Voltaire, que l'ouvrage de M. de La Motte était d'une femme d'esprit, et celui de madame Dacier d'un homme savant... La Motte traduisit fort mal *l'Iliade*, mais il l'attaqua fort bien. » La Motte avait orné sa défense de toutes sortes de jolis mots et de maximes de bonne compagnie : « Une douce dispute est l'âme de la conversation. » — « La diversité de sentiment est l'âme de la vie, et l'assaisonnement même de l'amitié. » — « Quand tout s'est dit de part et d'autre, la raison fait insensiblement son effet; le goût se perfectionne, et il s'affermit alors, parce qu'il est fondé en principe. » — « Il faut que les disputes des gens de lettres ressemblent à ces conversations animées, où, après des avis différents et soutenus de part et d'autre avec toute la vivacité qui en fait le charme, on se sépare en s'embrassant, et souvent plus amis que si l'on avait été froidement d'accord. » La Motte, en s'exprimant ainsi, parlait comme un homme froid et d'esprit dégagé, qui n'a pas la chaleur d'une conviction, et qu'un sentiment vif ne tourmente pas. Ceux qu'un amour ardent transporte s'accommodent moins aisément. La jeunesse du temps fut pour lui presque à l'unanimité : « Les jeunes « gens, s'écriait madame Dacier dès les premières pages « de son livre sur la *Corruption du Goût*, sont ce qu'il « y a de plus sacré dans les États, ils en sont la base « et le fondement; ce sont eux qui doivent nous suc- « céder et composer après nous un nouveau peuple. « Si l'on souffre que de faux principes leur gâtent l'es- « prit et le jugement, il n'y a plus de ressource. » La jeunesse des premières années du dix-huitième siècle ne répondit pas, comme il aurait fallu, à cette parole de cœur où palpitait le zèle d'une amie : « M. de La

« Monnoye, écrivait Brossette à J.-B. Rousseau (avril
« 1715), me mande que toute la jeunesse est déclarée
« contre le divin poëte, et que si l'Académie française
« prenait quelque parti, la pluralité serait certaine-
« ment pour M. de La Motte contre madame Dacier. »
Le dix-huitième siècle fut puni de cette partialité; en
perdant tout sentiment homérique, il perdit aussi celui
de la grande et généreuse poésie; il crut, en fait de
vers, posséder deux chefs-d'œuvre, *la Henriade* et *la
Pucelle;* il faudra désormais attendre jusqu'à Bernardin de Saint-Pierre, André Chénier et Chateaubriand
pour retrouver quelque chose de cette religion antique
que madame Dacier avait défendue jusqu'à l'extrémité,
et la dernière du siècle de Racine, de Bossuet et de Fénelon.

Ces travaux redoublés, ces nobles ardeurs et ces chagrins des dernières années la consumèrent; elle mourut d'apoplexie le 17 août 1720, au Louvre, où son
mari avait la charge de garde des livres du Cabinet :
par une exception glorieuse et qui n'avait point encore
eu d'exemple, la survivance lui en avait été accordée à
elle-même. Elle avait soixante-sept ans moins quelques
mois quand elle mourut. Madame de Staal a raconté
spirituellement, et avec ce grain d'ironie qu'elle met à
tout, comment elle fut sur le point de remplacer à titre
d'épouse cette femme illustre auprès de M. Dacier, qui
ne pouvait ni se consoler, ni se passer d'une compagne,
et qui finit bientôt par la suivre au tombeau (18 septembre 1722). On a fait de madame Dacier, longtemps
après elle, des portraits chargés et qui ne la peignent
point exactement. Je laisse dans le mépris qu'il mérite
un Mémoire odieux, né de quelque rancune fanatique
au sein du parti protestant qu'elle avait quitté (1).

(1) On lit ce Mémoire dans la *Bibliothèque française ou Histoire*

Quant à ce qui est de sa personne et de son caractère dans la société, un certain abbé Cartaud de La Vilate nous la représente sous une forme grotesque et ridicule qui ne fut jamais la sienne : « J'ai ouï dire, prétend-il facétieusement, à une personne qui a longtemps vécu avec elle, que cette savante, une quenouille à son côté, lui récita l'adieu tendre d'Andromaque à Hector avec tant de passion qu'elle en perdit l'usage des sens. » Ce sont là des exagérations et des caricatures sans vérité ; il ne faudrait pas croire que madame Dacier fût devenue en vieillissant une demoiselle de Gournay, une sorte de sibylle qui représentait avec emphase et solennité le bon vieux temps. Saint-Simon, le maître et le juge des mœurs sévères et bienséantes, a dit :

« La mort de madame Dacier fut regrettée des savants et des honnêtes gens. Elle était fille d'un père qui était l'un et l'autre, et qui l'avait instruite. Il s'appelait Le Févre, était de Caen et protestant. Sa fille se fit catholique après sa mort, et se maria à Dacier, garde des livres du Cabinet du roi, qui était de toutes les Académies, savant en grec et en latin, auteur et traducteur. Sa femme passait pour en savoir plus que lui en ces deux langues, en antiquités, en critique, et a laissé quantité d'ouvrages fort estimés. Elle n'était savante que dans son cabinet ou avec des savants ; partout ailleurs simple, unie, avec de l'esprit, agréable dans la conversation, où on ne se serait pas douté qu'elle sût rien de plus que les femmes les plus ordinaires. »

On ajoute « qu'elle était d'une assiduité opiniâtre au travail et ne sortait pas six fois l'an de chez elle, ou du moins de son quartier : mais, après avoir passé toute la matinée à l'étude, elle recevait le soir des visites de tout ce qu'il y avait de gens de lettres en France. »

---

littéraire de la France (1735), tome I, page 31 ; on y voit madame Dacier accusée de bigamie et de bien d'autres choses. Le seul point qui serait peut-être fondé, c'est qu'il y aurait eu à Saumur, du vivant de son père, un projet de mariage très-avancé entre mademoiselle Le Févre et un libraire de la ville appelé Jean Lesnier, mariage qui manqua et n'eut point de suite.

L'aimable et spirituel abbé Fraguier, le même qui, à l'apparition du premier manifeste de La Motte, avait fait en latin ce Vœu public aux Muses de lire chaque jour de l'année 1714, avec son ami Rémond, *mille vers d'Homère pour détourner loin de soi la contagion du sacrilége*; l'abbé Fraguier, dans une Élégie également latine sur la mort de madame Dacier, nous la représente arrivant aux Champs-Élysées et reçue par sa fille d'abord, cette jeune enfant qui court à elle les cheveux épars et en pleurant; puis l'Ombre d'Homère, pareille à Jupiter apaisé, sort d'un bosquet voisin et la salue comme celle à qui il doit d'avoir vaincu et de régner encore (*Quod vici regnoque tuum est...*). Pour elle, qui se mêle à ces illustres Ombres, elle est accueillie aussi par les femmes célèbres dont la renommée peut faire envie aux plus grands hommes; mais, jusqu'en cette demeure dernière et parmi ces naturelles compagnes, « ce n'est ni Sapho ni la docte Corinne qui lui plaisent le plus, c'est plutôt Andromaque et Pénélope. »

« *Le silence est l'ornement des femmes.* » C'est la seule sentence que madame Dacier sut trouver sous sa plume, un jour qu'elle était vivement pressée par un gentilhomme allemand d'écrire sur un livre déjà rempli de noms illustres, sur un *album* comme nous dirions. Il est vrai que c'est en grec qu'elle écrivait cette pensée et en se souvenant d'un mot de Sophocle.

Je ne me suis pas même posé, durant toute cette Étude, cette question, pourtant si française : madame Dacier était-elle jolie? Il n'est pas à croire qu'elle le fût; mais on a vu par un mot de la reine Christine que, dans sa jeunesse, elle dut être une assez belle personne, et sans doute assez agréable d'ensemble. Dans le seul portrait qu'on a d'elle, elle est représentée déjà vieille, avec une coiffure montante et, je l'avoue, un peu hérissée, le voile rejeté en arrière, le front haut, les sourcils élevés et bien dessinés, la figure forte et assez pleine, le nez un peu fort, un peu gros, la bouche fermée et pensive; elle a de la fierté dans le port et quelque épaisseur dans la taille. Sa physionomie se prête peu aux nuances; mais en tout il y respire un air de noblesse, d'ardeur sérieuse et de bonté

APPENDICE

Je joins comme appendice à ce volume quelques articles qui ne sont pas de ceux du Lundi et qui ont été insérés dans *le Moniteur*, à savoir : une Notice sur un savant modeste; un Rapport que j'ai été chargé de faire sur les primes à donner aux ouvrages dramatiques ; et aussi un autre morceau de critique, qui a prêté (par ma faute sans doute) à un contre-sens que je tiens à rectifier.

NOTICE SUR M. G. DUPLESSIS (1).

Le 21 mai dernier (1853), l'Université et la littérature ont perdu un homme qui leur avait rendu de longs, modestes et utiles services, M. Gratet-Duplessis, ancien recteur de l'Académie de Douai.

Né à Janville (Eure-et-Loir), le 16 décembre 1792, M. Duplessis appartenait à cette génération qui fut la première à profiter de la renaissance des études et de cet heureux réveil qui se fit dans l'Université sous l'Empire. Quand de jeunes esprits partaient de cette impulsion première, donnée par M. de Fontanes, pour se porter bien au delà, M. Duplessis était de ceux qui se bornaient à marcher d'un pas ferme dans la voie toute pratique de science solide et d'application positive, où le précédaient les Gueneau de Mussy et les Rendu Il était de ce petit nombre qui continuait la tradition et comme la race de l'ancienne Université dans la nouvelle.

Entré dans l'Université vers 1811, il professa dans divers colléges, et passa bientôt à des fonctions administratives élevées. Proviseur au collége d'Angers, inspecteur de l'Académie de Caen, puis deux fois recteur de l'Académie de Douai, et, dans l'intervalle, recteur de celle de Lyon, il fut mis à la retraite sur sa demande en 1842.

Au milieu de ces services universitaires, M. Duplessis n'avait cessé

(1) *Moniteur* du 31 mai 1853.

de cultiver les Lettres dans le sens le plus étendu, et selon un esprit et une méthode qui ne sont plus de ce temps-ci. Il savait à fond les deux langues classiques et savantes, et il y joignait la connaissance exacte de presque toutes les langues vivantes, l'allemand, l'anglais, l'espagnol, etc. Il lisait constamment dans ces diverses littératures ce qu'il y avait d'ancien, de plus rare ou de plus oublié, et ne se tenait pas moins au courant de ce qui s'y publiait de nouveau. Il lisait d'un bout à l'autre, sans ennui, sans impatience, la plume à la main, faisait des extraits pour lui, et n'en parlait jamais qu'à l'occasion, si on le questionnait et pour rendre service. C'était peut-être le plus infatigable et le plus désintéressé lecteur de ce temps-ci, et aussi le plus obligeant pour tous. Amateur des livres dans le vrai sens du mot, il les connaissait à la fois par le fond et par les particularités qui les distinguent. A la différence de bien des amateurs, il était désireux de connaître encore plus que de posséder. N'étant sollicité d'aucun désir de renommée et d'aucune ambition d'auteur, il n'a jamais écrit pour son compte que selon le loisir et l'occurrence. Lorsqu'en parcourant les manuscrits ou les vieux livres, il découvrait quelque pièce curieuse, inconnue ou très-rare, et qu'il jugeait de quelque intérêt pour ses confrères les amateurs, il la faisait imprimer ou réimprimer à quelques exemplaires, et quelquefois dans les mêmes caractères gothiques que l'ancienne édition; il faisait précéder la réimpression d'une petite notice, où il ne disait que l'essentiel, où il ne criait jamais à la découverte, et qu'il ne signait que de ses simples initiales (G. D.). Un grand nombre de ces réimpressions, qui sont dans les bibliothèques des curieux, ont été *procurées*, comme on disait autrefois, par les soins de M. Duplessis, à Lyon, à Caen, à Douai, ou à Chartres, pendant les séjours qu'il y faisait chaque année au sein de sa famille. Je citerai dans ce nombre : *les Faintises du Monde* de Pierre Gringore; *l'Advocat des Dames de Paris*, etc.; *le Doctrinal des nouveaux Mariés*; *le Doctrinal des nouvelles Mariées*; *le Mirouer des Femmes vertueuses*, etc., etc. : ces petits livrets renouvelés du gothique qui se trouvaient il y a quelques années chez le libraire Silvestre.

Mais l'ouvrage dans lequel M. Duplessis a le plus montré sa complète connaissance des livres est la *Bibliographie parémiologique* ou *Études bibliographiques et littéraires* sur les ouvrages et opuscules spécialement consacrés aux *Proverbes* dans toutes les langues (1847). On peut dire qu'il y a épuisé la matière. Il y prend le mot de proverbe dans tous les sens, dans celui que lui donnait Sancho Pança, comme dans celui que lui ont donné les Carmontelle et les Théodore Leclercq. Proverbes français, italiens, allemands et anglais, y comparaissent tour à tour. De petites dissertations, des citations faites avec goût, des notules agréables y recouvrent la sécheresse du genre bibliographique et viennent égayer la nomenclature. M. Duplessis était de l'école de Ménage et de La Monnoye en érudition.

Comme les hommes d'antique science, de goûts studieux et innocents, il se passait quelquefois sa belle humeur en tenant la plume. Les doctes du seizième siècle, les Étienne Pasquier et autres n'ont-ils pas eu ainsi leurs gaietés et leurs jeunesses? M. Duplessis, pour obliger un éditeur de sa connaissance, a mis la main à quantité de petits recueils très-bien faits, très-agréablement assortis et honnêtement récréatifs, publiés la plupart sous le pseudonyme d'*Hilaire le Gai*. — Il préparait, dans les derniers temps une édition des *Pensées* de La Rochefoucauld, qui doit paraître chez le libraire Jannet (1).

C'est de près et dans l'intimité de chaque jour que l'on pouvait le mieux apprécier le genre de mérite et d'utilité littéraire de M. Duplessis; il a lui-même cité ce mot d'un savant étranger : « La connaissance des livres abrége de moitié le chemin de la science, et c'est déjà être très-avancé en érudition que de connaître exactement les ouvrages qui la donnent. » M. Duplessis savait tous ces chemins de la littérature en chaque matière, et était toujours prêt à les indiquer. Il s'était amusé à traduire un petit Discours latin prononcé dans l'Assemblée générale de Sorbonne le 23 décembre 1780 par l'abbé Cotton des Houssayes, bibliothécaire de la maison, et où toutes les qualités et les devoirs du parfait Bibliothécaire sont exposés avec élégance et candeur (Techener, 1839) : « L'auteur de ce petit chef-d'œuvre presque inconnu, disait M. Duplessis, n'est guère connu lui-même que des littérateurs de profession. C'est qu'il appartenait à cette race, totalement éteinte aujourd'hui, de savants modestes et laborieux qui cultivent la science pour elle-même et qui trouvent plus de charme à orner et à fortifier leur intelligence dans le silence du cabinet, que de satisfaction à mettre l'univers dans la confidence de leurs moindres travaux ou de leurs plus insignifiantes découvertes. » Cette race n'était pas aussi totalement éteinte qu'il le croyait, puisqu'il traçait là, sans y songer, son propre portrait. Ceux qui, les après-midi, avaient le plaisir de le rencontrer d'habitude dans le petit cabinet où se réunissent chez M. Potier quelques amateurs de vieux livres, et où l'on cause d'un Elzévir ou d'un Vérard, d'un classique ou d'un conteur, ceux-là ont pu vérifier chaque jour l'étendue de ses connaissances, la certitude de ses informations, sa politesse discrète, affectueuse et communicative. Ces liaisons, commencées avec lui par le goût commun des livres, finissaient bientôt par une douce et essentielle amitié.

(1) Elle a paru en effet, et a été appréciée par M. de Sacy dans un article du *Journal des Débats* du 28 janvier 1854.

On lit dans *le Moniteur* du 27 février 1853 :

« La Commission des primes à décerner aux ouvrages dramatiques, composée de MM. Lebrun, Scribe, Mérimée, Lefèvre-Deumier, Léon de Laborde, Philarète Chasles, Perrot, Sainte-Beuve, Lassabathie, et présidée par M. Romieu, a nommé M. Sainte-Beuve pour son rapporteur.

« Voici le Rapport adressé à M. le ministre de l'intérieur :

« Ce 12 février 1853.

« Monsieur le ministre,

« La Commission chargée par vous de désigner les ouvrages dramatiques dont les auteurs lui paraîtraient dignes des primes instituées par l'Arrêté ministériel du 12 octobre 1851, a l'honneur de vous soumettre le résultat de l'examen auquel elle s'est livrée.

« Le premier article de cet Arrêté propose une prime de 5,000 fr.
« à l'auteur d'un ouvrage dramatique en cinq ou quatre actes, en
« vers ou en prose, représenté avec succès, pendant le cours de l'an-
« née, sur le Théâtre-Français, et qui sera jugé avoir le mieux satis-
« fait à toutes les conditions désirables d'un but moral et d'une exé-
« cution brillante. »

« Si la Commission n'avait eu à se préoccuper, monsieur le ministre, que des conditions de talent, d'exécution brillante et de succès, s'il lui avait été demandé seulement de désigner lequel des ouvrages représentés dans le cours de l'année au Théâtre-Français lui semblait le plus digne, littérairement, d'un encouragement et d'une récompense, elle aurait pu être embarrassée de faire un choix, mais elle en aurait certainement fait un. Elle avait sous les yeux, parmi les ouvrages qui se présentaient à son examen, des études de l'antiquité, tentées avec ingénuité et avec franchise (1); des drames où la passion romanesque traverse l'histoire et ne craint pas de se rencontrer en présence des plus grands noms (2); des comédies surtout, où des scènes et des caractères fort gais ont charmé le public (3), et où des figures aimables, entremêlées à d'autres qui ne sont que plaisantes, lui ont procuré et lui procurent chaque jour un divertissement plein de distinction et d'élégance (4). Mais la Commission, en rendant toute justice et à ces talents et à ces efforts, a dû se demander si l'objet principal du programme, aux termes duquel elle était convoquée, si le but moral entrait le moins du monde dans l'inspiration de ces

---

(1) L'*Ulysse*, de M. Ponsard.
(2) *Diane*, de M. Émile Augier.
(3) *Le Cœur et la Dot*, de M. Mallefille.
(4) *Mademoiselle de la Seiglière*, de M. Jules Sandeau.

pièces, ou s'il ressortait de l'effet qu'elles produisent; et il lui a été impossible de l'y reconnaître, et par conséquent de le couronner.

« Sans doute, monsieur le ministre, la pensée de l'Arrêté du 12 octobre 1851 n'a pas été de provoquer sur la première scène française la création d'un genre exclusivement moral, qui ne s'attacherait à présenter que des exemples vertueux et à en tirer directement des leçons : un tel genre a été tenté en d'autres temps et n'a produit bien vite que monotonie, emphase et déclamation suivie de beaucoup d'ennui. L'effet moral vraiment digne de ce nom, sur une scène élevée, doit sortir du spectacle même de la nature humaine observée et saisie dans le jeu varié de ses passions, dans ses misères et dans ses grandeurs, et jusque dans l'énergique naïveté de ses ridicules. Il est moral, l'effet qui résulte des transports tour à tour amoureux ou chevaleresques du Cid, des combats et de l'égarement de Chimène : c'est assez qu'on sente circuler, dans ce premier chef-d'œuvre de notre théâtre, un souffle et comme un courant de grandeur qui épure les sentiments et qui élève les âmes. Il est moral, l'effet même de cette passion coupable de Phèdre et de cette *douleur vertueuse* qui trouvait grâce et faveur devant Despréaux. Elle est morale enfin, cette impression généreuse et mâle, cette veine d'honnête homme qui court à travers les brusqueries passionnées du Misanthrope, et qui, par lui, nous réconcilie plus qu'il ne pense avec la nature humaine. En un mot, il est un point élevé où l'art, la nature et la morale ne font qu'un et se confondent, et c'est à cette hauteur que tous les grands maîtres dramatiques que l'humanité aime à reconnaître pour siens se sont rencontrés.

« A des degrés inférieurs, il est encore d'honorables places à saisir ; et, quoique le talent se laisse peu conseiller à l'avance, quoiqu'il appartienne à lui seul, dans ce fonds tant de fois remué, mais non pas épuisé, de l'observation naturelle et sociale, de découvrir de nouvelles formes et des aspects imprévus, qu'on nous permette d'exprimer ce seul vœu : c'est qu'il revienne enfin et qu'il s'attache désormais à étudier une nature humaine véritable, une nature saine et non corrompue, non raffinée ou viciée à plaisir, une nature ouverte aux vraies passions, aux vraies douleurs, sujette aux ridicules sincères, malade, quand elle l'est, des maladies générales, et naturelles encore, que tous comprennent, que tous reconnaissent et doivent éviter. Le but moral largement conçu, comme il doit l'être pour la scène française, nous semble être de ce côté.

« La Commission, monsieur le ministre, a donc le regret de n'avoir à désigner cette année aucun ouvrage dramatique en quatre ou cinq actes, qui réunisse les conditions exigées pour mériter à l'auteur la première prime.

« Elle n'a pas trouvé davantage à placer la seconde prime de 3,000 fr. proposée « à l'auteur d'un ouvrage en moins de quatre « actes, en vers ou en prose, représenté avec succès, pendant le cours

« de l'année, sur le Théâtre-Français, et qui, dans des proportions
« différentes, serait jugé avoir rempli, au plus haut degré, les mêmes
« conditions. »

« Dans ces termes, en effet, s'il lui était arrivé de vouloir s'arrêter sur des pièces vraiment amusantes comme elle en a rencontré, elle eût paru y attacher un sens et une portée morale qui, en vérité, eût étonné les spirituels auteurs eux-mêmes.

« La seconde partie de l'Arrêté ministériel du 12 octobre 1851 propose une prime de 5,000 fr. « à l'auteur d'un ouvrage en cinq ou
« quatre actes, en vers ou en prose, représenté à Paris avec succès,
« pendant le cours de l'année, sur tout autre théâtre que le Théâtre-
« Français, ou même donné pour la première fois sur un théâtre des
« départements, et qui serait de nature à servir d'enseignement aux
« classes laborieuses par la propagation d'idées saines et le spectacle
« de bons exemples. »

« Ici, monsieur le ministre, la Commission a pu regretter que le second Théâtre-Français, dont l'objet est de concourir le plus possible avec la première scène française dans les mêmes genres à la fois dramatiques et littéraires, n'eût point obtenu, dans l'Arrêté, un article à part qui permît de considérer en elles-mêmes les pièces qui y sont représentées, sans qu'on fût obligé de les comparer avec des ouvrages d'un genre et souvent d'un ordre tout différent.

« La Commission exprime donc le vœu que, dans l'avenir, il soit apporté en ce sens à la rédaction de l'Arrêté ministériel une modification qui laissera plus de liberté et permettra plus de justesse au travail des Commissions futures.

« En se tenant cette fois dans les termes généraux de l'Arrêté, la Commission a distingué avec plaisir, parmi les pièces assez nombreuses qui s'offraient à elle en première ligne comme ayant été représentées sur le second Théâtre-Français, et dont quelques-unes se recommandaient par des mérites sérieux, une comédie en cinq actes et en vers, *les Familles*, de M. Ernest Serret, qui rentre tout à fait dans l'esprit et dans la pensée de la fondation présente. Cette pièce, d'un comique aimable, se compose de tableaux vrais empruntés à la société de nos jours; deux familles y sont en présence : l'une toute mondaine, dans laquelle la discorde et le désordre se sont glissés, ne sert qu'à faire ressortir les mœurs unies et simples d'une autre famille toute laborieuse et restée patriarcale : deux jeunes cœurs purs, épris d'une passion mutuelle, sont le lien de l'une à l'autre. Les incidents, les obstacles sont bien ménagés, et toujours en vue de faire sentir le prix de l'union, de l'honnêteté domestique. Cette honnêteté, qui se produit sans emphase, qui brille dans le caractère des personnages et dans toutes leurs paroles, semble couler naturellement de l'âme de l'auteur; une versification nette, correcte, élégante, y sert d'ornement; quelques personnages assez gais et plus actifs, jetés dans ce monde d'honnêtes gens, relèvent la douceur des tableaux. Sans doute l'auteur a encore à faire pour arriver à égaler cette veine comique, même modérée, dont Collin d'Harleville chez nous a été un dernier modèle, mais il le rappelle quelquefois avec bonheur. L'avis de la Commission, c'est que, si l'ouvrage n'a pas atteint complétement le but, il est dans la voie.

« Cependant, monsieur le ministre, pour répondre aux intentions excellentes et formelles de l'Arrêté, la Commission avait le devoir de rechercher, parmi les pièces qui ont réussi sur des théâtres populaires, un ouvrage qui réunît à quelque degré les conditions morales, si désirables surtout pour ces sortes de théâtres. Puisque, dans les représentations scéniques qui sont plus particulièrement à l'usage du peuple, dans cette suite de tableaux compliqués et vastes où il se dépense souvent tant d'artifice et de talent, les auteurs ne visent point à cette reproduction entière et profonde de la nature, qui est le suprême de l'art, puisqu'ils font des sacrifices à l'appareil, à l'émotion, et, pour tout dire, à l'effet, il est tout simple qu'on leur demande plus ouvertement de pousser au bien plutôt qu'au mal, et à la vertu plutôt qu'au vice. Ici l'enseignement peut être plus direct et plus en relief; le genre vertueux, pour le nommer par son vrai nom, peut être plus décidément encouragé : mais que le talent y mêle toujours le plus d'observation réelle et de vérité possible, il agrandira et passionnera ses effets. Parmi les ouvrages que la Commission a eu à examiner, elle a distingué *la Mendiante*, drame en cinq actes, par MM. Anicet-Bourgeois et Michel Masson, qui a été représenté avec succès au théâtre de la Gaieté : il lui a semblé que le ton général de ce drame, l'émotion qui en résulte, le triomphe des bons principes et de quelques sentiments naturels et généreux, compensaient les invraisemblances d'ailleurs admises ou exigées dans le genre, et que ces qualités ici n'étaient point compromises, comme il arrive trop souvent, par des scènes accessoires où le vice en gaieté se montre et devient, quoi qu'on fasse, le principal attrait.

« Ainsi amenée par le résultat de son examen, et par les termes de l'Arrêté où elle était circonscrite, à réunir des ouvrages fort différents et même disparates, la Commission a l'honneur, monsieur le ministre, de vous désigner l'auteur de la comédie *les Familles*, et les auteurs du drame *la Mendiante*, comme dignes à quelque degré, et à des titres divers, de la prime proposée. Elle laisse à vos soins, monsieur le ministre, de décider dans quelle proportion la récompense doit être décernée à chacun.

« Quant aux ouvrages en moins de quatre actes, représentés pendant l'année sur d'autres théâtres que le premier Théâtre-Français, bien qu'il y en ait de très-agréables, et quelques-uns même où l'auteur semblait se proposer un but utile, la Commission n'en a trouvé aucun qui lui parût réunir, à un degré suffisant, la double condition voulue.

« Pour parer, d'ailleurs, à une difficulté qu'elle a rencontrée dans la pratique et qui l'a arrêtée plus d'une fois, et toujours en vue d'aider au travail des Commissions futures, la Commission exprime le vœu, monsieur le ministre, que dorénavant la totalité des sommes destinées aux primes restant la même, il soit permis d'en opérer et d'en graduer la répartition selon le mérite des ouvrages qui sortiront de l'examen avec honneur.

« Aujourd'hui, la Commission n'a pu faire en quelque sorte que reconnaître le terrain, et surtout bien établir l'esprit de la fondation en vertu de laquelle elle était convoquée : elle a mieux aimé être sobre et négative sur bien des points que de fausser cet esprit dès l'origine, en l'interprétant avec trop de facilité et de complaisance. La littérature dramatique a été prise au dépourvu ; on lui demande presque le contraire de ce qu'on était accoutumé à désirer d'elle depuis longtemps ; on lui demande des émotions vives, profondes et passionnées, mais pures s'il est possible, et, dans tous les cas, salutaires et fortifiantes ; on lui demande, au milieu de toutes les libertés d'inspiration auxquelles le talent a droit et qui lui sont reconnues, de songer à sa propre influence sur les mœurs publiques et sur les âmes, de se souvenir un peu, en un mot, et sans devenir pour cela trop sévère, de tout ce qui est à guérir parmi nous et à réparer. De jeunes talents semblent déjà l'avoir entrevu ; c'est à les encourager, c'est à en appeler de nouveaux dans cette voie qu'est destinée la fondation des primes annuelles. La Commission, dans son regret de n'avoir pas trouvé à en appliquer toutes les dispositions particulières, s'estimerait du moins heureuse d'avoir été, une première fois, l'interprète et l'organe fidèle de cette utile pensée.

« J'ai l'honneur d'être avec respect, monsieur le ministre, etc. »

Dans *le Moniteur* du 4 février 1854, j'ai donné un article sur l'ouvrage intitulé *Etude de l'Homme*, par M. de Latena, conseiller-maître à la Cour des Comptes ; en voici une partie, jusqu'à l'endroit où je ne me suis pas fait comprendre :

« Écrire des Pensées, résumer l'expérience de la vie dans quelques Essais de morale, est une des formes naturelles à toute une classe d'esprits graves et polis. Là où d'autres, en vieillissant, abondent en anecdotes, en noms propres et en souvenirs, en scènes où leur imagination se plaît à retrouver des couleurs et à ranimer les personnages, eux ils s'appliquent à dégager la substance de leur observation, et à disposer leur trésor moral comme un blé mûr ou comme un fruit qu'on réserve. Cette honorable famille d'esprits a pour chefs des moralistes immortels, et qui rendent après eux le travail difficile si l'on veut être neuf en même temps que rester judicieux. Pourtant, comme la diversité des esprits jusque dans les mêmes genres est infinie, comme la bonne foi et la sincérité en chacun est le grand secret pour tirer de sa nature tout ce qu'elle renferme, il y a moyen toujours, en ne disant que ce qu'on a senti, en n'écrivant que ce qu'on a observé, d'ajouter quelque chose peut-être à ce que les maîtres lumineux et perçants de la vie humaine ont déjà embrassé, ou du moins de faire en sorte que le lecteur soit ramené sur les mêmes chemins et vers les mêmes vues sans fatigue et sans ennui.

« Ce n'est point en lisant les auteurs ses devanciers que M. de Latena est arrivé à l'idée de résumer, à son tour, dans un ouvrage de morale les résultats de son expérience ; en composant ce livre, il est resté en dehors de toute excitation littéraire proprement dite : ce n'est pas sans dessein que je le remarque, car il y a eu de temps en temps des modes littéraires, même pour les livres de morale. Après Montaigne et quand on eut vu son succès, il prit sans doute envie à plus d'un gentilhomme campagnard de jeter par écrit ses fantaisies sans beaucoup d'ordre, et de devenir auteur à ses moments perdus sans cesser de courir le lièvre. Du temps de La Rochefoucauld, le goût des Maximes était général dans certains salons et menaçait de gagner la province : « Je ne sais si vous avez remarqué, écrivait La Rochefou« cauld à madame de Sablé, que l'envie de faire des sentences se « gagne comme le rhume. Il y a ici (à Verteuil en Angoumois) des « disciples de M. de Balzac qui en ont eu le vent, et qui ne veulent « plus faire autre chose. » Du temps de La Bruyère et dans le courant de sa vogue, il se déclara une véritable épidémie d'imitation : ce n'étaient que Caractères et descriptions de Mœurs à l'instar du maître. De nos jours, je ne vois pas qu'il y ait eu émulation et concurrence dans le sens des ouvrages de pure morale. Lorsque les *Pensées* de M. Joubert furent publiées pour la première fois en 1842, elles eurent du succès auprès des esprits d'élite, mais elles ne firent pas fureur. Cependant quelques esprits dont c'est la forme favorite et la propension intérieure n'ont pas cessé d'écrire des Réflexions morales, des Pensées : nous autres critiques, à qui l'on s'ouvre volontiers de ses désirs ou de son faible, et qu'on traite confidentiellement comme des directeurs ou des médecins, nous recevons beaucoup de livres dont le public n'est pas informé, et qui nous montrent que la série des principaux genres a sa raison dans le jeu naturel et dans le cadre permanent des facultés. Tandis que l'attention et l'applaudissement du public se prennent plutôt à des productions d'espèce nouvelle et qui ont leur jour ou leur saison, les pommiers continuent de porter leurs fruits, les fabulistes des fables, les poëtes pétrarquesques des sonnets, et quelques moralistes des Maximes. En obéissant à son goût naturel et réfléchi, M. de Latena cependant ne s'y est point laissé aller comme un simple amateur ; il n'a pas jeté au hasard et sans suite les remarques que lui suggérait l'étude de l'homme ou le spectacle de la société, et, sans enchaîner précisément toutes ses notes et ses aperçus dans une combinaison de chapitres se succédant avec méthode et transition, il a tenu à y établir un ordre général qui maintient la liaison des principales parties; il a fait et voulu faire un ouvrage; il a eu tout le respect du sujet qu'il traitait.

« Les premières parties de son livre sont entièrement philosophiques et métaphysiques : l'auteur s'occupe de Dieu, de la Création, de l'immortalité de l'âme, etc. Dans ces commencements on reconnaît un esprit droit et sage qui a essayé de se rendre compte par lui-même de ces problèmes les plus élevés, sur lesquels il est bon d'avoir une solution avant d'en venir à l'étude particulière de l'homme en société. La Bruyère et La Rochefoucauld ont eu leur métaphysique, au fond et au-dessus de leur morale; cette métaphysique seulement, ils ne l'ont pas dite; ils ont jugé plus prudent de la sous-entendre, ou de ne la laisser voir, comme La Bruyère, que sous un jour qui n'est peut-être pas le plus en accord avec l'ensemble de leur observation pratique. Au dix-huitième siècle, on ne procédait pas avec tant de circonspection ou de déférence; on affichait exprès et à tout propos une hardiesse qui remettait en question tous les principes. Aujourd'hui nouveau changement. La métaphysique préliminaire que M. de Latena expose, avec ses nobles professions de croyances, d'espérances consolantes, avec les incertitudes légères qui s'y mêlent et les lacunes qu'il faudrait combler, exprime assez bien la disposition commune en ce temps-ci à beaucoup d'esprits bien faits et distingués. Notre siècle, après les excès philosophiques qui ont signalé la fin du précédent, est devenu prudent à bon droit dans ces considérations générales; les cœurs honnêtes ont peur de toute témérité, et il semble même qu'on aime à s'en tenir, dans cette sphère élevée, aux apparences lumineuses, aux traditions générales et aux impressions premières du sentiment, plutôt que de les décomposer et de creuser trop avant, comme si l'on n'était pas sûr de pouvoir recomposer ensuite ce qu'on aurait trop indiscrètement analysé. Cette métaphysique des honnêtes gens, au dix-neuvième siècle, me paraît toujours avoir été pensée et conçue en présence d'un immense danger, et le lendemain d'une excessive curiosité punie.

« La partie de l'ouvrage dans laquelle M. de Latena se montre le plus lui-même, et avec ses avantages, est celle où il a pied en terre et où il parle de ce monde où il a vécu, de ces sentiments moraux qu'il a éprouvés ou observés avec justesse et délicatesse. En recueillant ses remarques sur le cœur, sur les femmes, et sur les sujets qui touchent aux passions, il s'est surtout inquiété d'être dans le vrai et de ne point dépasser dans son expression la mesure de ses propres jugements : « Je me suis rarement inquiété, dit-il, de savoir si d'autres
« m'avaient devancé, ni jusqu'où ils avaient pénétré : ma crainte
« était plutôt de m'égarer que de montrer comme nouvelle une voie
« déjà parcourue. N'est-ce pas un tort? et, en supposant qu'il ne soit
« pas un peu téméraire d'écrire aujourd'hui sur une matière qui a

APPENDICE.

« exercé tant d'esprits supérieurs, n'aurais-je pas dû au moins étu-
« dier leurs ouvrages?... Le seul livre que j'aie constamment médité
« est celui qui est ouvert à tous, c'est-à-dire l'homme agissant sous
« les influences qui le dominent sans cesse, ses intérêts et ses pas-
« sions ; et si quelquefois j'ai jeté un coup d'œil rapide sur La
« Bruyère et sur La Rochefoucauld, je ne l'ai fait que pour être cer-
« tain de ne pas laisser de simples réminiscences se glisser parmi
« mes propres observations. »

« De cette manière de composer il est résulté quelquefois, en effet, que le lecteur, familier avec les écrits soit de Sénèque, soit de La Rochefoucauld et de La Bruyère, soit de Massillon, de Montesquieu et du comte de Maistre, sent se réveiller en lui des traces de pensées connues, en lisant tel passage de M. de Latena. Ainsi, pour n'en citer qu'un exemple, M. de Latena dit : « Une femme sincère,
« qui baisse ou détourne subitement les yeux au seul aspect d'un
« homme, trahit pour lui un amour naissant ou à son déclin; un
« amour dédaigné ou tourmenté par le remords. Mais le doute ne
« tarde pas à être éclairci par sa rougeur ou son air de contrariété,
« par son calme affecté ou sa triste préoccupation. » La Bruyère, sans entrer dans ces nuances un peu prolongées, avait dit vivement :
« Une femme qui n'a jamais les yeux que sur une même personne,
« ou qui les en détourne toujours, fait penser d'elle la même chose. »
Mais, dans bien des cas, on éprouve chez M. de Latena la satisfaction de rencontrer des pensées justes, exprimées avec une attention et une description circonstanciée qui montre qu'elles sont bien nées, en effet, dans l'esprit de l'auteur : son seul soin est d'être élégant d'expression en même temps que fidèle. On sent avec lui l'observateur de bonne foi et, si je puis dire, de la probité dans le moindre détail. Je demanderai à citer ici quelques-unes de ces Pensées, en les isolant de manière à les mettre plus en saillie.

« Car, pour louer ensuite plus à mon aise M. de Latena, je veux en passant avouer une disposition de mon esprit qui est peut-être un faible, mais dont je ne puis faire tout à fait abstraction dans mes jugements : je suis (sans être Alcibiade) du goût de celui-ci, à qui Socrate disait : « Vous demandez toujours quelque chose de tout neuf; vous n'aimez pas à entendre deux fois la même chose. » Je suis de ceux qui, dans cet ordre moral, pencheraient plus volontiers du côté du nouveau (si le nouveau est possible) que du trop connu ; en ce qui est de l'expression, le brillant du tour et la pointe (dans le sens des Anciens) ne me déplaisent pas non plus autant qu'à d'autres. Quand La Bruyère et La Rochefoucauld nous manquent, je n'hésite pas à aller un moment jusqu'à Marivaux, ou même à passer jusqu'à Chamfort. Les parties trop subtiles qui se trouvent dans les *Pensées* de M. Joubert, et que j'en voudrais retrancher, ne m'ont pas empêché de le reconnaître dès l'abord pour un de nos premiers moralistes, et de le voir tout proche de Vauvenargues et de La Bruyère, avec le cachet de notre temps, ce qui est un mérite selon moi, et une originalité. — Cela dit, ces réserves posées et ma prédilection ainsi confessée pour ce qui est neuf dans le fond ou piquant dans la forme, je citerai quelques-unes des Pensées, toujours justes plutôt que vives, que je note au crayon dans le volume de M. de Latena, etc., etc. »

— Je crois que moyennant deux ou trois corrections que je viens de faire et un ou deux *mots* où j'ai appuyé, il ne saurait y avoir de doute sur le sens de mon jugement : ce n'est point à titre de nouveau, comme quelques personnes l'ont pensé, que je recommandais ce que j'allais citer, c'est en prenant sur mon goût habituel et non en y cédant que je rendais justice à un moraliste estimable, sans avoir d'ailleurs le moins du monde l'intention de le rapprocher de M. Joubert. Je demande pardon au lecteur de revenir ainsi sur un détail qui est de peu d'importance : pourtant, nous autres critiques qui n'avons que notre jugement, nous devons tenir à ne point paraître nous être trompés du tout au tout sur le caractère d'un ouvrage nouveau. On peut être indulgent, on peut être poli, on peut être juste, même pour ce qu'on ne préfère pas : mais on serait inexcusable d'attribuer à un ouvrage sa qualité contraire.

NOTE RELATIVE A L'ARTICLE VILLEHARDOUIN.

J'ai dit, page 382 : « Il y a pourtant plus de six cents ans qu'il a écrit dans le français qu'on *jargonnait* alors... » Ce mot de *jargonnait* me chiffonne; il me donne après coup des scrupules, et je sens le besoin de faire jusqu'à un certain point réparation à Villehardouin et à nos bons aïeux de la seconde moitié du douzième siècle. Je viens de lire le *Mémoire sur la langue de Joinville*, par M. Natalis de Wailly. Que n'a-t-il fait le même travail sur la langue de Villehardouin! Sans doute l'orthographe, comme la prononciation, était extrêmement variable au Moyen Age; mais même à cette époque reculée n'y avait-il pas certaines règles de grammaire, certaines manières de dire et d'écrire, qui étaient réputées les bonnes et les préférables? La question paraît aujourd'hui résolue pour ceux qui ont étudié de plus près les textes, et qui en sont arrivés à observer ou à induire un tel type de langue française romane offrant son genre de perfection à son moment et très-reconnaissable sous la plume des bons clercs. En admettant même que cette perfection fût chose très-fugitive et seulement approximative, que ce ne fût en quelque sorte qu'une velléité de perfection, il suffit qu'elle se rencontre ou se conçoive en cette période de Philippe-Auguste à saint Louis pour que l'expression de *jargonner* ne soit plus à sa place et qu'il la faille retirer comme une injustice et une impertinence des époques modernes postérieures. Voilà, ce me semble, un *mea culpa* par lequel je romps avec l'école de la routine et des à peu près et je me mets en règle avec la jeune science philologique.

Je profite de quelques pages restantes pour glisser, suivant mon habitude, une ou deux anecdotes littéraires.

Le poëte Baudelaire, très-raffiné, très-corrompu à dessein et par recherche d'art, avait mis des années à extraire de tout sujet et de toute fleur un suc vénéneux, et même, il faut le dire, assez agréablement vénéneux ; il avait tout fait pour justifier ce vers d'un poëte :

La rose a des poisons qu'on finit par trouver.

C'était d'ailleurs un homme d'esprit, assez aimable à ses heures et très-capable d'affection. Lorsqu'il eut publié ce recueil, intitulé *Fleurs du mal*, il n'eut pas seulement affaire à la critique; la Justice s'en mêla ; elle prit fait et cause au nom de la morale publique, comme s'il y avait véritablement danger à ces malices enveloppées et sous-entendues dans des rimes élégantes. Quoi qu'il en soit, il y eut procès, condamnation même, et c'est à la veille de cette plaidoirie plus que littéraire que j'adressai à l'auteur la lettre suivante, dans la pensée de venir en aide à la défense et de ramener la question à ce qu'elle était en soi, c'est-à-dire à une simple affaire de goût relevant de la seule critique. Cette lettre a été publiée depuis peu par les éditeurs des Œuvres de Baudelaire, mais avec des fautes d'impression selon l'usage ; j'ai tenu à les corriger.

« Ce 20 juillet 1857.

« Mon cher ami,

« J'ai reçu votre beau volume, et j'ai à vous remercier d'abord des mots aimables dont vous l'avez accompagné ; vous m'avez depuis longtemps accoutumé à vos bons et fidèles sentiments à mon égard. — Je connaissais quelques-uns de vos vers pour les avoir lus dans divers recueils ; réunis, ils font un tout autre effet. Vous dire que cet effet général est triste ne saurait vous étonner ; c'est ce que vous avez voulu. Vous dire que vous n'ayez reculé, en rassemblant vos *Fleurs*, devant aucune sorte d'image et de couleur, si effrayante et affligeante qu'elle fût, vous le savez mieux que moi ; c'est ce que vous avez voulu encore. Vous êtes bien un poëte de l'école de l'*art*, et il y aurait, à l'occasion de ce livre, si l'on parlait entre soi, beaucoup de remarques à faire. Vous êtes, vous aussi, de ceux qui cherchent de la poésie partout ; et comme, avant vous, d'autres l'avaient cherchée dans des régions tout ouvertes et toutes différentes; comme on vous avait laissé peu d'espace; comme les champs terrestres et célestes étaient à peu près tous moissonnés, et que, depuis trente ans et plus, les lyriques, sous toutes les formes, sont à l'œuvre, — venu si tard et le dernier, vous vous êtes dit, j'imagine : « *Eh bien! j'en trouverai « encore de la poésie, et j'en trouverai là où nul ne s'était avisé de la « cueillir et de l'exprimer.* » Et vous avez pris l'enfer, vous vous êtes fait diable ; vous avez voulu arracher leurs secrets aux démons de la nuit. En faisant cela avec subtilité, avec raffinement, avec un talent curieux et un abandon quasi *précieux* d'expression, en *perlant le détail*, en *pétrarquisant* sur l'horrible, vous avez l'air de vous être joué; vous avez pourtant souffert, vous vous êtes rongé à promener et à caresser vos ennuis, vos cauchemars, vos tortures morales ; vous avez dû beaucoup souffrir, mon cher enfant. Cette tristesse particulière qui ressort de vos pages et où je reconnais le dernier symptôme d'une génération malade, dont les aînés nous sont très-connus, est aussi ce qui vous sera compté.

« Vous dites quelque part, en marquant le réveil spirituel qui se fait le matin après les nuits mal passées, que, lorsque *l'aube blanche et vermeille*, se montrant tout à coup, apparaît en compagnie de *l'Idéal rongeur*, à ce moment, par une sorte d'expiation vengeresse,

Dans la brute assoupie un ange se réveille!

C'est cet ange que j'invoque en vous et qu'il faut cultiver. Que si vous l'eussiez fait intervenir un peu plus souvent, en deux ou trois endroits bien distincts, cela eût suffi pour que votre pensée se dégageât, pour que tous ces rêves du mal, toutes ces formes obscures et tous ces bizarres entrelacements où s'est lassée votre fantaisie, parussent dans leur vrai jour, c'est-à-dire à demi dispersés déjà et prêts à s'enfuir devant la lumière. Votre livre alors eût offert comme une *Tentation de saint Antoine*, au moment où l'aube approche et où l'on sent qu'elle va cesser.

« C'est ainsi que je me le figure et que je le comprends. Il faut, le moins qu'on peut, se citer en exemple : mais nous aussi, il y a trente ans, nous avons cherché de la poésie là où nous avons pu. Bien des champs aussi étaient déjà moissonnés, et les plus beaux lauriers étaient coupés. Je me rappelle dans quelle situation douloureuse d'esprit et d'âme j'ai fait *Joseph Delorme*, et je suis encore étonné, quand il m'arrive (ce qui m'arrive rarement) de rouvrir ce petit volume, de ce que j'ai osé y dire, y exprimer. Mais en obéissant à l'impulsion et au progrès naturel de mes sentiments, j'ai écrit l'année suivante un recueil, bien imparfait encore, mais animé d'une inspiration douce et plus pure, *Les Consolations*, et grâce à ce simple développement en mieux, on m'a à peu près pardonné. Laissez-moi vous donner un conseil qui surprendrait ceux qui ne vous connaissent pas : vous vous défiez trop de la passion ; c'est chez vous une théorie. Vous accordez trop à l'esprit, à la combinaison. Laissez-vous faire, ne craignez pas tant de sentir comme les autres, n'ayez jamais peur d'être trop commun ; vous aurez toujours assez, dans votre finesse d'expression, de quoi vous distinguer.

« Je ne veux pas non plus paraître plus prude à vos yeux que je ne suis. J'aime plus d'une pièce de votre volume, ces *Tristesses de la lune*, par exemple, délicieux sonnet qui semble de quelque poëte anglais contemporain de la jeunesse de Shakspeare. Il n'est pas jusqu'à ces stances, *A celle qui est trop gaie*, qui ne me semblent exquises d'exécution. Pourquoi cette pièce n'est-elle pas en latin, ou plutôt en grec, et comprise dans la section des *Erotica* de l'*Anthologie* ? Le savant Brunck l'aurait recueillie dans les *Analecta veterum poetarum* ; le président Bouhier et La Monnoye, c'est-à-dire des hommes d'autorité et de mœurs graves, *castissimæ vitæ morumque integerrimorum*, l'auraient commentée sans honte, et nous y mettrions le signet pour les amateurs. *Tange Chloen semel arrogantem...*

« Mais encore une fois, il ne s'agit pas de cela ni de compliments ; j'ai plutôt envie de gronder, et si je me promenais avec vous au bord de la mer, le long d'une falaise, sans prétendre à faire le Mentor, je tâcherais de vous donner un croc-en-jambe, mon cher ami, et de vous jeter brusquement à l'eau, pour que vous, qui savez nager, vous alliez désormais sous le soleil et en plein courant.

« Tout à vous,

« SAINTE-BEUVE. »

On a beaucoup parlé de Véron au moment de sa mort (septembre 1867). Les anecdotes ont abondé sur son compte, et j'ai été plus d'une fois mis en scène. On voulut bien remarquer en particulier que, lié comme je l'étais avec lui et même lui ayant dû la première idée et la mise en train de ces *Causeries du Lundi*, je ne lui en avais jamais consacré une seule comme à un écrivain de quelque valeur, à un auteur de Mémoires. On ajoutait qu'il l'avait beaucoup désiré, et que j'avais toujours résisté à toute insinuation sur ce point d'amour-propre chatouilleux. La vérité tout entière à ce sujet est dans la note suivante que je retrouve et qui a été écrite de son vivant.

« J'accorderai, certes, à Véron en bien des points tout ce qu'il voudra : d'être un homme d'esprit (c'est bien juste), même d'être un homme de goût, d'être un amphytrion modèle, d'être un impresario habile, un directeur de théâtre ou de journal comme il n'y en a pas ; d'être... quoi encore ? cherchez ; j'y consens d'avance... d'être un excellent conseil pour ce qu'écrivent les autres, de leur donner des avis et même des idées... Mais il y a une chose que je ne lui délivrerai jamais, c'est un brevet d'écrivain pour lui et à son compte. Écrivain, il ne l'est à aucun degré ; il n'est, en ce genre, que ridicule : et cette dernière et malheureuse prétention, qui lui a pris sur le tard, gâte toutes les autres qualités qu'il a réellement. »

J'avais coutume, quand on me pressait là-dessus, de raconter en souriant une anecdote historique que je ne craignais pas d'appliquer en cet endroit, malgré l'énorme disproportion des noms. Après la bataille des Dunes gagnée par Turenne (1658) et la prise de Dunkerque, Mazarin eut une envie prodigieuse de passer pour un grand capitaine, et il mit tout en œuvre pour obtenir de Turenne une lettre qui lui attribuât l'honneur et le plan de cette campagne. Mais Turenne fit toujours la sourde oreille et refusa de délivrer un titre pour autoriser une chose si contraire à la vérité : « C'est ainsi, disais-je, qu'il m'a toujours paru, *si parva licet componere magnis*, qu'un vrai critique ne devait pas accorder à Véron la seule qualité précisément à laquelle il n'avait aucun droit. » Règle générale et qui, du petit au grand, ne souffre pas d'exception : il n'est jamais permis à un homme réputé expert dans un métier de mentir et d'aider à tromper le public sur une chose essentielle au métier. Ce n'est pas du pédantisme, c'est de la probité. Pour tout le reste, on peut être de bonne composition, et dans le cas présent ce n'était que justice. Janin, dans un article des *Débats* du 7 octobre 1867, ayant parlé du docteur avec amitié à la fois et mesure, je lui en adressai mon compliment bien sincère en ces termes :

« Ce 7 octobre 1867.

« Mon cher ami,

« Je vous lis sur le docteur notre ami : je vous dois de la reconnaissance pour la part magnifique que vous me faites ; mais laissez-moi vous dire que vous avez trouvé (chose toute simple) le ton juste en parlant de lui : eh ! qui l'aurait trouvé, si ce n'est vous ? Vous avez dit ce qui était à dire : il aimait l'esprit et il en avait ; il avait un grand sens, — ce bon sens qui se trouve au fond de tout bonheur : il y mêlait, comme vous l'observez très-bien, quelque légèreté (mot qui étonne à première vue) et de l'inconstance. Vous avez prononcé aussi le mot de vanité qui est inévitable en un tel sujet ; mais tant de gens ont leur vanité en dedans que la sienne, toute en dehors, était en quelque sorte commode pour autrui : cela accepté, on avait affaire à un esprit orné, plein d'anecdotes et de mots pris aux bons endroits, facile et coulant. Les gens de lettres, comme vous le dites, lui doivent de la reconnaissance pour cette fondation de la *Revue de*

Paris en 1829 : il leur offrait de la place, et une belle place, élégante, en lumière, et un prix honorable qui n'existait pas auparavant. et qui ne s'est pas élevé depuis, du moins pour ce cadre des Revues qu'on a fait au contraire de plus en plus compacte et dévorant. — Et puis n'est-ce donc rien que la vie sociale et les qualités qui en font l'agrément? Il était tout à fait *bonne compagnie* dans le sens de *bon compagnon* : aucun de ceux qui l'ont vu familièrement et dans le tous-les-jours ne saurait l'oublier. — Cette modération qu'il avait au fond et qui faisait partie de son humeur autant que de sa réflexion et de sa prudence, vous l'avez eue en parlant de lui, et c'est ce que j'appelle le ton juste. Les charges abondent, les vrais portraits ou les esquisses fines sont rares.

« Tout à vous, mon cher ami,

« SAINTE-BEUVE. »

J'ai donné au tome Ier de mes *Portraits Littéraires* un article fort étudié sur M. Jouffroy, et j'ai reparlé de lui au tome VIII de ces *Causeries*, à l'occasion d'un discours de M. Mignet. J'ai reçu depuis lors une lettre intéressante à son sujet, de l'un de ses compatriotes franc-comtois, M. Gindre de Mancy. J'en donnerai un extrait à l'usage des curieux en matière de biographie littéraire et qui, une fois mis en goût sur un auteur de renom, trouvent qu'on n'en sait jamais trop :

« ..... Peut-être ne vous sera-t-il pas indifférent d'avoir quelques détails sur la jeunesse du philosophe dont vous suiviez avec tant d'amour les leçons dans sa petite chambre de la rue du Four.

« Jouffroy faisait sa seconde au collège de Lons-le-Saulnier, sous la discipline d'un abbé, le seul bon professeur de ce collège, lorsque j'entrais en quatrième sous l'abbé Jouffroy, le parent et l'hôte de notre philosophe. Une circonstance toute particulière nous rapprocha : je fus mis en répétition, moi troisième, chez le bon abbé Jouffroy. Je passais là une partie de la journée avec son neveu et le jeune Béchet, mort, il y a quelques années, conseiller à la Cour de Besançon : il était dans la même classe que Jouffroy, qui n'a pas nui à son avancement. Ces répétitions avaient lieu le plus souvent en l'absence de l'abbé et nous laissaient par conséquent pleine et entière liberté; on en usait pour causer de tout autre chose que de la grammaire et du latin, et souvent pour composer des vers, Dieu sait quels vers! sur des jeunes filles nos voisines. Mais ce dernier soin concernait uniquement mes camarades ; je ne me regardais que comme un *petit en admiration devant mes aînés*, et je n'étais pas encore

Mordu du chien de la métromanie.

Les jours de congé venaient encore resserrer les liens de la camaraderie d'étude. M. Béchet le père, secrétaire général de la Préfecture du Jura, et de plus homme réellement instruit, aimait à réunir chez lui les condisciples de son fils. Je fus admis dans le petit cénacle ; nous formions une espèce de franc-maçonnerie qui avait même son langage et son écriture hiéroglyphique. Puis, voyez quelle était notre innocence ! nous avions pris nos noms de guerre dans le *Numa Pompilius* et le *Gonsalve de Cordoue* de Florian, sans descendre toutefois jusqu'au Némorin. Ainsi Jouffroy, si j'ai bonne mémoire, s'appelait Lara, l'ami fidèle et dévoué de Gonsalve. Les camarades ne voyaient alors en lui qu'un poëte futur ou qu'un preux chevalier, je dirais presque *un jeune et beau Dunois*, pour me servir du langage de l'époque. Un caractère généreux, poétique et chevaleresque, voilà ce qui le distinguait à nos yeux : le philosophe nous échappait d'autant plus qu'il n'existait pas même de classe de philosophie au collége de Lons-le-Saulnier.

« Ceci se passait en 1811 ; l'année suivante, Jouffroy nous quitta pour entrer au lycée de Dijon, où il fit sa rhétorique et apprit assez de grec et de philosophie pour se faire admettre en 1813 à l'École normale. Ce fut là que se manifesta sa véritable vocation, quoique les amis des lettres puissent regretter qu'il ne se fût pas voué exclusivement à elles. Je n'eus plus qu'indirectement de ses nouvelles, entre autres, dans une circonstance qui me fut extrêmement pénible, et que je rappelle ici pour vous donner une idée de l'esprit plus libéral que patriotique qui animait alors l'École normale. C'était, je crois, dans les vacances de Pâques de 1814, et je les passais chez un grand-oncle, grand ami de l'abbé Jouffroy, prêtre insermenté comme lui et curé d'une paroisse de la montagne à quelques lieues de Lons-le-Saulnier. C'est là que j'appris la triste nouvelle de la capitulation de Paris et de la chute de Napoléon, qui me semblait entraîner celle de la France entière. L'abbé Jouffroy vint dans le même temps rendre visite à mon oncle, et lui lut dans toute la joie de son cœur une lettre du jeune normalien qui battait des deux mains *à la chute du tyran*. Il s'indignait même à la seule pensée de la résistance de Paris et faisait les plus belles phrases de rhétorique du monde sur le boulet qui viendrait éclater au milieu du musée et détruire les plus beaux chefs-d'œuvre de l'art, etc., etc. Jugez quel bouleversement, je dirai même quelle indignation un tel langage devait soulever dans mon âme, moi qui ne songeais, ainsi que tous mes camarades, qu'à la patrie et à vingt-cinq ans de gloire effacés par un jour de revers ! Aussi, tandis que les deux prêtres se réjouissaient fort naturellement de ce que je regardais comme le plus grand des malheurs, me dérobai-je à eux le plus tôt que je pus, pour aller pleurer en liberté sur la montagne ce grand désastre. Il ne faut donc pas s'étonner si en 1815 Jouffroy figura avec la plupart des élèves de l'École normale, M. Cousin en tête, dans les rangs des volontaires royaux. J'aime à croire cependant que Waterloo lui aura inspiré de tout autres sentiments que la capitulation de Paris. Quant à moi, quelques modifications que le temps ait pu apporter à mes opinions, ce seront toujours à mes yeux des jours néfastes.

« Quelques années après, je vins aussi à Paris ; mais j'y vis très-rarement Jouffroy. Enchaîné par mes occupations, je respectais trop les siennes pour lui parler de mes misères. Puis je manquais de confiance en lui ; sous cet air si grave et si froid, je ne sus pas reconnaître tout ce qu'il y avait de chaleur et même d'enthousiasme dans le cœur. Je ne pouvais oublier non plus la capitulation de Paris, aggravée encore par le désastre de Waterloo. Je regrettais enfin qu'il m'eût parlé avec une espèce de dédain de l'abbé Jouffroy, son parent, très-médiocre professeur, il est vrai, mais excellent homme et qui avait été pour lui un second père : c'était, selon moi, pousser un peu loin le zèle d'un nouveau converti. Il est très-vrai qu'il appartenait à une famille essentiellement catholique, et même contre-révolutionnaire. Le frère de l'abbé, doué comme celui-ci d'une force herculéenne, était dans mes montagnes une espèce de Rob Roy, la terreur des gendarmes et la providence des émigrés. Le collége de Lons-le-Saulnier n'avait pour professeurs que des prêtres insermentés, ce qui ne nous empêcha pas de sortir de leurs mains tous plus ou moins disciples de Voltaire ou de Rousseau. Je ne pense pas que Jouffroy ait échappé à la contagion commune ; sa foi devait être bien ébranlée avant la fameuse nuit qui décida de sa conversion. Ce qui le distingua de ses camarades sceptiques, c'est qu'elle fit place à une foi non moins sincère dans la philosophie : ce fut pour lui une nouvelle religion dans laquelle il se flatta de trouver la solution de l'insoluble problème de la destinée humaine. C'était encore, hélas ! une belle illusion de sa poétique imagination.

« Voilà, Monsieur, ce que j'avais à vous dire sur Jouffroy, et ce qui ne fait que confirmer ce que vous en pensiez. J'ajouterai seulement que je le vis avec peine sacrifier la philosophie à la politique, où il ne trouva que les plus amers déboires. C'était la maladie du temps, et c'est ce qui l'a tué ; moins sages en cela, lui, Lamartine et Victor Hugo, que ne l'a été en 1848 notre bon Béranger. »

———

J'ai été sévère pour Lamartine romancier et historien au tome Ier et au tome IV de ces *Causeries*. Voici un supplément et un correctif à ces articles :

*Remerciment adressé à M. de Lamartine pour les deux lettres qu'il
m'a consacrées dans ses* ENTRETIENS.

« Ce 13 juillet 1864.

« Mon cher Lamartine,

« Je reçois votre deuxième Entretien, votre seconde lettre : j'ai
ma couronne, ma double couronne! Ce que vous avez bien voulu dire
de moi à tous, venant de vous et découlant de votre plume avec cette
grandeur et cette magnificence, est ce que je n'aurais osé ambitionner et ce qui me fait désormais une gloire, — mot bien grand et que
je ne me serais jamais avisé de prononcer auparavant. — Vous avez
dit de ma mère, entrevue par vous, des choses qui montrent que tout
poëte a l'âme d'un fils et des divinations de premier coup d'œil. —
Vous avez choisi dans mes écrits avec une intelligence amie ce qui
pouvait le plus faire aimer le poëte. — Vous avez glissé sur les défauts
et voilé avec délicatesse les parties regrettables chez celui qui s'est
trop abandonné en écrivant aux sentiments éphémères et au courant
des circonstances. En choisissant et indiquant les points élevés et
lumineux, vous avez obéi à cette noble nature qui va, comme le cygne,
se poser à tout ce qui est limpide, éclatant et pur ; et vous m'avez
ainsi, rien que par le bonheur amical de vos citations, élevé à la fois
et idéalisé à votre exemple.

« J'aurais couru, aujourd'hui même, vous dire tout cela et bien
d'autres pensées encore, que les vôtres ont réveillées en moi et ont
fait naître ; mais je suis comme vous, j'ai cet honneur, et je suis de
corvée tous ces jours-ci : je ne pourrai aller rue de la Ville-L'Évêque
que vers la fin de la semaine, et je n'ai pu attendre jusque-là pour
vous envoyer les remercîments d'un cœur comblé, pardonné et
récompensé à jamais par vous.

« SAINTE-BEUVE. »

A M. Paul Verlaine qui avait loué les RAYONS JAUNES *de* JOSEPH
DELORME *dans le journal* L'ART, *mais qui avait parlé légèrement de
Lamartine.*

« Ce 19 novembre 1865.

« L'Ombre de Joseph Delorme a dû tressaillir de se voir si bien
traitée et louée si magnifiquement pour une des pièces les plus con-

testées de tout temps et les plus raillées de son Recueil. Il se permettrait toutefois, si je l'ai bien connu, une observation au sujet du dédain qu'on y témoigne, tout à côté, pour l'inspiration *lamartinienne*. Non, ceux qui n'en ont pas été témoins ne sauraient s'imaginer l'impression vraie, légitime, ineffaçable, que les contemporains ont reçue des premières *Méditations* de Lamartine, au moment où elles parurent en 1819. On passait subitement d'une Poésie sèche, maigre, pauvre, ayant de temps en temps un petit souffle à peine, à une Poésie large, vraiment intérieure, abondante, élevée et toute divine. Les comparaisons avec le passage d'une journée aigre, variable et désagréable de mars à une tiède et chaude matinée de vrai printemps, ou encore d'un ciel gris, froid, où le bleu paraît à peine, à un vrai ciel pur, serein et tout éthéré du Midi, ne rendraient que faiblement l'effet poétique et moral de cette poésie si neuve sur les âmes qu'elle venait charmer et baigner de ses rayons. D'un jour à l'autre on avait changé de climat et de lumière, on avait changé d'Olympe : c'était une révélation. Comme ces pièces premières de Lamartine n'ont aucun dessin, aucune composition dramatique, comme le style n'en est pas frappé et gravé selon le mode qu'on aime aujourd'hui, elles ont pu perdre de leur effet à une première vue ; mais il faut bien peu d'effort, surtout si l'on se reporte un moment aux poésies d'alentour, pour sentir ce que ces Élégies et ces Plaintes de l'âme avaient de puissance voilée sous leur harmonie éolienne et pour reconnaître qu'elles apportaient avec elles le souffle nouveau. Notre point de départ est là. Hugo, ne l'oublions pas, à cette date où déjà il se distinguait par ses merveilles juvéniles, n'avait pas cette entière originalité qu'il n'a déployée que depuis, et je ne crois pas que lui-même, dans sa générosité fraternelle, démentît cet avantage accordé à son aîné, le poëte des *Méditations*.

« Et maintenant je demande excuse pour cette petite dissertation posthume de Joseph Delorme. Je remercie M. Paul Verlaine de toute sa bienveillance, et je le prie de recevoir, ainsi que ses amis du groupe de *l'Art*, l'assurance de mes sympathies dévouées.

« SAINTE-BEUVE. »

FIN DU TOME NEUVIÈME.

TABLE DES MATIÈRES

Massillon	I	1
	II	20
Nouvelles Lettres de Madame, mère du Régent	I	41
	II	62
Froissart	I	80
	II	98
Le Buste de l'Abbé Prévost		122
Étienne de la Boétie		140
Le Marquis de Lassay	I	162
	II	180
Duclos	I	204
	II	224
	III	246
Bourdaloue	I	262
	II	281
M. de Stendhal	I	301
	II	322
Marivaux	I	342
	II	364
Geoffroy de Villehardouin	I	381
	II	398
M. Daru	I	413
	II	434
	III	454
Madame Dacier	I	473
	II	495
Appendice		515

FIN DE LA TABLE.

Paris. — Imp. E. Capiomont et V. Renault, 6, rue des Poitevins.

www.ingramcontent.com/pod-product-compliance
Lightning Source LLC
Chambersburg PA
CBHW051352230426
43669CB00011B/1619